高等学校学前教育专业系列教材

丛书主编：郭 健 丛书副主编：田宝军

幼儿园组织与管理

张莅颖 刘海燕 佟秀莲 / 主编

YOU'ERYUAN
ZUZHI YU GUANLI

北京师范大学出版集团
BEIJING NORMAL UNIVERSITY PUBLISHING GROUP
北京师范大学出版社

图书在版编目(CIP)数据

幼儿园组织与管理 / 张莅颖，刘海燕，佟秀莲主编 .—北京：
北京师范大学出版社，2018.7(2025.6 重印)

ISBN 978-7-303-23215-4

Ⅰ. ①幼… Ⅱ. ①张… ②刘… ③佟… Ⅲ. ①幼儿园—组
织管理—高等学校—教材 Ⅳ. ①G617

中国版本图书馆 CIP 数据核字(2017)第 322324 号

出版发行：北京师范大学出版社 https://www.bnupg.com
　　　　　北京市西城区新街口外大街 12-3 号
　　　　　邮政编码：100088
印　　刷：天津中印联印务有限公司
经　　销：全国新华书店
开　　本：787 mm×1092 mm　1/16
印　　张：19.75
字　　数：360 千字
版　　次：2018 年 7 月第 1 版
印　　次：2025 年 6 月第 12 次印刷
定　　价：45.00 元

策划编辑：罗佩珍　　　　　责任编辑：周　强
美术编辑：焦　丽　　　　　装帧设计：焦　丽
责任校对：陈　民　　　　　责任印制：赵　龙

丛书编委会

主 编

郭 健

副主编

田宝军

编 委

（按姓氏拼音排序）

柴志高	盖春瑞	苟增强	郭建怀
李玉侠	刘永利	庞彦强	宋耀武
王冬岩	王国英	王艳玲	吴宝瑞
薛彦华	袁 铸	张成起	张丽娟
赵春兰			

本书编委会

主 编

张莅颖　刘海燕　佟秀莲

编 委

（按姓氏拼音排序）

白　杨　岑艳秀　董兰敏　董晓慧
高丹丹　高志敏　葛江宇　贾晓青
焦巍巍　李慧梅　李　艳　栗慧萍
刘婧语　刘　宁　卢　曼　唐丹丹
唐雅妮　童　瑶　熊　莹　徐亚楠
闫学利　杨新荣　于录艳　岳　玲
张红玉　张丽媛　赵国秀

　　2010 年 7 月，中共中央、国务院颁发《国家中长期教育改革和发展规划纲要
（2010—2020 年）》，提出了到 2020 年全国基本普及学前教育的战略目标。2010
年 11 月，国务院发布《国务院关于当前发展学前教育的若干意见〈国发〔2010〕41
号〉》（简称"国十条"）。此后，中国学前教育事业进入了史无前例的快速发展时
期。全国各地为解决学前教育师资问题，纷纷开设学前教育专业，不同层次的
学前教育专业如雨后春笋般地涌现出来，学前教育专业在校生规模急剧扩大。
然而，学前教育专业人才培养质量良莠不齐，状况令人担忧，引起社会广泛关
注，学前教育专业改革呼声日益高涨。

　　2011 年 10 月，教育部颁布《教师教育课程标准（试行）》，并发文要求各地要
"按照《教师教育课程标准（试行）》的学习领域、建议模块和学分要求，制订有针
对性的幼儿园、小学和中学教师教育课程方案，保证新入职教师基本适应基础
教育新课程的需要"。为了推进《教师教育课程标准（试行）》的实施，教育部要
求，"加强教师教育课程和教材管理"。同年，全国教师资格考试政策也进行了
重大调整，教师资格考试由各省自主组织改为全国统考，河北省于 2012 年成为
改革试点省份，2016 年开始在全国范围内全面实施。

　　在全国学前教育大发展的背景下，在《教师教育课程标准（试行）》和教师资
格考试改革政策的实施过程中，学前教育改革与发展显然跟不上时代步伐。例
如，学前教育专业课程既无法满足《教师教育课程标准（试行）》的要求，也无法
有效应对学生参加教师资格考试的需要，修订课程方案和教材势在必行。

　　为了适应我国学前教育发展改革趋势，有效地整合地方学前教育资源，提
升地方高校学前教育整体发展水平和人才培养质量，2015 年 4 月，河北省高等
学校教育学教学指导委员会和北京师范大学出版社在充分调研的基础上，联合
启动了河北省学前教育专业"十三五"规划教材建设工作。本套教材编写成员主
要来自河北省内开设学前教育专业的各所高校，同时也包括部分幼儿园一线教
师和省外高校教师。教材编写品种包括《学前教育学》《学前心理学》《学前儿童卫
生与保育》《幼儿园健康教育与活动指导》《幼儿园社会教育与活动指导》《幼儿园
语言教育与活动指导》《幼儿园科学教育与活动指导》《幼儿园数学教育与活动指

导》《幼儿园美术教育与活动指导》《幼儿园音乐教育与活动指导》《幼儿园教育活动设计与实施》《幼儿游戏与指导》《幼儿园组织与管理》《学前教育研究方法》《幼儿园一日活动指导》《幼儿园教育评价》《幼儿园环境创设与玩教具制作》《舞蹈基础》《美术基础》《音乐基础》《钢琴基础》《声乐基础》等。

为了保证教材编写质量，我们设立了丛书编写委员会，实行主编负责制，并确立了以下编写原则。

第一，以本科教育层次为主，兼顾其他层次。目前，我国幼儿园师资的培养一般包括中职中专、高职高专和本科教育三个层次。此外，还有五年制专科、专接本、专升本、专业硕士研究生等。本套教材主要面向全日制四年制学前教育本科专业，同时兼顾其他层次培养所需。

第二，全面系统与灵活性相结合。本套教材涵盖学前教育专业人才培养基础课程，注重教材之间衔接和统一，注重基础理论、专业实践和基本技能等内容的交叉与协调。同时，根据地域、院校特点，为各校开设选修课程保留了较大的自主发挥空间。

第三，理论与实践相结合。本套教材强调深入落实《教师教育课程标准（试行）》"实践取向""能力为重"的精神，注重实践性教学内容及环节，关注解决教育实践问题。在板块设计上，有正文的理论阐述，同时还辅以导入案例、案例分析、实践练习题、建议的活动、想一想、做一做等实践板块，引导学生将所学理论运用到实践中。整套教材旨在让学生不仅知道怎样做，也要知道为什么这样做，而且还要具备进一步去探索、发现并提出新问题、新理念和新方法的基础能力。

第四，基础性与时代性相结合。本套教材坚持呈现各学科领域的基本概念、基本知识、基本理论，为学生搭建一个全面而扎实的知识体系。在此基础上，本套教材紧密结合《教师教育课程标准（试行）》《3—6岁儿童学习与发展指南》《幼儿园工作规程》(2016)等最新国家政策文件精神，吸纳教育学、心理学、学科教学的最新研究成果，同时根据教师资格考试改革需要设置了专门的学习模块，确保教材内容与时俱进。在教材的呈现方式上，我们也谨慎采用了一些信息化的新媒体技术，以适应全媒体时代的学习方式。

经过大家一年多的共同努力，首批教材即将付梓。作为丛书主编，我们对参与教材编写工作的所有人员致以诚挚的谢意，特别要感谢丛书副主编田宝军教授以及各分册主编付出的辛勤劳动。感谢北京师范大学出版社编辑罗佩珍女士精心策划、积极协调，为丛书编写工作付出了极大的精力与努力。当然，由于时间比较仓促，教材在体系建设、内容选择等方面肯定存在着不足与疏漏，欢迎广大学界同仁和读者朋友不吝赐教，多提宝贵意见。

郭健

2016 年 6 月 30 日

随着《国家中长期教育改革和发展规划纲要（2010—2020 年）》（以下简称《教育规划纲要》）的颁布，国家明确了学前教育的十年目标，引发了学前教育的发展高潮。2018 年全国教育大会上，习近平总书记将教育定位为"国之大计、党之大计"，把教育的地位提到了前所未有的高度。党和国家的重视、社会的需要为学前教师教育提供了前所未有的发展机遇，也给培养学前教育师资的院校提出了严峻的挑战。

育人育才是不同层次、不同类型人才培养机构的主责主业，新时期如何培养"打造中华民族'梦之队'的筑梦人""能够担当民族复兴大任的时代新人"是相关机构必须关切的问题。大中专院校的学前教育专业承担着我国学前教育人才的培养重任，也必须不断地探索和创新，坚持落实立德树人根本任务，努力发挥好育人育才的作用。

有幸参与编写这套由河北省高等学校教育学教学指导委员会组编的教材，让我们有了一次更加深入思考"幼儿园组织与管理"理论体系的机会。课程与教材是育人育才的主要抓手和重要依托，必须牢牢把握铸魂育人、启智增慧这一主旨思想。

查阅以往幼儿园管理方面的教材，我们发现有两个方面可以丰富和完善：一是以往的教材理论方面介绍多，联系实际的案例较少，学生对理论的运用比较薄弱；二是教材内容基本是针对成熟的公办幼儿园的，对于新建幼儿园或民办幼儿园的指导性不强。为了避免这两个问题，我们在编写的时候对内容做了精心的选择。

本教材分为三篇，第一篇幼儿园的建立（第一章、第二章），主要介绍新建园的程序和主要工作；第二篇幼儿园的运营（第三章至第六章），介绍在新建园基本完成后，保证幼儿园生存所需要做的工作；第三篇幼儿园的发展（第七章至第十二章），介绍在幼儿园能够保证正常运营之后如何全面提升。

第一章"幼儿园管理概述"由徐亚楠、唐雅妮执笔，介绍有关幼儿园管理最基本的理论；第二章"建立幼儿园的程序和具体工作"由张荭颖、于录艳、董兰敏、刘宁、熊莹执笔，介绍新建园在办园手续、物质准备和人员准备方面需要做的工作；第三章"幼儿园的师资队伍建设"由葛江宇、白杨执笔，介绍如何选聘和任用幼儿园教师，如何组织幼儿园教师的教研和科研工作；第四章"幼儿园保教工作管理"由刘婧语、高丹丹、闫学利、李慧梅执笔，介绍幼儿园保教工作管理的理念、内容、制度和评价方法，重点介绍了幼儿园保教工作的结合和班级管理的内容方法；第五章"幼儿园后勤工作管理"由唐丹丹、张丽媛执笔，介绍了幼儿园的膳食工作、卫生保健工作、安全工作和财务工作的内容和管理；第六章"幼儿园评价"由岳玲、李艳执笔，简单地介绍了幼儿园评价工作的原则、方法和步骤；第七章"幼儿园的发展战略"由卢曼、栗慧萍执笔，介绍如何提高幼儿园的核心竞争力，创立自己品牌特色以保证可持续发展；第八章"幼儿园团队建设"由张红玉、杨新荣执笔，主要解决"什么是良好的幼儿园团队"和"如何建设良好的幼儿园团队"两个问题；第九章"幼儿园组织文化建设"由童瑶、赵国秀执笔，介绍了幼儿园组织文化建设的方法和途径；第十章"园本课程建设"由刘海燕、佟秀莲执笔，介绍幼儿园课程的园本课程理念和课程内容的形成和发展以及推广的工作；第十一章"幼儿园公共关系建设"由岑艳秀、贾晓青执笔，介绍幼儿园如何通过公共关系工作形成和树立自己的社会形象，得到公众的认可；第十二章"幼儿园的园长"由董晓慧、焦巍巍执笔，介绍幼儿园园长的任职条件、角色定位、管理职能以及以此为基础形成的"园长—教师"关系。

本教材的主要特色有：

1. 将幼儿园的发展分成"新建—生存—发展"三个阶段，并针对每个阶段的主要工作做出详细的介绍，避免了幼儿园管理者管理工作安排的盲目性。

2. 不仅关注到公办幼儿园的管理，也涉及了目前为数不少的私立幼儿园管理中亟待解决的问题，为培养学生成为职业园长打好基础。

3. 纳入"幼儿园开办和运营""幼儿园的管理体制""幼儿园的核心竞争力""社会主义核心价值观对幼儿园组织文化建设的指引"等方面的内容，突出课程思政元素，丰富幼儿园管理理论，开阔学生视野。

4. 在体例方面，本教材用大量新颖、鲜活的案例来解释和印证理论知识；增加了"案例研究"部分，提供管理的案例供学生进行"实战演习"，提高学生理论结合实际的能力。

编者团队经过两年的努力，力争呈现给大家一本不一样的教材，希望对大家的学习有益。在此特别感谢北京师范大学出版社及编辑罗佩珍老师为本教材提供出版机会及提出各方面的建议。

愿我们为学前教育事业共同努力。

编　者

目 录
CONTENTS

第三篇　幼儿园的发展

第一篇

幼儿园的建立

第一章　幼儿园管理概述

学习目标 ▶

1. 掌握管理及幼儿园管理的含义。
2. 了解管理理论的历史发展情况及管理理论对幼儿园管理的影响。
3. 了解幼儿园各管理原则的含义，学会运用这些原则分析幼儿园工作中出现的问题。
4. 了解幼儿园管理理念。
5. 了解不同类型的幼儿园管理体制。

导入案例 ▶

　　我正在办公室里，一位家长敲门而入。家长开门见山地责问我："园长，你们园老师是怎么回事，罚我儿子半天不能玩！这么小的孩子不玩，那还能干啥?"我一听，愣了，园里可从来没发生过这样的事情，其中是不是有误会呢? 见家长正在气头上，我递给她一杯水，请她坐下，让她先消消气把事情原委说清楚。家长说："昨天，我接孩子回家，问孩子，今天玩得怎么样，孩子说'老师让我半天不准玩'。园长，我孩子也就 3 岁 10 个月，哪能半天不玩呢?"我说："我先了解了解情况，一定给您一个满意的答复。"于是，我找到了小班徐老师询问此事。徐老师着急地向我解释："园长，是这样的，超超昨天淘气，我就对他说：'超超，你再淘气的话，老师可让你半天不准玩。'但我只是让他安静地待了一分钟，并没有真正让他半天不准玩。"配班教师也向我证实情况属实。我明白了，小班孩子不能正确理解教师的话，时间观念也差，所以表达出来就引起了家长对老师的误会。我将事情的真相告诉了家长，并且向家长道歉。家长反而不好意思了，直说："看来得去学学儿童心理学，谢谢园长!"事后，我找来徐老师，没有批评她，而是与她一道探讨教育的技巧，并建议她第二天主动向家长道歉。

（案例选自《幼儿园管理案例汇编》）

这个案例涉及幼儿园园长工作、教师工作、家长工作的开展等,这些都是幼儿园管理的内容。那么幼儿园管理是什么?包括哪些内容?这些问题就是本单元要探讨的主要内容。

第一节 什么是管理

管理是一种普遍存在的社会现象,企业管理、人力资源管理、物业管理、学校管理……管理现象存在于各行各业,管理在组织发展过程中起着十分重要的作用。

一、管理和幼儿园管理的含义

(一)管理的含义

长期以来,中外学者从不同的研究角度出发,对管理做出了不同的解释,由于研究的出发点不同,他们对"管理"一词所下的定义也就千差万别。特别是 20 世纪以来,由于理论观点的不同,各种不同的管理学派对管理概念的解释更是众说纷纭。其中较有代表性的有以下几种。

科学管理理论的奠基人泰勒提出,管理就是"确切知道要别人去干什么,并注意他们用最好、最经济的方法去干"。

古典管理学派的代表人物之一——法国管理学家法约尔认为,管理是所有的人类组织(家庭、企业或政府)都有的一种活动,这种活动由五项要素组成:计划、组织、指挥、协调和控制。管理就是实行计划、组织、指挥、协调和控制。"计划"是指决定组织目标和规定实现组织目标的途径与方法的一切活动。"组织"是指确定管理机构及其责任分工等方面的一切活动。"指挥"是指对下属人员给予指导。"协调"是指使组织的一切工作密切配合以取得成功而进行的一切活动。"控制"是指为了确保实际工作与规定的计划相符合而进行的一切活动。

行为管理学派的代表人物赫西·布莱查尔特认为:"管理是个人与群体共事,以达到组织的目标。管理的本质是对人的管理而不是对物的管理。"

当代科学管理学派的代表赫伯特·A.西蒙认为:"管理就是决策。"他认为决策的制定贯穿管理的全过程,包括确定目标和实现目标的手段。

除此之外,我国一些管理学家也对管理进行了多角度的研究,做出了各自的解释:

翟立林教授认为:"管理是通过组织计划来行动,把一个机构所拥有的人力、物力、财力充分运用起来,使之发挥最大效果,以达到机构的目标,完成机构的任务。"

程正方教授认为:"管理是人类一种有组织、有目的、有领导的活动方式,是组织活动不可缺少的组成部分。"

综合以上各家的看法，我们认为管理就是合理地组织和充分地利用各种资源，优质高效地实现预定的组织目标的过程。

(二)幼儿园管理的含义

幼儿园管理，是指幼儿园的管理人员和有关幼教行政人员遵照一定的教育方针和保教工作的客观规律，采用科学的工作方式和管理手段，将人、财、物等因素合理组织起来，调动各方面的积极性，优质高效地实现国家所规定的培养目标和幼儿园工作任务所进行的一般职能活动。在幼儿园所拥有的人、财、物、时间、空间、信息等多种管理的基本因素中，人是最积极、最活跃的因素。人具有主观能动性，财和物等物力资源都要由人来掌握、支配和使用才能发挥作用。成功的幼儿园管理要以人为管理核心，树立以"教师发展为本"的管理思想，合理使用人和培养人，重视幼儿园人员的最佳配置，包括能力的搭配、性格的默契、年龄的互补等。要调动教师的积极性，充分发挥他们的潜能，尊重教师的地位和权利，只有这样才能更好地提高教育质量，实现服务育人的办园宗旨。

幼儿园管理的任务就在于通过计划、组织、指挥、协调和控制等管理职能，有效地利用幼儿园建设与幼教事业发展的各种教育资源，确保保教质量的提高，较好地实现预期的教育培养目标和服务家长的双重任务。

幼儿园管理工作是以育人为中心和目的的。在幼儿园中，直接作用于教育对象即幼儿的是各种形式的教育活动，而对教育活动加以组织的是各项管理工作。概括起来，幼儿园管理工作主要包括四个方面的内容：一是幼儿园管理基本状态，即幼儿园的组织制度、工作目标与管理运行过程等管理职能活动；二是幼儿园人员管理和领导，涉及作为幼儿园管理者、领导者的园长及其领导工作，园所领导者与管理者作为工作主体与管理对象即教职工的关系，保教队伍建设工作；三是实务管理或工作管理，即保教前勤工作与总务后勤工作；四是幼儿园公共关系，主要包括幼儿园与教育行政和上级领导部门的关系，幼儿园的家长工作，及幼儿园与社区的协调、双向互动与服务。

二、管理的发展历史

管理科学的产生和发展大致经历了三个时期，即管理理论的初创时期、成长时期和现代管理科学理论时期。

(一)管理理论的初创时期(19 世纪末 20 世纪初)：古典管理理论时期或科学管理时期

1. 泰勒的管理思想

(1)泰勒被誉为"科学管理之父"，其代表作《科学管理原理》，奠定了科学管理的理论基础。

（2）泰勒的主要观点：

①科学管理的目的和中心是提高劳动生产率。

②一切工作方法都应通过考察，并由管理人员来决定。应该采用科学的方法来取代以往仅凭经验进行管理的方法，才能提高劳动生产率。

③高度标准化的工作程序和操作方法是实现工作目标的最佳方式。要使工人掌握标准化的操作方法，就必须挑选一流的工人，并按高标准对工人进行培训，提高其工作水平。

④要为工人的工作提供标准化条件，使用标准化的工具、机器和材料，并使工作环境标准化。

⑤实行有差别的计件工资制度，即刺激性付酬制度，激发工人的劳动积极性。

（3）泰勒管理思想的特点：直接对生产过程进行技术管理，侧重研究基层管理问题。

2. 法约尔的管理思想

（1）法约尔是第一个明确提出并阐述"一般管理"的人，代表作是《工业管理和一般管理》。

（2）法约尔的主要观点：

①对高层管理人员与基层管理人员的要求应有所不同，阶层越高，管理职能的比重越大，对管理能力的要求也越高。

②管理过程与生产过程不同。

③管理活动有五项基本要素：计划、组织、指挥、协调、控制。

④管理人员在解决问题时应遵循的原则：分工，权限与责任，纪律，统一命令，统一指挥，个别利益服从整体利益，职工的报酬要公平，集权，等级系列，秩序，平等，人员保持稳定，首创性，集体精神。

（3）法约尔管理思想的特点：明确了管理过程和生产过程的不同，在管理的范畴、管理的组织理论、管理的原则方面提出了崭新的观点。

3. 韦伯的管理思想

（1）韦伯的代表作《社会和经济组织的理论》，注重正式组织的强制性、权威性，有依法管理的思想。

（2）韦伯的主要观点：

①任何组织都必须有某种形式的权力作为基础。权力能够避免混乱，建立秩序，使组织能够达到目标。

②任何组织都有层次，各层次有若干工作部门，各部门实行专业化分工。组织呈梯形结构，按等级原则组织起来，形成指挥体系。

③要明文规定组织中的每一个职位的权利和义务。

④组织中人与人之间的关系应完全以理性原则为指导，而不是个人感情关系。

在当时的社会背景下，以上三种管理思想对管理学的发展都具有重大的价值。它们打破了管理仅仅停留于家庭作坊式的经验管理层面，对管理问题进行了更为深入的研究，有效地推动了管理科学的发展。

(二)管理理论的成长时期(20世纪20年代至第二次世界大战前)：行为科学理论时期

1. 人际关系理论

(1)早期的行为科学即人际关系理论的代表人物：梅奥，代表作《工业文明的人性问题》。梅奥的管理观点主要是重视人的行为。

(2)梅奥的主要观点：

①影响工人的生产积极性，除了物理的、生理的和经济的因素外，更重要的是社会心理因素。

②在组织中不仅存在着正式组织，而且还有"非正式组织"。这种非正式关系可以满足人的情感、社会心理方面的需要。

③领导者要具有与职工建立良好人际关系的能力；要能与非正式组织打交道，使之与正式组织之间保持平衡；要通过满足职工的合理要求而激发其士气，从而提高劳动生产率。

人际关系理论首次提出了"以人为中心"的管理主张，使人们的管理焦点从重视工作转移到重视人的作用，对人的作用有了更为深刻的认识，开辟了管理理论研究的新方向。

2. 行为科学学派的主要理论

(1)需要层次理论。代表人物：马斯洛，代表作《激励与个人》。行为科学认为，人的行为是由动机支配的，而引起动机的则是人的需要。因此调动人的积极性的关键是满足其需要，从而激励行为的动机。马斯洛的"需要层次理论"提出，人的需要是有层次和顺序的，主要有五种需要，由低到高排列：生理需要，安全需要，社会即情感和归属需要，尊敬即地位和得到承认的需要，自我实现的需要。低层次需要得到满足后，才会出现高一层次的需要。管理者要善于了解并注意满足职工的合理需要，注意激发高层次需要，以有效地调动其积极性。

(2)双因素理论。代表人物：赫茨伯格。他认为，影响人的工作动机的因素有两类：一类是"保健因素"，即有关工作环境或工作关系方面的影响因素，包括工资、工作条件、同事关系等，这些因素如果得不到满足，职工会不满意，从而难以维持正常的工作状态，但是这些因素不能直接起到激励职工的作用；另一类是工作本身或工作内容方面的影响因素，称为"激励因素"，包括成就、上级的赞赏、责任、被提升等，这类因素能真正激励职工的工作动机。

(3)XY理论。代表人物：麦克雷戈。他的主要观点：管理上可以通过善的人性的诱导，即实行民主领导，注重沟通，满足职工需要和适当授权等，激发其主动性、积极性，使人的潜能得到充分发挥。传统管理把人看作经济人，对职工采取严格监督制裁的管理方式，是消极的办法，只能引起对立和对抗，无法激发其积极性。

这一时期的管理理论主要是以人为本，强调企业文化的重要性，通过企业环境来激励员工使其积极主动发挥创造性。

（三）现代管理科学理论时期（第二次世界大战后至今）：系统管理理论时期

这一时期管理理论的突出特点是广泛运用自然科学、社会科学及管理科学的新成就研究管理问题，注意将数理逻辑及运筹学等运用于管理这一社会现象的研究。西方现代管理理论主要有六大学派：社会系统学派、决策管理学派、系统管理学派、经验主义学派、权变理论学派和管理科学学派。

1. 社会系统论和系统管理论

社会系统论和系统管理论认为，系统是由多种要素有机地结合在一起，能执行特定功能，达到特定目的的综合体。一个组织就是这样的一个整体系统：其各部分既各自独立又相互联系、相互作用、相互制约。某一部分的活动一定会影响其他部分。在管理活动中，不能孤立地处理每一部分的问题，而应该把组织作为一个整体来对待。又认为，组织是一个开放的社会系统，它与周围的环境存在着动态的相互作用。组织应通过内外信息反馈网络，不断地进行自我调节，以适应环境和实现自我发展。这意味着管理者要有宽广的视野，能从组织的全局，以及组织与外部关系的角度来考虑管理问题，做好工作。

2. 决策管理理论

决策管理学派的代表是当代著名管理学家西蒙，他曾说："管理就是决策。"决策管理学派认为，组织活动的内外部条件非常复杂，组织成败的关键不是资源与技术问题，而是有关战略决策问题。

3. 权变管理理论

管理活动中内外环境多变，科技突飞猛进，人的价值日益受到重视，要寻求永恒唯一的适合于各种条件各类组织的最佳管理方式是困难的。因此，任何组织均应根据环境的变化来选择适宜的管理方式。可以将环境作为自变量，组织设计和管理方式作为因变量，二者之间存在着一种函数关系。管理方式是随着环境条件的变化而变化的。环境变量包括内部环境和外部环境，外部环境可分为一般环境即社会大环境，以及特定环境，即直接影响组织效能的工作环境。有效的管理是与内外环境的变化动态相应的、随机相宜的。

4. Z 理论

Z 理论为美籍日本人威廉·大内提出。Z 理论认为，企业管理当局与职工利益是一致的，两者的积极性可以融为一体。要上下结合制定决策，鼓励职工创造性地而不是机械地执行上级命令，提倡和衷共济、共渡难关。Z 理论对人性的看法是，人性"既非绝对好，又非绝对坏"，人有人性的一面，又有非人性的一面。因而管理上有时应着重奖励，有时需强调惩罚，要强制与民主并行，物质与精神结合，即结合实际情况采用不同的管理方式，因时、因地、因人制宜地实施管理。

5. 管理文化研究

管理文化研究是在更高层次上，将古典理论与行为科学统一起来，将管理置于文化大背景中进行深层次透视。它不仅研究一般的普遍适用的管理科学，而且注重将管理诸因素纳入文化系统，考察其特殊性即个性区别。把管理作为一种文化现象加以研究，有助于整体把握和全面认识管理的结构与性质，揭示其历史发展规律，自觉推动管理文化的更新。

三、管理理论和实践对幼儿园管理的影响

(一)管理理论的初创时期

1. 泰勒强调科学用人

泰勒认为雇主应该学会科学地用人，做到人尽其才。要依据每个员工的性格和特点，为每个人制订职业规划，充分发挥每个员工的聪明才智。按照泰勒的理论，幼儿园管理者可以为每一名教职员工制订专业发展规划，让他们认清自己的优势和劣势，发挥专长，弥补短板，尽快成长为专家型教师。通过这样的职业规划，让教职工对工作有认同感、对幼儿园有归属感、对团队有依恋感，不仅对教职工个人发展有益，而且能促进幼儿园整体工作水平的提升。

泰勒提出"双赢思想"，指出管理的主要目的：确保每一个雇员和雇主最大限度的富裕。这一点尤其对当前越来越多的民办幼儿园有启发作用。民办幼儿园的所有者应将教职工看作是合作者而不仅仅是被雇佣者；要看到他们都是活生生的个体，是有自身需要的，要通过适当满足他们的需要来调动积极性，而不能将自己的利益和教职工的利益对立起来。只有当双方的利益得到兼顾时，幼儿园的整体利益才能最大化。

2. 法约尔的管理思想

法约尔倡导的一般管理有十四项原则，即劳动分工、权利与责任、遵守纪律、统一指挥、统一领导、个人利益服从整体利益、人员的报酬、集中、等级制度、秩序、公平、人员的稳定、首创精神、人员团结。在对十四项管理原则逐一分析的基础上，法约尔总结提炼出五个管理职能：计划、组织、指挥、协调和控制。计划是管理的第一要素；确定幼儿园的组织结构是管理部门所要解决的核心问题，正确的组织结构应做到职责明确、协调各种活动以及精心选拔和培养管理人员；指挥是组织有效运行的必要条件；协调是管理活动的重要环节，幼儿园管理也要协调人与人、人与事、事与事、部门与部门的关系；控制就是要证实各项工作是否与既定计划相符合，是否与下达的指标及既定原则相符合。控制涉及幼儿园活动的一切方面。控制将促使计划制订得更好，组织得以简化和加强，指挥使效率得到提高，协调更便

于进行。

3. 韦伯的管理思想

韦伯认为，只有法定权力才能作为行政组织体系的基础，其最根本的特征在于它提供了慎重的公正，领导者的权力并非无限大，应受到约束。

有了适合于行政组织体系的权力基础，韦伯勾勒出理想的行政组织体系模式具有下列特征：

(1)明确的分工：组织中的人员应有固定和正式的职责并依法行使职权。

(2)自上而下的等级：在组织内，按照地位的高低规定成员间命令与服从的关系。

(3)人与工作的关系：人员的任用完全根据职务的需要，通过公开考试和教育培训实现。

(4)职业管理人员：每一职位根据其资格限制，按自由契约原则，经公开考试合格予以使用，务求人尽其才。

(5)遵守规则和纪律：加强纪律观念的培养，通过专业的分工与技术训练，对成员进行合理分工并明确每人的工作范围及权责，然后通过技术培训来提高工作效率。

(6)非人格化的关系：按职位支付薪金，并建立奖惩与升迁制度，使成员安心工作，培养其事业心。

韦伯认为，凡具有上述 6 项特征的组织，可使组织表现出高度的理性化，其成员的工作行为也能达到预期的效果，组织目标也能顺利地实现。韦伯对理想的官僚组织模式的描绘，为行政组织指明了一条制度化的组织准则，这是他在管理思想上的最大贡献。

根据韦伯的观点，幼儿园管理中必须建立合理的组织机构，明确各个组织机构和各个岗位的职责；幼儿园管理中要设置不同的层级，层级之间有明确的上下级关系，上级发布指令下级执行指令；幼儿园要有严格的规章制度以保证工作的正常运行。

(二)管理理论的成长阶段：行为科学理论时期

自行为科学理论出现，管理中逐渐要摒弃以往的"严格控制，绝对服从"单一的管理模式，建立良好的互动、沟通关系，建立现代民主型的管理，以最大限度地发挥人的潜能。其中影响比较大的是人际关系理论和行为科学理论。

1. 人际关系理论

学校领导者应自觉运用人际关系理论，重新审视自身教育管理过程中的人性假设，确立教师是"社会人"的思想。学校领导在积极优化教育工作环境中物质条件的同时，应该创设集体氛围与校园文化，增强教师的认同感、归属感、安全感、尊重感等，激发教师们的工作士气，提高他们的工作热情和工作效率。培养教师们正确的世界观、价值观、人生观，引导他们正确的工作动机，养成良好的工作感知能力，激发他们广泛的工作兴趣以及面对挫折的认知反应等。如果教育管理者能够满足教师的社会需求，将会有效激发他们的工作热情、士气与潜能，并最终带来教育教学质量与学校整体办学效率的不断提高。

2. 行为科学派

马斯洛的需要层次理论促进了人本主义教育理论的应用与发展，为现代教育学的发展奠定了心理学基础。受人本主义的影响，现代教育学逐渐抛弃了传统思想，把人看作是不断追求需要的满足、努力实现自我价值潜能的社会人。

马斯洛的需要层次理论带给教育的启示很多，它把尊重人、理解人、相信人提到了教育的首位，而且突破了长期以来占统治地位的两大心理学派的研究偏向，直接开拓建构了人的学习理论，突出了学生学习的主体地位与作用。虽然，马斯洛的需要层次理论在某些方面存在偏颇之处，但作为一种极有价值的进步思想，它在心理学史和教育学史上均留下了光辉的一页。

在幼儿园管理中，应避免只讲个人对社会的需求，不讲个人对社会应尽的义务和责任，反之亦然。具体切入点可以放在设立科学的幼儿园薪酬体系、建立配套的社会保障体系和合理的职务晋升制度、鼓励幼儿园所有教职工参与管理、建设和谐的幼儿园文化等方面，从而加强幼儿园的人力资源管理。要发挥广大教职工的主观能动性，必须对马斯洛需求层次理论有深入理解并合理运用。

（1）科学设置薪酬体系——满足生理需求。薪酬是满足幼儿园教职工生理需求的最基本保障。管理的具体方法包括：按物价调整工资、建立配套的劳动条件、丰富业余时间和工间休息、提高福利待遇等。因此，幼儿园要建立科学合理的动态薪酬分配机制，将教职工的工资、奖金、福利待遇等与其工作绩效挂钩，体现效率优先、兼顾公平的分配原则。

（2）完善社会保障制度——满足安全需求。幼儿园教职工仅靠自身和家庭力量，很难抵御病、死、失业等多种风险。因此，幼儿园管理者要为其教职工建立完善的，包括医疗保险、失业保险和退休福利等在内的社会保障制度，减少后顾之忧，满足教职工的安全需求。

（3）建立合理的职务晋升制度——满足归属和爱的需求。职务晋升制度，在幼儿园人力资源管理中占有十分重要的地位，是满足教职工职业发展要求的切实保障。幼儿园管理者，可在参考国家幼儿教师职称评定方法的同时，不拘一格，打破传统的用人机制，拓宽用人视野。在职务晋升中，应更多地考虑到幼儿园教职工的师德规范、专业技能、自身素质、课堂教学、班级管理及幼儿健康等因素。这样，才能够让教职工具有被重视感、被信任感、被接纳感，满足其归属和爱的需求，进而提高工作效率。

（4）鼓励教职工参与管理——满足尊重需求。让教职工参与管理，是一种尊重，体现在人事、薪酬、晋升等多方面的管理上。广泛地、多渠道地参与管理的过程，必将极大程度地调动教职工的工作积极性，增强归属感、认同感。在幼儿园内部，应创造一种言论自由的文化氛围，使其在感受信任和尊重的同时，产生一种荣誉感和责任感，进而更积极、主动地为园所目标的实现而奋斗。

（5）建设和谐的园所文化和积极的价值观——满足自我实现需求。园所文化是凝聚幼儿园教职工的强大精神力量，也是幼儿园的品牌形象。相当数量的幼儿园教职工存在工作效率低、纪律涣散等问题，其根本原因就是缺少和谐的园所文化，缺乏以园所文化为核心的凝聚力。因此，幼儿园要主动创建并发展和谐的园所文化，引导教职工树立高度的社会使命感，要不断引导其个人价值、行为取向向园所目标靠近，最终实现契合，从而满足自我实现需求。当然，马斯洛的需求层次理论本身存在人本主义局限性及需求满足的标准和程度模糊等不足，因此，理论的应用也应立足于幼儿园的实际，避免盲目。

（三）现代管理科学理论时期

现代社会自然科学、社会科学和管理科学的发展十分迅速，管理理论研究日趋精细复杂，多学派的研究成果有很多值得幼儿园管理借鉴之处。其中四种理论的借鉴意义如下。

1. 社会系统论和系统管理理论

在幼儿园管理中要自觉运用系统论的方法。首先，幼儿园属于教育系统，教育系统又是社会大系统的子系统，与社会各个系统有着密切的联系，受到各个系统的影响；其次，幼儿园内部各项工作、各个部门甚至每个人都是幼儿园这个系统的子系统，都对幼儿园的整体工作有着重要的影响。幼儿园要完善内部的沟通以及与外部系统的沟通，不断调整工作方向和工作方法，以和社会大系统合拍，提升自己的工作水平。

2. 决策管理理论

在幼儿园管理中应重视决策，管理者要学习决策的方法，调动全体教职员工的积极性，以做出正确的决策。

3. 权变管理理论

幼儿园的管理者要开阔视野，不断学习，能够明晰社会发展趋势和学前教育的需求，根据社会的需求来确定幼儿园管理的目标，能够动态地、随机地采用不同的方法促进目标的达成。

4. Z 理论

Z 理论认为人性"既非绝对好，也非绝对坏"，应该用不同的方法调动人工作的热情。幼儿园管理中也应该既有制度的约束，又有奖励的激励，通过制度限定人"哪些是不能做的"，同时通过奖励来告诉被管理者"哪些事是鼓励做的"，奖励与惩戒的结合，才能够保证幼儿园正常的工作秩序。

第二节　幼儿园管理的原则

幼儿园管理的原则是幼儿园管理实践的总结与概括，反映了幼儿园管理的客观规律，是管理理论的条理化、具体化。同时，在幼儿园管理实践中，管理原则以工作准则的方式出现，对整个园所管理系统的工作起着重要指导作用，使园所各项工作得以正常开展，并不断取得成效。

一、方向性原则

幼儿园管理为实现幼儿园教育的目标服务，为培养全面发展的幼儿服务。幼儿园担负保教双重任务。《幼儿园工作规程》明确指出："幼儿园是对 3 周岁以上学龄前幼儿实施保育和教育的机构。幼儿园教育是基础教育的重要组成部分，是学校教育制度的基础阶段。幼儿园的任务是：贯彻国家的教育方针，按照保育与教育相结合的原则，遵循幼儿身心发展特点和规律，实施德、智、体、美等方面全面发展的教育，促进幼儿身心和谐发展。幼儿园同时面向幼儿家长提供科学育儿指导。"幼儿园领导和教师应认真学习，深刻理解党和国家的相关教育政策，遵循国家对幼儿教育的要求，坚持正确的办园方向，形成正确的儿童观、教育观、发展观，以促进幼儿全面发展为目标组织一切管理活动。

二、服务性原则

(一)为家长服务

幼儿园的任务之一是为家长参加工作、学习提供便利条件。幼儿园不仅是一个教育机构，也是一个社会服务机构，负有为在园幼儿家长服务的责任。幼儿园保护和照顾幼儿，有助于解决家长参加工作、学习而子女无人照顾的问题。因此，如何在新时期创新工作思路，努力提高服务家长意识，对提高办园水平有重要的意义。

(二)为幼儿服务

幼儿园管理应遵循"一切为了孩子的原则"。孩子，象征着美好的未来，在他们身上寄托着国家、民族的希望。幼儿教育的任务，是为将幼儿培养成为德、智、体、美诸方面全面发展的社会主义事业建设者和接班人打好基础。幼儿园管理活动在于全面推进素质教育，保证实现幼儿身心和谐发展的目标。它作为管理原则，要求管理者：一要增强对"幼儿教育战略地位"的认识；二要强化"现代儿童发展观"意识；三要坚持社会主义办园方向；四要树立全心全意为幼教事业无私奉献的精神；五要树立实施科学管理、提高幼教质量的自觉性和责任意识。总之，要把这些意识和行为要求摆在首位，并渗透于幼儿园管理活动过程中。

(三)为社会服务

幼儿园应密切同社会的联系，宣传幼儿教育知识，争取社会支持并参与幼儿园的管理活动。这是幼儿教育改革的需要和教育发展的趋势。幼儿园应与家庭、社会密切合作，综合利用多种资源，共同为幼儿园的发展创造良好的条件。幼儿园总是在一定的社会环境中生存和发展的，因此，应重视社会利益，回报社会，服务社会，也是幼儿园应当承担的社会责任。幼儿园应根据自己的条件和能力，积极关心和支持发展文化教育事业、福利事业，同当地政府、居民、公共团体建立良好的关系，并通过自身事业的发展，促进当地文化和社会的发展。

三、有效性原则

管理是以最小的成本取得最大的效益，其中包括经济效益和社会效益。幼儿园管理的有效性原则，是指幼儿园管理要在正确的目标指导下，通过科学管理，合理组织人力、物力、财力等资源，高质量、高效益地实现培养目标，完成幼儿园双重任务。

贯彻有效性原则要注意以下问题。

(一)重视教育质量观

幼儿园以育人为目的，一定要树立正确的人才观、教育质量观，要关注社会发展的需要，明确社会对未来人才规格的要求。育人的数量与质量是衡量幼儿园效益的根本标准，幼儿园最终要以其培养的人才来体现其价值。衡量幼儿园管理工作效益的关键是要使培养的人才为社会所接受，并成长为社会需要的人才。

(二)合理使用教育资源，使效益最大化

以有限的人力、物力、财力等条件，最大限度地发挥其作用，以最小的代价获得最佳的效果，这是管理的意义之所在。效率和效益是管理所要追求的目标。幼儿园管理要进行教育成本核算，讲究经营，注意计算经费投入或人力物力等资源的耗费与培养人才和办事效果之间的关系，要考虑如何发挥教育投资的经济效益问题。

(三)注重时间、信息的有效利用率

管理者和领导者要善于合理安排工作，分清主次轻重，考虑工作的优先次序，提高时间利用率；要研究对会议的管理，尽可能少开会、开小会，提高开会效率；要引导教职工避免浪费时间，提高工作和教育效率。信息作为一种特殊资源，对管理者的正确决策具有重要意义。管理上要注意建立畅通的信息渠道，及时传递与反馈准确的信息；要加强沟通，为有关部门与教师提供信息服务，提高信息的利用率。

总之，实施有效性原则，要注意人的因素，因地制宜发掘各种可能利用的资源，创造教育条件。

四、开放性原则

管理不仅仅是管理者的工作，幼儿园的全体教职工和幼儿家长，甚至幼儿要全

程参与幼儿园的管理工作。

幼儿园开放式管理，是指幼儿园为了实现幼儿园教育目标，合理组织和充分运用外界环境与外在系统(主要指幼儿家长和幼儿园所在社区所拥有的人、财、物资源)，使之与幼儿园内部资源相互作用，发挥整体教育的作用，以提高幼儿园的管理水平，促进幼儿园自我发展的管理活动。

(一)幼儿园管理对家长开放

家长对于幼儿园管理存在一定的误解，这在很大程度上是由于他们对幼儿园整体规划的不了解。由于缺乏对幼儿园管理的了解，他们总是从自己孩子的角度出发来看问题，只注重自己孩子的感受。对此，幼儿园应实行各级管理公开化、透明化，让所有的家长了解幼儿园的管理措施及具体规划。请家长对幼儿园的整体规划提出建议，而不仅仅是建议教师如何对待自己的孩子。

教育故事

我们班的"家长园地"可否不搞

长期以来，"家长园地"是幼儿园家长工作的重要宣传窗口，是家园沟通的主渠道，它已成为教师的常规工作。一天，一位教师跟我说："我们班的'家长园地'可否不搞?"我问："为什么?"她说："我们班的孩子大多由保姆或爷爷奶奶接送，他们的父母工作忙，很希望教师能在网上和他们交流。我们班'家长园地'几乎没人看，我认为没有必要再搞，可以取消。"我说："这样吧，你做一个调查，是不是你班所有家长都喜欢网上交流，遇到不会上网的家长如何沟通。同时，我们将围绕这一问题对全园家长进行调查，然后我们再来共同研究解决的办法。"随后，我们给每位家长发了调查问卷，调查的内容是：你知道你班上的"家长园地"在哪儿吗？你看过吗？你认为它对你有帮助吗？你有何建议？你认为最适合你的家园沟通方式是什么？

调查结果显示，各班的情况有所不同。有的班家长确实喜欢网上沟通，原因主要有两个方面：一方面网上沟通快，具有互动性，优于静止的"家长园地"；另一方面，部分家长因为在外地工作或工作忙，没有时间接送孩子，不能来园和教师互通孩子的信息。有的班家长喜欢"家长园地"，希望教师每天将幼儿在园学习的儿歌等写在"家长园地"上，便于回家检查孩子的学习效果。而托班家长则希望教师经常召开家长会和开展亲子活动，以便了解园里的要求和孩子的发展情况，及时调整自己的教养方式。还有的班家长喜欢采取电话联系的方式，认为电话具有即时性，能及时地沟通和解决问题。为此，我们跟教师商定，每个班可以采取不同的沟通方式，但核心是要达到家园沟通的目的。现在幼儿园与家长联系的方式多种多样，有的通过"家长园地"，有的用电话沟通，有的在网上沟通，还有的班每周开展一次亲子活动或家长会。教师和家长、园长三方达成共识：无论采取何种方式，只要这种方式是教师擅长和喜欢的，同时能满足家长需要，真正实现沟通目的，共同为孩子的成长提供支持性环境的，就是最合适的。

(二)幼儿园管理方法的开放性

幼儿园管理方法的开放性，是指幼儿园管理过程中可以运用多种管理方法进行管理，防止管理方法的单一性。幼儿园管理的一般方法，主要有以下几种。

1. 行政方法

(1)行政方法的含义。行政方法是指幼儿园管理者依靠各级组织机构及其赋予的权力，通过发布行政指令的方式，直接对教职员工产生影响的管理手段。按照行政方法，园所中的各级各类组织及其人员的职责和权力范围是有严格规定的，各级之间的关系是明确的。行政方法的核心是各级组织及其管理者一定要有职、有责、有权、有能力。如果职责与权力脱节，职务与能力脱节，就会影响行政方法的有效性。行政的方法就意味着上级对下级有指挥和控制的权力，下级对上级有服从的责任和义务。

(2)行政方法的特点。

①权威性：上无权威、下不服从，就无法保证共同目标和共同活动的实施，行政方法也就失去了应有的作用。

②强制性：园所组织及其管理者在管理过程中有权对下级的行为进行强制性的干预。对被管理者不服从指令的行为，管理者有权进行制裁性处理。

③单向性：行政手段的传递是垂直单向的，上级对下级发出指示、命令等，下级执行。

④无偿性：园所内所进行的各部门之间的人、财、物、信息等调配和使用不考虑价值补偿，一切根据行政管理的需要统一调配。

行政方法在幼儿园管理中具有重要作用，采用行政方法可以使信息迅速地传递到下级，各种管理措施发挥作用比较快，能够集中统一地使用和灵活地调动人、财、物、信息等资源，保证园所内部上、下级行动上的一致，有利于加强有效控制，按照管理者的意图办事。

(3)运用行政方法时应注意的问题。

①正确认识行政方法的有效性和局限性。行政方法强调上级权威和集中统一，园长拥有管理的全权，容易导致官僚主义，而且更多强调的是工作关系，不重视人的多方面的需要，使教职工往往处于被动和被强制的地位，他们的愿望和要求往往不能得到满足，从而不利于下级和教职工能动性、创造性的发挥。

②正确认识和对待权威的作用。为了有效地运用行政方法，园长首先要正确认识和对待权威的作用，注意提高自身的素质。幼儿园普遍实行园长负责制，国家通过教育行政法规的形式赋予了园长一定的权力，目的是使园长在幼儿园管理中发挥更大的作用。但有些园长不能正确理解园长负责制，在工作中滥用行政方法，任意扩大行政方法的管理范围，随意强制下级和员工接受自己的主观意志，其结果是管

理没什么成效，挫伤了下级和员工的积极性。因此，园长在运用行政方法时，应根据不同时期、不同背景和具体情况，把行政方法限定在一个必要和可行的范围之内，不断地加以完善，使其更符合幼儿园管理的客观规律。

2. 经济方法

（1）经济方法的含义。幼儿园管理的经济方法，是指园所管理者运用多种经济手段，调动教职工的积极性，对教职工进行管理的方法。具体讲，它是根据教职工的工作表现、实际成绩以及按劳分配的原则，运用工资、福利、奖金、罚款等经济手段，组织调节和影响教职工的工作行为，以提高园所管理的效率，促进园所管理目标的实现。经济方法在园所管理中的运用是一种客观要求，它是调动广大教职工的积极性、提高园所管理成效的一种有效方法。

（2）经济方法的特点。经济方法源于经济组织的管理，它具有以下特点。

①利益性：把教职工的工作业绩与个人物质利益直接挂钩，用物质利益作为一种杠杆调节教职员工的工作行为，是经济方法的根本特点。

②有偿性：经济报酬是根据"按劳分配，多劳多得"的原则进行分配的，付出得多，干得好，得到的经济报酬就多。教职工的额外工作也是一种有偿性的劳动，应得到一定的补偿。

③平等性：工资、福利、奖金及罚款等是根据统一的价值尺度，按照职工的工作业绩来计算和分配的。在工作效率和效益面前，人人都是平等的。

④间接性：经济方法不直接干预教职工的行为，而是通过物质利益的调节间接地影响教职工的行为。

经济方法的最大作用是把教职工的个人利益与他们的工作业绩以及幼儿园整体效益直接联系起来，有利于激发他们的工作积极性。这种方法有利于消除平均主义、大锅饭的弊端，促进园所员工之间的有效竞争。

（3）运用经济方法应注意的问题。

①正确认识经济方法的局限性。经济方法在调动教职工工作积极性方面是有局限的，因为人们除了物质需要外，还有更多的精神和社会心理方面的需要。它仅是一种强调物质利益的方法，若过分运用还容易导致个人主义和金钱至上的错误思想倾向。

②奖惩结合。运用经济方法，必须实行奖惩结合的原则，否则就失去了意义。实行奖惩必须注意论功行赏，赏罚分明。受奖者确实有值得奖赏的功绩，受惩者确实犯有必要惩罚的过错。奖惩的目的在于教育人，它关系到对一个人的某种肯定或否定的评价，并直接关系到个人的经济利益，因此，在处理过程中必须慎重、得当。

③全面兼顾。园长应正确使用办园自主权，依法合理扩大幼儿园的经济利益，在实行分配时，必须全面兼顾。公办幼儿园应正确处理国家、集体、教职工三者之间的利益关系，民办幼儿园应兼顾投资人回报、幼儿园发展和教职工的福利。

3. 思想政治教育方法

(1)思想政治教育方法的含义。幼儿园管理的思想政治教育方法是指用马克思列宁主义、毛泽东思想、邓小平理论、"三个代表"重要思想、科学发展观、习近平新时代中国特色社会主义思想，用共产主义理想道德，正确的人生观、价值观，教育、动员教职工，以提高他们的思想政治觉悟、贯彻党的教育方针和政策的自觉性，培养他们良好的职业道德和高尚情操，保证幼儿园各项工作任务的顺利完成。

(2)思想政治教育方法的特点。

①启发性：思想政治教育方法并不直接干预和决定人们的具体行动，而是通过正确的思想和价值观的引导，使教职工正确地选择该做什么以及怎样去做。

②长期性：转变人的思想不是一朝一夕所能完成的，需要长期不懈的努力。一旦形成良好的思想品德和正确的价值观，就会持久稳定地对人的工作产生积极的影响。

③多样性：人的思想多种多样，不同的人需要不同的对待，这就决定了思想政治工作方法具有灵活性的特点。

(3)运用思想政治教育方法应注意的问题。

①正确认识思想政治教育方法的局限性。思想政治教育方法只是通过思想和精神因素间接影响园所的管理工作，不是直接决定管理的过程。

②思想教育的内容要有科学性。要按照马克思列宁主义、毛泽东思想、邓小平理论、"三个代表"重要思想、科学发展观、习近平新时代中国特色社会主义思想的基本原理，联系教职工的工作实际，全面地学习、宣传，就能够有效地帮助提高教职工的思想觉悟，振奋精神，做好工作。

③思想教育的形式要注意群众性。积极有效的思想教育活动，都是群众自己教育自己、自己解放自己的自我认识过程，因此，思想工作应当采用讨论式、商量式、启发式等民主的形式，把教职工吸引到思想教育工作中来，使他们成为思想教育的主人。

4. 法律方法

(1)法律方法的含义。幼儿园管理的法律方法是指园所管理人员通过国家制定的有关教育的法律、法令、法规、条例和教育方针政策，对园所工作进行管理的方法。法律方法也就是人们常说的"法治"。

20 世纪 90 年代以来，原国家教委颁布了《幼儿园工作规程》《幼儿园管理条例》两个重要的法规文件，这对新时期我国幼教事业健康发展起到重要的保障作用，同时也为幼儿园管理人员依法办园、依法治园提供了重要的法规依据。

(2)法律方法的特点。

①强制性：教育法律法规明确规定人们应该做什么，可以做什么，禁止做什么。任何违反法律法规的行为都要受到国家力量强制性纠正或制裁。

②规范性：法律规范是社会所有有关组织和个人行动的统一准则，对所有组织和个人具有同等的约束力。

③稳定性：教育法律法规是具有普遍约束力的行为规范，因此它们的制定、修改、废止都要非常慎重，以保证法律法规的稳定性和持续性。

（3）运用法律方法应注意的问题。法律的方法并不是万能的，它只能在有限的范围内调控幼儿园内部的活动。事实上，在法律方法作用范围以外，还有大量的管理工作需要做。此外，法律方法本身也有某些局限性，容易导致管理系统呆板、僵化，不利于管理者根据具体情况发挥主观能动性和创造性。

在现实的管理工作中，各种管理方法是相互联系、相互依存、共同起作用的，任何一种管理方法的作用和效果都是有限的，而众多方法的综合运用，则可以起到互补的作用。因此，在幼儿园管理中，我们要整体地、综合地、优化地看待和运用这些方法，坚持选择管理方法的开放性原则使其在幼儿园管理中发挥更大的作用。

第三节 幼儿园管理理念

"理念"一词源于古希腊语（eidos），其原典含义为"形式""外观""通型"等，从荷马史诗至苏格拉底都常在这一意义上使用该词。苏格拉底之后逐渐有了"观念""类型""宗旨""本性"等含义。"理念"被引用到英语（idea）中之后，又被赋予了"精神""信仰""理想""认识""观点""使命"等含义。简言之，所谓"理念"，是指人们对于某一事物或现象的理性认识、理想追求及其所形成的观念体系。

幼儿园管理的理念是基于幼儿园管理活动的特质而形成的。各个幼儿园管理的理念不尽相同，在此我们仅讨论几个被广泛认可的管理理念。

一、以人为本

以人为本管理思想的核心是把组织中的人视为人本身，以人为本中的"本"实际上是一种哲学意义上的"本位""根本""目的"之意。在幼儿园管理中，坚持以人为本理念，就是一切从幼儿、教师的成长发展出发，紧紧依靠广大教职员工，充分调动广大教职员工教书育人的积极性，形成幼儿园共同的价值观念和价值取向，构建起以人为主体的幼儿园文化，推进幼儿园的和谐发展，同时和家长精诚合作，为幼儿营造健康成长的环境。

（一）以幼儿发展为本

当前在我国部分地区幼儿园活动中，存在着幼儿主体地位缺失的现象，幼儿在这种情况下，处于海绵式的被动吸收状态，教师主宰课堂教学的实施，课程资源单向流动——老师传输，幼儿接受。这种机械的教学方式导致幼儿主动探究问题的时间减少，对所学的东西缺乏兴趣。现代幼儿教育提倡以幼儿为发展主体，通过各种活动调动幼儿的主动性，从其自身特点出发，主动发展。

(二)以教师成长为根

在幼儿教育改革中，教师角色的转变及专业化的成长尤为关键。教师的专业素养既是幼儿园教育品质的体现，又是幼儿园达成专业教育目标的保证。时代的发展，从多方面促进了教师向专业化转变，使教师实力得以提升，也为幼儿园的发展注入勃勃生机。

(三)以家园共育为绳

在实施幼儿教育的过程中，家庭的作用是不容忽视的。家庭是实施学前教育的一个重要载体，没有家庭的力量，幼儿园的活动是难以维持的。幼儿园作为教育机构，有必要也有义务与家长建立良好的合作关系，在遵循教育规律的同时，兼顾家长的愿望和需求，共同完成育人工作。

二、文化立园

幼儿园文化是指幼儿园在整个幼儿园生活中所形成的具有独特凝聚力的园风园貌、制度规范和精神氛围等，其核心是幼儿园在长期的办园过程中所形成的共同价值观念、思想观念和行为方式，它蕴含着幼儿园的办园方向、发展目标、运营策略、社会责任以及园长对理想幼儿园模式的系统构想。它决定着幼儿园的精神面貌，是幼儿园的品牌形象，是凝聚和激励全体保教人员投身教育教学改革的精神力量，是幼儿园得以可持续发展的巨大内驱力。管理者应充分发挥聪明才智，针对不同的人、不同的事采用不同的管理方法以促进目标的实现。

幼儿园的文化建设我们将在第九章专门讨论，不在此赘述。

三、刚柔并济

幼儿园的管理中，刚性的制度管理和柔性的发展管理相结合，更有利于幼儿园持久的发展。在柔性的发展管理中，刚柔并济的理念体现在以下几方面的认识中。

(一)对于管理者的认识

当今社会，一个组织如何能管理得好，关键要看管理者的智慧。何为管理者？纵向来看，管理者分为三类：第一类是高层管理者。他们处于组织的最高层，主要负责组织的战略管理，并在对外交往中以代表组织的"官方"身份出现。第二类是中层管理人员。他们直接负责或者协助管理基层管理人员及其工作，在组织中起到承上启下的作用。第三类是基层管理人员，亦称第一线管理者。他们处于作业人员之上的组织层次中，负责管理作业人员及其工作。横向来看，管理者还可以分为综合管理人员和专业管理人员。工作的分工不同决定工作职责的不同，此即"刚性"的一面。

柔性的一面体现在管理者的智慧中。管理者应该具备怎样的智慧呢？概括起来主要有三点：第一，业务上的智慧。即对特定领域知识的熟悉和掌握。一个组织中，管理者一定要做到精通该领域的业务，这样才能正确引导下属们一起实现组织目标。

第二，人际交往上的智慧。即与人沟通、激励、引导和鼓舞人们的热情和信心等方面的智慧；管理者是否管理得成功在很大程度上是受其人格魅力的影响的。有人格魅力的管理者在组织中具有较高的威望，下属们都心甘情愿在其引导下努力完成工作，最终实现组织目标。第三，概念上的智慧。即在面对问题时的洞察、判断、分析的智慧。这需要管理者全面了解组织的内外部环境，正确地制订计划并指引下属实现组织目标。每一个阶层的管理者都应该具备上述三种智慧。

(二)对于被管理者的认识

被管理者是相对管理者而言的。管理者通过他人来完成工作。他们做出决策、分配资源、指导他人的活动从而实现工作目标。这里的"他人"就是指被管理者。有管理者就有被管理者。

如何做好一个被管理者：

(1)端正态度，承认自己是被管理者，无论被谁管理。

(2)想管理者之所想，急管理者之所急。

(3)让管理者及时知道你的所想、所做。

(4)让更高级的管理者及其他人知道你的所想、所做。

(5)在正确的工作道路上做正确的事。

每一位做到高层的被管理者，仅有出色的工作能力和才华是不够的。他们有一个共同的特点——被管理者的意识：服从组织，服从领导，对每一件事有自己的见解和处理方式。但是，具体怎样去做，就要求我们必须按管理者的方式去执行。此即管理的"刚性"。

但是，每一名被管理者又具有独立的个性，有不同的需求，管理中，管理者必须考虑到这一点，为每名被管理者设置不同的目标和要求，才能充分调动其积极性，做到效益最优化。此即管理中的"柔性"。

(三)对于管理目标的认识

1. 管理目标的含义

目标是什么？人们从不同角度给目标下了定义。行为学家认为，目标是外在的，是由动机所引起的，能激励人去追求的有价值的东西。也有学者认为，目标是某一行动所要达到的最终目的，是要争取达到的某种预想结果的标准或状态。根据目标的定义，可以给管理目标下个定义：管理目标是管理主体进行管理活动所要达到的状态、标准、结果。换言之，就是管理者通过实施一系列的管理职能，希望把幼儿园办成什么样子，朝着什么方向发展，最终达到什么规格要求。

2. 管理目标的特点

指向性。目标为组织或个人指明了奋斗的方向，展现出预想的前景。幼儿园的管理目标体现了幼儿园的办学方向，是幼儿园管理者通过管理活动所希望实现的一种未来的结果、状态。

社会性。幼儿园是一个社会组织，它是整个社会系统的一个组成部分。幼儿园的发展受到社会政治、经济、文化等因素的制约。幼儿园作为社会组织，它的管理目标要与社会性质、社会发展的总目标相统一。我国幼儿园的管理目标必须体现社会主义性质，要贯彻党和国家的教育方针、政策、法律法规。

层次性。一个整体目标的实现分解为多个层次性目标的实现。幼儿园管理目标是幼儿园管理的总目标，是比较抽象、纲领性的目标。要实现这个总目标，必须要将目标分解为多个层次的子目标，通过实现多层次的子目标，最终实现总目标。

可行性。幼儿园的管理目标是幼儿园的办园方向，只有付诸实践才能有效果。因此，幼儿园管理目标的制定必须结合幼儿园的实际情况，符合幼儿园管理规律，具有可行性；必须是经过努力可以实现的，必须有具体的可操作内容，而不是口号性的纲领。

3. 幼儿园管理目标的内容

幼儿园管理目标是一个总的目标，管理目标具有层次性，要实现幼儿园管理的总目标，必须将之分解为操作性强的子目标。幼儿园管理目标的基本内容可以分为三大类。

(1)一般管理目标。对人的管理目标。对人的管理目标包括：培养良好集体管理的目标，要在幼儿园营造良好的人际关系氛围，开展民主管理，发挥组织成员的积极性与创造性，达成共识；合理使用人的管理目标，充分发挥人力资源的作用，合理安排每个人的岗位，发挥个人所长，做到人尽其才；不断提高教师的思想、道德、技能等方面的素质。

对物管理的目标：指的是管理者对幼儿园的物质使用所预期达到的结果，即对幼儿园的各种物质进行配置、使用，以达到物尽其用的管理目标。

对财的管理目标：指的是财力活动预期达到的结果，包括：财力开发、财力分配、资金使用方面的管理目标。

时间的管理目标：幼儿园各个阶段工作时间的合理安排等方面的目标。

信息的管理目标：幼儿园的档案管理、资料收集、信息网络建设等方面的目标。

(2)具体工作管理目标。具体工作管理目标，指的是管理者对某项工作的管理活动，并使该项工作的质量和数量达到预期结果的目标。如，幼儿园的教学工作、思想政治教育、体育卫生工作和后勤工作等工作的管理目标。所有这些具体部门、系统的目标都是幼儿园整体管理目标的组成部分。

(3)幼儿园领导工作管理目标。幼儿园领导工作管理目标，指的是幼儿园的主要管理者参与的管理活动所预期达到的结果。这方面的管理目标，内容也是很丰富的。

建设合理的领导班子结构。合理的领导班子应该在年龄上体现老中青结合；在知识结构上体现各学科知识的互补；在能力上体现开拓型、协调型、执行型的配合。

建立和健全幼儿园管理系统。如设置合理的管理机构，建立管理岗位责任制、管理工作程序和规范等。这些是幼儿园领导者管理工作的重要内容。

实现幼儿园管理的科学化。管理科学化就是管理活动要遵循客观规律，采用科学的管理手段，选择最优方法并科学决策，达到最优效果。

实现管理的民主化。民主化管理是幼儿园领导工作有效开展的保障。

培养、提高管理人员素质。高素质的管理人才是成功管理的必备条件。

(四)对于管理过程的认识

管理过程是指为实现预定的管理目标，管理者组织全员按计划、有步骤地进行的共同活动的程序。

任何事物的运动变化都遵循一定的规律，管理过程也不例外。管理学界对管理过程有着不同的看法，较有影响的是西蒙的"决策链条说"和戴明的"四环说"。

管理目标既是我们要达到的状态，更是我们前进的方向。目标制定之后，在实现的过程中必定会有各种问题出现，管理者要审时度势，适时调整目标及目标的达成方法，真正做到"刚柔并济"。

1. 决策链条说

"决策链条说"是由科学决策理论的提出者西蒙提出的。他认为管理过程就是"决策—执行—再决策—再执行"的连续不断的过程。这一理论强调了决策在企业管理过程中的重要作用。"决策链条说"的优势在于抓住了决策这个关键因素。在变化莫测的市场经济时代，正确的决策对于一个幼儿园的生存和发展十分重要。决策是影响全局的一项工作，在各层次的管理过程中占据着核心地位。科学正确的决策需要管理者审时度势，准确地分析和把握当前市场的需要，对未来幼儿园的发展趋势进行准确的、科学的预测和判断。

"决策链条说"简洁明确，但它并没有把决策和再决策的职能区分开，把管理过程仅以决策和执行两种元素归纳出来，缺乏操作上的具体指导。

2. 四环说

"四环说"是由美国著名管理学家戴明提出来的。他认为管理过程是由"计划—实施—检查—总结"四个环节构成的，并且这四个环节构成了管理活动的一个周期，简称"戴明环"。如图 1-1 所示，戴明环不断地循环就实现了管理。

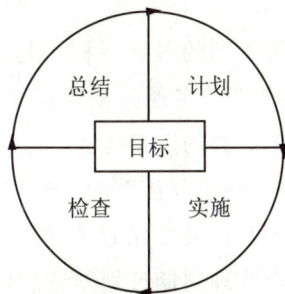

图 1-1　戴明环

(1)"戴明环"的内容。计划是指在组织想要达到的目标的基础上，对在此过程中可能遇到的问题的预见，以及实现目标进程的规划。计划是管理过程的起始环节。实施是将计划付诸行动，为达到预想的成果所采取的措施。检查是对照计划对实施阶段的成果进行评价，肯定成绩，发现问题，改正错误。总结是对计划实施的全过程进行的总评价。

(2)幼儿园管理过程。幼儿园管理过程是指根据管理的基本原理和原则，为达到幼儿园的总目标，组织全员共同活动的程序。这个程序就体现在"戴明环"的计划、实施、检查、总结的四个环节中。

计划是实施、检查和总结的依据，是幼儿园开展一切工作的依据。幼儿园在制订计划时，要贯彻国家和地方的教育方针、政策，遵循幼教法规的要求，切实保证幼儿教育总目标的实现。

实施是管理过程的第二个环节，是管理过程的中心环节。在计划实施过程中，幼儿园各级组织要协调好上下级关系、平衡部门以及个人间的关系，使各部门相互配合、协调有序地进行工作。

检查是促进计划实施的保障，它使幼儿园管理者能够全面地掌握不同阶段的工作状况，以便及时发现问题并改正，保证计划落到实处。检查可以为总结工作提供反馈信息。

总结在管理过程中起到承上启下的作用，它标志着幼儿园一个管理过程的结束和另一个新的管理过程的开始。通过总结对整个管理过程进行全面的评价，肯定成绩，找出不足，获得经验教训，及时根据获得的信息对幼儿园的计划方案进行调整，为新的管理工作的开展奠定基础。

管理过程的"刚性"体现在管理过程中的各个环节是有序展开的，无论是"决策—执行—再决策—再执行"还是"计划—实施—检查—总结"，都只能按这一顺序进行。管理过程的"柔性"是指虽然管理过程的各环节顺序是既定的，但如果在任何一个环节发现问题，管理者都可以通过调节其他环节来保证目标的实现。如在检查中发现某项工作达不到要求，可以回头看计划是否科学合理，实施是否严格按计划进行，如果存在问题即可及时调整。

(五)对于管理结果的认识

幼儿园管理的结果是幼儿园管理的最终目标，是实现幼儿园发展的目标和促进幼儿发展的目标。幼儿园的管理要求实现国家规定的培养目标和幼儿园工作任务，较好地完成教育培养目标和服务家长的双重任务。

考察目标是否达成也要运用"刚柔并济"的理念。管理者既要用目标衡量管理的结果，对管理的结果做出价值判断；又要用管理结果衡量目标，以便发现目标存在的问题，适当调整后成为下一个管理周期计划制订的依据。

第四节　幼儿园管理体制

管理体制是指管理系统的结构和组成方式。幼儿园由于投资人和发展的历史不同，形成若干不同的管理体制。

一、公办幼儿园及其管理特点

公办幼儿园是国家机构利用国家财政性教育经费开办的对儿童实施保育和教育的公办机构。

公办幼儿园实行园长负责制。园长是幼儿园法定代表人，全面负责幼儿园的行政工作，其主要职责有：贯彻执行国家的有关法律、法规、政策和上级主管部门的规定；领导教育、卫生保健、安全保卫工作；组织制订并实施幼儿园的发展规划；负责建立并执行各种规章制度；负责聘任、调配工作人员；指导、检查和评估教师及其他工作人员的工作，并给予奖惩；组织管理园舍、设备和经费；组织和指导家长工作等。

幼儿园在园长领导下成立园务委员会，下设年级组、教研组、后勤组等职能部门，分别承担相应的管理职能。各机构组成幼儿园管理网络，各司其职，分工合作，确保政令畅通，圆满完成各项任务。

二、民办幼儿园及其管理特点

民办幼儿园包括独资、合资幼儿园，投资者和管理者合一的幼儿园，投资者和管理者分离的幼儿园。《中华人民共和国民办教育促进法》规定，民办学校（含幼儿园）是指国家机构以外的社会组织或个人，利用非国家财政经费，面向社会举办的学校及其他教育机构。

（一）机构设置

组织机构的设置是为了管理工作目标的实现。民办幼儿园的机构设置相对于公办幼儿园具有相对自由度，但也必须参照国家的相关规定。幼儿园的机构设置，首先要依据国家和相关管理部门的规定，如《幼儿园工作规程》《幼儿园管理条例》《中华人民共和国民办教育促进法》和各地的社会力量办学管理条例；其次必须依据幼儿园自身的实际情况，如幼儿园的规模、类型等。根据幼儿园的保教职能，一般组织机构应包括行政组织、业务组织（以保教工作为中心），有的民办幼儿园还会设置有党群组织。不同类型及规模的幼儿园机构设置是不同的，但基本都是紧紧围绕幼儿园的教学和保育工作展开的，同时也会设置为保教服务的行政部门。幼儿园一般实行园长负责制，并下设业务副园长，直接负责保教、后勤和卫生保健工作。

（二）管理理念

现代民办幼儿园基本都是自主经营、自负盈亏，和企业有一定相似性。很多民办幼儿园在人事制度和劳动分配制度上实行企业化管理。民办幼儿园一般经费自筹，并且要面对公立幼儿园的强大竞争，所以为了寻求发展，就必须引进企业管理的理念，这样才可建立起一支高效的管理团队，真正实行科学管理。现代很多民办幼儿园坚持"以市场为导向"的经营理念，但过度跟随市场和家长的需求，往往会忽视教育规律，不利于民办园的可持续性发展。

三、转制幼儿园及其管理特点

在计划经济体制背景下，幼儿园基本上由教育部门、集体和国有企事业单位创办。随着国家行政机关和国有企事业单位改革的推进，出于减轻单位经济负担、打破政府包办幼儿园体制的考虑，国家经贸委在 1995 年印发了《关于若干城市分离企业办社会职能分流富余人员的意见》，开始将国有企业开办的托儿所移交给社会，由此启动了幼儿园的转制改革。公办幼儿园的转制本质上是政府责任向市场的一种转移，即通过引入多个投资与办学主体，将原本完全由政府承担的投入和办学职责部分地转移给市场，通过一定程度上的自负盈亏来激活幼儿园的办学活力。这一改革对幼儿园的产权进行了分解与重组，形成了一种国家、开办者共同享有产权的架构。

（一）差额拨款制公办园

这类转制园的公办园属性没有发生根本改变，在改革后依旧从属于教育部门、集体或国有企事业单位，其场地设施、基本运营经费和教师基本工资仍由所属机关提供，教师的福利以及学校发展基金则需要通过办学活动自行筹措。差额拨款制公办园的办学在一定程度上实现了自负盈亏，教职工的紧迫感较强。这种体制有助于激发教职工的动力，提高幼儿园的办学效益，同时又可以减轻国家的经济负担，因此在实践中得到了广泛应用。

（二）委托代理制公办园

这类转制园的公办园属性同样没有发生根本改变，在改革后依旧从属于教育部门、集体或国有企事业单位，其场地设施以及办学经费仍由所属机关提供，但其办学活动"承包"给了个人或组织。幼儿园所属部门与承包者对办园的收益分配进行约定，在年度结算时，办学收益中需用作幼儿园运营或发展经费的部分返还给幼儿园，利润结余部分归承包者所有。委托代理在确保了转制园公办属性的前提下，打破了原有体制中"铁饭碗"的局面，使得办学者有权获得幼儿园收入的盈余部分，激发了其办学积极性。同时，委托代理制公办园赋予了办学者较强的办学自主权，这也有助于优化资源配置、强化幼儿园办学特色。

(三)国有民办幼儿园

这类转制园属于按民办园机制运营的混合制幼儿园,其典型模式是转制后的街道幼儿园以及新建小区的配套幼儿园。这类幼儿园由教育部门、集体或国有企事业单位提供场地和校舍,但幼儿园的运营完全独立,一般注册为独立的民办园。国有民办幼儿园的优势:一方面按民办园的办园机制运作,通过自负盈亏来激发办学活力;另一方面,与纯粹的民办园相比,国有民办幼儿园享用国家提供的场地和设施,办学成本较低,办学活力较强。

(四)股份制幼儿园

股份制幼儿园指公办园经过转制而成的股份制民办园,这类幼儿园是完全的民办园。在这类幼儿园的转制过程中,首先解除了幼儿园职工的国家编制,同时将幼儿园的资产转化为职工的股份作为补偿,使得职工成为幼儿园的股东。股份制幼儿园的优势在于幼儿园职工在失去国家编制的同时也成为幼儿园的股东,这种补偿方式为员工日后的生活提供了保障,保证了国有企事业单位改革的顺利推行。

四、连锁幼儿园及其管理特点

连锁经营是最开始运用于传统零售业、餐饮行业等商业领域的一种经营方式,随着我国市场经济体制的开放和完善,连锁经营的范围发生了多元的变化,并延伸至教育行业。教育连锁,即在同一个教育品牌领导下,由若干学校或教育分支机构加盟,构成相对统一的联合体,在不同的地点和区域内提供同一品牌的教育教学服务。目前,我国主要有三种教育连锁模式:正规连锁、特许经营、自愿加盟。

连锁幼儿园大体分为总园与分园两个层次(有的还存在地区总部)。从职能分工上看,总部的职能是规划设计,分园的职能是组织实施。总部的使命除了确定发展目标、选择实施路径和统一品牌经营外,还有一个重要职责,即研究管理技巧以指导各分园的管理和业务工作。连锁总园对分园的管理控制,主要表现在经营管理模式的贯彻和对信息流把握两个方面。总园要制定具体制度,确保统一规范能在所有分园充分实施。分园的运营要在总园严格的监控下进行。总园要加强协调或调度中心的建设和监理,积极采取销售时点管理系统、条形码管理系统、库存自动化管理系统、自动记账系统,有条件的幼儿园还应建立自己的网络信息系统,使总园必要时能够实现对所有分园的即时动态管理,从而实现规范统一和规模效益。

五、集团化幼儿园及其管理特点

集团化幼儿园尚属新型的学前教育组织结构,要弄清楚何为集团化幼儿园,还需追溯其上位概念——教育集团。

在我国，教育集团是在社会转型与社会主义市场经济体制建立及健全时期形成与发展起来的。相比于传统的教育教学机构，教育集团是一种新生事物。通过查阅相关资料发现，关于教育集团的理论，多是国内一些大规模教育集团的专业人士对本集团发展历程的经验总结，缺乏系统的归纳。王家俊（2000）认为，教育集团主要采取董事会集中领导下的校长负责制，由若干学校及教育产业构成。而在这若干学校中，既存在以"独立法人"运转的状况，又存在超越某一学校的统筹管理以统一思想来协同运作的学校联合体。王道俊、王汉澜（1987）指出，一般而言，若想实现教育资源的优化配置，主要可以采取通过特定的"产权"或"契约"纽带，将两个以上具有法人资格的教学机构与其他教育相关产业机构，共同组成的教育经济联合体。赵华（2005）将教育集团定义为：将一所或是多所具有相似服务的、发展较好的教育机构作为核心，采取共同建设、相互合作、各自调整等多种形式，以资产联结或契约合同为纽带的方式，把具有相似学科或专业或互补优势的若干具有独立法人资格的主体，共同建立起教育机构的组织形态。

综合上述观点，学者们多从规模及是否进行统一管理两方面，来界定一个教育组织是否可以成为教育集团。

目前，关于集团化幼儿园的介绍多是对某一个集团化幼儿园办学成功经验的介绍，较少有对"集团化幼儿园"进行明确概念界定的理论文献。通过对目前社会上以"集团化幼儿园"冠名的幼儿园的现状及特点进行综合分析得出：本书中的集团化幼儿园是指，由三个或三个以上的幼儿园经营实体，以产权关系或契约关系为联结纽带的学前教育机构联合体。该联合体中的各组织结构，均在整体规划下按统一管理及协同运作来实施教育活动。

集团化管理强调统一管理和分层管理相结合。集团化幼儿园一般为三级制，即以园长为代表的指挥决策层、中层管理层及基层。非集团幼儿园有三级制，但多为二级制，并且中层管理层分工不明显。集团化幼儿园总园长统一对外，在行政、人事、财务、后勤、业务、考核上统一管理，保证各分园园长全身心地做好本园的工作。集团化幼儿园中各分园园长比非集团化幼儿园的园长多一项职责，即执行总园决策并与其他分园进行协调沟通。集团化幼儿园的组织机构建设遵循了组织设计原则，考虑到了幼儿园的内外环境、条件，有利于幼儿园管理职能的发挥，更有利于全园的高效运作。

在实践中，有的集团化幼儿园开始向其他教育阶段教育机构拓展，如开办了小学、中学；也有的幼儿园开办了幼儿师范学校，甚至有的发展成为上市公司。

本章小结

1. 管理就是合理地组织和充分地利用各种资源，优质高效地实现预定的组织目标的过程。管理理论的发展经历了三个时期：管理理论的初创时期、成长时期和现代管理科学理论时期。

2. 幼儿园管理是幼儿园的管理人员采用科学的工作方式和管理手段，将人、财、物等因素合理组织起来，实现国家规定的培养目标和幼儿园工作任务所进行的一般职能活动。幼儿园管理原则包括方向性原则、服务性原则、有效性原则、开放性原则。

3. 幼儿园的管理理念最重要的是以人为本。

4. 不同性质的幼儿园其管理体制不同。

关键术语

管理　幼儿园管理　管理理论　管理原则　管理理念　管理体制

思考题

1. 什么是管理？什么是幼儿园管理？

2. 管理理论的发展经历了哪三个时期？分别在哪些方面对管理理论的发展做出了贡献？

3. 简要分析幼儿园管理的原则。

4. 分析幼儿园的管理理念。

5. 简要概括各类幼儿园的管理体制。

案例研究

当家长行为不妥时

某幼儿园，两个要好的小女孩笑笑和丽丽在玩耍时，笑笑不小心用指甲将丽丽的前胸划破。傍晚，丽丽妈来接时看到女儿在哭，简单询问女儿后，就向笑笑大声斥责："你这样对我女儿，我也让你试试。"丽丽妈随即在笑笑的胸前留下了划痕。事件发生在一瞬间，教师未来得及制止。园长闻讯后迅速赶来，先和教师一起安抚了两个女孩和在场幼儿，防止孩子们受到刺激和惊吓，并将丽丽妈请到办公室里谈话。

园长对丽丽妈的行为进行了剖析："你作为成年人，出手伤害幼小的孩子是很不妥的！"丽丽妈则认为自己蛮有理："我的孩子吃了亏，我这样做是为了教育那个孩子。平时我没让自己的孩子去打人，但别人伤了她，她只会哭不会保护自己，这样下去不是永远都吃亏吗？哪个孩子的父母不心疼呀？"园长承认了园方工作存在的失误，并进一步说明情况："两个孩子平时特别要好，笑笑不是故意伤害你的女儿，是在追逐玩耍时不小心划破她的。"然后园长客观地指出这与成年人出手打伤孩子完全是两种不同性质的问题。"你想过吗，你的言行不仅伤害了笑笑，而且对自己的孩子和其他的孩子会造成什么样的影响？如果你是笑笑的父母，你能容忍别人这样对待自己的女儿吗？像你这样保护女儿，她还能有朋友吗？还能有机会学会自己解决问题吗？"园长的一席话，使丽丽妈彻底冷静下来，意识到自己一时失态的严重后果，并主动征求园长的意见：自己接下来该怎么办？

紧接着教师打电话告知笑笑家长事情的经过，先让他们放心，再上门家访。笑笑的父母十分通情达理，不仅没有责怪教师反而安慰她们。他们积极配合园方安抚女儿，对笑笑解释说："阿姨不是成心的，大人犯了错想改正，小朋友也要原谅她。"他们说，很心疼自己的女儿，但理智的做法应是防止矛盾升级和事态扩大，以免孩子们再受伤害。

园长将笑笑父母的意见转达给丽丽妈，她产生了深深的自责。几天后，她主动买了一个漂亮娃娃送给笑笑，把笑笑搂在怀里，边流下愧疚的眼泪边说："阿姨错了，对不起！"丽丽妈真诚地希望孩子能原谅她。在场的人都被感动了，两个女孩的关系和好如初。

经历这件事后，丽丽妈深感园方处理得当，真正帮助和教育了自己，此后便更加积极主动配合园方的工作，成为一位热心家长。

此事虽然是偶发事件，但园长认为应当汲取教训，修订了已有的《幼儿家长行为规范》，增加了相关的条款："幼儿之间若有矛盾摩擦，家长必须通过班内教师或园方解决，不得直接插手处理，更不能伤害幼儿，违者必须承担相应的责任。"并将幼儿家长行为规范列入入园新生的家长须知中，请家长详细阅读并签字承诺自觉遵守。

仔细阅读以上案例，试分析园长的行为（从管理理念、管理方法等方面进行分析）。

📖 拓 展 阅 读

1. 王普华. 幼儿园管理［M］. 北京：高等教育出版社，2014.

该书分四编：第一编基本理论，包括绪论，幼儿园管理的任务、内容与原则，幼儿园的目标管理，管理职能与幼儿园的管理过程；第二编幼儿园工作管理，包括幼儿园保教工作管理，幼儿园卫生保健工作管理，幼儿园总务后勤工作管理；第三编幼儿园组织与人员管理，包括幼儿园的管理体制，幼儿园保教队伍建设，园长的领导艺术与领导班子建设，幼儿园组织文化建设；第四编幼儿园公共关系与幼儿园工作评价，包括幼儿园公共关系管理，幼儿园工作评价。该教材在博采众家之长、认真梳理管理理论的基础上，力求从理论和实践的结合上有所突破，形成完整的管理概念，突出操作性、实用性。

2. 张燕. 幼儿园管理[M]. 北京：北京师范大学出版社，1997.

该书主要内容包括：幼儿园管理任务与原则，幼儿园的组织机构和规章制度，幼儿园管理的目标与过程，幼儿园保教工作，卫生保健工作，总务工作，保教队伍建设，园长与幼儿园领导工作，幼儿园的家长工作，幼儿园与教育行政等。

3. 谢秀丽. 幼儿园工作管理[M]. 广州：广东高等教育出版社，2002.

该书在管理基础理论的基础上，阐述了幼儿园工作管理的原理、方法和过程，包括幼儿园管理体制、组织实施、管理过程的特点，以及幼儿园保教队伍和管理队伍的建设。全书共12章，每章前后各附有"学习要求"及"思考题"。书后附有国家及广东省有关幼儿园管理工作的文件，方便读者查阅。

第二章　建立幼儿园的程序和具体工作

学习目标▶

1. 了解幼儿园选址和定位的具体要求，以及幼儿园筹建和办学的审批程序。
2. 掌握幼儿园设备的标准、采购管理制度以及人员招聘和配备的标准。
3. 明确幼儿园课程选择和组织，以及宣传招生和编班的方式方法。

导入案例▶

杭州西溪山庄的某幼儿园，于 2013 年 3 月中旬开园。当年 4 月，一位 5 岁女孩的妈妈发现女儿的指甲有异常：右手食指先是肿了，然后指甲从中间断裂开来，指甲盖也翻了起来。最后，整个指甲脱落并化脓。不久，这种症状又出现在其他的指甲上。经了解发现，至少有 8 个孩子的指甲都出现了同样的问题。有的孩子还莫名其妙地流过鼻血，有的孩子的脚趾甲也出现了同样的症状。

家长带孩子去了省儿保所和市一医院，医生说出导致指甲有如此症状的两个原因：一是营养不良，二是空气环境不良，建议吃一些排毒的药物。目前的状况对孩子身体并没有太大的影响，但不排除还未表现出来的隐性伤害。贫血、缺钙、缺少某种微量元素，指甲都会出现这种症状。建议最好还是让 8 个孩子一起来做检查。

据了解，这家幼儿园是 2013 年 2 月刚刚装修好的，2013 年 3 月 11 日就开始接收孩子，未经过相关教育部门的审批。

（原文：杭州一幼儿园装修后未审批就开园，8 学生指甲化脓脱落 http://home.ifeng.com/news/hangyedongtai/zhuangxiusheji/zhuangxiu/detail_2013_06/21/918033_0.shtml）

针对此案例，我们将从幼儿园的选址、定位、审批程序、设备标准等方面，全面分析幼儿园建立前需要考虑的因素和具体要求。

第一节　选址和定位

一、幼儿园的选址

幼儿园的成功运营取决于园址的选择、园所的经营策略和管理、教师的服务水平等诸多方面，其首要工作就是选择适宜的园址。幼儿园选址必须要考虑周边环境、交通情况、居民居住情况等诸多因素。多数家长在孩子到了入园年龄前常会联系多家幼儿园，并参观考察幼儿园的整体环境。幼儿园地址的便利性、安全性等都是家长择园的重要条件。

选址工作要求对幼儿园所在的城市、城市的各个区域进行深入的了解，逐步缩小范围。选址前期调研应重点了解城市各行政区中商业、教育、行政等情况，城市发展规划中老城区、新城区、人口及分布密度、中高档社区分布、同行业机构分布、价位、规模等情况。

(一)幼儿园的环境要求

1. 幼儿园的外部环境要求

(1)周边楼盘：考察的因素有周边楼盘居住人口密度、居住群体收入、居住群体年龄、消费水平和消费习惯、文化程度、居住楼盘入住率等。这些因素会影响到幼儿园的生源数量和质量、办园的定位、收费的高低、服务时间以及服务质量。考察时一般采用随机抽样入户调查、公共场所随机问卷以及个别访谈的形式。

(2)周边设施：幼儿园附近有其他的公共场所和功能场所，也会有助于家长的选择。如选择在商店、博物馆、儿童主题公园等公共场所集中的地方办园。例如，美国的一所幼儿园建在儿童博物馆的楼下，家长不仅可以就近参观，而且还可以共用资源。再如一所幼儿园对面是教学质量很好的小学，在二孩政策下，就有家庭将大孩子送到小学后再送小孩子到幼儿园，方便接送。建园应避免在经济不发达的地区或楼龄很长且管理不善的地区，更不能选择公共娱乐场所以及其他不利于幼儿发展的地区。

(3)周边环境：建园要考虑周边绿化、空气、噪声、采光等因素。创建良好的绿化环境有助于孩子的身心发育。幼儿免疫力差，容易患呼吸道疾病，幼儿园要保持空气的流通和清新，附近不能存在有毒、有害物质。幼儿园要远离生产和储藏、易燃易爆的车间和厂房。噪声会影响幼儿的听力，因此要远离噪声源(嘈杂的工厂、机场、大型娱乐场所等)。幼儿园与城镇的主干道之间的距离不应少于 80 米，园门不宜直接面向主干道或机动车流量每小时超过 300 辆的道路。园门前要有一定的缓冲距离(80～100 米为宜)。幼儿园还要远离高层建筑物。高层建筑物除了会影响采光外，还容易导致幼儿产生紧张和压迫等不良情绪，还有高空坠物的可能。此外，幼儿园内不得架有高压输电线路。

（4）周边交通：现代城镇中的大多数家庭都有私家车，便利的交通可以让家长方便地接送孩子，同时，停车问题也是应该考虑的。

2. 幼儿园的内部环境要求

幼儿园建筑要符合国家颁布的《托儿所幼儿园建筑设计规范》[①]（以下简称《规范》）。同样，按照《规范》设计建设的幼儿园能最大限度地保证幼儿的安全。

第一，幼儿园内场地要平坦，不要建在低洼地段；建筑物宜采用集中式布局，使用便利，朝向适宜，区域划分清晰。第二，幼儿园的楼层以 3～4 层为宜，幼儿活动的场所要在三层以下。第三，园所要有足够的户外活动场地。第四，园所环境要具有一定的教育性、审美性和趣味性。第五，要兼顾经济效益，能够满足园所长久发展的需要。

(二)幼儿园建筑设计要求

2016 年 4 月 20 日住房和城乡建设部颁布的《托儿所幼儿园建筑设计规范》有明确的规定，幼儿园的建筑设计都应该遵循《规范》的要求，在此不一一赘述。

幼儿园的建筑物要和室外游戏场地、绿化用地及杂物院等统一布置，做到功能区分布合理，具有一定的艺术性，方便管理，朝向适宜，游戏场地日照充足，符合幼儿的生理、心理特点。

公办幼儿园因为是政府投资，在建园时就明确了建筑的用途，并按照《规范》来设计，不会出现大的偏差。民办幼儿园的情况就比较复杂了。有的民办幼儿园是租用的小区配套的幼儿园建筑，大部分建筑是符合《规范》要求的；也有很多幼儿园在选址时并未选择按照《规范》设计的幼儿园建筑，这就需要办园者对现有的建筑进行合理改造，在此，仅给出改造建议。

要尽可能按照《规范》要求进行改造，并注意以下几个问题。

（1）在多数情况下，是将商业用房改造为幼儿园用房，这种情况下最困难的是用房不能满足幼儿园每班要配备卫生间的要求。改造的时候，尽量让人数较少的班合用卫生间；将卫生间设计在通风比较好的位置；让年龄相近的班合用卫生间等。

（2）按不同的规模设计相应的生活用房时，可将一些功能性用房合并使用，以减少占用的空间。如将开水房设计在伙房的门口，这一方面减少空间的使用，另一方面也有人能随时看管，保证安全；将教具储存和物品储存合并，分类放置即可，节约空间的同时也节省了人力。

（3）尽量将向阳的房间用作幼儿的活动室。商业和其他用房的窗户改造前都比标准幼儿园的要小，改造时尽可能开大些。如果不能，应尽量将向阳的房间作为幼儿活动室，保证活动室的光照时间。

---

① 本章中除特别标明外，数据均来自 2016 年 4 月 20 日住房和城乡建设部颁布的《托儿所幼儿园建筑设计规范》。

(4)注意建筑的楼梯、栏杆等处的安全。幼儿园的楼梯跨度应比其他建筑要小，以适合孩子的身高，改造时要关注楼梯台阶的高度；有栏杆的地方要注意缝隙的宽度，避免孩子高空坠落。

(三)幼儿园建筑用地要求

根据国家规定，新建住宅区应规划建设与居住人口相适应的幼儿园，用地面积及生均用地面积指标见表2-1。

1. 幼儿园规模与住宅区人数要求

每5000人人口的住宅小区应配建一所规模为6~8个班的幼儿园；每10000人人口的住宅小区应配建一所规模为12~15个班的幼儿园。

2. 幼儿园规模

一般来说，幼儿园以6~12个班为宜，且不宜超过15个班。

3. 每班幼儿的人数

小班(3~4岁)25人；中班(4~5岁)30人；大班(5~6岁)35人。寄宿制幼儿园每班幼儿人数应酌减。

表 2-1 幼儿园用地面积及生均用地面积指标 单位：平方米

项目	指标类型	规 模			
		6班	9班	12班	15班
用地面积	基本指标	3610	5261	6924	8456
	规划指标	4543	6540	8477	10422
生均指标	基本指标	20.05	19.48	19.23	18.79
	规划指标	25.23	24.22	23.54	23.16

注：1. 建筑容积率(总建筑面积与建筑用地面积之比)按0.9计算。2. 室外活动场地按每生4平方米计算。3. 绿化用地基本指标按照每生2平方米计算，规划指标按照每生4平方米计算。

(四)幼儿园的装修

幼儿园的园址选定之后，装修是又一项重大工程。幼儿园的装修和装饰不同，一旦装修完成要使用若干年，轻易不好改变。幼儿园在装修时应考虑的因素有：

1. 办园者的资金状况

之所以将这个因素放在首要位置，是因为往往装修的费用会超过最初的预算。办园者应认真考虑自己的预算情况，从实际出发确定装修预算。

2. 幼儿园装修风格定位

就目前新建幼儿园来看，主要有以下几种装修风格。

(1)豪华型。一般高档小区幼儿园的装修会选取高档的装修材料，和建筑相一致的设计以及色彩等，具备一定的奢华感。

(2)简洁实用型。很多民办园和大部分公办幼儿园多采用简洁的装修风格，装修以整洁、美观、实用为主，真材实料，不露奢华。

(3)返璞归真型。部分接受华德福教育思想和安吉游戏教育思想的幼儿园，装修注重崇尚自然、适应儿童需要，更多使用自然材料、再利用材料，如家具使用无颜色的清漆或者不用油漆，墙壁粘贴自然材料染色的壁布等。

(4)节约型。很多装修资金有限的幼儿园，则按照最低标准装修，尽量满足幼教的基本需要，也有许多方面达不到标准，有待慢慢完善。

幼儿园的装修风格要和幼儿园的课程相适应，如国际化的幼儿园可以在装修中选择西方风格的元素，国学特色的幼儿园应尽量选择中式风格等。

3. 幼儿园装修的视觉效果

幼儿园的装修风格应与幼儿园的视觉识别系统(VI)结合起来。视觉识别系统由标志、中英文标准字、标准色、辅助图形、吉祥物五部分组成，通俗地讲，就是让人一眼能分辨出是哪所幼儿园。这要求在装修以前，幼儿园即设计出自己的视觉识别系统，如园徽、园服、吉祥物等，以及由此引申出的旗帜、信封、备课本的封面等。装修时选择与视觉识别系统相符的颜色和风格，有助于通过视觉识别系统迅速获得社会公众的识别和认同。

4. 幼儿园的装修应尽量符合幼儿的身心特点

要根据幼儿的身心特点选择幼儿喜欢的颜色和图案，比如在墙上用明亮的颜色画一些幼儿喜欢的花草树木、可爱的动物等；能吸引幼儿注意的内容不要设计得过高，要适合幼儿的视线高度；不要过于繁杂，以免使得幼儿注意力不易集中。

5. 幼儿园装修要有一定的教育意义

可以设计一些既让幼儿喜欢又有教育意义的形状、图案、颜色，如有的幼儿园将楼道地板铺上各种几何形状，楼梯栏杆上绘有阿拉伯数字图案等，通过环境给幼儿潜移默化的教育。

(五)幼儿园内部配套设施设备及要求

1. 设施设备配备原则

(1)安全性原则：即无论是哪种设施设备，都要将幼儿的安全放在第一位。幼儿园对安全要求非常高，在设施设备设计、购买和安装的过程中，要时刻留意幼儿的安全。如幼儿园的户外活动场地和室内的地面要采取一定的保护措施，防止幼儿因跌倒而受伤；有取暖设施的幼儿园要有暖气的防护设施，防止幼儿碰伤和烫伤；幼儿园的电器设备插头要设在幼儿不能触及的高度，不用的插座要有防护塞，防止幼儿伸入手指；幼儿园的家具要低矮，稳固，防止倒下砸伤幼儿等。

(2)教育性原则：幼儿园的设施设备是幼儿教育环境的一部分，应尽可能让其发挥教育作用。如幼儿园可以将水龙头设计成动物头的模样，提醒幼儿"及时关闭水龙头，不要让小动物一直流口水"，培养幼儿节约用水的好习惯；当然也可以选择各式各样的水龙头，让幼儿学习使用各种不同开关的方法，拓展幼儿经验。

(3)能力需要原则：即幼儿园的设施设备要幼儿孩子的能力水平。如幼儿园的桌椅要按照幼儿的平均身高，为大中小班提供不同高度；小椅子的重量不超过幼儿体重的 1/10，便于幼儿自行搬动。

（4）趣味性原则：即幼儿园的设施设备要充满童趣，符合孩子的心理需求。如可以将幼儿的卫生间装饰成小木屋的样子，减少幼儿对卫生间的恐惧感；将阅读区域做成城堡样子，给幼儿提供一个相对封闭、免受打扰的阅读空间。

（5）实用便利原则：即幼儿园的设施设备要突出实用性，操作简便、易于掌握，避免过于追求豪华高端，乃至老师都不会用，也就失去了它们存在的意义。有的幼儿园玩教具过于精致，很容易损坏，以至于老师不敢将其投放到活动区；有的幼儿园购入了高端电子设备，却没有几个老师会使用，反而造成浪费。

（6）美观原则：即符合幼儿的审美要求，帮助幼儿建立正确的审美观。儿童的世界是色彩纷呈的，他们的审美和成人有着很大区别，如幼儿喜欢饱和度比较高的色彩，对不同色彩的喜爱程度也不一样。设计者要分析幼儿的审美特点，从幼儿的视角去设计和安装设施设备。

2. 配套设施及要求

幼儿园的配套设施主要指满足教育需要的室内外活动设施，主要包括以下两类。

第一类是空间设施，即幼儿园应有满足教育教学的空间。以北京市为例①，要求幼儿园应配有活动室兼卧室、盥洗室、衣帽教具储藏室、音体活动室、办公室、备课兼会议室、图书资料室、保健室、隔离室、贮藏室、传达室、教工卫生间、厨房、开水消毒间、炊事员休息室等配套设施。

第二类是使用设施，包括：

（1）室外设施设备：户外固定设施（操场地面、游泳池、沙池）和大型设备即幼儿园游乐设施（滑梯、荡船、蹦蹦床、跷跷板等）。

要求：因为幼儿的大量活动会在室外进行，室外的场地和活动器械的安置要特别注意。操场的地面应为安全材质，平整、无杂物堆放；游泳池、沙池的边缘要安全；游乐设施要定期检修，保证安全性；大型玩具、运动器械应放在草地、塑胶地上，若放置在水泥地上，器械下及周围须铺设安全地垫。

（2）玩教具：国家对幼儿园玩教具配备有具体的要求。1992 年国家教委颁布了《幼儿园玩教具配备目录》，此后，随着社会的发展，有很多省甚至地级市也出台了适应本地学前教育发展需要的玩教具配备目录。（详细内容见第三节）

要求：《幼儿园玩教具配备目录》颁布得比较早，现在许多情况有了变化，幼儿园应根据实际情况配备玩教具，总体原则是满足幼儿发展的需要。

（3）教育教学用家具电器设备：家具（桌子、椅子、玩具柜、鞋柜、毛巾水杯格、整理柜、衣帽仓储柜和电视柜等）、电器（电视机）、乐器（钢琴和电子琴）、玩具（以

---

① 《北京市幼儿园、托儿所办园、所条件标准（试行）》，1996 年 4 月 16 日。

益智玩具为主，如积木、拼插类等）、其他设备（黑板、识字板、地垫、书籍等）等。

要求：家具的尺寸要符合幼儿的身高和体重，电器要保证将插头设置在幼儿不能触及的地方，玩具材质要环保、安全无毒；其他设施要符合教育教学要求。需要指出的是：幼儿园不适合使用不易清洗的玩具，如不能整体洗的毛绒玩具；尽量不给幼儿提供口琴作为乐器或玩具。

（4）办公设施设备：包括办公桌椅、电脑、打印机、复印机等。（详细内容见第三节）

要求：满足办公基本需要。

（5）卫生保健设施设备：包括每班幼儿需要配备的盥洗室设施和幼儿园全园配备的卫生保健设施。每班配备的有大便器、小便器、洗手池、消毒柜；全园配备的有保健室和隔离室等。

要求：每班应有专门的卫生间，大便器以蹲式为宜，每 10 名幼儿设置幼儿专用马桶一套，每 20 名男童应设一小便器；盥洗室最好与厕所分开设置，每 14 人有一盥洗盆为最低标准，洗手台高度以 50 厘米为宜，每 10 名幼儿应设一个水龙头；每班应配备消毒柜，用来消毒幼儿的毛巾和水杯。如果不能每班有独立卫生间的话，可以合用卫生间，且要安排年龄相近的班合用，或错开使用时间；便池和洗手池要采用光滑的材质，易于清洗、消毒。

幼儿园要有保健室，配备设备包括：①一般设备：办公桌椅、电脑、保健资料柜、流动水设施、卫生间、儿童床。②体检设备：身高体重秤、对数视力表及灯箱、卧式身长计（3 岁以下使用）。③消毒设备：紫外线灯、常用消毒计、测试纸、量杯。④医疗器械：镊子、剪刀、弯盘、听诊器、体温表、手电筒、压舌板、软皮尺、血压计、急救箱、注射器。

幼儿园隔离室配备的设备有：桌椅、儿童床、隔离衣、体温表、手电筒、面盆、手巾和肥皂、食具、便器、消毒剂、清洁用具、病情记录本、玩具、被褥等专用物品。

（6）储藏设备：幼儿园有玩教具储存、物品储存和体育器械储存的需求。

要求：幼儿园最好有独立的储藏间。《规范》中并没有关于储藏室面积的要求，幼儿园要从实际出发，合理设计存储空间。教具最好能用独立的空间储存，以便教师能迅速、顺利地找到需要的教具；玩具不要存储过多，应随买随用；各班的教具发放到班级中，交由专人负责管理；纸张、颜料、胶带等小的低值易耗品，应有专门空间存放，随时补充；体育器械放置在室外储藏室或者相对容易通向户外活动场所的地方，且门要开得宽些，以便大的活动器材如拱门、小车、呼啦圈等易于搬运。

如果确因条件有限不能配备储藏间的话，可以利用楼道和楼梯间放置储藏柜来储藏玩教具和用品；可以在户外沿活动场地边缘放置带门的矮柜，用以储存户外活动器材，同时可作为活动场地的分界线和孩子休息的座位；也可以做成简单的户外储藏室，方便保管和取用。

二、幼儿园的定位

在幼儿园选址阶段，办园者就应充分考虑幼儿园的定位问题。幼儿园的定位和所在地区的环境有关，也和幼儿园周边的环境和居住人群有关。正确给幼儿园定位，是保证幼儿园正常运营，尽快走上正轨的关键。

(一)幼儿园的服务对象定位

可以从以下三个方面入手：考察幼儿园周边环境和楼盘的情况；有没有幼儿园、有几所幼儿园，这些幼儿园的收费和教育教学情况；调查居民学历、工作、收入、年龄的基本状况。

1. 周边环境和楼盘情况

可以按照城乡、新旧居民区大致划分。在城市老居民区，一般楼层不高，单位面积居住的人数少于新建小区，且很可能出现居住人口年龄偏大的问题，人口总数中适龄入园的儿童相对较少；城市新建小区居住人口多，居住人口年龄偏低，适龄儿童多些。在农村地区，居民往往有"教幼儿园文化课"的需求。

办园者可以根据具体情况考虑办园的规模、初期聘任的工作人员数、启用的班级数，避免不必要的浪费。

2. 本地区现有的幼儿园状况

一般家长都会选择家庭住址周边的幼儿园，即幼儿园的服务半径是有限的。在服务可及的范围里，应考虑有没有幼儿园，有几所幼儿园，这些幼儿园的教学状况如何。

现有的幼儿园状况反映了本地区居民的普遍要求，办园者可以结合前期调查的结果，选择两种方案：一是和大家趋同，但做得更好；另一个就是标新立异，提供不同水平的服务。

3. 居民的状况

可以用随机问卷的方式，调查本地区居民的受教育程度、工作单位、收入状况和年龄范围，借此了解居民的教育观念，确定服务对象的状况。

在进行了办园前的调查，掌握了周边居民的情况后，幼儿园服务对象的基本情况就一目了然了。

(二)幼儿园的教育目标定位

幼儿园的教育目标，归根到底是为了满足家长在子女教育方面的需求，办园者在了解服务对象基本情况的基础上，就可以分析他们的需求，确定幼儿园的教育目标。

根据目前情况看，家长一般有三种典型需求：一是希望孩子吃好喝好，健康快乐，对教育内容没有任何要求；二是希望按照《3—6岁儿童学习与发展指南》的要求，以游戏为主，让孩子得到全面发展；三是希望幼儿园能够多教知识，让孩子在幼儿园阶段就学习小学的教学内容,以便上学后能取得好成绩。当然,多数家长会同时拥有两种或三种需求。根据这样的需求,幼儿园应该如何定位呢?

第一,确定幼儿园的教育目标。需要明确的是:促进幼儿的全面发展是所有幼儿园必须坚持的教育目标。开办幼儿园必须依照国家的方针、政策,无论是公办园还是民办园都要服从于国家的教育目标。我国现行的《幼儿园管理条例》《幼儿园工作规程》《幼儿园教育指导纲要(试行)》《3—6岁儿童学习与发展指南》是我们必须贯彻执行的。因此,幼儿园必须将总的培养目标定位于"通过开展五大领域的教育活动、一日生活常规培养和游戏活动来促进幼儿的全面发展",并且围绕培养目标组织一系列的教育和管理活动。

第二,确定幼儿园办园特色。所谓办园特色,是指幼儿园利用自己的优势来实现全面发展的育人目标。开办幼儿园要分析幼儿园所处的社区、服务的人群以及自己的优势,来确定自己的办园特色。值得注意的是:这些特色都是为了促进幼儿全面发展,而不是对幼儿进行某一方面的技能训练。

案 例

有一位园长,原来在中学担任物理老师,没有学前教育专业背景。到幼儿园担任园长以后,她分析了幼儿园的优势和劣势,确定以阅读为途径开展五大领域的教育活动,将阅读作为幼儿园的教育特色。数年以后,幼儿园阅读活动做得风生水起,园长本人也出版了多本学术专著,成为幼儿早期阅读领域的专家。

第三,确定幼儿园课程和教学目标。在前面两步的基础上,根据服务人群的教育观、价值观,确定可以为幼儿提供什么样的服务。这一点对民办幼儿园尤其重要:可以通过设计不同的课程来服务不同的对象,避免同质化的低水平恶性竞争。就目前来看,社会上有针对高收入家庭的精品园、中等家庭的特色园、低收入家庭的保障园等。

(三)幼儿园的收费定位

幼儿园收费是办园者最关心的问题之一,也是办园者必须解决的难题之一。我国目前没有统一的幼儿园收费标准,但各省市大都有本地的公办幼儿园收费标准,而民办园一般要求根据办园成本并参照公办幼儿园收费标准自行制定,并报教育局、物价局备案。例如,2012年北京市出台全市统一的幼儿园收费标准,对公办幼儿园收费有明确规定,对于民办幼儿园中受国家资助的普惠型幼儿园也有严格的收费标准,其他民办幼儿园可以自行制定收费标准,同时取得物价局收费许可并报教育局备案。

公办幼儿园的管理者要严格执行收费标准,及时向上级报告幼儿园的收支状况,严格执行有关财务规定。民办幼儿园的管理者,必须做到以下几点。

(1)考察办园所在地公办幼儿园收费标准并作为参照。因公办幼儿园有国家的投资补贴，收费一般比较低，民办幼儿园应参照公办园制定收费标准，避免因收费过高而背离当地总体收入水平。

（2）考察周边民办幼儿园的收费标准及园舍设备、师资教学情况。家长在为孩子选择幼儿园的时候，会比较住所周边多所幼儿园的收费标准和设备、教师情况。

（3）服务对象定位和课程定位。考虑周边居民的实际收入水平、教育观、价值观，对子女的期望和对幼儿园教育的需求；考虑幼儿园设置的课程是购买还是园本课程，成本如何。

（4）考虑幼儿园的运营成本。幼儿园的房租、水电暖（北方有暖气费用）、人员用工成本、办公经费和其他消耗物品的成本。

实际上，民办幼儿园的成本核算都是在满员的前提下计算的，但幼儿园一般都需要3～4年才能实现满员，相应会有几年的亏损。

第二节　申办程序

无论是国家举办的幼儿园还是单位、团体或个人举办的幼儿园，都必须依法取得办学许可。公办幼儿园依据教育部门的安排开办，需要办理办学许可证、收费许可证和卫生许可证，必要时还要办理法人证。相对于公办幼儿园，民办幼儿园的审批程序比较复杂。本节主要说明民办幼儿园的审批程序。

一、基本条件

《中华人民共和国民办教育促进法》（2016年11月7日通过）规定，"国家机构以外的社会组织或者个人，可以单独或者联合举办民办学校。"[①]

申办民办幼儿园要具备以下基本条件。

（1）申办单位要具有法人资格、举办个人要有政治权利和完全民事行为能力；

（2）有组织机构（民办学校应当设立学校理事会、董事会或者其他形式的决策机构并建立相应的监督机制）和章程；

（3）有符合任职资格要求的园长、教师和保育员；

（4）有符合规定的教学活动场所及设施、设备等；

（5）有必备的办学资金和稳定的经费来源。

其中，民办学校的章程应当规定下列主要事项：

（1）学校的名称、地址；

（2）办学宗旨、规模、层次、形式等；

---

① 本节除标注以外，均参照《中华人民共和国民办教育促进法》，2016年11月7日通过，2017年9月1日实施。

（3）学校资产的数额、来源、性质等；

（4）理事会、董事会或者其他形式决策机构的产生方法、人员构成、任期、议事规则等；

（5）学校的法定代表人；

（6）出资人是否要求取得合理回报；

（7）学校自行终止的事由；

（8）章程修改程序。

二、申请材料

申请举办幼儿园分为申请筹建和办学登记两个阶段，对于申请材料的要求各省市并不完全相同，但一般需提供以下材料。

（一）申请筹建幼儿园，应向教育行政部门提交下列文件。

（1）办学的申请书（包括办学目的、目标，幼儿园名称和办学性质，办学规模、班级设置、招生范围，办学地址、占地面积、邮政编码、电话，已具备的基本办学条件等）；

（2）办学所在地镇（街）规划部门、教育办公室出具具体的意见；

（3）幼儿园发展规划，校舍、设备、设施、图书资料建设计划；

（4）幼儿园经费概算；

（5）办学经费来源及其证明文件；

（6）举办者及拟任董事会成员和园长的姓名、住址及履历等资格证明文件；

（7）举办者或法人团体创办人的法人资格证明或委托书；国有单位在职人员开办幼儿园的，需出具所在单位同意其开办的证明；

（8）联合办学的应提交联合办学协议。

（二）筹建的幼儿园达到下列条件的，可以申请办学登记。

（1）举办者符合规定的资格；

（2）坚持社会主义的办学方向，有正确的办学指导思想；

（3）有适合的名称和组织机构；

（4）有筹建工作报告、学校章程和相应的规章制度；

（5）有符合要求的园舍、场地、设备、设施和图书资料；

（6）有符合要求的园长、教师队伍和职工队伍以及学校董事会；

（7）建设经费、设备购置经费、办学经费落实，并有法定的验资机构出具的评估证明；

（8）能够独立承担民事责任；

（9）有防火安全合格证（在公安消防部门办理）、卫生许可证（在卫生防疫部门办理）、保健合格证（在保健院办理）。

三、审批程序

申请开办幼儿园，需要经历如下程序：举办者提出申请，向有关部门递交相应的文件和证明，教育行政机关进行审核并在 3 个月内进行答复。申请举办幼儿园的单位和个人，应依照如下程序申办和审批。

（一）提交申办材料

在城市举办幼儿园，申请人应向幼儿园所在区、不设区的市的人民政府教育行政部门提交幼儿园园舍和设施符合国家卫生标准和安全标准的证明材料，幼儿园园长、教师、医师、保健员、保育员等人员符合国家标准的材料；农村幼儿园的举办，申请人应向幼儿园所在乡、镇人民政府提交上述材料。

城市教育行政部门和农村乡、镇人民政府应当及时审查这些材料，符合要求的应给予筹设许可；举办者在获得筹设批准书之日起 3 年内完成筹设的，可以提出正式设立申请。

（二）审核

申请正式设立实施学前教育的民办学校的，审批机关受理申请后，应当组织专家委员会评议，由专家委员会提出咨询意见。审核不合格的，将审核结果以书面形式通知申请人。经审核不合格的，申请人可在筹建期间进行第二次办学登记申请。第二次办学登记申请经审核仍不合格的，取消原筹建资格，3 年内不得再申请筹建。审核合格批准设立的要颁发办学许可证。

（三）通报审核结果

对批准正式设立的民办学校审批机关应当颁发办学许可证，并将批准正式设立的民办学校及其章程向社会公告。农村乡、镇人民政府还应将登记注册的幼儿园报本县人民政府教育行政部门备案。

（四）开办幼儿园

办学机构取得办学许可证后，要到民政部门办理民办非企业单位登记和到物价部门申领收费许可证，方可以招生办学。招生广告、简章须经审批部门审核方可作招生宣传。

第三节　设备的配备和管理

1986 年，原国家教委就制定了《幼儿园玩教具配备目录》。1992 年，在此基础上进行了修订，颁布了由原国家教委教学仪器研究所编制的《幼儿园玩教具配备目录》[①]，

---

① 《幼儿园玩教具配备目录》，1992 年原国家教委颁布。

对幼儿园应配备的玩教具做了详细的规定。将幼儿园按照经济条件的不同分一类、二类和三类三个等级，提出不同的玩教具配备要求，既考虑了地区差异，又满足了幼儿园教育教学的需要。

一、玩教具的配备标准

《幼儿园玩教具配备目录》规定，幼儿园必须配备以下九类玩教具。

（1）体育类：包括攀登架、爬网、滑梯、荡船或荡桥、秋千、压板、体操垫、小三轮车、小推车、平衡器、高跷、投掷靶、拉力玩具、钻圈和拱形门、球拍、球、沙包，绳、体操器械、跳床、滚筒钻筒等；

（2）构造类：包括大型积木、中型积木、小型积木、接插构造玩具、螺旋玩具、穿编玩具等；

（3）角色、表演类：角色游戏玩具、桌面表演游戏器具、木偶、头饰、模型等；

（4）科学启蒙类：小风车、陀螺、万花筒、放大镜、寒暑表、地球仪、磁铁、沙水箱（池）、沙水玩具配件、磁性玩具、弹跳玩具、滑动玩具、计算器、幼儿计算器、小型计数材料、几何图形片、图形投放盒、图形戳、数形接龙、七（三、五）巧板、图形钉板、套式玩具、钟面、简易认知器、儿童棋、儿童牌、天平、拼图或图形镶嵌、量杯等；

（5）音乐类：包括风琴、儿童木琴、鼓、锣、钹、木鱼、三角铁、碰钟、沙锤、蛙鸣筒、双响筒、串铃、响板、铃鼓、钢琴等；

（6）美工类：小剪刀、泥工板、调色盘、彩色水笔或油画棒或蜡笔、美术面泥、小画板等；

（7）图书、挂图与卡片类：包括幼儿读物、教育挂图、各种卡片等；

（8）电教类：包括电视机、收录机、幻灯机、投影仪、投影片、录像机、录像带等。

（9）劳动工具类：包括喷壶、小桶、儿童铁锹、小铲子、小锤子、儿童工作台等。

虽然《幼儿园玩教具配备目录》是1992年颁布的，但现在对幼儿园玩教具的配备和分类仍有指导作用。对于新建园和条件不好的幼儿园来说，可以按照这一标准配备玩教具；发达地区和条件成熟的幼儿园可以在以上分类的基础上增加更实用的玩教具。

二、家具和电器设备的配备标准

幼儿园教育教学使用的家具电器没有全国统一的配备标准，但是多数省市都制定了本地区的配备标准。以北京市为例，北京市制定了"幼儿园办公家具设备配备基本标准"（见表2-2）。

表 2-2 北京市幼儿园办公家具设备配备基本标准

序号	名称	规格	单位	配备数量
01	幼儿桌子	按年龄配	张	每班实际人数配增加 2～3
02	幼儿椅子	按年龄配	把	每班实际人数配增加 2～3
03	玩具柜	自行设计	个	每班 2
04	儿童书架	自行设计	个	每班 1
05	衣帽被褥柜	自行设计	个	每班 1
06	幼儿活动床	自行设计	张	每班实际人数配
07	水碗柜	自行设计	个	每班 1
08	毛巾架	自行设计	个	每班 1
09	电风扇		台	每班 1～2
10	一头沉①		张	1 张×园级干部
11	三屉桌		张	1 张/2 人×教师数
12	二屉桌		张	1 张/2 人×保育员数
13	办公椅		把	1 把/人×教职工数
14	文件柜		个	1 个/人×园级干部数
15	保险柜		个	每园 2 个

北京市在幼儿园办公家具设备配备基本标准的基础上，又制定了"一般标准"和"较高标准"，供不同办园条件的幼儿园使用。2011 年 3 月 28 日，北京市教育委员会、北京市发展和改革委员会、北京市公安局、北京市卫生局共同颁布了《关于印发北京市举办小规模幼儿园暂行规定的通知》，对小规模幼儿园的办学标准进行了规定，以满足社会对多样化学前教育的需求。

由于各地经济发展的不均衡，幼儿园设备配备标准相差甚远。例如江苏省，在2011 年 7 月 8 日颁布的《江苏省幼儿园教育技术装备标准（试行）》中，对幼儿园活动室的电器和设备配备的标准做出了如下要求（见表 2-3）。

表 2-3 幼儿园活动室配备标准

序号	名称	参考规格	单位	配备数量			备注
				Ⅰ类	Ⅱ类	Ⅲ类	
1	椅子	小班高 24～26cm	把	幼儿数×120%	幼儿数×110%	幼儿数×100%	
		中班高 27～28cm	把				
		大班高 30cm	把				

① 一边有储物柜的桌子——作者注。

续表

序号	名称	参考规格		单位	配备数量			备注
					Ⅰ类	Ⅱ类	Ⅲ类	
2	桌子	小班	高 49cm 方桌或圆桌	张	4	4	4	桌子为 4 人桌或 6 人桌，具体数量视班级人数定
			高 49cm 长桌	张	6	6	6	
		中班	高 51cm 方桌或圆桌	张	5	4	4	
			高 51cm 长桌	张	6	6	6	
		大班	高 53cm 方桌或圆桌	张	6	4	4	
			高 53cm 长桌	张	6	6	6	
3	窗帘	根据需要		副	若干	若干	若干	有防晒、遮阳的作用
4	空调	3 匹柜机		台	1～2	1		冷暖型 面积超过 60 平方米的需要增加一台 1.5 匹以上的挂机
		1.5 匹挂机		台			1	
5	电扇	吊扇		台	2	2	2	距离地面 1.7 米以上，亦可用 4 台壁扇代替
6	玩具柜	开放式、移动加固定		组	10～12	6～8	6	分放在角色区、建筑区、美术区、自然角、科学区、表演区、结构区、视听区等
7	录音机			台	1	1	1	条件允许可配备可读光盘、磁带的录音机
8	钢琴	88 键		架	1	1		
	电子琴	61 键					1	
9	多媒体系统			套	1	1	1	见《江苏省幼儿园教育技术装备标准(试行)》
10	数码相机	≥500 万像素		台	各班 1	年级组 1	全园 1	
11	黑板	移动或固定的磁板、白板		块	1	1	1	高度利于幼儿的操作

值得注意的是：幼儿园的办园者和管理者要从幼儿的身心特点出发配备设备，避免厂家卖什么样的家具设备，就买什么样的家具设备的现象出现。有的厂家为了降低生产成本，将幼儿的床设计得非常窄，以至于孩子只能仰面躺着不能翻身，这样会影响孩子的休息，进而影响他们的身心发展。

三、餐厨用具的配备标准

饮食是幼儿园的一项重要工作，餐厨用具的配备也是幼儿园筹建中一项重大工作。国家对于幼儿园餐厨用具没有统一的配备标准。从各个省市自行制定的标准来看，"能够满足幼儿日常生活需要"是幼儿园餐厨设备配备的原则。以江苏省为例，在《江苏省幼儿园教育技术装备标准（试行）》中，对幼儿园餐厨用具的配备要求如下（见表2-4）。

表 2-4　幼儿园厨房设备配备标准

序号	项目		单位	配备数量								
				2轨			3轨			4轨以上		
				Ⅰ类	Ⅱ类	Ⅲ类	Ⅰ类	Ⅱ类	Ⅲ类	Ⅰ类	Ⅱ类	Ⅲ类
1	主副食加工间	荤菜加工	水池	个	1	1	1	2	1	1	2	1	1
2			操作台	个	1	1	1	1	1	1	1	1	1
3			绞肉机	台	1			1			1		
4		蔬菜加工	水池	个	3	3	3	3	3	3	3	3	3
5			操作台	个	1	1	1	2	2	2	2	2	2
6			货架	个	1	1	1	1	1	1	1	1	1
7			刀具	个	4	4	4	6	6	6	8	8	8
8			砧板	个	4	4	4	6	6	6	8	8	8
9			冰箱	台	1	1	1	1	1	1	1	1	1
10			灭蝇灯	盏	1	1	1	1	1	1	1	1	1
11			热水器	个	1			1			1		
12			豆浆机	台	1	1	1	1	1	1	1	1	1
13			淘米箩	个	2	2	2	4	4	4	6	6	6

序号	项目		单位	配备数量								
				2 轨			3 轨			4 轨以上		
				Ⅰ类	Ⅱ类	Ⅲ类	Ⅰ类	Ⅱ类	Ⅲ类	Ⅰ类	Ⅱ类	Ⅲ类
14	烹调间	灶台	组	2	2	2	3	3	3	4	4	4
15		烹调锅	口	2	2	2	3	3	3	4	4	4
16		调理台	个	1	1	1	1	1	1	1	1	1
17		蒸饭车	台	1	1	1	1	1	1	1	1	1
18		排油烟机	台	1	1	1	1	1	1	1	1	1
19		水池	个	1	1	1	1	1	1	1	1	1
20		灭蝇灯	盏	1	1	1	1	1	1	1	1	1
21		不锈钢餐盆	只	2	2	2	3	3	3	4	4	4
22		烹饪用具	组	1	1	1	2	2	2	3	3	3
23	面点加工间	水池	个	1	1	1	1	1	1	1	1	1
24		操作台	个	1	1	1	1	1	1	1	1	1
25		和面机	台	1			1			1		
26		烤箱	台	1			1			1		
27		打蛋机	台	1			1			1		
28		空调	台	1			1			1		
29	消毒间	水池	个	3			3			3		
30		消毒柜	个	1	1	1	2	2	2	3	3	3
31		碗筷匙盘	个	n	n	n	n	n	n	n	n	n
32	备餐间	备餐台	个	1	1	1	1	1	1	1	1	1
33		空调	台	1						1		
34		留样小冰箱	台	1	1	1	1	1	1	1	1	1
35		消毒灯	个	1	1	1	1	1	1	1	1	1
36		餐车	个	6	6	6	9	9	9	12	12	12
37	开水间	开水器	个	1	1	1	2	1	1	2	2	2
38	仓库	货架	个	2	2	2	3	3	3	4	4	4
39	二次更衣间	水池	个	1	1	1	1	1	1	1	1	1
40		消毒灯	盏	1	1	1	1	1	1	1	1	1
41		衣架	组	1	1	1	1	1	1	1	1	1
42	更衣室	衣橱	个	1	1	1	2	1	1	3	1	1
43		办公桌	张	1	1	1	2	1	1	3	1	1
44	送餐电梯		台	1			1			1		
45	灭火器		具	2	2	2	4	4	4	6	6	6

四、幼儿园设备物品的采购与管理

由于幼儿园所需的设备和物品种类较多且使用分散，所以在建园初期就应建立物品的采购与管理制度，便于管理设备和用品，实现设备物品的充分利用。

（一）采购流程

幼儿园物品采购应该有固定的流程，通过建立相应的规章制度予以规范。

幼儿园建园之初采购任务比较繁重，可以遵循以下流程：①由园务委员会①提出采购计划；②负责采购的人员组织采购；③园务委员会代表组织验收；④经园长批准由财务人员付款。

幼儿园运营中，一般应在学期初做采购计划，按计划采购；计划不能涵盖的临时性采购，可由需求者提出，园务委员会审批后由负责采购的人员进行采购。

（二）采购途径

招标采购：招标是指招标人（买方）发出招标公告或投标邀请书，说明招标的工程、货物、服务的范围、标段（标包）划分、数量、投标人（卖方）的资格要求等，邀请特定或不特定的投标人（卖方）在规定的时间、地点按照一定的程序进行投标的行为。一般在建园初期或学期初采购量比较大时，幼儿园可有计划地把多次购买的用品集中在一起，发布招标公告，邀请生产和销售企业前来投标。采购量小时应避免为了凑单而过度采购，占用资金，造成浪费。

市场采购：数量不大的设备用品，可按照采购程序随时采购。

联合采购：即与多家幼儿园联合采购，掌握议价的主动权，争取更优惠的价格。

网上团购：团购是联合采购的一种，可通过第三方专业团购平台向厂家采购。网购、团购都是目前比较热门的采购形式。

（三）幼儿园设备和物品的管理

幼儿园的设备和物品，必须建立资产账目或物品账目，从采购入库开始，到"领用""归还"（或消耗），都要有详细的记录（见表2-5）。

幼儿园的设备一般是可以反复长时间使用的，如空调、电脑等，这些设备在使用的时候要有专人负责，由保管员组织领用人填写以下表格，以便幼儿园管理者随时可以掌握设备的使用状态。

---

① 幼儿园的最高决策机构，一般由园长、副园长、教师代表等组成；私立幼儿园应由董事会、园长和教师代表组成。园务委员会负责制定幼儿园的发展规划、规章制度，以及各种重大事项的决策。——作者注

表 2-5　幼儿园设备领用登记表

领用时间	设备	数量	领用人	归还时间	备注

　　幼儿园的低值易耗品的使用也要建立领用制度，如纸张、材料等教学用品和消毒、洗涤等生活用品（见表 2-6）。

表 2-6　幼儿园物品领用登记表

时间	数量		领用人	剩余	备注
	入库	出库			

案 例

消失的洗衣粉

　　某幼儿园建立了比较严格的物品领用制度，但并未限制领用物品的数量，使用者可根据需要领用。有一天，保管员向园长反映：近一个月以来，某班级总是比其他班级多领用一倍数量的洗衣粉。园长开始留意这个班的情况，不久便发现有老师在孩子午睡时洗私人的衣物，马上指出并予以批评。

(四)物品采购和管理中的注意事项

　　为做好物品的采购和管理工作，杜绝浪费并降低园所的运营成本，幼儿园都应制定行之有效的管理办法：

　　(1)建立并健全物品采购和管理制度。通过规章制度规定"谁来采购""如何采购""谁管理""如何管理"，让每个参与采购和管理的工作人员都清楚自己的本职工作。

　　(2)坚持执行采购和管理流程。按照"计划—采购—验收—付款"的流程，杜绝无计划的采购，无验收的付款，保证资金的高效使用。采购、验收和保管由不同部门（或人员）负责。园内物品的采购、协调由园所后勤部组织专门人员来负责；保管员是物品的第一验收责任人，所有的物品应由保管员先行验收并签收，供报销使用；财务部是票据审核的第一责任人，应按照财务要求对票据进行比对分析，并有权质疑，拒绝任何问题发票入账。

（3）选用有责任心的员工。物品采购及管理毕竟是和钱、物有直接联系的工作，要选用有责任心的员工负责，杜绝出现假公济私的腐败现象。

（4）全园动员。坚持日常的职工教育，动员全体教职工共同做好采购计划，在设备物品的使用过程中关注设备物品的使用情况，合理使用设备物品，杜绝浪费。

总的来说，幼儿园的设备配备要满足教育教学需要，应该根据国家和省市的设备配备标准，并结合本园的实际情况配备；制定严格的设备物品采购和管理的制度，选用负责的人员，动员全体教职工共同做好此项工作。

第四节　人员招聘和配备

为贯彻落实《国家中长期教育改革和发展规划纲要（2010—2020 年）》《国务院关于加强教师队伍建设的意见》（国发〔2012〕41 号）和《教育部 中央编办 财政部 人力资源与社会保障部关于加强幼儿园教师队伍建设的意见》（教师〔2012〕11 号），进一步规范各类幼儿园用人行为，教育部研究制定了《幼儿园教职工配备标准（暂行）》（以下简称《标准》）。

《标准》是幼儿园办园标准的重要组成部分，也是办园的重要依据，有助于规范幼儿园办园行为，促进幼儿园教师队伍建设、专业水平提升，满足幼儿在园生活、游戏和学习的需要，确保幼儿接受基本的、有质量的学前教育，从而促进幼儿健康成长。

一、幼儿园工作人员的配备标准

各省市可以根据具体情况，参照《标准》的规定和定员幅度，制定实施细则。

（一）教职工与幼儿的比例

幼儿园教职工包括专任教师、保育员、卫生保健人员、行政人员、教辅人员、工勤人员。幼儿园保教人员包括专任教师和保育员。幼儿园应当按照服务类型、教职工与幼儿，以及保教人员与幼儿的一定比例配备教职工，满足保教工作的基本需要。不同服务类型幼儿园教职工与幼儿的配备比例如下（见表 2-7）。

表 2-7　不同服务类型幼儿园教职工与幼儿的配备比例

服务类型	全园教职工与幼儿比	全园保教人员与幼儿比
全日制	1∶5～1∶7	1∶7～1∶9
半日制	1∶8～1∶10	1∶11～1∶13

(二)专任教师和保育员的配备

幼儿园应根据服务类型、幼儿年龄和班级规模配备数量适宜的专任教师和保育员，使每位幼儿在一日生活、游戏和学习中都能得到成人适当的照顾、帮助和指导。

全日制幼儿园每班配备 2 名专任教师和 1 名保育员，或配备 3 名专任教师；半日制幼儿园每班配备 2 名专任教师，有条件的可配备 1 名保育员。

寄宿制幼儿园至少应在全日制幼儿园基础上每班增配 1 名专任教师和 1 名保育员。

单班学前教育机构，如农村学前教育教学点、幼儿班等，一般应配备 2 名专任教师，有条件的可配备 1 名保育员(见表 2-8)。

表 2-8　幼儿园班级规模及专任教师和保育员配备标准

年龄班	班级规模(人)	全日制		半日制	
		专任教师	保育员	专任教师	保育员
小班(3～4 岁)	20～25	2	1	2	有条件的应配备 1 名保育员
中班(4～5 岁)	25～30	2	1	2	
大班(5～6 岁)	30～35	2	1	2	
混龄班	<30	2	1	2～3	

示范性和实验性幼儿园教职工人员编制，由编制部门根据实际情况，参照上述标准具体掌握。

招收特殊需要儿童的幼儿园应根据特殊需要儿童的数量、类型及残疾程度，配备相应的特殊教育教师，并增加保教人员的配备数量。

幼儿园应根据当地学前教育发展的实际情况，增设教师岗位类别和数量，满足本园发展和保教工作的需要，并确保在教师进修、支教、病产假等情况下有可供临时顶岗的保教人员。

(三)其他人员配备

园长：6 个班以下的幼儿园设 1 名，6～9 个班的幼儿园不超过 2 名，10 个班及以上的幼儿园可设 3 名。

卫生保健人员：根据《托儿所幼儿园卫生保健工作规范》配备。

炊事人员：幼儿园应根据餐点提供的实际需要和就餐幼儿人数配备适宜的炊事人员。每日三餐一点的幼儿园每 40～45 名幼儿配 1 名；少于三餐一点的幼儿园酌减；在园幼儿人数少于 40 名的供餐幼儿园(班)应配备 1 名专职炊事员。

财会人员：根据国家和地方有关财会工作规定配备。

安保人员：根据国家和地方有关安保工作规定配备。

保洁人员：需身体健康，无疾病；热爱幼教事业，热爱教育机构，关心、爱护每一位儿童；有良好的职业道德，遵纪守法，待人热情、礼貌，遵守幼儿园各项规章制度；能熟悉掌握自己的工作范围、工作流程、工作标准，有较强的责任心；工作有热情，尽职尽责，严格按照工作常规工作，不偷懒；勤俭节约，有效地使用洗涤用品；人际关系和谐，与家长、儿童、教师、行政部门沟通流畅、融洽，有良好的团队意识。保洁人员的人数可以根据幼儿园面积的大小由幼儿园自行决定。

总之，幼儿园应根据实际需要配备数量适宜的教职工，积极实行一岗多责，提高用人效率。

二、幼儿园工作人员的招聘标准

(一)园长的招聘标准

园长是全园工作的领导者，对园所的工作负全面的责任。《幼儿园工作规程》第五十六条规定：幼儿园实行园长负责制。幼儿园应当建立园务委员会。园长任园务委员会主任，定期召开园务委员会会议，如遇重大问题可临时召集，对规章制度的建立、修改、废除，全园工作计划，工作总结，人员奖惩，财务预算和决算方案，以及其他涉及全园工作的重要问题进行审议。

园长的招聘是建立幼儿园的关键工作，一般来讲，园长应该按照国家颁布的园长任职资格来招聘。

资料链接

全国幼儿园园长任职资格、职责和岗位要求(试行)

一、园长任职资格

(一)拥护中国共产党的领导，热爱社会主义祖国，认真贯彻国家的教育方针。热爱幼儿教育事业。

(二)示范性幼儿园和乡镇中心幼儿园园长应具备幼儿师范学校(含职业学校幼教专业)毕业及其以上学历，有五年以上幼儿教育工作经历，并具有小学、幼儿园高级教师职务。

其他幼儿园园长应具备幼儿师范学校(含职业学校幼教专业)毕业及以上学历或高中毕业并获得幼儿园教师专业考试合格证书，有一定的幼儿教育工作经历，并具有小学、幼儿园一级教师职务。

(三)获得幼儿园园长岗位培训合格证书。

（四）身体健康，能胜任工作。

二、园长的主要职责

幼儿园实行园长负责制，园长全面主持幼儿园工作，其主要职责如下。

（一）贯彻执行党和国家有关幼儿教育的方针、政策以及教育法规、规章，坚持正确的办园方向。

（二）负责教职工的政治思想工作、职业道德教育，组织文化、业务学习；维护教职工的正当权益，关心并逐步改善教职工的生活和工作条件；发挥教职工（或教职工代表）代表大会在幼儿园民主管理中的作用，调动和发挥教职工的主动性、积极性和创造性。

（三）主持幼儿园的保教工作、领导和组织安全保卫、卫生保健工作，贯彻有关的法规和规章，确保幼儿在园安全、卫生和健康；领导和组织教育工作，贯彻执行国家幼儿园课程标准，促进幼儿身心和谐发展。

（四）领导和组织行政工作，包括工作人员的考核、任免和奖惩、设备和经费管理等。

（五）密切与家长和社区的联系。向家长和社区宣传正确的教育思想和科学育儿知识，争取家长和社区支持幼儿园工作。

三、园长岗位要求

（一）基本思想品德要求

1. 坚持党的基本路线，拥护党的十一届三中全会以来的方针政策。努力学习建设有中国特色社会主义理论。

2. 热爱幼儿教育事业，热爱幼儿，尊重、依靠、团结教职工。

3. 实事求是，公正廉洁，严于律己，以身作则，作风民主。

4. 敬业守职，努力学习，积极进取，勇于改革创新。

（二）岗位专业要求

1. 正确领会和掌握国家的教育方针、政策和法规的基本精神，熟悉幼儿教育法规和规章，坚持依法办园。

2. 有一定的幼儿卫生、心理和教育的基本理论，了解和掌握幼儿身心发展和教育的基本规律，有正确的教育观念。正确掌握国家幼儿园课程的主要内容和基本精神，并能组织实施。

3. 有幼儿园科学管理的基本知识。

（三）岗位能力要求

1. 能根据党和国家的有关方针、政策和法规、规章结合本园实际制订本园发展规划和工作计划并组织实施。

2. 有管理和指导保教工作的能力、能组织管理幼儿园卫生保健工作；指导教师制订适合幼儿发展水平的教育计划；正确评析保育教育工作；组织开展有效的教研工作，帮助保教人员提高业务水平，改进保教工作。

3. 有一定的组织协调能力。能调动教职工的积极性，善于依靠和动员家长、社区等各方面的力量参与和支持幼儿园建设。

4. 有一定的撰写文稿和口语表达能力、能拟订工作计划，撰写工作经验和研究报告，并指导教师撰写文稿。

（1996 年 1 月 26 日国家教育委员会发布）

（二）幼儿园教师的招聘标准

国家对幼儿园教师的任职条件有明确的规定，专门颁布了《幼儿园教师专业标准（试行）》[①]，对幼儿园教师在"专业理念与师德""专业知识"和"专业能力"方面提出具体要求。

教师：在招聘幼儿园教师时，要以《幼儿园教师专业标准（试行）》为基本条件。简单来讲，幼儿园教师应该热爱幼教事业，爱岗敬业，爱护、尊重、关心幼儿，教态、着装、言谈、举止要符合教育要求，忠于职守，为人师表，无体罚和变相体罚幼儿的行为；身体健康，无生理残疾和缺陷，无传染病、精神病；具有专科以上幼教的学历，并经教育行政部门考核合格，并颁发幼儿教师资格证，会讲普通话。

保育员：在《幼儿园教师专业标准（试行）》中，并没有专门制定出"保育员专业标准"，即按照《幼儿园教师专业标准（试行）》的要求，幼儿园的保教人员统称"幼儿园教师"，都应该具备其所要求的条件。但在实际工作中，很多幼儿园有"保育员"这一工作岗位，与教养员有的分工不同。保育员一般会由刚刚毕业的学前教育专业学生（实习教师）担任。也有很多民办幼儿园，不具有招聘幼师毕业生能力，但最低也需要求达到初中毕业水平，并受过幼儿保育职业培训，身心健康，无慢性传染病、精神疾病。

（三）其他人员的招聘标准

保健人员：幼儿园保健工作不包括"疾病治疗"工作，所以保健人员可以但不一定要求具有"医师执业许可证"。

医师应当具有医学院校毕业程度，医生和护士应当具有中等卫生学校毕业程度，或者取得卫生行政部门的资格认可；一般保健人员应当具有高中毕业程度，并受过幼儿保健培训。

炊事员：幼儿园的炊事员与其他餐饮部门的炊事人员有不同之处。首先，幼儿的消化系统发育还不完全，这就要求幼儿园提供的食物要更容易咀嚼和消化，在加工食物时要考虑"如何才能让幼儿容易咀嚼消化且尽量保证营养不流失"。其次，幼儿不能完全理解"营养均衡"的概念，容易有偏食挑食的习惯，所以食物要达到"色香味俱全"的标准，才能吸引幼儿；要考虑把幼儿不爱吃但又含有丰富营养的食物加工

---

① 教育部 2012 年 2 月 10 日颁发。

成幼儿爱吃的食物。最后，幼儿园的工作处处有教育性，炊事员在工作中难免会与幼儿或家长接触，其工作态度、精神面貌、专业知识都会潜移默化地影响幼儿园的整体形象。所以，幼儿园的管理者要高度重视幼儿园炊事员的招聘工作。

案 例

幼儿园炊事员招聘标准

岗位要求：能够根据食谱以及幼儿的年龄特点，制作色香味俱佳、营养搭配合理的饭菜；协助做好采购食品的验收和每周食谱的制定；合理下量，杜绝浪费；严格执行有关操作流程和卫生制度；确保幼儿的饮食安全卫生。

任职资格：

一、身体健康(有健康证)，高中以上学历，从事相关职业至少1年。

二、掌握幼儿饮食特点，了解《中华人民共和国食品安全法》等相关法律规定。

三、能够遵守幼儿园的规章制度和饮食操作流程，工作认真负责。

保安人员：幼儿园的保安人员肩负着确保在园师生和幼儿园财产安全的使命，由于幼儿和家长每天来园时首先看到的就是保安人员，所以他们又是幼儿园公众形象的窗口。

幼儿园保安人员一般要求诚实可靠，遵纪守法，作风正派，甘于奉献，爱岗敬业，喜欢幼儿，能与幼儿及家长很好地交流；具有正常履行岗位职责所需的身体条件；年满18周岁以上，男55周岁以下，女50周岁以下；初中及以上学历。

财会人员：按照国家对财会人员的要求招聘。根据《会计基础工作规范》《会计从业资格管理办法》要求，凡是从事财会工作的人员必须具备会计从业资格证书。幼儿园会计和出纳必须分别设置，不能由一人兼任。规模小的幼儿园可以由出纳或会计兼任库管等。幼儿园不得聘用无从业资格证的人员从事财务工作。

其他人员：幼儿园还应酌情招聘办公室文员、网络维护人员、保管员、保洁员、维修人员、绿化人员等。在考察工作能力的同时，还应关注被招聘者的心理状态、人格特征，以保证幼儿园工作的顺利进行。

第五节　建立规章制度

幼儿园的规章制度就是将幼儿园各个部门的职责和工作方式、各个岗位的工作要求和工作方法用文字的方式表述出来，以规范工作人员的行为，作为各个部门、各个岗位考核的依据，以保证幼儿园的工作秩序，持续提升幼儿园的品质。幼儿园规章制度是幼儿园的"法"，对幼儿园教职工起着规范行为的作用。

幼儿园规章制度总体有两大类：

第一类是国家制定的有关学前教育的政策法规。现阶段主要有《中华人民共和国教育法》《幼儿园工作规程》《幼儿园管理条例》《托儿所幼儿园建筑设计规范》《托儿所幼儿园卫生保健管理办法》《幼儿园教育指导纲要（试行）》《3－6岁儿童学习与发展指南》等国家、各级政府及教育行政部门颁布的政策法规。这些政策法规是幼儿园依法办园的政策法律基础，是每一所幼儿园必须遵守的，也是制定内部规章制度的依据。

第二类是幼儿园根据国家的法律法规自行制定的内部管理制度，是幼儿园进行管理的工具。本节主要介绍这类规章制度。

一、岗位责任制

岗位责任制规定的是各个岗位的职责，即工作范围、工作方法和工作标准，使每个人明确自己的岗位职责，各行其是，各尽其职，责权利统一。岗位责任制是应该最先建立的，是幼儿园开展工作的基础，是薪酬制度和奖惩制度执行的基础。幼儿园要制定岗位责任制的岗位一般应有：园长、副园长、保教主任、后勤主任、幼儿教师、保育员、会计、出纳、门卫、炊事员、采购员、保管员、办公室文员等。

幼儿园各个岗位的岗位职责如下（园长岗位职责见上节）。

（一）教学副园长（保教主任）岗位职责

（1）协助园长认真贯彻执行园务工作计划，明确培养目标，全面提高幼儿素质；重点抓好幼儿教育、教学工作；加强教育科学研究，不断提高保教质量。

（2）负责幼儿园保教工作。熟悉幼儿各年龄阶段生理和心理特点，熟悉幼儿园各年龄段教学内容及要求，定期检查教师的月计划、周计划、备课本、教育笔记及个案记录，定期测查教学效果，并做好记录。

（3）制订全园教学工作计划，负责全园的业务管理、业务活动；指导教师进行幼教改革与科研工作，负责相关课题的申报、组织实施以及结题工作。

（4）定期进班看活动，有目的、有计划地指导和培养一线教师，对教师教学能力和教学过程进行调控和评价，不断提高他们的教学能力和业务水平。

（5）负责组织教师业务学习、培训以及考核工作。协助园长搞好职工队伍建设，做好职工政治思想工作，关心群众生活，倾听群众意见，支持群众开展各种有益的文体活动。

（6）组织保教人员外出参观学习，做好见习、实习工作和外来参观、观摩组织工作。

（7）负责整理教师业务档案和教育资料，指导保教人员及时添置玩具、资料、教具。

（二）后勤副园长（后勤主任）岗位职责

（1）在园长领导下负责幼儿园保育保健、膳食营养、安全保卫等后勤保障工作，落实园务计划及管理，提高后勤工作质量和服务工作质量。

（2）组织开展全园的保育工作，组织保育员和后勤人员进行业务学习，开展园内保育活动观摩和专题研究，帮助保教人员提高业务水平。

（3）负责全园园舍设备、绿化、环境卫生及园内物品的管理，及时添置教学设备设施、用品，督促维修指导，并进行安全检查。

（4）督促检查各班工作人员保育工作及执行一日生活常规的情况。每周定期检查各班执行卫生制度的情况，并与医务人员定期检查厨房执行卫生保健制度情况。

（5）做好安全防卫、防火、防毒工作，发现安全隐患及时采取措施。

（6）制订后勤工作计划，定期进行工作总结。

（三）办公室主任岗位职责

（1）协助园长处理日常行政事务，协调平衡各部门的工作，了解、督促、检查幼儿园决定的执行情况，及时向园长反馈信息，为相关决策提供依据。

（2）负责与上级行政主管部门的联系，做好上传下达工作。负责筹备、组织幼儿园召开的综合性会议，并进行会议的记录和整理。

（3）负责幼儿园的材料撰写及上传信息的审稿工作，并及时上传。

（4）负责幼儿园宣传、联络、接待工作，协调幼儿园与上级部门、兄弟园所、单位之间的关系。

（5）协助园长做好各类人员的聘用、培训、考核、晋升、奖惩等人事管理工作和各职能部门的考核、评估工作。

（6）负责做好信访工作和来访接待工作。

（7）做好幼儿园招生、编班、业务档案、资料存档等行政事务工作。

（8）完成园长交办的其他工作。

（四）教研组长岗位职责

（1）协助园长认真贯彻、落实、执行园务工作计划，明确培养目标及管理目标。重点抓好幼儿教育、教学、保育工作，加强教育科学研究，不断提高保教、保育质量。

（2）协助副园长做好幼儿园保教工作。熟悉幼儿各年龄阶段生理和心理特点，熟悉幼儿园各年龄段教学内容及要求，定期检查教师教案、听课、教研等各种学习笔记，定期测查教学效果以及各班教师、保育员保育工作及执行一日生活常规的情况，并做好记录。

（3）制订教研组工作计划，安排好每次教研组学习活动的内容，做好教研工作记录、总结，负责教研组的资料积累、整理、保管工作。

（4）组织组内教师互相观摩、竞赛、评比，及业务学习和培训，对教师进行指导帮助，提高教师的业务水平。做好组内教师的考核工作，并定期向园长汇报教研组工作情况。

(5)负责组内教师的思想工作，关心教师、倾听教师的意见或建议，并向主管领导反映情况。

(6)积极参加教育改革，努力提高自身思想、业务水平，带头做好各项业务与教学工作。

(7)负责组织年级组或园内的大型活动。

(五)班长岗位职责

(1)负责本班教育和保育工作，根据《幼儿园工作规程》的要求，结合本班实际，制订班级工作计划(学期、月、周、日计划)，并认真执行，定期进行反思和总结。

(2)遵守师德规范和园内规章制度，定期召开班务会，及时传达园务会精神，解决处理本班出现的问题，领导本班成员团结协作，努力完成各项工作任务，为班级创设宽松、和谐、愉快的工作氛围。

(3)学习、钻研业务，积极参加教育研究和各种业务进修学习，不断提高班级管理工作水平及组织活动的能力。

(4)班级财产物品登记、保管、清理工作，做到分工明确，责任到人，经常督促检查，发现问题及时上报处理，确保班级财产安全。

(5)幼儿考勤及班级各类计划、表格的规范填写、收集、整理、保管工作。

(6)负责班级家长工作，组织家访，定期召开家长会，向家长介绍本班教育教学计划和活动安排，主动与家长联系沟通，形成良好的家园合作，促进幼儿健康发展。

(六)幼儿教师岗位职责

(1)遵守幼儿园教师职业道德规范，严格按照各项规章制度执行，认真完成园领导及班长布置的工作，并做到及时总结。

(2)坚持积极鼓励、启发诱导的正面教育，遵循幼儿身心发展规律，结合本班幼儿特点和个体差异进行教育教学，培养孩子良好的生活、卫生习惯，使每个孩子在原有水平上得到发展。

(3)创设与保教要求相适应的环境，组织安排好幼儿一日生活，开展内容丰富多样的活动，寓教育于游戏之中。

(4)做好家长工作，通过多种途径和方式与家长保持沟通，了解幼儿家庭教育的情况，并做好家庭教育指导工作。

(5)开展政治、业务学习和教育研究活动，按要求参加业务进修学习，不断提高自身政治、文化、专业水平。

(七)保育员岗位职责

(1)按照《幼儿一日生活常规》中对保育工作的要求，认真细致地做好保育工作，配合教师全面细致地照顾好幼儿一日生活，了解幼儿的饮食、睡眠、如厕等情况，精心护理幼儿生活。

(2)保管好幼儿用品，保持幼儿仪表整洁，根据天气冷、热变化，随时提醒或帮助幼儿增减衣服，注意观察孩子的精神、饮食活动等状况，发现问题及时与保健医联系。

(3)遵守幼儿园卫生保健制度，搞好班级的清洁卫生工作和班上幼儿的个人卫生，做到每天小扫除，每周大扫除，经常保持活动室内空气的流通，为幼儿提供舒适、干净的环境。

(4)按照消毒制度的规定，认真做好水杯、毛巾、玩具的消毒工作，认真做好水杯架和饭前餐桌的消毒工作。每天要定时冲洗、消毒厕所，保持厕所清洁无臭味。

(5)协助教师做好教育活动的各项准备工作，以及组织教育教学和游戏活动，与教师一起制作教学所需的玩教具。

(6)定时拆洗和翻晒幼儿的被褥、枕套，定期清洗、消毒玩具，保持被褥、玩具的清洁卫生。

(7)保管幼儿的衣物和本班的设备、用具，防止霉烂、损坏、丢失。

(8)参加各种形式的岗位培训，努力提高业务能力。

(八)医务人员岗位职责

幼儿园医务人员除符合《幼儿园工作规程》第三十四条要求外，医师应当具有医学院毕业程度；医生和护士应当具有中等卫生学校毕业程度，或取得卫生行政部门的资格认可；保健员应当具有高中毕业程度，并受过幼儿保健职业培训。幼儿园医务人员主要职责如下。

(1)按照《幼儿园工作规程》的精神和上级主管部门的工作要求，协助园长组织实施有关卫生保健方面的法规、规章和制度，并监督执行。

(2)检查全园的环境卫生、卫生保健和消毒工作，关注幼儿进餐、睡眠、卫生习惯的培养和户外活动情况，定期进行检查，及时反馈检查情况。

(3)做好晨间检查，做到一摸、二看、三问、四查，发现传染病要及时与班级教师和家长联系，及时采取措施，做好消毒、隔离、登记工作，并向上级有关部门报告。

(4)开展幼儿的健康检查和疾病防控工作，做好患病幼儿的喂药、观察护理工作，严格按照家长的要求及数量喂药，并做记录；负责医务室物品及药品的保管、登记、清理工作；每月公布幼儿出勤率、发病率。

(5)对全园幼儿进行体检，建立和完善幼儿健康档案，严格执行体检制度，并做好记录、统计分析工作，依据统计结果制定改进方案。做好新员工入园的体检和教职工的定期体检工作，做好有关的保健资料归档工作。

(6)组织相关人员一同研究、调配幼儿伙食的营养、供应量，制定科学合理的营养膳食以及敏感体质幼儿食谱，做好营养分析，保证幼儿有足够的营养摄入。

(7)根据季节特点和保健工作要求，督促有关人员做好防暑降温、防寒保暖工作。

(8)努力学习、掌握卫生保健工作的基本知识，并采用多种形式向园内工作人员、幼儿和家长宣传科学育儿等保健知识。

(九)会计岗位职责

幼儿园财务人员应具备高中以上学历，熟悉财务工作，持有会计上岗证书；品德良好，工作认真细致，责任心强。其具体工作职责如下。

(1)严格遵守国家财经纪律，执行各项财会制度，熟悉和掌握有关财会工作的方针、政策和规定，正确进行会计监督，认真审核各种会计凭证。

(2)根据会计制度和幼儿园会计工作的任务，负责幼儿园会计工作，做好记账、算账、对账工作；协助园长做好每学期和全年经费预算，合理安排全园经费的使用，做到计划开支；严格执行上级主管部门批准的计划和预算，分析预算的执行情况和效果。

(3)及时、准确编制各项会计报表，要求做到科目准确，内容真实、账表相符，数字正确，账面清晰，完整无缺，日清月结，报送及时，按月公布各种账目。

(4)妥善保管会计凭证、账簿、报表等财务档案资料，并定期立卷归档。

(5)定期向领导汇报财务开支情况。

(十)出纳岗位职责

(1)认真执行国家有关财会法规，遵守各项财会制度，积极为教育教学服务。

(2)认真记录往来账目，做好现金收支和银行结算工作。

(3)负责掌管幼儿园预算内、外等库存现金，根据规定按银行账户设置现金账册，每天做好原始记录，轧清现金，做到日清月结，正确无误，账钱相符。

(4)根据国家统一规定的费用、开支标准与有关规定，认真审核各项报销凭证，每张凭证必须有经手人、验收人及园领导签字方能报销；对不符合财务制度的收付款项，在做好宣传解释工作的基础上，有权监督拒付。

(5)应按时、按规定向会计报账，正确计算收入、支出。

(6)严格遵守现金管理办法，做好现金管理工作，每天库存现金不得超过规定限额，不得挪用现金，不准白条抵库和"坐支"，不开空头支票，无遗失支票事故。

(7)做好全园教职工的工资、奖金等各种费用发放工作，管理好收据、支票、印章等，保守保险柜号码的秘密。

(8)定期向园领导汇报工作，接受领导、群众的监督。

(十一)资产保管员岗位职责

(1)对全园的资产全面管理，做到随时收验、入库、分类保管，存放地点合理明确，定期进行清点，做到账物相符。

(2)按财产的性质和用途分别设立固定资产、低值耐久、消耗品三大账册，并设立固定资产明细账、低值耐久明细账和消耗品明细账。

(3)建立物品领用、借出制度，领用或借出物品手续齐全，领用人和借用人须签字或盖章。

（4）及时供应所需物品，验收后方能入库，登记入账后方可领用；定期对各班财产进行清点，学期末对全园资产进行一次核对，发现问题要查明原因并追究责任。

（5）妥善保管好物品，做到手勤、眼勤、脚勤，严格做好三防（防盗、防火、防潮）工作，保证物品安全、卫生、整洁，杜绝发霉变质现象发生。

（6）固定资产报损、报废，须经有关部门批准，方能报账。

（7）保管员因工作调动要有移交手续，物品遗失要赔偿。

（十二）炊事员岗位职责

（1）热爱本职工作，树立一切为幼儿服务的思想，努力提高服务质量，根据幼儿生理和年龄特点制作营养丰富、易于消化的饭菜，促进幼儿身体健康成长。

（2）努力钻研业务，掌握有关营养知识，提高烹调技术，做到色香味俱全，软硬适当、荤素搭配、米麦搭配、花色品种多样，促进幼儿食欲，保证幼儿营养质量均衡。

（3）严格执行饮食卫生要求，把好食物验收关；蔬菜要先洗后切，做到无沙、无尘、无杂质；餐具餐餐消毒，熟食加盖，生熟分开，严防食物中毒。

（4）落实食谱计划，按时供应饭菜，做好食品保温工作；经常主动了解教师、幼儿对伙食的反映，不断改进工作。

（5）搞好厨房的清洁卫生，保持厨房环境整洁干净；每天小扫除，每周大扫除；厨房用具、炊具要定期擦洗、消毒，并负责保管。

（6）要搞好个人卫生，上班穿好工作服、戴好工作帽，大小便后要洗手，定期进行体格检查。

（十三）门卫岗位职责

（1）坚守工作岗位，负责园所的安全保卫工作。

（2）对外来文件、报纸、杂志、信件负责收发，并做好登记。

（3）负责来访登记、询问、解释工作；未经允许，禁止非工作人员入园，重要事情及时与园领导联系。

（4）做好传达室内、外的环境卫生，按时开关大门；如有事请假外出，必须向分管园长请假，准假后方可离开。

（5）做好幼儿接送时的安全工作，提醒家长不在园内逗留，发现可疑人员要严加盘问，提高警惕，防止事故发生。

（十四）保洁人员岗位职责

（1）做好室内外包干地区的清洁卫生工作，做到每天小扫除，每周大扫除；及时清除当天垃圾，为孩子创设一个干净整洁的生活环境。

（2）清洁人员进园要做好健康检查，搞好个人卫生；清洁用具放在固定位置，不随意乱放。

（3）要热爱孩子，不怕脏和累，严格遵守教职工道德规范和园内各项制度。

二、薪酬制度

公办幼儿园一般不需要考虑薪酬制度，可以按照国家规定执行。民办幼儿园在建园之初，就应该根据收支预算情况和当地的薪酬水平建立合理的薪酬体系，以吸引和稳定教师队伍，提高教师的工作积极性。

幼儿园工作人员的薪酬一般可以分为两部分：固定工资和绩效工资。其中固定工资可以根据工作人员的岗位、工龄、教龄、园龄、职称、技能水平来确定，一般要高于当地最低工资标准，保障教师在放假期间和发生不可抗事件（如特殊天气情况、疫情期间等）期间的基本生活质量；绩效工资可以根据教师的出勤、教师所在班级幼儿的出勤率、教师工作的表现等来确定，保证教师以积极的态度投入工作。

对于民办幼儿园来说，一定要建立合理的薪酬制度，其有利于教师队伍的稳定和教师教育水平的持续提高；尽量避免没有薪酬标准，园长（老板）信口说个工资数，或者是工作做得一样但报酬不一样的现象出现。

薪酬制度要和岗位责任制结合，和考核评价制度结合才能更好地发挥作用。

三、工作制度

幼儿园工作制度是教职工工作期间的行为规范，其有两方面的内容：一方面是对教职工在工作期间的状态做出规定，如上班规则或办公制度，对教职工工作期间的仪表、行为和精神状态等做出要求；另一方面是对工作人员的工作程序做出规定，如作息制度，考勤、请假、交接班、值班等方面的程序。

工作制度尽量制定得简单明了，让每个人知道自己应在什么时间做什么、能做什么和不能做什么，它和岗位责任制以及奖惩制度结合，能够保证幼儿园的正常运营。

四、学习制度

幼儿园的学习制度要对教职工的政治、文化、业务等各类学习行为进行规范，要规定学习的内容、时间、组织者、参加者以及缺席、请假等方面的具体要求，保证学习活动的正常进行。

在实际工作中有两个误区需要纠正：

一是认为学习占用工作时间、效果不明显。有的幼儿园因为每个班只有两名教师，不能抽出教师在工作时间学习；也有的幼儿园管理者认为让老师学习的效果不明显，不如在班里多个人看孩子。其实，幼儿园只有通过提高教师的工作能力才能提高工作效率和工作质量，才能为幼儿园赢得更好的声誉和更多的生源。

二是对政治学习不重视。一般政治学习的内容为哲学和时事政治。哲学是世界观的科学，对教师的世界观有直接的影响，决定着教师人生目标和处事方法。时事政治包括国际和国内的形势，对于教师开阔眼界、依法从教有重大意义。

五、会议制度

幼儿园的会议一般有全园会议、部门会议、教研组会议和班级会议。会议制度应规定会议何时召开、由谁主持、会议内容等，制定尽量详尽，使每个人知道自己何时参加、议题是什么。

幼儿园全园会议不宜频繁召开，一般每月召开一次即可，由园长和相关部门管理者参加，会议针对全园目前工作重点和注意事项进行工作部署；部门会议可以视情况由部门负责人每周召集；教研组会议应根据教研工作任务由教研组长组织，建议每月两次；班级会议由班长召集，建议每周末一次。

会议制度要坚持，不轻易因幼儿园其他活动取消；时间可以灵活掌握，有事则长，无事则短；会议议题不宜太多，要有议有决，力争每次会议能解决一定的问题。

六、卫生保健制度

幼儿园的卫生保健制度是由一系列保证幼儿健康的制度组成的，包括：晨检制度、健康检查制度、卫生消毒制度、防疫制度、隔离制度、卫生清洁制度等。

因为各园条件不同，可以按照卫生部门的要求，根据实际情况制定出相应的卫生规范，必须明确规定各项工作由谁负责、由谁督促检查、达不到要求如何处理等，保证工作落到实处。

七、财务财产管理制度

幼儿园的财务管理制度要根据国家相关的行业要求制定，涵盖合理编制幼儿的财务计划，加强财务核算，检查财务计划的执行，监督财务纪律，合理分配幼儿园的经营收入，按时上报有关报表等。

幼儿园的财产管理制度要规定幼儿园财产在采购、保管、领用、盘点、报废等各个环节的管理方法，保证幼儿园财产的有效使用和保值。

八、安全制度

幼儿园的安全制度包括保证幼儿的安全措施以及幼儿园财产的安全措施，一般有门卫制度、接送制度、伙房管理制度、各班幼儿活动场所的安全制度。幼儿园安全工作是幼儿园工作的重中之重，必须制定严密、详细的安全细则，确保幼儿在园安全。

九、备课、听课和教研工作制度

这部分制度制定的目的不仅仅是保证幼儿园的教学秩序，而且是为幼儿园教育质量的提高以及教师专业成长提供保障。

备课制度规定的是教师备课的要求、完成的时间以及由谁来检查等方面的内容；听课制度规定的是管理者听课、教师互相听课的时间、次数和要求；教研制度规定的是幼儿园教研活动的时间、内容、组织者和参加者、达到的目标等。

幼儿园的教研活动可以采取学习、研讨、观摩、主题演讲、练习等多种方式进行，凡是有利于教育教学和教师专业发展的活动，都属于教研制度规定的范畴，幼儿园可以根据具体情况决定采取的教研方式。

十、考核奖惩制度

幼儿园的工作一般有三个方面的考核：一是指对各类学习活动的考试和考查。幼儿园的政治学习、文化学习和业务学习都要有对学习效果的考试或考查；二是对幼儿园教师应知应会技能的考核。各个幼儿园都有各类技能的比赛，通过比赛促进教师提高专业技能是一个不错的方法；三是对幼儿园教师工作质量的全面考核。这三种考核都要通过制度规定下来，对考核的时间、要求、考核的实施方法都要有明确具体的规定。

奖惩制度包括奖励和惩罚两个方面的制度。奖励制度是对在出勤、工作质量、学习态度和思想品德等方面表现突出的幼儿园教职工进行的奖励，奖励可以是物质的(发奖金)、精神的(在不同场合表扬等)、奖励旅游或委以重任。三种奖励也可以结合进行。惩罚制度是对教职工在工作中达不到要求的行为进行的惩戒，可以是物质的剥夺(如扣发工资)、活动权利的剥夺(如调离岗位)和精神的惩戒(如批评等)。

幼儿园的十类规章制度相互作用，形成幼儿园的规章制度体系，从各个方面约束教职工的工作行为，培养教职工的工作习惯，调整教职工的工作状态。

在规章制度建立之初，管理者一定要向全体教师讲解规章制度制定的依据，让教职工觉得制定得有道理、能理解，这样便于全体教职工执行。当规章制度逐渐深入人心，成为教职工的工作习惯，人人都能自觉遵守，由他律转化为自律的时候，规章制度的作用才发挥到极致。

第六节　招生宣传和编班

招生宣传对于大多数公办幼儿园来说是不需要考虑的，但是越来越多的民办幼儿园以及新建幼儿园不得不考虑招生工作。本节介绍一般幼儿园在招生环节应做的工作。

一、幼儿园招生宣传的方法

招生工作是幼儿园的一件大事。从目前实际分析，公办幼儿园和民办幼儿园面临着不同的问题。公办园因招生的数量有限而申请入园的幼儿众多，出现"一位难求"的局面，所谓"入园难"主要指公办幼儿园。民办幼儿园恰恰相反。由于近年来国家的重视和政策的放开，民办园数量飞速增长，很多幼儿园面临招生难的问题。本部分主要介绍民办幼儿园招生前需要做的工作。

(1)园况分析：分析本园现有班级情况，统计招生人数和年龄段。

(2)公布预计招生人数：托班、小班、中班、大班共计招生多少人。

(3)招生宣传：通过多种形式让社会公众了解幼儿园情况，主要方法有：跨行业合作、联合小区做活动、商场小区设置招生点(张贴海报)、组织亲子活动、教师与家长之间手递手的资料发放、夹报广告、书刊、刊登广告、网络宣传等，以及利用节假日进行幼儿的演出和外出活动。

跨行业合作：锁定本地区行业类型，包括儿童摄影机构，奶粉、尿不湿品牌厂商，服装商等；草拟合作规划，建立合作关系；指定专门负责人进行跟踪合作。

联合小区做活动：与所在小区以及附近辐射小区的物业或者居委会进行接洽，在小区人口流量大的地方开展针对小区居民的活动，借宣传和推广扩大知名度。

商场小区设置招生点(张贴海报)：让客户群体可以更进一步了解园所的情况和特色，提升在小区居民心中的存在感。

亲子活动：即针对园所所在的小区，请家长参与到幼儿园的亲子活动中来，让家长更加了解园所的特色，拉近与家长的距离，增加信任感。

教师与家长之间手递手的资料发放：通过资料手递手的传递，让教师深入小区和家长进一步交流，让家长有更多的机会了解园所和师资水平，了解最新的园所政策，为园所招生打下基础。

夹报广告、书刊、刊登广告、网络宣传等：利用现代化的信息传播工具(如微信公众号)，宣传园所的概况，让更多人了解和熟知园所，增加知名度和影响力。

二、幼儿园编班方法

幼儿园的编班不是将幼儿园随意分成几个班，一定要考虑幼儿园和幼儿的具体情况。目前，我国幼儿园编班有同龄编班和混龄编班两种编班方式。国外有实行走班制的，即每个月每个班有部分幼儿交换到其他班，使幼儿在一定的时间内和更多的幼儿、成人接触，促进幼儿社会性的发展。

(一)幼儿园编班的原则

(1)遵循幼儿的年龄特点。幼儿的发展在不同年龄段有不同的水平，即使在同龄编班的幼儿园中，每个年龄段从9月1日到第二年8月31日出生的幼儿也会有将近一年的年龄差距，这对于三岁的孩子来说是很大的差距。幼儿园要充分考虑这一特点，使得每个班的幼儿在一年中按月龄均匀分布。

(2)考虑幼儿的性别特征。在分班时将男孩和女孩平均分到各班。

(3)考虑孩子性格特点。在分班前通过家访和家长调查了解幼儿的性格特征，在分班时有针对性地选择相应的教师来照顾不同性格的幼儿。

(4)班容量不要过大。幼儿园每班幼儿人数一般为：小班二十五人，中班三十人，大班三十五人，混合班三十人。如遇入园高峰，每班可适当增加 3～5 个名额。寄宿制幼儿园每班幼儿人数酌减。

(二)幼儿园编班的要求

(1)年龄段适宜。均匀分布各年龄段的孩子，尽量减少年龄上的差异，处于同一年龄段的幼儿需在同样的班级或者均衡分布。

(2)性别比适宜。同一个班级里面，尽量让男女幼儿处于均衡的水平，让每个幼儿都能够有良好的社会性发展。

(3)家长层次均衡。班级里有各个阶层和不同层次水平的家长，这样可以促进家长之间的交流和班级活动的有效开展。

(4)片内和片外混合编班。企业、事业单位和机关、团体、部队设置的幼儿园，除招收本单位工作人员的子女外，有条件的应向社会开放，招收附近居民子女入园。幼儿园在编班时应考虑内外均衡。

(5)特殊情况的家庭和幼儿，需要给予更多的关照。

第七节　课程选择和组织

近年来，幼儿园课程的建构一直是我国幼教界研究的热点问题之一。目前，一些大中城市有条件的幼儿园，几乎都有本园自成体系的课程，各省、市也争相编制本区域的学前教材，可谓百花齐放、百家争鸣。高潮迭起的幼儿园课程改革，无疑是学前教育的一场革命。

各地对公办幼儿园的课程一般由教育行政部门予以指导，以确定较为统一的课程；对于民办幼儿园的课程，教育行政部门大多没有统一要求，这就要求民办幼儿园必须自主选择和编制适合的课程。

一、幼儿园课程选择

从广义上讲，幼儿在幼儿园的一切活动都属于课程范畴，包括为了达到教育目标所选择的教育内容和进程的总和。狭义的幼儿园课程是指一门学科(领域)。幼儿园的课程可以分为课程目标、课程内容、课程实施和课程评价四个环节。

(一)课程目标的选择

幼儿园的课程目标是指通过幼儿园的教育，幼儿能知道什么和做到什么。课程目标要与幼儿园的培养目标保持一致，按照《幼儿园教育指导纲要(试行)》和《3—6

岁儿童学习与发展指南》的要求，从五大领域的教育入手，让幼儿得到全面发展。幼儿园要依据国家和社会的要求，根据自身的定位确定培养目标，结合本园的特点和幼儿发展的特点，选择适当的课程目标。

案 例

新园长上任后

20 世纪 90 年代初期，在"早出人才、快出人才"的社会背景下，各个教育阶段都有将教育内容前置的趋势。在家长的强烈要求下，除了公办幼儿园能够坚持以游戏为主进行教学外，单位办园和民办幼儿园都争相开设识字和算术课程，幼儿园教育小学化的趋势开始出现。

某幼儿园是单位办园，师资力量中等水平，但长期以来作为单位的后勤部门，只要能看好孩子，让家长能上班就算完成了任务。其没有专业的园长引领，教学水平一直比较低。一位学前教育专业出身的新园长上任后，积极想办法提升教育教学质量，首先面临的是选择课程目标问题。当时如果跟着公办园，实施游戏为主的课程，师资水平达不到，就会影响教学质量；如果也走小学化的道路，又与学前教育规律相违背。经过缜密的思考和调查，最终园长确定了"两条腿走路"的办法：主要教育活动按照《幼儿园教育指导纲要（试行）》的要求进行，增加幼小衔接的教学内容，但一定要用游戏的方式让幼儿在活动中体验理解。

课程目标实施以后，这个幼儿园毕业的孩子不仅能够顺利进入小学学习，而且在德智体美多方面都有很好的发展。数年之后，这一幼儿园跻身于所在市的示范园行列。

(二)课程内容的选择

课程内容是指为实现课程目标所选择的教育内容，不同的课程目标必然有不同的课程内容。在确定了课程目标之后，就要紧紧围绕课程目标组织课程内容。选择课程内容必须遵循两个原则：

(1)课程内容必须有助于完成课程目标。课程的目标反映了社会对幼儿发展的期望，课程内容是目标实现的保证，它体现目标的方向和要求。课程目标必须通过课程内容来实现。

(2)课程内容必须有利于幼儿身心发展。课程目标反映了幼儿的身心发展特点，是为了促进幼儿身心全面和谐发展，重视幼儿身体、认知、能力和情感的培养，课程内容必须是适合幼儿学习的。

(三)课程实施方法的选择

课程实施是指将课程内容呈现出来，实现课程目标的过程。在幼儿园教育中，要拟订各个层次、各个阶段的教学计划以及游戏和户外活动计划来实现课程目标，即为课程的实施。通常来讲，幼儿园的学期计划、月计划、周计划和每日计划以及每天教师组织的教育活动都是课程的实施。

幼儿园课程一般分为"以教师为中心的课程"和"以儿童为中心的课程"两大类。我们提倡的"儿童是教育活动的主体，教师在教育活动中起主导作用"是想吸取两类课程的优点、避免两类课程的缺点。如果以教师为中心，必然采取的是以教师讲授为主的实施方法，在教学计划中将学习的内容有计划地安排，教师按照计划讲授给幼儿；如果以儿童为中心，必然要考虑幼儿的发展特点和个性，采取的是个别化教学的方法，以游戏为主，以区域活动为主，教师通过观察、参与来实施教学；如果坚持"幼儿是学习的主体，教师起主导作用"，就要通过创设环境、投放材料等来激发幼儿的兴趣和学习主动性，注重引导，帮助幼儿自我学习、自我完善。

(四)课程评价

课程评价是为了检验课程目标、课程内容和课程实施的科学性和有效性，即课程实施是否达到了预定的课程目标(见表2-9)。

课程评价是一个很大的课题，一般的幼儿园难以独立完成。幼儿园能做的只能是从"幼儿是不是得到了应有的发展"的角度去考察课程的有效性，即"教学效果的考察"。

表 2-9　某幼儿园小班幼儿发展评价表　　　　　　　　　　　　　小班第一学期

项目		内容	方式	结果
健康与动作发展	身心状况	站走坐的姿势是否正确 是否能情绪安定地参与活动		
	动作发展	沿直线走(平衡木)、双脚行进跳、双手向上抛球是否完成 双手抓杠 10 秒、单手投掷沙包是否完成 用剪刀沿直线剪的小肌肉动作是否完成		
认知与语言	科学数学	对于季节认知是否熟知(一年四个季节) 是否认识常见动植物，感知软硬、光滑、粗糙等 是否能感知区分物体大小、多少、高矮长短 是否能用一一对应的方法比较物体多少 是否能手口一致地进行 5 以内的点数 是否能感知认识上下、前后、里外		
	语言	说话声音是否自然，是否能对别人说出的话做出回应 是否能听懂短小的儿歌和故事，是否能说出 2～3 首儿歌 是否能根据画面信息说出图中有什么，发生了什么事情 是否有表达的欲望		

续表

项目		内容	方式	结果
品德与社会性	文明习惯	是否能在成人的提醒下使用礼貌用语：谢谢、不客气 是否能和教师主动打招呼 在活动中是否能够轮流发言、不随意打断别人讲话 是否能够关心他人，对别人的不开心表示同情和安慰		
	社会交往	是否愿意和同伴一同游戏并友好加入 与同伴发生冲突时能否听从成人的劝解 能否为自己好的行为或成果感到高兴，具有自尊自信自主的表现 是否喜欢并适应群体生活 是否知道家庭成员，说出自己家庭住址 是否认识国旗，知道国歌		
常规习惯与自助能力	常规习惯	是否在一日生活环节中有良好的习惯 养成洗手、进餐、漱口、搬椅子、喝水的习惯 是否能够注意个人卫生		
	自助能力	在如厕、喝水、进餐、洗手时能否独立完成 能否自己穿脱简单衣物，初步尝试整理衣物的能力 遇到困难能否尝试自己解决		
艺术表现	感受欣赏	是否喜欢欣赏舞蹈、戏剧等表演 是否乐于观看有艺术形式的作品 是否喜欢户外环境中的自然事物		
	表现创造	是否喜欢模仿有趣的动作或声音 能否跟随熟悉的音乐做身体动作 能否声音响亮地歌唱一个音阶内的歌曲 能否用简单的线条和色彩画出自己想画的人或事物		
总评价				

注：评价方式：观察(实物操作)、教师反馈。评价结果为：优(90%达标)良(50%达标)

二、课程内容的组织

(一)幼儿园课程内容的组织方式

幼儿园课程的组织有两种典型的方式：学科中心的组织方式和儿童中心的组织方式。

学科中心的组织方式是指按照学科的内在逻辑结构组织课程，即将不同的学科分别确定目标、制订计划和组织实施、单独评价。其表现就是在我国 20 世纪 80 年代《幼儿园教育纲要》指导下广泛实施的分科教学，即在调研的基础上，根据幼儿的发展水平，从各领域中选出适合的内容供幼儿学习。这种教学是教师预设的课程。

儿童中心的组织方式是指按照幼儿的兴趣、需要和能力来组织课程，即将不同的学科根据幼儿的兴趣和发展需要组合到一起，确定幼儿的整体发展目标，考察和评价发展结果。其表现是 20 世纪 80 年代中末期开始出现的"主题教学""单元教学"以及 90 年代传入我国的"方案教学"等，即教师通过观察分析幼儿的需要，根据幼儿的生活经验提出主题，幼儿按照自己的兴趣发展主题，教师引导幼儿自我学习完善主题的学习活动，是生成式的课程。

这两种组织方式各有利弊：学科中心课程照顾到了学科内部的结构和逻辑关系，但较少考虑各领域之间的相互联系。儿童中心课程注重了幼儿的兴趣需要，却往往因其随机性而忽视了学科知识的系统性。

在实际工作中，幼儿园不可能绝对按学科组织课程或绝对按幼儿的兴趣组织课程。在学科中心课程中，也要照顾到幼儿的兴趣、需要和能力；同样，在儿童中心课程中，也要通过教师适当的干预来突出学科的内在逻辑性。

(二)课程的组织过程

(1)课程计划的制订：课程计划的制订是依据幼儿园的课程目标，有计划地选择和组织教学内容的过程，即我们通常所说的教学计划。从广义上讲，一切对幼儿发展有益的活动都是教学计划的一部分，所以，幼儿园在制订教学计划时应将幼儿园的教育活动、生活活动、游戏活动、家长工作和环境创设都纳入教学计划之中。

(2)课程教学的组织：幼儿园的课程教学组织一般是以班级为单位进行的集体活动、小组活动和个别活动的组合。集体活动便于教师按照课程计划布置幼儿的学习内容，面向幼儿的集体，有较高的效率。小组活动在活动区中运用最为普遍，幼儿可以自选活动，自由交流，互相协作发展社会性。个别活动适合发展水平不同的幼儿在同一空间学习，一般在幼儿自选活动时间，教师进行单独的辅导。

(3)课程教学的途径：幼儿园的课程涵盖非常广，教学的途径也不一而足。除了教师专门组织的教学活动以外，日常生活活动和游戏活动中，教师也要结合幼儿发展水平，发现教育契机，引导幼儿体验学习。家长是幼儿接触最多的，家长对幼儿的学习和成长起着重大的作用，家园合作也是幼儿园课程教学的途径。此外，环境也是幼儿园课程教学的途径，环境能引起幼儿的学习兴趣，促进幼儿体能的提升，培养幼儿的审美能力，陶冶幼儿的情操等。

本章小结

1. 本章从开始就阐明了建园之初的选址及其定位，要立足于当地的具体环境，因地制宜，这样才能制定出适合当地幼儿园发展的策略，更好地服务幼儿与家长。幼儿园建设的标准及其要求，要符合国家和当地教育相关部门的要求。

2. 幼儿园的审批包括建立幼儿园的条件、所需要的审批材料、审批程序和流程、审批时间，这些都是园所审批的基本要求，都是需要严格按照标准和程序来实施的。

3. 园所的设备包括各个区域游戏活动的玩教具、办公用具、保健卫生用具、餐具等。如何采购以及采购的标准及其流程都详细地做了介绍。

4. 幼儿园的人员配备是必不可少的一部分，是园所的核心所在。人员配备包括园长、教师、保育员、保健人员及财务人员和后勤人员等。

5. 规章制度是幼儿园的"法"，幼儿园建园之初就应建立起完善的规章制度体系，帮助教职工形成良好的工作习惯，并逐渐由他律向自律转化。合理的规章制度有助于良好园风的形成。

6. 良好的招生和编班能够保证幼儿园的生源和教学质量。在招生过程中可以积极利用周边的资源。

7. 课程如何组织和实施，是家长和老师都关注的问题，也是幼儿园的本职工作。在制定适宜的课程时，可以考虑家长和幼儿的需要，制定出符合幼儿身心发展特点的课程；在组织和实施时，要尽量采用游戏的形式，这样才是适合幼儿的。

关键术语

幼儿园审批　园所设备　园长　幼儿园教师

思考题

1. 如何根据所在城市的地域特点创建有特色的幼儿园？
2. 如何完成幼儿园的审批工作？
3. 在课程选择时我们要注意哪些影响因素？怎样制定出适合幼儿的课程？

建议的活动

联系实际，结合当地的社会情况，制订一份幼儿园招生和人员招聘方案。

案 例 研 究

一位幼师毕业的教师，在城市幼儿园工作几年后回到家乡，想在村子里开办幼儿园，但是，村子里已经有了两所幼儿园。这两所幼儿园都是以教孩子识字算术为主，收费低廉。根据本章内容谈谈要新建这个幼儿园应该如何定位？

拓 展 阅 读

张燕，邢利娅. 幼儿园组织与管理[M]. 北京：北京师范大学出版社，2006.

该书通俗易懂，可以让读者对于幼儿园的组织与管理有一个清晰的认识。

第二篇

幼儿园的运营

第三章　幼儿园的师资队伍建设

学习目标 ▶

1. 明确幼儿园教师的任职条件和职责，了解其选聘流程。
2. 熟悉幼儿园教师教育与培训手段。
3. 理解幼儿园教师开展教科研活动的组织与管理。

导入案例 ▶

在小班艺术活动《剪贴灯笼》的展示环节中，教师让幼儿说出自己喜欢的灯笼并说明理由。一个幼儿正在回答时，另一个幼儿突然冲到前面讲解，其他幼儿纷纷效仿，以至于展示板都快被挤倒了。这位教师有些束手无策，不知该如何将活动继续下去。面对这种情境，教师应该怎么办呢？这就需要教师分析出现此种状况的原因并适度引导，在尊重幼儿的前提下将此次活动顺利进行下去。

做好幼儿园教育工作其实是很不容易的。一名合格的幼儿园教师应该具备什么样的能力和条件？如何提高教师的素质和素养？幼儿园的教科研活动应该怎样有效开展？这些都是我们应该认真思考的问题。

第一节　幼儿园教师的任职条件与职责

幼儿园教师是履行幼儿园教育工作职责的专业人员，要实现师资队伍的科学有效管理，首先就要了解教师任职的条件与职责。

一、幼儿园教师的任职条件

选好幼儿教师是建立高质量师资队伍的第一步。幼儿园领导要明确幼儿园教师的任职条件，把好用人的第一关。国家相关法律文件中也对幼儿教师的任职条件提出了要求。《幼儿园管理条例》第九条规定："幼儿园园长、教师应当具有幼儿师范学校（包括职业学校幼儿教育专业）毕业程度，或者经教育行政部门考核合格。"《幼儿园工作规程》第三十九条规定："幼儿园教职工应当贯彻国家教育方针，具有良好品德，热爱教育事业，尊重和爱护幼儿，具有专业知识和技能以及相应的文化和专业素养，为人师表，忠于职责，身体健康。"《幼儿园教师专业标准（试行）》中系统提出了幼儿园教师必备的基本素质与条件，即专业理念与师德、专业知识和专业能力三个方面。

资料链接

《幼儿园教师专业标准（试行）》（节选）

一、基本理念

（一）师德为先

热爱学前教育事业，具有职业理想，践行社会主义核心价值体系，履行教师职业道德规范。关爱幼儿，尊重幼儿人格，富有爱心、责任心、耐心和细心；为人师表，教书育人，自尊自律，做幼儿健康成长的启蒙者和引路人。

（二）幼儿为本

尊重幼儿权益，以幼儿为主体，充分调动和发挥幼儿的主动性；遵循幼儿身心发展特点和保教活动规律，提供适合的教育，保障幼儿快乐健康成长。

（三）能力为重

把学前教育理论与保教实践相结合，突出保教实践能力；研究幼儿，遵循幼儿成长规律，提升保教工作专业化水平；坚持实践、反思、再实践、再反思，不断提高专业能力。

（四）终身学习

学习先进学前教育理论，了解国内外学前教育改革与发展的经验和做法；优化知识结构，提高文化素养；具有终身学习与持续发展的意识和能力，做终身学习的典范。

二、基本内容

专业理念与师德	（一）职业理解与认识	1. 贯彻党和国家教育方针政策，遵守教育法律法规。 2. 理解幼儿保教工作的意义，热爱学前教育事业，具有职业理想和敬业精神。 3. 认同幼儿园教师的专业性和独特性，注重自身专业发展。 4. 具有良好职业道德修养，为人师表。 5. 具有团队合作精神，积极开展协作与交流。
	（二）对幼儿的态度与行为	6. 关爱幼儿，重视幼儿身心健康，将保护幼儿生命安全放在首位。 7. 尊重幼儿人格，维护幼儿合法权益，平等对待每一个幼儿。不讽刺、挖苦、歧视幼儿，不体罚或变相体罚幼儿。 8. 信任幼儿，尊重个体差异，主动了解和满足有益于幼儿身心发展的不同需求。 9. 重视生活对幼儿健康成长的重要价值，积极创造条件，让幼儿拥有快乐的幼儿园生活。
	（三）幼儿保育和教育的态度与行为	10. 注重保教结合，培育幼儿良好的意志品质，帮助幼儿形成良好的行为习惯。 11. 注重保护幼儿的好奇心，培养幼儿的想象力，发掘幼儿的兴趣爱好。 12. 重视环境和游戏对幼儿发展的独特作用，创设富有教育意义的环境氛围，将游戏作为幼儿的主要活动。 13. 重视丰富幼儿多方面的直接经验，将探索、交往等实践活动作为幼儿最重要的学习方式。 14. 重视自身日常态度言行对幼儿发展的重要影响与作用。 15. 重视幼儿园、家庭和社区的合作，综合利用各种资源。
	（四）个人修养与行为	16. 富有爱心、责任心、耐心和细心。 17. 乐观向上、热情开朗，有亲和力。 18. 善于自我调节情绪，保持平和心态。 19. 勤于学习，不断进取。 20. 衣着整洁得体，语言规范健康，举止文明礼貌。
专业知识	（五）幼儿发展知识	21. 了解关于幼儿生存、发展和保护的有关法律法规及政策规定。 22. 掌握不同年龄幼儿身心发展特点、规律和促进幼儿全面发展的策略与方法。 23. 了解幼儿在发展水平、速度与优势领域等方面的个体差异，掌握对应的策略与方法。 24. 了解幼儿发展中容易出现的问题与适宜的对策。 25. 了解有特殊需要幼儿的身心发展特点及教育策略与方法。
	（六）幼儿保育和教育知识	26. 熟悉幼儿园教育的目标、任务、内容、要求和基本原则。 27. 掌握幼儿园各领域教育的特点与基本知识。 28. 掌握幼儿园环境创设、一日生活安排、游戏与教育活动、保育和班级管理的知识与方法。 29. 熟知幼儿园的安全应急预案，掌握意外事故和危险情况下幼儿安全防护与救助的基本方法。 30. 掌握观察、谈话、记录等了解幼儿的基本方法和教育心理学的基本原理和方法。 31. 了解0～3岁婴幼儿保教和幼小衔接的有关知识与基本方法。

续表

专业知识	（七）通识性知识	32. 具有一定的自然科学和人文社会科学知识。 33. 了解中国教育基本情况。 34. 具有相应的艺术欣赏与表现知识。 35. 具有一定的现代信息技术知识。
专业能力	（八）环境的创设与利用	36. 建立良好的师幼关系，帮助幼儿建立良好的同伴关系，让幼儿感到温暖和愉悦。 37. 建立班级秩序与规则，营造良好的班级氛围，让幼儿感受到安全、舒适。 38. 创设有助于促进幼儿成长、学习、游戏的教育环境。 39. 合理利用资源，为幼儿提供和制作适合的玩教具和学习材料，引发和支持幼儿的主动活动。
	（九）一日生活的组织与保育	40. 合理安排和组织一日生活的各个环节，将教育灵活地渗透到一日生活中。 41. 科学照料幼儿日常生活，指导和协助保育员做好班级常规保育和卫生工作。 42. 充分利用各种教育契机，对幼儿进行随机教育。 43. 有效保护幼儿，及时处理幼儿的常见事故，遇危险情况优先救护幼儿。
	（十）游戏活动的支持与引导	44. 提供符合幼儿兴趣需要、年龄特点和发展目标的游戏条件。 45. 充分利用与合理设计游戏活动空间，提供丰富、适宜的游戏材料，支持、引发和促进幼儿的游戏。 46. 鼓励幼儿自主选择游戏内容、伙伴和材料，支持幼儿主动地、创造性地开展游戏，充分体验游戏的快乐和满足。 47. 引导幼儿在游戏活动中获得身体、认知、语言和社会性等多方面的发展。
	（十一）教育活动的计划与实施	48. 制定阶段性的教育活动计划和具体活动方案。 49. 在教育活动中观察幼儿，根据幼儿的表现和需要，调整活动，给予适宜的指导。 50. 在教育活动的设计和实施中体现趣味性、综合性和生活化，灵活运用各种组织形式和适宜的教育方式。 51. 提供更多的操作探索、交流合作、表达表现的机会，支持和促进幼儿主动学习。
	（十二）激励与评价	52. 关注幼儿日常表现，及时发现和赏识每个幼儿的点滴进步，注重激发和保护幼儿的积极性、自信心。 53. 有效运用观察、谈话、家园联系、作品分析等多种方法，客观地、全面地了解和评价幼儿。 54. 有效运用评价结果，指导下一步教育活动的开展。

专业能力	(十三)沟通与合作	55. 使用符合幼儿年龄特点的语言进行保教工作。 56. 善于倾听，和蔼可亲，与幼儿进行有效沟通。 57. 与同事合作交流，分享经验和资源，共同发展。 58. 与家长进行有效沟通合作，共同促进幼儿发展。 59. 协助幼儿园与社区建立合作互助的良好关系。
	(十四)反思与发展	60. 主动收集分析相关信息，不断进行反思，改进保教工作。 61. 针对保教工作中的现实需要与问题，进行探索和研究。 62. 制定专业发展规划，积极参加专业培训，不断提高自身专业素质。

二、幼儿园教师的职责

《幼儿园工作规程》中对幼儿园教师的职责进行了阐述，第四十一条中明确规定幼儿园教师对本班工作全面负责，其主要职责如下。

(1)观察了解幼儿，依据国家有关规定，结合本班幼儿的发展水平和兴趣需要，制订和执行教育工作计划，合理安排幼儿一日生活；

(2)创设良好的教育环境，合理组织教育内容，提供丰富的玩具和游戏材料，开展适宜的教育活动；

(3)严格执行幼儿园安全、卫生保健制度，指导并配合保育员管理本班幼儿生活，做好卫生保健工作；

(4)与家长保持经常联系，了解幼儿家庭的教育环境，商讨符合幼儿特点的教育措施，相互配合共同完成教育任务；

(5)参加业务学习和保育教育研究活动；

(6)定期总结评估保教工作实效，接受园长的指导和检查。

第二节　幼儿园教师的选聘与任用

一、幼儿园教师的选聘

幼儿园教师的选聘是形成师资队伍、有效开展幼儿园工作的基础。幼儿园教师实行聘任制，选聘程序一般如下。

(一)发布招聘信息

幼儿园领导应该提前确定招聘教师的数量和岗位，并开始进行积极的招聘工作。招聘信息中应该包括幼儿园概况，教师招聘的要求、时间、流程、职后待遇，联系人电话等，内容力求简洁全面。目前发布招聘信息的方式主要有定向发放(面向学前教育专业学生群体)、参加学前教育专业的毕业生招聘会和发布广告等。

案 例

广东省某幼儿园招聘信息公示示例

  ××幼儿园坐落于镇政治、文化中心，毗邻镇文化广场、青少年活动中心；交通便利、环境优雅，按广东省一级幼儿园设施配置，拥有宽敞的室内外大型活动空间，园内配备现代化的教育、教学设施，有图书室、舞蹈室、美工室、科学室、多功能室等，计划招生 12 个班。现需面向社会公开招聘 1 名幼儿教师，希望有志于从事幼儿教育事业的优秀人才加入我们这个团队中。

  一、招聘职位要求

  幼儿老师 1 名：35 周岁以下，有良好的职业操守和个性品质，有强烈的事业心和责任感，有团队精神和奉献精神，有活泼开朗的性格和较强的亲和力，有健康的身体和良好的心理素质。

  二、专业要求

  1. 幼教专业毕业，大专及以上学历。

  2. 有教师资格证，职称证。

  3. 有爱心、耐心，有细致的观察能力，有良好的沟通能力和表达能力。

  4. 会弹琴，会跳舞，会画画，音乐专业技能强。

  5. 有很好的带班经验和配班经验，有团队协作合作精神。

  三、招聘程序和时间

  1. 报名时间：2015 年 12 月 10 日—12 月 20 日。

  自荐书包括个人简历、工作履历、获奖情况、联系方式，并附上身份证、教师资格证、职称证、毕业证、荣誉证书原件及复印件和近期两寸免冠照片一张。

  2. 报名地点：略。

  3. 报名电话：略。

  四、资格审查

  ××幼儿园将对应聘者的资料进行严格审查，凡符合条件者，将于 12 月 31 日之前电话通知招聘面试时间。

  五、考核方式

  1. 笔试：教育心理学

  2. 面试：

  (1) 专业素质展示：唱歌、钢琴、舞蹈、绘画

  (2) 教学能力展示：组织教学活动

  六、工资待遇

  工资待遇面议，按国家相关规定购买保险。

(二)审查申请

求职者在确定要应聘某一幼儿园的教师职位时，应在规定时间内递交申请材料，主要包括：个人信息、教育及工作经历简介、推荐人(若有推荐人幼儿园要与其进行联系)。有的幼儿园会要求求职者提交个人评价等材料。如果求职者是有经验的教师，幼儿园领导应与该教师的前工作单位进行事先沟通。

(三)考核

幼儿园领导在对求职者的材料审查完以后，筛选出符合要求的求职者进行考核。不同地区的考核有所不同，有的地区分为笔试、面试两个环节，有的地区直接进行面试。笔试环节主要考察教育、心理等方面的知识和学前教育专业相关的保教知识。面试环节的内容主要有：自我介绍、谈话、试讲或说课、才艺展示等。面试环节主要是让幼儿园领导了解求职者的综合素质，包括职业态度、基本的专业知识与能力、专业技能等。在面试环节，幼儿园领导提出的问题应该是开放性的，以便真实考察求职者解决问题的能力，还要尽可能与求职者本人或其职业发展相关；求职者也可问一些问题，以了解幼儿园的概况和幼儿园领导的能力。

(四)聘用

考核通过的求职者会收到录用通知，同时也应该得到一份合同，并指明应聘的答复期限。求职者被录用后，一般会有一段时间的试用期。教师在签订合同前一定要认真阅读合同上的条款以及相关问题。合同期满，幼儿园和教师双方根据实际情况决定续聘或者解聘。

二、幼儿园教师的任用

幼儿园教师的任用，除了要遵循国家和教育部门的相关法规之外，还要根据本园的实际情况设置教职工的岗位及人数。幼儿园管理者要采取民主管理的原则，充分调动教师的积极性和主动性，发挥教师的个人优势和集体优势。

(一)严格筛选，因岗用人

一方面幼儿园要根据幼儿园教师任用条件和资格严格筛选教师，对应聘教师进行全面了解，考察其特点、能力水平和实际情况等是否能够胜任教师这一职位；另一方面幼儿园还要按照正规渠道招聘教师，以保证教师队伍的质量。同时，幼儿园在选聘的过程中还要根据本园的规模、工作任务等多个方面考量教师职位的设置，切忌因人设岗、让工作迁就个人的需要；力求组建一支既有干劲，又有能力的高质量、高标准的教师队伍。

(二)知人善任，用人所长

每一个教师擅长的领域是不一样的，有的教师组织能力较强，有的教师业务能力较强，而有的教师观察能力较强。不同教师的个性特点、气质类型、情感、年龄、家庭背景等也都不相同，所以幼儿园管理者首先要"知人"，即了解每个任职教师的缺点和不足，发掘每个任职教师的优点和长处，然后才能做到"善任"，也就是将合适的教师安排到合适的岗位。这样才能极大调动教师的积极性，发挥其最大的潜能。

（三）肯定成绩，重视绩效

幼儿园要为教师提供充分展示自己才能的机会，一旦教师取得突出成绩，要及时给予肯定和奖励，并根据其长处委以一定的责任。教师得到认可后极有可能会激发其极大的工作积极性和热情，同时还可能会增加责任感和创造精神。幼儿园还要注重以工作绩效来衡量教师的能力。这样有利于教师获得公平感，同时也有助于激发全园教职工努力进取、不断追求的潜力，树立不断学习、不断进步的良好园风，促进教师队伍质量的提高。

（四）优势互补，合理结构

幼儿园工作组织的效率如何，不仅取决于每个教职员工的素质，还取决于教师之间的合理搭配与组合。《幼儿园教师配备标准（暂行）》中规定："全日制幼儿园每班配备 2 名专任教师和 1 名保育员，或配备 3 名专任教师；半日制幼儿园每班配备 2 名专任教师，有条件的可配备 1 名保育员。"各班的教师和保育员的选择和搭配，直接影响幼儿班级的管理工作和教养工作的正常进行，更是会对幼儿的发展产生一定的影响。幼儿园领导在选用教师时既要用人之长，又要从教师的性格特征、气质类型、年龄能力等各方面综合考虑，合理搭配，形成有凝聚力的团体，以便做好本班的各项工作。

第三节　幼儿园教师的教育与培训

教育的质量取决于教师的质量，而学前教育由于其特殊性更是应该重视教师队伍的教育与培训。《国家中长期教育改革和发展规划纲要（2010—2020 年）》中明确指出："严格执行幼儿教师资格标准，切实加强幼儿教师培养训练，提高幼儿教师队伍整体素质，依法落实幼儿教师地位和待遇。"《国务院关于当前发展学前教育的若干意见》中也明确提出了"加快建设一支师德高尚、热爱儿童、业务精良、结构合理的幼儿教师队伍"。加强幼儿园教师的教育与培训主要从以下几个方面着手。

一、入职教育，了解幼儿园教师的工作

新教师在入职初期心理和工作上都处于适应的阶段，会经历上岗后的兴奋期、焦虑期、迷茫期。所以幼儿园在新教师入职时给予其适当的指导显得尤为必要，以便使其更快适应工作岗位、开展教学工作。入职教育主要包括：园所文化宣讲、新教师职业生涯规划、幼儿园职业道德教育及岗位职责、幼儿教育理念的确立、幼儿园管理制度和幼儿园规章制度、安全教育、幼儿常见疾病预防及卫生护理、高效工

作法介绍与幼儿园物品定位管理、教师人际交往与沟通技巧介绍、保育员工作技能以及评价标准讲座、教育基本技能及评价标准等。

二、教学研究，促进教师专业成长

幼儿教师的教学研究是提高保教质量的有效方式之一，同时也是促进教师专业成长的重要途径。教学研究是将教师按一定标准划分成教研小组（如按同一年龄班或者教师个人兴趣特长等），定期举行研讨会议或活动。教学研究的内容非常丰富，可以是方针政策、教育理论、教学方法、教学心得、班级管理体会等，以促进教师之间的相互学习、全面学习和反复学习，增强教师的业务能力。

三、岗位练兵，不断提高教育技能

岗位练兵是提高教师素质的行之有效的方法，具有很强的针对性和实效性。幼儿教师可以根据工作需要和自身需要因地制宜、调整学习计划。岗位练兵可以有效提高教师的技能、增强对理论知识的领悟，并有利于教师自我教育机制的形成。

案 例

某幼儿园大班教师岗位练兵计划

为推进教师素质提升工程，扎实开展全员教师岗位练兵活动，进一步提高教师实施新课程的专业能力与水平，促进教育事业又好又快的发展，我园将"实施岗位练兵"作为本学期的幼教教研工作重点。结合××幼儿园的实际情况，我园制定了教师岗位练兵的近期规划。

指导思想：

以教育局和本园的工作要点为指导思想，认真贯彻落实上级与本园整体工作计划的精神，端正教育思想，继续转变教学理念，广泛深入扎实、有效地做好学前保教工作。加强学前班专题研究工作，继续改善办学条件，全面提高和发展我园教师和幼儿的综合素质，确保我园的保教质量。

工作目标：

1. 今后要以幼儿课程指南、幼儿管理制度和幼儿教育相关知识为教育目标，以新的课程理念为导向，全面提高幼儿的综合素质，创设优良的育人环境。

2. 继续转变教师的教育观念，提高教育技能与技巧，使教师的业务素质不断得到升华。

3. 要加强学前班专题的研究工作，继续培养幼儿自主意识和合作交流的能力，为幼小衔接做好心理方面和行为习惯等规范化的准备工作。

4. 为实现家园教育一体化，要做好家长工作，培养幼儿的综合能力，学会认知，学会做人，学会共处。

具体内容：

要扎实、有效地解读我省省编的幼儿教科书的综合内容，注重幼儿在园的文化环境熏陶，搞好与各科教师的团结协作关系，形成良好的教育体系。

创设良好育人环境，认真学习、钻研业务，提高自身业务水平。

要向富有教学经验的老师学习、借鉴，突出自己的新思想，结合新理念，形成自身的教育教学风格，加强自身对班级的管理。

要充分利用好幼儿园开通的博客网站，为家长提供更优质快捷的服务。此外，通过每月一次的亲子活动，及时向家长反馈幼儿在园的情况，了解家长的需求，让家长放心、幼儿欢心。

主动关注学前教育信息和专业理论，并通过幼教刊物、多媒体技术、观摩、讲座等多种途径，吸取教育学科的新知识、新技能。

在岗位练兵中，坚持做到每月一课(示范课)、每周一歌、每周一舞、每周一曲、每周一试，让大家共同分享经验、共同切磋、共同成长，有效地提高岗位练兵的实效性。

幼儿教师只是具备良好的职业道德是远远不够的，还要不断深入学习，利用好课余时间多学习业务知识，刻苦钻研教学资料，不断地完善自己，提高自己。

四、培训学习，适时更新知识体系

幼儿园教师的培训学习是社会发展的需要，要使幼儿教育的内容、方法、手段不断进步，教师就要不断地更新教育理念，掌握最新、最好的教学方法和手段，这就需要教师不断地学习进修，更新知识体系。幼儿园教师的培训主要包括职业道德教育和业务素质教育两个方面，其方式有观摩活动、教研活动、专题讲座、以老带新、竞赛评比活动等。另外，幼儿园还要为教职员工的培训学习创造一定的时空条件，如重视图书资料室的建设、采购必需的书籍或刊物、注意学前教育资讯的收集和整理、鼓励教师之间交流心得体会、提供和保证教师的培训和学习时间。

五、科研引领，成为专家型教师

要想成为某个领域的专家，须在特定领域长时间地学习和不断地实践，并且有意识地反思和调整自己的行为。斯腾伯格认为，专家型教师就是教学专长突出的人。他以"新手—专家"的范式对专家型教师的共同特点进行了概括：第一，专家水平知识；第二，高效；第三，创造性洞察力。由此可以看出，幼儿园教师不能只是知识的传递者，还要在实践中探索和研究。专家型教师与一般教师最大的不同在于：专家型教师必须掌握一定的科学研究知识与方法，具备一定的科学研究能力，即他们必须具备一定的科研素质。只有教师科研素质的提高，才会有科研质量的提高，才会有教学质量的提高，教学活动才能真正显示出旺盛的生命力。

第四节 教师教研活动的组织与管理

2010年11月，《国务院关于当前发展学前教育的若干意见》中明确地提出了要"健全学前教育教研指导网络"。可以看出，随着幼儿园课程改革和《幼儿园教育指导纲要（试行）》贯彻的不断深入和发展，幼教教研受到了前所未有的重视。

幼儿园教研工作是以保教人员为主体，以保教实践为基础，有目的、有计划地运用教育规律与基本原则，采用科学的方法，解决保教工作中的实际问题，提高保教质量的研究活动。幼儿园教研工作是推求、探索、寻找、解决保教实际工作问题的规律性活动，而不是就事论事的事务性活动。"研究性"是幼儿园教研工作的本质特征。幼儿园教研活动是幼儿园教学工作的重要组成部分，是提高园所教育教学质量、提高教师专业素质、促进幼儿健康和谐发展的重要途径和有效手段。幼儿园教研活动是直接针对教育实践中的问题或者困难确定课题，通过研究改进工作效果，遵循保教规律开展保教工作，从而提高保教质量，更好地落实国家的教育方针，完成育人任务，并且能进一步促进幼儿园的教育改革。

在幼儿园的各项管理工作中，集教育、发展、教养三者与一体的教研工作是业务管理的重要方面，它是深化园所的教改、促进保教质量、提高办园水准的一个重要手段。幼儿园教研活动既研究教育，又研究保育，这是幼儿园保教结合的工作原则。因此，参与教研的人员既有教师，又有保教员，这也就要求幼儿园的教研活动应尽可能吸引鼓励和要求保育员参与。教育研究并非专业研究人员的专利，广大的教育实践者参加教育研究有益于扩大研究队伍，壮大研究力量，使教育研究更具有群众性，有效改善长期以来的教育实践和理论相脱节的状况。

幼儿园教研活动的意义在于它是提高保教质量的一种经常性的手段，也是培训教师的一条重要途径。幼儿园教研活动的组织和管理主要有以下五个方面。

一、教研活动目标的确定

教研目标是教研计划的灵魂，一份好的教研计划要有明确的目标。

（一）教研活动目标制定的方式

（1）根据本学期、月的教育目标制定；

（2）通过问卷、座谈、观察等方式发现保教过程中的实际问题，然后进行提炼，以解决问题为目标；

（3）延续上学期、月的教研目标；

(4)教研组长、教学园长制定或者按上一级行政或教科研部门的教研任务制定。

(二)确定教研目标的注意事项

(1)在以解决问题为教研目标时，要对保教中的真假问题进行识别；

(2)教研目标既要高瞻远瞩，又要切实可行；

(3)教研目标要明确、具体，具有可检性；目标表述要简明扼要，突出重点；必须对教研活动应该达到的行为状态做出明确的说明，使活动的组织者、参与者和评估者都有标准可依。

(4)注意教研目标的连续性。

(三)教研活动目标制定的原则

《幼儿园教育指导纲要(试行)》中提出：幼儿园的教育目标和教育内容应是教研活动目标的出发点和归宿。

1. 促进保教质量的提高

教研活动目标是制订教研活动计划的根本出发点，也是评价教研工作的依据。对幼儿园来说，教研工作一定要和具体业务相联系。在确定教研活动目标时，要考虑到能否提高本园的保教质量，能否解决本园保教质量方面存在的问题，教师的教育实践水平是否会有所提高和改进。

2. 促进教师业务水平的提高

教师在参与教研过程当中，有思考、实践、讨论、比较、分析，自始至终要投入大量的时间和精力。根据最近发展区理论，即使是教师的教研活动也一定要能够在他们现有的业务水平、教育观念、实践能力的基础上提升潜力。此外，还有来自幼儿教师自身的问题。他们在具体的教育教学实践过程中，会暴露和发现许多自身的问题，需要互相交流和研讨。

3. 着眼于本园教学活动的研讨

试图分析所有幼儿园教学活动中普遍存在的问题，并予以解决，不是幼儿园教研活动的选择，至少不是首要选择。幼儿园教研活动必须立足本园，依托本园教师主体，着眼于本园当前具体教学活动的规划，解决其中存在的问题。这要求幼儿园对教研活动形成基本的认识，并在此基础上按时或定期就本园的教学活动展开教研。幼儿园教研活动应该立足于本园、立足于具体的教学事件和教学活动，这才是幼儿园教研活动的根基。

4. 立足于本园教育教学工作的实际需要

教研应为提高本园教育教学质量服务，研究、解决本园教育教学工作中的重点问题和难点问题。

5. 解决有关课程的问题

幼儿园施行的课程内容、目的、设计、实施和评价中都会有一些问题需要教师去思考和研究。教学情境是由幼儿、教师、课程三方面共同构建的，需要研究合适的教学情境才能促进教育教学的发展。

6. 解决有关幼儿的问题

尊重和促进幼儿发展是幼教教研的根本原则，但同时幼儿有其各年龄阶段发展的不同特征，教师应该如何适应幼儿的这些特征可以成为研究的课题；另外，孩子还具有个体差异性，尊重孩子的个体差异性并进行适当的引导又成为一大研究课题。

二、教研活动计划的制订

教研活动计划是开展教研活动的行动路线，是有效、积极开展教研活动的保障。一个幼儿园的教研活动计划，一般由教研组长制订。一般的教研活动计划包括以下几项。

(一)教研活动的总计划

从之前的教研活动成果和遗留的问题中进行总结，列出本学期需要解决和研究的问题，从而表明本学期教研活动的总要求。在制订教研活动总计划时，要正确处理园级和小组级(年级组、学科组)教研工作目标与任务间的关系。各类教研组一方面要紧紧围绕园级教研任务，确立本组教研活动的目标与任务，另一方面还要根据本教研组的职责来确立本组特有的教研目标与任务。这样不仅保证了园级教研任务的层层落实，而且使各级组织的教研活动更具有针对性和创造性。

对总要求进行细致的分解，提出具体的教研内容，预测教研成果，规定课题教研的时间限制。

对教研活动中可能出现的组织和制度方面的问题预设预案。

(二)撰写具体教研活动计划

教研活动的过程是实现教研活动目标的桥梁，教研活动过程的规范化直接影响教研活动的质量。每次活动前，教研主任和教研组长要一起确立本次活动的目的、内容和重点，并由教研组长写出此次活动的计划。这样不仅使教研组长组织活动时目的明确，有效把握活动的方向，而且有利于教师围绕一定的主题进行研究、探讨。一份完整的教研计划应包括三个基础部分。

1. 背景分析

背景分析的目的是为教研目标、任务的确立提供依据，主要是阐述目标的必要性，简要分析并说明为何要确立此目标；分析目标的可行性，对本园的人力、物力、财力进行精确的分析，从而说明目前是否具备完成目标的可能性。

2. 教研活动的具体目标和任务

在确立具体目标和任务时要坚持以上提到的原则，此外根据教研目标确定出某阶段教研上要解决的重点问题，抓住主要矛盾。

3. 教研活动的要求和措施

教研计划要有明确的要求和措施。要求明确，措施切实可行，计划才能得以落实。要求和措施要做到针对性强、可行性强。对教研活动的内容形式和质量要求、时间限制及负责人都要有明确的说明。

4. 具体的活动安排

计划是要执行的，因此要明确教研时间、地点，明确学习的材料和内容等。可以采用表格形式，把教研计划中要研究的内容、研究的步骤按周或月具体安排。日程中，可按时间、地点、学习材料和内容、讨论要点、中心发言等顺序进行排编，一目了然，以便于执行和检查。

三、教研活动的组织实施

(一)组建教研组

目前幼儿园教研组通常是按年龄班分组，即同年龄班组的教师组成一个教研组。教研组长可以选举产生，或是委派、聘任，一般情况下教研组长即年级组长。教研组的类型与规模可以灵活多变，根据本园的具体情况建立，规模小的幼儿园可以与其他幼儿园成立连园组等。园所应该通过教研组的建立及其活动，将全体教师组织起来。

(二)教研活动过程

教研活动大致都分为四个阶段：学习阶段、研究阶段、实践阶段、总结阶段。

1. 学习阶段

这一阶段的目的是理解教研题目，明确研究此题目的意义。深入理解这个题目所包含的范围、内容。这样就明确了本组要解决问题的指导思想和理论依据，对下一阶段的研究起到指导作用。此阶段必须要学习一些理论及资料，并且紧跟着教研题目进行必要的讨论。

2. 研究阶段

此阶段是理论初步联系实际的阶段。解决教研题目的构思、设想、方案、步骤，甚至包括了解幼儿的办法，制定测量工具等。教育方案设计出来以后，还应评议，筛选补充，比较方案的优劣。这是一个用时较长的阶段，也是大家动脑研究的阶段。

基本方法是要求每一个人都要拿出一个设想或教育方案，要阐述理由与根据，事实符合理论原则，避免就事论事。在个人准备的基础上将方案进行比较、评议，再决定试验哪几个方案，同时研究如何确定效果。这就将下一阶段的活动计划具体化了。

幼儿园教研活动的开展必须以教育教学规律为依托，其中包括儿童的身心成长规律、教学活动的开展规律等。但长期以来，由于幼儿园教育不被重视，幼儿园教师在来源上、个体待遇上、培训机会上都较少，很多幼儿园教师由此并不是基于教育教学的规律进行研讨，而是依托于个体的教学经验。经验丰富，固然能在教学开展过程中占有一定的优势，这表现在教学节奏的把握、教学秩序的控制、教学中突发状况的应对等方面。但经验更多地依靠教师个体的教学习惯，倘若教师个体是一个热爱学习、惯于反思的人，那么其经验就具有良好的价值，对教学活动能够产生良好的效果。但事实上，这样的教师目前在幼儿园并不多，幼儿园教师之间的传帮带在很大程度上都是经验的传递，而不注重教师个体知识的获取。这种状况导致幼儿园教研常常不能在教育教学规律之下进行，而是在教师经验的分享中进行。针对这一问题，幼儿园应该加强教师培训，引导本园教师从自身的学习抓起，促进其专业发展，进而将幼儿园教研活动引到依靠丰富的教育教学知识和理性判断上来。

3. 实践阶段

这个阶段是执行上一个阶段讨论方案的过程。目的是对集体智慧结晶做一次实际的检验，因此，也可看成是研究的另一种形式。一般可使用观摩、评议的方法，有的可以测查效果，但不是必需。注意在评议时应联系这一题目所学的新内容，而不是就事论事。这段时间开展的长短由观摩的次数决定。

4. 总结阶段

这是对最初设想的教育方案的评价，并就教研活动过程予以总结。这四个阶段中，学习是基础，研究是中心。如果没有学习好，就匆匆地去实践，这个实践可能就没有什么高度，也不会有什么改革的新意。假如研究不够，教师没有充分开动脑筋，就不能真正解决问题，达不到教研工作的目的。因此，要注意总结与归纳提炼，对研究活动中的信息资料进行全面的回顾、整理、归纳、分析，提炼出具有积极意义的成功经验和有效的措施；重视回到实践中进行实践的检验，其功能在于检验问题解决办法的有效性和可行性。四个阶段的时间安排可以是第一阶段 2～3 次，第二阶段 3～4 次，第三阶段 4～6 次，第四阶段 1～2 次。

幼儿园教研目的的实现有赖于一个开放、公平、民主的研讨环境。以职位高低形成幼儿园研讨的发言顺序，是当前幼儿园教研活动开展过程中面临的一个主要问题。尽管在口头上强调畅所欲言，但事实上最有发言权的教师在专家和园长的面前，并不能保证自己的独立性，也难以在教学中完全依靠自己的主张进行教学。因此，在教研开展过程中，专家和园长应该对自身的权威进行反思，并通过制度、语言等方式减少对专业教师的干预，在教学研讨中秉持一种平等的理念，将自己的话语当作一种意见，而不是教导，通过打造一个开放民主的研讨平台，激发教师的理性之光，促进幼儿园教研取得实效。

四、教研活动的考核

幼儿园教研活动质量是幼儿园教研工作质量和教研效果质量的基础，幼儿园教研管理质量是幼儿园教研活动质量的重要保证。幼儿园教研活动的质量标准是教研活动应达到的规格要求，它既是教研活动质量管理的目标，又是检查考核评价教研活动质量的主要依据。科学可行的教研活动质量要求具有正确导向的作用，能有效地激励教研人员以此为目标，自觉改进教研活动，提高教研活动质量。

幼儿园教研活动质量标准由活动过程与活动效果两项 A 级指标，活动目标、活动条件、活动组织、参研人员活动状态和研究效果五项 B 级指标和 21 个评价要点构成（见表 3-1）。

表 3-1　幼儿园教研活动评价标准

幼儿园教研活动评价标准						
单位			时间		组织者	
A 级指标	B 级指标	评价要点	分值	自评	他评	园评
教研活动过程(60)	活动目标（20 分）	按计划内容开展教研活动	5			
		本次活动目标明确、具体、适宜	15			
	活动条件（15 分）	按既定的时间准时开展	2			
		保证开展活动的时间为90～120 分钟	3			
		有学习的资料	2			
		有中心议题	3			
		有中心发言人	3			
		有记录（时间、地点、内容活动过程、主持人、效果、记录人）	2			
	活动组织（25 分）	形式、方法符合本次活动的内容	4			
		中心明确	3			
		重点突出	5			
		环节清晰	4			
		层次有序	5			
		能及时调控教师的注意力	4			
教研活动效果（40 分）	参研人员活动状态（20 分）	按时参加教研活动，不无故请假	3			
		不随意离开研究现场	2			
		认真做好笔记	5			
		积极参加	8			
		积极承担任务	2			
	研究效果（20 分）	具有经验意义	10			
		有实际运用价值	10			
总计			100			

考核是为了激励教师积极参与教研活动，提高教师的教研能力，及时推广应用最新教研成果，服务教学实践。教研与教师业务能力综合评定和晋升职称相挂钩，激发了教师参与园本教研的动力和热情。

在质与量的评价基础上，要求业务园长对每一次教研活动都要进行理性的分析和总结，以提高幼儿园教研管理的理论水平，改进和完善教研活动的组织管理。同时把幼儿园教研活动评析表作为业务园长进行教研管理的工具之一，也可以作为教研活动参与者的评析表（见表 3-2）。

表 3-2　幼儿园教研活动评析表

幼儿园教研活动评析表				评议人：	
评析对象：			幼儿园　　研究组		
研究议题：					
活动形式		活动地点		活动时间	
主持人		中心发言人		参加人数	
活动概况					

第五节　教师科研工作的组织与管理

在当前学前教育领域，培养"专家型教师"的呼声越来越高，如何让老师成为专家型的教师，是幼儿园管理中一个热点问题。很多一线的幼儿园园长都提出了"以科研带动教研，以科研引领教师专业发展"的理念。有条件的幼儿园可以通过确定科研选题、制订研究计划、组织实施科研活动和评价研究成果等几个步骤，在研究中推动教师的发展。

一、科研选题的来源

研究课题的选择是幼儿园科研活动的开端。很多幼儿园在搞科研的时候在如何选题的问题上一筹莫展。实际上，科研课题的选择都是来源于幼儿园工作实践的，可以从以下几方面考虑。

(一)教育实践中遇到的问题

教育实践提出的问题是教育科研最重要、最基本的来源，教育科研通过不断解决实践中提出的各种问题而保持旺盛的生命力。实践是推动教育科研前进的动力源泉。教育现象是错综复杂的、多样化的，幼教实践中，值得和需要研究的问题极为丰富，大到幼儿园教育教学任务、内容和方法问题，幼儿园的管理问题，幼儿教师培养问题；小到教师如何在教学活动中提问，如何通过操作材料给予幼儿某一方面发展的支持等，都可以作为研究的课题。

(二)教育基础理论的深入研究

基础理论研究是选题的一个重要方面，范围十分广泛。例如，幼儿教育中智力因素与非智力因素的关系，早期教育与全面发展的关系，幼儿游戏与教育等。从整个教育科学研究来看，从实践中发现课题和从理论文献中寻找课题都是需要的。从实践中产生的课题如果值得研究，那么其必定是理论中尚未得到完全解决的，或尚未定论的；从理论中发现的课题虽然有可能不是当前迫切需要解决的问题，但是它会间接影响教育实践，而且当实践发展到一定阶段，这一问题必然会显现出来，成为迫切需要解决的问题。

(三)幼儿教育与其他有关学科的关系研究

幼儿教育不是孤立的社会现象，既有其内部规律，又与社会诸多方面的因素有着紧密的联系。研究教育的外部关系问题，就要注意研究幼儿教育与其他学科的关系，如与教育学、心理学、哲学、社会学等的关系。例如，办园体制如何适应新形势，家庭教育与机构教育的关系，幼儿教育社会化、社区化问题等都需要认真加以研究。幼儿教育是一门综合性很强的学科，对于幼儿教育与诸多社会因素的关系，应该加以重视，使幼儿教育能够很好地适应国情，充分发挥其社会职能。

二、科研活动计划的制订

每学期制订全园科研计划，对开展科研工作的目的、任务、重点、措施等做出明确的安排。

(1)明确研究课题和研究目的。对上一阶段确定的课题及其研究的目的做出详细的介绍，力争让每一位参与者都能深入理解课题研究的目的，明确课题研究的内容，认同课题研究的价值。

(2)分解研究任务。一般来讲，研究课题不是单独一个人能够完成的，需要全园教师(本教研组教师)合作才能完成。研究计划中要将研究任务进行适当的分解，让每一位参与者明确自己在此课题研究中的重要作用。如由谁负责查阅资料做文献的综述、谁负责制定研究方案(研究工具)、谁负责实施、谁负责收集和处理数据、谁执笔撰写研究报告等。

(3)工作重点难点和注意事项。课题研究可能遇到哪些问题、研究的难点是什么、在研究的过程中应注意什么等，并请参与者在研究过程中关注这些问题，寻找解决的办法。

(4)课题研究的保障措施。课题研究顺利开展，必须有保障措施。首先是人员的保障，在计划中要明确参与课题研究的负责人，其应该是工作稳定，近期没有升学、参军、出国、怀孕等必须中断研究计划的；其次是时间的保障，应明确参加课题研究的老师可以在工作时间的哪些时段进行研究工作，必要时能够利用业余时间进行研究；最后是要有资金的保障，有时课题的研究会到外地调研、出差等，需要一定的经费保障。

(5)课题研究的进度。在课题开题时就应明确研究的进度，以保证研究按时完成。

三、科研活动的组织实施

(一)组织和队伍管理

幼儿园成立科研领导小组，由幼儿园园长担任组长。

科研领导小组在组长的领导下，承担幼儿园教育科学研究管理的双重任务。科研领导小组的职责主要包括：

(1)为幼儿园发展决策提供信息资料，开展专题研究；

(2)规划和管理幼儿园教育科研项目(如课题申报、立项、论证、成果报选和推广等)；

(3)指导教师开展教育科学研究；

(4)做好科研工作档案资料管理；

(5)承担与之相关的其他管理工作与任务。

每个课题成立单独的课题组，各课题组负责人每月召开课题组成员会议一次，交流、汇报研究进展情况。注意原始材料的积累，分类归档。

(二)科研课题的研究过程

课题申报：凡幼儿园在职教师均有申报教育科研课题并进行项目研究的职责和权利。幼儿园定期组织教师根据自身需要申报课题。

课题论证：科研领导小组会同有关专家对教师申报的课题做好可行性论证，申报人进一步完善课题方案，制订具体的实施计划。

课题实施：加强课题实施的过程检查和指导。倡导科研、教研相结合，组织好课题的中期论证和成果汇报，确保课题研究保证质量按时完成。

课题结题：结题是科研过程的最后一个环节，也是最关键的一环。所谓结题是对教育科研具体课题的总结，也就是某一课题研究任务完成后，对研究成果与相关工作进行总结，形成课题研究报告和结题报告。课题总结的操作程序是：

(1)拟定总结提纲；

（2）集中有关总结的材料；

（3）研究人员自我回顾、小结；

（4）研究人员回顾全组工作，准备总结意见；

（5）课题组分析研究总结，分工撰写报告；

（6）组织有关人员座谈，听取意见；

（7）整理结题报告，讨论和修改结题报告。

四、科研活动的成果验收

教育科研成果验收在教育科研管理中占有重要地位，教育科研成果的产出、应用、转化是幼儿园实施教育科研的主要目的，没有高水平、高质量的成果在相应幼儿教育领域的采用，就不可能对幼儿园教育教学的发展起到促进作用，教育科研就失去了意义。要实现上述目的，必须加强对成果的验收和管理。

（一）成果鉴定与评价

幼儿园科研领导小组每学期对结题的园级研究成果做好成果鉴定，按科研成果标准进行评审，评出优秀成果奖，并择优推荐参加市级优秀科研成果的评比。对幼儿园科研成果的评价，既要考虑其自身的科学性、理论性和应用性，同时也要考虑科研成果论文的写作水平，即论文的可读性（见表 3-3）。

表 3-3　学前教育研究成果评价表

项目		权重	评价标准	评价等级			
				A 95 分	B 80 分	C 65 分	D 50 分
各项评价	科学性	0.25	1. 选题符合客观实际，理论依据正确，研究方案周密； 2. 研究方法科学； 3. 研究资料可靠； 4. 论证、推理合乎逻辑。				
	创造性	0.25	1. 提出新理论、观点、概念，论证成立； 2. 对已有理论做出新的解释、论证，使原有理论深化； 3. 探索出事物的新规律，深化了理论认识； 4. 纠正原有理论、概念原理的错误； 5. 对学术界争鸣的问题发现了新资料、提出了新见解，使问题有所突破，并得到学术界的认可； 6. 填补某项科学空白，具有国内、国际学术意义。				

续表

项目		权重	评价标准	评价等级			
				A 95分	B 80分	C 65分	D 50分
各项评价	学术性	0.2	1. 具有比较完备的理论体系和概念系统； 2. 对已有知识进行了充实，使之条理化、系统化； 3. 对事物之间的关系进行了较深入的分析，初步说明了事物的本质，得出某些新结论； 4. 对已有的研究方法或技术有所突破。				
	实践性	0.2	1. 研究成果为有关教育部门决策与管理提供参考依据，具有很高的实用价值； 2. 研究成果形成了可操作方法，实用性强，具有一定的推广价值； 3. 国内、省内学术界同行反映强烈，具有较高的引用率。				
	规范性	0.1	1. 文字准确、精练、深入浅出、通俗易懂； 2. 主题明确，重点突出；结构严谨，层次分明；推理清楚，论证充分。				

(二)成果推广

科研成果只有通过在实践中的推广和应用，才能转化成为现实的教育生产力，其科学价值和实用价值才能得到社会的承认。科研的最终目的就是应用，用来解决教育教学实践中的具体问题。

幼儿园可定期组织课题研究的观摩活动，每年举行一次幼儿园科研成果的交流推广会，汇编出版教育科研论文集等。

(三)考核奖励

设立幼儿园教育科研工作考核奖励制度，对积极开展课题研究和取得成绩、成果推广应用的教师，予以表彰和奖励，并与其职务评聘、评优、晋升等相关联。

(四)科研档案管理

科研档案管理是科研活动的重要组成部分，应当把科研课题档案工作与科研计划、实施、验收和成果管理紧密结合起来，使科研活动更高效。科研档案管理分为科研课题档案和科研管理档案。科研课题档案主要包括六部分：课题申报表、立项批准通知书、项目协议书、课题结题表、情报资料和成果报告。科研管理档案主要包括教育科研工作计划和总结、课题申报立项和成果评奖的人员名单、立项批准通知和获奖成果光荣册、教师获奖或发表论文及对外交流的论文、有关课题和成果应用推广的材料、上级部门下发的有关文件通知、教育科研专题会议记录和相关资料、教育科研工作的规章制度。

本章小结

1. 本章阐述了幼儿园教师的任职条件和职责，介绍了教师选聘的原则、流程以及教师教育培训的方法途径。

2. 介绍了教师教研活动的组织和管理，围绕幼儿园教研活动的开展顺序进行，从教研活动的目标的确定、计划的制订、组织实施过程和最后教研成果的呈现和考核来实现管理。

3. 掌握确立科研课题的来源、科研活动计划的制订、科研活动组织实施和科研成果验收各阶段的知识。

关键术语

幼儿园教师任职条件　幼儿园教师职责　幼儿园教师培训　教师教研活动　教师科研活动

思考题

1. 幼儿园教师的任职条件是什么？请举例说明。

2. 幼儿园教师的任用原则有哪些？

3. 请简述幼儿园教师的教育与培训的方法途径。

4. 联系幼儿园实际，思考怎样制定教科研考核奖惩制度更加合理。

案例研究

某幼儿园根据自己园所的师资情况提出以下师资队伍建设主要措施：

一、从幼儿园发展规划——师资队伍建设规划和行动计划——学期园务计划——学期业务计划，加强审核，层层分解，将师资队伍建设工作加以有效落实。每学年对师资队伍建设情况进行及时总结和调整。

二、健全制度，明确职责。

1. 建立分层负责制。形成师资队伍建设中以园长为总体责任人，业务园长为第一责任人，教研组长、项目组长为具体责任人的分层负责制。使幼儿园中层管理者明确各自在师资队伍建设中的职责和作用，协调一致地开展活动。

2. 建立捆绑考核制。开展骨干教师与新教师的结对带教活动。将新教师的成长与指导教师的考核成绩相挂钩，形成新教师培养的捆绑考核制。

3. 完善分层培训制。完善幼儿园师资的分层，形成"青年教师→成熟教师→骨干教师"的层次合理、整体性强、水平较高、充满活力的教师发展梯队。

4. 实施结对互评制。开展与区一级幼儿园的结对共建活动，派遣教师向结对园所学习，拓展教师的思维，推动教师成长。同时，邀请结对园教师来园观摩活动，开展互相观摩评价。

5. 确立评优奖优制。设立首席教师、学科带头人、幼儿园教坛新秀、幼儿园绿色教师等奖项，开展评优评奖活动，不断弘扬先进。

三、分层培训，整体成长。

第一层面：骨干教师层面。指幼儿园的教研组长、首席教师、学科带头人、幼儿园教坛新秀等成员。从政策和配套资金上，加强对现有骨干教师的培养，切实发挥教研组长的主导作用。以教研组为主阵地，开展教学实践和研究，形成一个个共进的团队。通过教研组长例会、幼儿园课题组研究、"新芽"俱乐部活动的研讨，提高骨干教师的反思能力、研究能力。通过骨干教师的师范课发挥骨干教师的引领辐射作用。

第二层面：成熟教师层面。指幼儿园 30 岁以上，具有一定经验的中青年教师。通过开展成熟教师与青年教师的各类专题带教，在成熟教师指导青年教师中发挥特长，不断成长。如：环境创设、教育教学、课题研究、区角活动、班级管理等有针对性的专题带教，发挥成熟教师的特长，形成良好的学习指导氛围。

第三层面：青年教师层面。指幼儿园 30 岁以下的青年教师。成立各种俱乐部，开展专题培训、外出市级培训、结对学习、项目组活动等多种形式的活动，让青年教师活动想得出、技能拿得出、班级带得出。让青年教师根据自己的特点制定合适个人发展规划，做到心中有目标，发展有阶段，专业有成长。

四、加强考核，多元评价。

建立师资队伍建设的自评、互评、管理者评价和社会家长评价相结合的评价制度，开展相关的评优评奖活动。强化对教师工作业绩和职业道德的考核，增强幼儿园的向心力和凝聚力。

请结合本章所学以及你对师资队伍建设的理解，思考案例中措施的利弊。

📖 拓 展 阅 读

1. 陶保平. 学前教育科研方法（修订版）[M]. 上海：华东师范大学出版社，2006.

该教材遵循理论联系实际的原则，对学前教育研究方法进行了系统的描述和介绍，详细阐述了各种研究方法的特点、过程、步骤，引用大量案例说明研究方法在实践中的运用。通过学习，使学习者了解学前教育研究的基本过程和环节，掌握科学研究的基本方法和基本技能，形成研究意识和方法意识，培养分析问题和解决问题的能力，提高教育教学质量和科学研究水平。

2. 史爱芬. 幼儿园教师教育科学研究常识与规范[M]. 天津：天津出版传媒集团，2013.

　　该书从课题开展研究的角度来谈，共分为两部分。第一部分是关于幼儿教育科学研究的基本知识，介绍了幼儿教育科研问题的确定与课题化、研究中的基本概念、课题开展的程序以及课题开展过程中具体内容、针对幼儿教育领域科学研究方法的选择和需要注意的法律与人际关系问题。第二部分是有关成果表述与论文发表方面。该书既引入了实例分析，又有作者的实际工作体会，具有很强的实用性和针对性。

第四章　幼儿园保教工作管理

学习目标 ▶

1. 了解幼儿园教学、幼儿园保育、幼儿园保育工作管理、幼儿园教学工作管理的基本含义、内容及特点。

2. 熟悉幼儿园保教工作管理的实施过程，掌握幼儿园保教结合的一日活动的内容。

3. 掌握班级管理的含义、内容、过程以及应该遵循的原则。

导入案例 ▶

新入职的教师 A 是名刚刚大学毕业、在数学领域有着独特教学方法和理念的年轻女教师。在园长听评课期间，园长发现教师 A 的数学教学生动、活泼，孩子们在 A 教师独创的数学游戏中玩得不亦乐乎。可是过于"花样繁多"的游戏使整个教学过程有些复杂，前半程孩子们聚精会神，后半程却显得兴致不足。园长之后为教师 A 引荐了园里一位数学学科的资深老教师 N 作为 A 的师傅，让她们师徒结对。此外，请她们做本月数学学科教学活动备课组长，月末考核，不定期听课，下放权力将这个月的数学教学任务全权交给师徒二人，为她们搭建一个快速成长的平台。

新教师 A 仔细观察老教师 N 的整个教学过程，认真记录、总结心得。她先是模仿老教师 N 的教学开展进程、具体操作技能，反复练习，在自由活动时间有意识地给孩子们增加练习机会，反复琢磨。集体备课时，师徒二人带领其他教师发挥各自的优势，突出每位教师的独特风格，简明、活泼地让数学教学释放更多的光和热。

由此案例可见，幼儿园保教工作管理不是简单孤立的幼儿园教学工作管理和保育工作管理，而是要通过一系列管理措施将教学和保育工作结合起来，以达到工作效益的最大化。

第一节 幼儿园教学工作管理

幼儿园教学工作是幼儿园重要的工作之一。一个幼儿园教学的水平体现出幼儿园总体的培养目标、培养理念和最终的培养成果，而教学管理的水平在一定程度上决定了幼儿园教学的水平。

一、幼儿园教学工作概述

(一)幼儿园教学的含义

幼儿园的教，通常是指有目的、有计划、有组织、系统地影响幼儿身心发展的活动。如合理安排幼儿一日生活，适宜指导幼儿区域活动，结构化系统化组织幼儿集体教育，为幼儿提供材料、设备，与幼儿共同创设环境等，都属于幼儿园的教。幼儿园的教有其特殊性，不只是为了幼儿的小学教育做准备，不能简单地划分学科领域进行教育，需要仔细发现儿童的思想与行为，了解他们的兴趣与天赋，启发、引导、帮助他们利用个性化、多样化的方式感知与探究世界。

幼儿园的学，通常是指幼儿借助教育者的协助，通过观察模仿、操作尝试、游戏与交往的方式，为自己建构学习机会，在不同学习情境之间建立连接，清楚地认识自己的学习过程，用越来越复杂的方式探究自己的想法。但是，幼儿的学习具有无意性与内隐性、直观形象性、对环境有极大的依赖性，所以幼儿的学习离不开幼儿园的教师与管理者的帮助。实际上，幼儿园的教与学密不可分，因为幼儿园的教学是在教师与幼儿的互动中进行的。

幼儿园的教学是指依据预设的教育目标、教学任务，教师运用适宜的教学策略与儿童共同活动，并且在过程中不断调整结构，从而促进幼儿的学习与发展的活动。如今社会呈现开放的价值取向和文化多元化，幼儿教育事业也不再墨守成规，在教学方面兼容并蓄，积极吸收各种宝贵的经验与思想，不断根据园所自身教育理念与文化传统，选择适宜的教学模式和课程。幼儿园的教学不是一成不变的，也不是狭隘封闭的，而是以幼儿为出发点与时俱进、全纳扩展的。

(二)幼儿园教学的主要内容

在学前教育的发展历史中，产生了很多对现今幼儿园教学的实践、改革与发展仍有积极影响的幼儿园教学思想和有特点的教育方案，现简要介绍如下。

1. 中国早期学前教育有关教学内容的理论

(1)陈鹤琴的五指活动。陈鹤琴曾在美留学，受美国进步主义教育思想影响，反对灌输式的教学，主张以游戏为主的方式开展教育，注重儿童"在做中学"。1923年，陈鹤琴在南京创办了鼓楼幼稚园，在课程编制实验研究的基础上，提出了五指活动课程：他将教学内容的五个方面比喻成 5 个连为一体的手指，各方面有区分，可以灵活的自由收缩，但却是整体，相互联系。

陈鹤琴以自然、社会为中心组织课程内容，展开并形成了"五指活动课程"的五个方面：

健康活动：包括运动、户外活动、饮食、睡眠、游戏等。

社会活动：包括节日、纪念日、基本政治常识等。

科学活动：包括研究自然、认识环境、栽培植物、养殖动物等。

艺术活动：包括绘画、音乐、舞蹈、手工等。

语文活动：故事、儿歌、谜语等。

（2）张雪门的教学思想。张雪门，我国著名幼儿教育家，早在 20 世纪三四十年代，与陈鹤琴在幼儿教育界并称为"南陈北张"。他为幼稚园设计了"行为课程"：生活即是教育，5、6 岁的孩子们在幼稚园生活的实践就是行为课程。他认为幼稚园的课程是一种整体的活动，自然地融入儿童生活学习中。生活和行动则是课程的基本要素。因此幼儿园教学应以实践行动为中心。张雪门制定了行为课程教学的一些原则，可总结为以下几点。

整体性原则。张雪门认为应打破学科限制，将各种科目融合到具体的整个活动中，构成幼儿生活的一方面。

直接经验性原则。与间接传授经验相比，直接经验虽然较零碎、浅显，但对幼儿来讲，直接经验更加有学习价值。

个体性原则。教育要培养幼儿成为符合社会需要的人才，也要尊重幼儿个体发展的特点和需求。

张雪门指出，行为课程的实施应以行为为中心，让幼儿"在做中学"。因此，在课程实施过程中，他采用单元教学法，围绕着单元主题，通过动机、目的、活动、活动过程与工具材料等环节展开活动，打破传统的各学科界限，将各科教材融入幼儿实际生活中。

2. 外国学前教育教学内容的理论

（1）福禄培尔的教学内容理论。福禄培尔是德国著名的教育家，世界学前教育的先驱。1837 年，他创建了世界第一所幼儿园。他认为教育的任务在于促进儿童的自我活动和内在本质力量的发展，挖掘儿童内在生命的潜力。他的教学思想包括三个主要方面：一是让儿童在自由、自主的活动中发展；二是让儿童在游戏中得到发展；三是充分利用恩物，让儿童在操作恩物中获得发展。基于此，福禄培尔为儿童设计了一套完整的课程：

宗教教育。福禄培尔的所有教育思想都与他的宇宙观和神统一性有着密切的关系。他认为，如果不培养儿童对宗教的情操，教育也就失去了自身的价值。

体育卫生。福禄培尔重视儿童的体育锻炼，也要求儿童养成必要的卫生习惯。

游戏活动。在教育史上，福禄培尔是第一个将游戏列入儿童课程中的教育家。他认为，游戏是能够发展儿童内在生命力的活动，对幼儿来说，游戏是一项愉快、自由的活动，具有巨大的教育价值。

恩物。这是福禄培尔为幼儿设计制造的一套玩具，目的是用来帮助幼儿认识数目、方向和颜色。

语言。这部分内容包括说话，听讲故事、童话，叙述小说，学习读和写等。

手工。具体包括排列积木、折叠纸等。

绘画。绘画和颜色辨别。

唱歌和诵诗。

自然科学常识。

(2)蒙台梭利的教学内容理论。蒙台梭利根据自己的教育理论和教育实践，认为教学应在"有准备的环境中"从以下几方面开展。

感觉教育——智力教育。蒙台梭利认为，学前阶段儿童处于感觉发展的敏感期，感官发展影响智力发展，因此，感官训练就是基本的智力活动。蒙台梭利的感觉教育包括多种感官训练，例如触觉、视觉、听觉、嗅觉、味觉、立体感觉等。不同的感觉训练采用了不同的方法和材料。例如，通过让儿童嗅新鲜花草的气味训练嗅觉；通过让儿童用舌头接触苦的、甜的、酸的等各种味道训练味觉等。蒙台梭利的感觉教育遵循两个基本的原则：一是循序渐进原则，二是自我教育原则。

语言教育。蒙台梭利提出语言机制是高级心理活动必需的先决条件，语言可以促进智力的发展。她的语言教育包括简单的书写活动和口语训练。蒙台梭利认为，书写活动应先于口头语言训练；通过语言教育，"几乎所有正常孩子都是在 4 岁开始书写，在 5 岁就知道怎样阅读和书写，并至少达到小学一年级结束时的水平"。

纪律教育。蒙台梭利教育体系中的纪律教育是建立在自由的基础上的。培养儿童的纪律，不能强迫和压制。

计数教学。蒙台梭利为儿童设计了计算方面的内容，包括：数数，数字练习，用书写符号表示数，数的记忆练习，从 1 到 20 的加减乘除法，10 以上的算术运算等。

除了上述内容以外，蒙台梭利还重视对儿童进行责任感和义务感方面的教育。

(3)杜威的教学内容理论。杜威是美国著名哲学家、教育家。他的理论是现代教育理论的代表。他的教育主张和课程思想对世界具有广泛的影响。杜威的教育本质观是：教育即生活，教育即生长，教育即经验的不断改造。

杜威主张学前课程应尊重儿童，以儿童为中心，让儿童在做中学，通过实际操作获得经验。杜威认为，幼儿的教学内容要取自实际生活，要与社会生活紧密联系。杜威注重儿童个人的心理发展，尊重儿童对活动的选择，强调开放性的教育，例如：设置活动区，儿童可以在创设好的教育环境中自由选择自己喜欢的游戏材料和活动，重视个人价值及其实现。在课程的设计与教材的选择上，杜威提出要把儿童看作课程设计的中心的思想。

3. 当前我国幼儿园教学的内容要求

幼儿园的教学内容即幼儿园应该教什么的问题，一直是学前教育的核心问题。实际上，"幼儿园教什么"要在遵循儿童身心发展特点的前提下，根据国家的教育目标、社会发展的需求、地方特点以及幼儿园的物质条件和师资水平来确定。

在我国现阶段，按照《幼儿园教育指导纲要（试行）》《3—6岁儿童学习与发展指南》的要求，幼儿园教学内容可以划分为健康、语言、社会、科学、艺术五大领域（也可做其他划分）。只要是在这五个领域中对幼儿进行"全面的、启蒙性的"教育，"促进幼儿情感、态度、能力、知识、技能等方面的发展"，都可以看作是幼儿园的教学内容。

(三)幼儿园教学的途径

为了更好地实施管理，我们有必要了解幼儿园教学的实施途径。幼儿与其他教育阶段的教育对象存在本质区别。广义的幼儿园教学包括生活活动、游戏活动和专门的教学活动，即幼儿园教学的三种主要途径。

1. 生活活动

幼儿的生活活动是指满足幼儿基本生活需求的活动，包括进餐、睡眠、盥洗等，是培养幼儿良好的卫生习惯，对幼儿进行健康教育，养成健康、文明的生活方式的重要途径；同时也是培养幼儿生活自理能力和独立意识，形成乐于助人、乐于为集体服务的态度，萌发责任感的重要途径。

2. 游戏活动

游戏是幼儿在幼儿园最基本的活动，也是幼儿最喜爱的活动，因此游戏活动是幼儿园课程实施中的主要部分。

游戏活动实施有两个需要注意的基本要点：一是提供给幼儿自由活动的时间，来保证幼儿游戏的主体性；二是创设丰富的环境，赋予幼儿自由选择的权利。

游戏组织过程一般经历三个阶段：准备阶段、观察阶段和参与阶段。为保证游戏合理、有效的实施，在每个阶段对教师都有相应的要求。

第一，准备阶段要点。

时间准备：给幼儿充足的游戏时间。

空间准备：给予幼儿足够宽阔的游戏空间。游戏空间的大小影响幼儿游戏的行为和游戏的质量。学者研究表明：当空间密度从75平方英尺（1平方英尺＝0.092903平方米）下降到25平方英尺时，幼儿大肌肉的游戏活动减少；当空间密度从25平方英尺下降到15平方英尺时，幼儿的侵略行为会增加。

材料准备：准确投放丰富的材料。因为幼儿的游戏会受游戏材料的影响和制约，不同类型的材料会引发幼儿开展不同类型的游戏。

经验准备：在开展具体一项游戏之前，教师要了解幼儿的经验准备情况，以及游戏需要幼儿具备的经验情况。

第二，观察阶段要点。

观察是教师准备游戏和介入游戏之间的纽带。在观察阶段，教师要了解幼儿的游戏兴趣，并且注意总结幼儿的游戏水平和特征，从而更好地为幼儿提供游戏准备；另一方面，教师在观察或者干预幼儿游戏时，要尊重幼儿的兴趣和需要。

第三，参与阶段要点。

教师可以采用不同的形式来参与游戏。因为不同的参与形式对幼儿有不同的影响，这就要求教师选择适合的方式加以运用。

平行式参与：指教师在幼儿的旁边玩相同的游戏，但与幼儿没有发生直接的交往。这种方式可以为幼儿提供模仿的范例和新的游戏方法。

合作式参与：指教师参与到游戏中，但幼儿仍是游戏的主导者。教师可以偶尔提出一些建议，幼儿可以自主选择采用或者忽略。

指导式参与：指教师通过发起、控制、引导游戏，教给幼儿游戏方法。教师可以作为游戏的局外人，对游戏提出建议，也可以直接参与到游戏中，以游戏角色的口吻进行干预。

真实发言人式参与：指教师从游戏的外部，引导幼儿将游戏与现实生活联系起来。采用这种参与方式要注意幼儿年龄特征，尽量避免阻碍或打断幼儿的游戏行为。

3. 专门的教学活动

教学是一种尊重学生理性思维能力，尊重学生自由意志，把学生看作是独立思考和行动的主体，在与教师的交往和对话中发展个体的智慧潜能，培养个体的道德性格，使每一个学生都达到自己最佳发展水平的活动。

幼儿园的教学活动是教师有目的、有计划地对幼儿施加影响的活动。幼儿园教学活动要做到以下几方面：教学情境生活化，教学内容综合化，教学过程活动化（操作化），教学组织形式多样化。

第一，教学情境生活化。

教学情境生活化指的是从幼儿已有经验入手，让幼儿在生活或者类似生活的情境中学习。例如，在"数与量匹配"的教学中，若让幼儿直接拿着数字与物匹配，幼儿就很难产生学习的兴趣。但是让幼儿拿着数字找朋友——"数字1"找"1只小兔子"做好朋友，"数字2"找"2只小兔子"做好朋友，这样从幼儿的逻辑思维和已有的生活经验出发，让幼儿进入生活情境，就可以激发幼儿学习的本能和兴趣。

第二，教学内容综合化。

教学内容综合化强调的是幼儿教学的整体性。由于幼儿的经验具有整体性的特征，因此一个好的活动也应以幼儿关于一件事、一个问题的经验完整为前提，而不是为了完成某领域规定的教育内容为前提。例如，中班幼儿学习绘本《叶子》时，按照教材要求，让幼儿认识"叶子"两个字即可。但从幼儿经验的完整性来看，教师应从叶子不同的季节不同的变化入手，让幼儿了解大自然中叶子颜色变化的一些科学常识，然后再读绘本，进一步感受句子中的韵律。经过这样一个相对完整的体验，幼儿从知识、技能、情感各方面都会有所学习。

第三，教学过程活动化。

由于幼儿是一个由动作思维进入形象化思维阶段的群体，其形象化思维只有在动作的辅助下才能更好发挥，所以教学过程活动化旨在避免教育活动仅靠言语讲授，而让幼儿在身体操作的同时也具有思维操作。

第四，教学组织形式多样化。

教学组织形式多样化旨在改变把集体教学方式作为唯一组织形式的传统教育活动，同时把个别教学、分组教学等方式也纳入教育活动的视野。

二、幼儿园教学管理及特点

(一) 幼儿园教学管理的含义

幼儿园教学管理主要包括园长或管理者通过健全教育教学组织系统、指导教师制订教育教学工作计划、加强教师备课活动的指导、坚持深入班级检查计划执行情况、抓好教育教学工作总结和建立良好的教育工作秩序六方面工作。

在幼儿园工作中，与教学工作有较大区别的是幼儿园保育工作，即保护幼儿健康，为增强其体质促进生长发育而进行的各种活动。在此涉及幼儿饮食营养生活状况、疾病和事故的预防、科学的幼儿一日生活安排、保健卫生制度和体育锻炼等内容。

在实际工作中，幼儿园的教学工作与保育工作很难截然分开（我们将在下一节谈到）。因此，幼儿园的教学管理总是与保育管理紧密结合。《幼儿园工作规程》也明确指出："幼儿园是对3周岁以上学龄前幼儿实施保育和教育的机构。幼儿园是基础教育的重要组成部分，是学校教育制度的基础阶段。幼儿园的任务是：贯彻国家的教育方针，按照保育与教育相结合的原则，遵循幼儿身心发展特点和规律，实施德、智、体、美等方面全面发展的教育，促进幼儿身心和谐发展。"教育机构是以育人为中心而实施组织管理和经营运转的。中小学校通常是以教学为中心，托幼机构则是以保教或教养工作为中心的，这也是由其性质与任务决定的。

(二)幼儿园教学管理的特点

1. 目标性和计划性

管理围绕着目标，目标决定管理具体工作的布置与执行，幼儿园的教学管理工作都是依据一定的教育目的、教育理念、儿童学习发展目标开展的；再者，教学管理还需根据教学管理计划设计、组织、实施。计划是保障教学管理工作循序渐进的前提，想要管理的各个环节、各个部门协调、有序，必须有适宜的教学管理计划与之配合。

2. 程序性和灵活性

园所的教学管理活动需要建立在一定的程序、步骤之上，但是管理实践中还有诸多可能性需要我们灵活应对，这就要求我们既需要标准化的制度和程序，又需要灵活性、开放性的操作。如同克里斯托弗·莫利所言："我们总是易于接受我们准备好要去接受的东西。"总之，我们不能一味依托固化的程序模式，我们面对的是鲜活的幼儿个体，还需要在实践过程中不断修正与建构更加完善的思想观念。

3. 社会性

幼儿园教学管理的过程由管理的主体和管理的客体实现，他们都是有生命力的人，这就决定了教学管理的性质。教学管理中需要正确处理人与人之间的关系，其中主要包含园长与教师的关系、园长与保教主任的关系、保教主任与教师的关系、教师与教师的关系、教师与幼儿的关系以及幼儿间的同伴关系；需要激励相关人员的积极性和创造性，需要协调组织成员的分工与合作等。只有组织好这些工作，才能为幼儿创造一个温情有爱的园所环境。

4. 控制性

园领导是教学管理工作的组织管理者，在教学管理中起主导作用。控制性指的是园领导需要组织和控制整个教学工作的过程，包括确定目标、选择课程、设计方案、安排工作环节、创设和谐氛围等。这就需要园领导熟悉班级保教工作状况和进程，才能对教学工作的进程实施有效控制。

三、幼儿园教学管理的实施

在幼儿园的实际工作中，园长常通过以下管理环节来实施教学管理。

(一)幼儿园教学工作组织系统的建立

班级是园所实施保教工作最基层的组织，是幼儿的生活场所。园领导应根据全园保教人员的条件和每位教师的专长，新老搭配、强弱互补，合理配置各班教师力量，力求做到每个班级有一名骨干教师，相同年龄的平行班有一名主要骨干，各项工作有人负责，取得最佳的整体教育效果。

每个班级应配备两名教养员、一名保育员（规模较小的园所也可两三个班级配备一名保育员或生活卫生人员），并设本班主要教师担任班长。班长的主要职责有：协调本班的儿童教育、安全、保健、财产保管等工作，保证全班工作的一致性；主持班会研究改进本班工作；及时传达和贯彻园领导决定，向园领导汇报本班工作；负责安排本班教师相互观摩、取长补短；主持研究全班每个儿童情况，针对每个儿童的特点，采取相应的教育措施；帮助本班保育员改进教育配合工作和卫生保健工作。

各班级组长或教研组长则应由本年级（或本园）主要骨干教师担任，他们除应具备较高的业务素养和一定的工作经验外，还应在群众中有一定的威信，工作认真负责，有一定的组织工作能力。年级组长的责任是：安排并领导本年级各班的教研活动，组织教师学习，钻研教育方法；组织本年级共同的儿童教育活动，如参观旅行、节日活动，全年级体育娱乐活动，举办儿童作品展览会等；组织本年级教师和保育员相互观摩学习教育教学工作经验；协助园长指导本年级教师制订教育工作计划，并检查执行情况。

一般地，6 个班级或以上规模的园所，需要配备专职的保教主任。保教主任作为中层管理人员，要在园长领导下主管机构的保教工作，负责指导各个班级教育教学的实施。保教主任需要全面掌握园内儿童发展状况和各班级儿童具体发展状况，根据他们的特点确定教学内容和教学方法。

园长在整个教学管理环节中处于主导地位，起决定性作用。园长首先要树立保教工作是园所中心工作的观点，针对保教工作的组织与实施提出针对性的指导建议，还要特别注意对班级保教工作的监督与指导。园长必须明确自身的角色和职责，重点是全局把握园内幼儿保教情况，细化分工，明确各岗位职责权力，统筹安排，协调组织保教工作实施，调动各部门、各层次积极性，保证保教质量。

(二)教学工作计划的制订

1. 教学工作计划制订的依据

第一，全体教职工应深入学习《幼儿园工作规程》《幼儿园教育指导纲要(试行)》以及《3－6 岁儿童学习与发展指南》，以此为基本出发点和依据。第二，计划还应充分考虑儿童身心发展的特点和规律，不可机械、盲从《幼儿园教育指导纲要(试行)》或《3－6 岁儿童学习与发展指南》。第三，幼儿的生活和学习具有整体性和连贯性，既要考虑各领域教育活动的融合这样的横向联系，也要考虑各领域教学的纵向系统性，由浅入深、循序渐进。第四，还应密切结合幼儿的个体差异，制订个别化教育方案，给予针对性教育。第五，计划还要密切联系园所教育方针和理念，依据园本文化、地域文化等特色制订个性化的适宜计划。

2. 幼儿园教学工作计划的类型

幼儿园教学工作计划按时间划分主要有三类：学期计划、月计划、周计划。学期计划需要提出本学期总的教学目标，并从教学内容的各个方面提出要求和措施，通常需要包含：班况分析，本学期教学工作总的任务和目标，各领域教学的基本要求、内容和方法，以及逐周大致框架安排等。月计划的制订注意总结上月工作执行情况，提出下月工作重点、具体要求与应对措施。周计划主要包括本周保教工作要点、家长工作要点、个别儿童的工作、本周一日生活安排等。

(三)教学工作计划执行的监督与检查

1. 教师的自查

教师在根据计划进行教育工作中，要注意对计划的执行情况及工作效果加以记录，以提高根据计划指导实施工作的自觉性。通过自我反馈，检查工作效果，找出存在的问题和不足，并分析原因，提出改进建议，为下一周计划的制订提供依据。保教工作记录是教师自查反馈工作效果的有效途径。坚持保教工作记录还有助于资料的积累，便于日后整理和总结，从而提高保教质量和工作水平。当前的教育改革，提出对教师专业化的要求，强调教师要结合教育实践，进行行动研究，做研究型教师、做反思型教育者，保教工作记录也可以作为日后研究的依据。

2. 领导的检查和指导

为了使计划高效、有序执行，并且在执行过程中不断提高效率，园领导十分有必要深入班级，了解各班执行计划的情况并进行监督检查。监督检查从形式上可以分为定期检查和不定期检查，从内容上可以分为全面常规检查和专题检查。定期检查给教师一个准备和缓冲的机会，在迎接检查的过程中提高本班保教质量。不定期检查既督促教师严格执行工作计划，也可以使园领导深入了解教师日常工作状况，及时发现问题。全面常规检查一方面检查教师工作，另一方面检查儿童的实际表现以及儿童与计划安排的适应情况。专题检查则是针对某些活动项目特别检查。

不管是何种检查形式，都应组织全园教师分批轮流检查，使全体教职工纳入工作检查范畴。园领导的检查与监督工作结束后要及时指导，总结、交流经验，还可进行工作的评比，彻底落实计划。另外，园领导在检查监督前要有所准备，可以事先拟定检查计划，查阅相关资料(有关论著、文献、班级工作日志、班级档案)，在检查时做好记录，再进行系统整理。

(四)加强备课管理

幼儿园的备课不同于中小学校，它的含义是广泛的，并不仅限于作业课。因为教学时间在幼儿的一日生活中所占比重是很小的，幼儿的大部分时间是在游戏、盥洗、进餐、睡眠、散步等活动中度过的，这些活动对幼儿来说也是幼儿园的课程，也是教学的有机组成部分。总体来看，幼儿园的备课活动主要包括：各领域教育活动准备，其他活动(晨间入园活动、游戏、盥洗、进餐、散步)准备，家长工作准备等。

园领导对教师备课管理工作主要包括以下几方面。

1. 建立备课制度

所谓建立备课制度，有三重含义：其一是在工作日内划出一部分时间用于备课。备课时间用于：制订下周计划；制作教具；研讨教育教学工作中的问题；学习有关教育理论和有关教育教学经验的书刊；相互观摩。其二是建立备课的组织。园长或年级组长(教研组长)应直接领导备课组织，根据本年级(本园)教师的具体条件和需要，有计划地安排备课时间的活动。其三是建立计划和教案的审阅制度。

2. 组织集体备课活动

集体备课制度既是保证一定的教育教学质量的重要措施，也是培养和提高骨干和一般教师素质的重要途径。以老带新，发挥骨干教师作用，缩短青年教师摸索过程，真正实现资源优势互补。集体备课形式多种多样，可以就教学方法讨论分析，可以就某些教案集体学习，也可以讨论某个领域教学活动如何开展，还可以互相观摩备课。总而言之，集体备课制度是一种简便易行且行之有效的教研方式，能够较快形成一支较高质量的保教队伍。

3. 指导备课工作

园长或保教主任的指导包括的内容如下：①确定本学期课程的主要内容，提出备课基本要求并对备课方法做出说明。这就要求主管园长或保教主任熟悉本园各年龄班的教育、教学工作情况，钻研教育理论和教学方法，把理论和实践结合起来，有准备地参加集体备课，以便在备课过程中有针对性地提出指导性意见，提高备课质量。②各班教师应按规定于每周末将下周的周计划和教案交给园长或保教主任审阅。园长通过审阅计划，能够了解到各班下周活动的内容，并据此选择看班重点。一方面可以做到按计划有重点地检查了解某些活动的组织状况，另一方面可以做到有准备地进班。

(五)总结工作、探索规律

幼教工作者长期从事教育实践工作，积累了丰富的经验，如果加以总结，将经验变成理念，理念变成理论，再通过自我反思可产生更多的灵感。如果幼教工作者这些宝贵的经验未能整理、总结是十分可惜的。将经验上升为理论有利于个人工作水平的提高，有利于幼教同仁的分享交流，有利于本班级幼儿。幼教工作者必须学会解释工作中的种种现象，而不是机械等待评估结果。

在总结过程中还需要学习查阅理论文献，深入探索工作中的实际问题，寻找规律，将理论学习纳入常规工作与生活。

(六)建立教学工作秩序

1. 科学安排各领域教育活动的时间

时间管理是教学管理的重点，幼儿园的任何教育活动都需要在一定的时间内完成，并且总是与保育工作时间重合，所以需要根据儿童需要合理安排教育活动的时间。

2. 建立健全并执行教学工作制度

这里包括教学计划与记录制度、备课制度、教研活动制度、保教人员常规工作检查制度等。

3. 增强保教人员责任意识

增强保教人员对幼儿全面负责的意识，同时，将幼儿一日生活常规与保教人员工作职责有机结合，实现保教人员一日工作程序化。

第二节 幼儿园保育工作管理

一、幼儿园保育工作概述

保育工作在幼儿园工作中的重要性不容置疑。如何科学地认识保育工作并有效地落实保育工作是一个值得我们重视的问题。掌握保育工作的含义、意义、内容和管理是实施保育工作的基础。

(一)幼儿园保育工作的含义

传统意义上的保育是保护幼儿的身体发育,包括保障幼儿的身体健康和人身安全,培养良好的生活习惯和卫生习惯。随着观念的更新,当前的保育工作被赋予了积极的含义:强调保护和增进幼儿的身心健康。保育过程不再是幼儿的被动接受,而是以活动促发展,注重激发幼儿的积极主动性。比如,户外活动要注意培养幼儿的活动兴趣,增强幼儿的生活能力、安全意识和自我保护意识。[①]

保育工作具有为家长服务,组织幼儿的日常生活和护理的保健和养育义务,是幼儿园社会福利性的体现,也是幼儿园不同于其他阶段教育的特点之一。2016 年国家教育部修订颁布的《幼儿园工作规程》在第二条就明确指出:"幼儿园是对 3 周岁以上学龄前幼儿实施保育和教育的机构。"

幼儿园保育工作渗透在幼儿园的一日生活中,主要由保育员负责实施。保育员是指幼儿园或托儿所里负责照管儿童生活的人员。保育员在幼儿的发展中扮演着照顾者、教育者等多种角色,对幼儿的身心健康、行为习惯以及个性、情感等各方面产生深刻影响。[②]

(二) 幼儿园保育工作的主要内容

下面以某园为例,具体说明幼儿园保育工作的内容。[③]

1. 清洁与护理

幼儿园保育员的清洁与护理工作主要包括以下内容。

(1)负责本班活动室、寝室、盥洗室、包干区的清洁卫生工作。

(2)接受保健人员的指导,严格执行幼儿保健卫生消毒制度,熟练掌握消毒卫生技能与方法。

(3)在保健人员的指导下,严格执行各项安全制度,平时细心观察,消除各种事故隐患。

---

① 张燕:《幼儿园管理》,北京,人民教育出版社,2009。
② 刘超:《幼儿园组织与管理》,成都,西南财经大学出版社,2014。
③ 幼儿园保育员工作岗位职责,http://www.oh100.com/a/201208/149574.html,2017-06-30。

(4)协助医务室人员做好幼儿的预防接种工作。

(5)随时开窗换气，保持室内空气清新，光线充足。

(6)负责进餐时的清洁与收拾：餐前用消毒水擦干净桌子，准备餐具、漱口水，根据幼儿饭量随时添加饭菜，进餐时不催促幼儿，尽可能满足每个孩子的需求，餐后打扫等，保证所有幼儿的进餐量，不让幼儿抬送餐具。

(7)创设安静、整洁的睡眠环境，根据季节注意保暖与通风。收拾床铺，仔细检查被、褥下是否有影响幼儿安全的物品。

(8)根据季节保证幼儿有足够的温度适宜的饮用水，并提醒幼儿饮水。

(9)为幼儿开展体育活动做好场地布置和运动器械的准备工作，锻炼前检查幼儿的服装、鞋子，备好干毛巾，供幼儿擦汗，对体弱幼儿进行个别照顾。

(10)帮助幼儿整理衣着，根据天气及活动量及时为幼儿增减衣物。做好防暑降温、防寒保暖工作。

(11)检查幼儿大小便后整理服装的情况，幼儿便溺后及时处理，清洗衣物。指导、督促幼儿餐前、便后洗手等，帮助幼儿养成良好的生活卫生习惯。

(12)在保健人员的指导下对体弱儿、肥胖儿进行科学护理。

2. 辅助教学

(1)在教学、区域活动、户外活动及生活活动中，把理解、尊重、接纳每个孩子放在第一位，并在此基础上引导孩子发展。

(2)和教师共同教育、研究本班幼儿，合理安排幼儿的一日生活，减少过渡环节的等待，把教育渗透在一日生活之中。如：指导幼儿穿、脱衣服，学习按图示、儿歌的要求叠衣服，放在固定地方；指导值日生的工作：分发餐具、擦桌、照顾自然角、收拾体育器械等；指导幼儿如厕时按墙饰与脚印的提示，不拥挤，大小便入池；指导幼儿爱护桌、椅、门、窗、墙饰，节约用水；尽可能地多时间与幼儿一起活动、游戏。

(3)根据教学、游戏的需要与教师一道添置玩具、布置墙饰、设计制作活动区材料。经常检查班级的材料配备，及时增添、维护。

(4)配合教师在教学活动中指导幼儿，保护幼儿的安全。协助教师做好个别幼儿的工作。

3. 物品管理

(1)负责保管本班的设备、玩教具，并登记造册，经常清点。一旦遗失或损坏，应立即通知有关人员做相应处理。

(2)负责保管幼儿的衣物、用品，防止遗失、混淆。

(3)每天离园前检查水、电、门、窗，保证安全。

4. 日常工作

(1)开学前后，全面清洗(扫)室内墙(窗)面、用具、教玩具，晒被褥，验收财产。

(2)每月清洗床单、枕巾一次。

(3)每周掸灰、擦窗、洗玩具、用具各一次。

(4)每日晨间紫外线灯消毒30分钟，餐后及离园前后拖地一次，水杯上下午各消毒一次，毛巾每天消毒一次，门、窗、桌、椅、地等随脏随抹(扫)。

(5)每天配合教师开展教学活动、游戏活动、体育活动。

(6)每周参加一次政治学习，每两周参加一次业务学习。

(7)每天认真按"幼儿服药登记表"给幼儿服药，并签字。

(8)每天利用接送幼儿的时间与家长做简短的交流。

二、幼儿园保育工作管理的实施

保育工作的管理如同整个幼儿园的管理，要达到优化有效，必须发挥管理的职能，科学组织管理活动的运行程序。幼儿园的保育工作管理一定要抓住制订计划、组织实施、检查指导和总结提高等环节，将保育工作纳入科学运行的轨道。

(一)制订保育工作计划

幼儿园保育计划是以幼儿园计划和《托儿所幼儿园卫生保健工作规范》为依据，结合本班实际、幼儿的特点和季节变化，确立保育目标和保育工作的任务要求，并提出具体实施的步骤方法等方案。常用的幼儿园保育工作计划主要是学期计划和月计划。

1. 学期保育计划

制订学期保育计划必须依照《托儿所幼儿园卫生保健工作规范》、最新的有关保育的规章制度以及幼儿园的总体计划，分析上一学期工作中的问题，同时结合幼儿的实际和班级的教学目标，提出本学期的保育工作目标和要求。通常在学期计划中要规定出每月要完成的任务。

学期计划的制订如同园务计划，大致分为以下几个部分。

(1)制订依据。如保育的相关制度和标准，幼儿园总计划，幼儿目前的发展状况等。应在总结前一阶段保育工作的基础上，分析已取得的成绩和存在的问题。

(2)提出本学期总的工作目标。

(3)将总目标分解为具体的各方面工作的内容要求，以及实施方案。

(4)本学期将要采取的重要工作安排。

2. 月保育计划

根据学期保育计划，逐月制订月工作计划。每月保育计划的制订要注意在总结上月工作的基础上，提出下月的工作重点和具体要求及措施，使月保育计划成为学期计划的实际步骤。

案 例

某园某年上学期幼儿园保育工作计划

一、指导思想

以新《幼儿园教育指导纲要(试行)》为工作指南,对照《某市托幼机构卫生保健工作标准》的要求,围绕幼儿园中心工作,贯彻执行幼儿园各项卫生保健制度,坚持以人为本,提倡最优化管理,提高保教质量。

二、工作目标

1. 把安全卫生工作放在首位,强化安全防范意识,确保幼儿安全。

2. 抓好食品卫生工作,加强食堂管理工作,把好食品卫生关、进货验收关。

3. 根据幼儿身心发展的特点,加强安全健康教育,提高幼儿对安全健康的认识,把健康教育渗透到幼儿的一日生活中。

4. 严格按照《某市托幼机构卫生保健工作标准》的要求,在妇幼保健所领导的指导下,规范各项卫生保健工作,建立健全卫生保健制度和各项台账。

三、主要工作

(一)安全工作细致化

1. 加强对师生的安全教育,利用游戏和各种活动教给幼儿一些安全知识和技能。保健老师利用晨检和讲座讲授有关安全知识。

2. 抓好安全工作的日常管理,严格执行门卫制度和幼儿接送制度,使用好《接幼证》,保证幼儿安全、有序地离开幼儿园,防止幼儿走失。

3. 如实做好事故登记工作,一旦发生意外事故,及时做出反应,妥善处理,并向家长做好解释工作,减少影响。日常工作中做好防范工作,确保无重大事故发生。一般外伤事故(如鼻出血、擦破皮、肿块)控制在2%以内。

4. 坚持执行安全卫生检查制度,双周一次。发现隐患,及时处理。

(二)保育措施经常化

1. 保健教师要加强业务学习,钻研业务,提高服务于人的水平,要主动向妇保所医生求教,接受医生指导;正确使用卫生保健系统软件,提高卫生保健的业务知识和技能,熟练地为幼儿服务。

2. 做好幼儿常见病、多发病、传染病的预防检疫工作,把好幼儿入园关、防治关、隔离关。按照物品消毒常规要求定期定时进行消毒,控制疾病发生率。

3. 加强体弱儿的日常管理,对他们的衣、食、睡、行等给予特别照顾和护理。

4. 落实健康教育的内容,保证健康教育的时间,心理保健、生理保健并重;保健教师开办健康教育专题讲座,多采用多媒体辅助教学手段,注意信息反馈,保证讲座的效果。

5. 全面做好保育工作，重点做好幼儿卫生习惯、一日生活管理、班级日常卫生、班级日常消毒等项工作。检查抽查相结合，提高保育管理的水平。

（三）伙食品种多样化

1. 抓好幼儿用餐管理。食堂按各班实际出勤人数均匀分配饭菜。保育员及时送到班级，各班教师在餐前餐后合理组织幼儿的活动，为幼儿创设愉快宽松的进餐环境，鼓励幼儿吃饱吃好。

2. 食品采购定点定期结算，由专人负责。按实际人数合理采购，专人负责验收，出入库手续齐全，严禁不合格食品入园。

3. 根据营养分析结果、膳食评估意见反馈、幼儿营养需求等项指标，保健教师反映到园务处，制定食谱，保证供给。各班教师加强教育，教育幼儿不剩饭菜，样样都吃身体好。做好饮水供给工作，保证幼儿口渴时喝到开水。

四、具体工作安排

三月份：

1. 根据上级以及我园的计划精神，认真制订好卫生保育计划。

2. 召开保育员会议。

3. 搞好操场的卫生工作。

4. 做好幼儿园设施的检查以及开学所需物品的采购工作。学习用品、生活用品分发到各班级。

5. 组织各班为幼儿测身高、体重，做好评价、分析、汇总，公布体弱儿、肥胖儿的名单，抄送各班，加强管理。

6. 保育员进行分工，落实责任并组织保育员学习有关物品的消毒方法，并添置日常保健用品，如橡皮膏、药棉、创可贴、双氧水等医药用品。

7. 各班加强对幼儿进行安全、生活、卫生教育，养成良好习惯。特别是小班幼儿，各教师尤其要重视他们的卫生习惯培养。

8. 加强晨间检查，全日观察记录，控制春季流行病。

9. 每周制定带量食谱并公布，教育幼儿不挑食、不剩饭等。

10. 保育员要严格遵守消毒原则，定时消毒并有记录。

11. 坚持每月一次的幼儿膳食营养分析。

12. 安全工作及午睡、午餐、晨间卫生检查。

13. 月底各班让幼儿带回被子、枕头，请其家长清洗并曝晒。

14. 充分利用家校路路通，向家长宣传有关保健的知识。

四月份：

1. 坚持消毒，控制流行病、常见病的发生，每天晨检时注意每个幼儿的身体状况，并及时配合班主任做好观察与记录。

2. 天气转暖，各班要教育幼儿注意个人卫生。

3. 与老师们商讨食谱，改善幼儿伙食。

4. 每周制定带量菜谱，食谱营养分析，加强午餐管理。

5. 组织体弱儿、肥胖儿测量体重一次。

6. 安全工作及午睡、午餐、晨间卫生检查。

7. 召开保育员例会。

8. 月底各班让幼儿带回被子、枕头，请其家长清洗并曝晒。

9. 各保育员要严格遵守消毒原则，定时消毒并有记录。

10. 继续做好幼儿保健软件的输入工作。

五月份：

1. 继续认真仔细地做好晨检工作。

2. 经常及时地检查洗手毛巾、杯子、午睡室、教室等的消毒记录情况。

3. 每周制定带量食谱，进行营养分析。

4. 根据营养分析及时调整菜单。

5. 配合好妇保所做好幼儿的"六一"体检工作。

6. 月底各班让幼儿带回被子、枕头，请家长清洗并曝晒。

7. 安全工作及午睡、午餐、晨间卫生检查。

8. 检查保育员工作流程，确保保育工作质量。

9. 保育员例会。

10. 组织体弱儿、肥胖儿测量体重一次。

六月份：

1. 天气转热，晨检工作认真细致，发现异常幼儿及时处理。

2. 幼儿被褥更换席子。

3. 各班继续加强幼儿午餐、午睡习惯的培养。

4. 每周制定带量食谱，进行营养分析。

5. 安全工作及午睡、午餐、晨间卫生检查。

6. 期末各班组织全体幼儿测量身高、体重，中大班要测视力，保健教师做好评价及汇总。

7. 各班根据幼儿来园实际天数结算伙食费。

8. 保育员例会。

9. 保育员席子擦洗整理归好。

10. 清点各类财产的使用和保管情况，并进行整理和归类。

11. 本学期幼儿保健工作总结。

12. 整理本园的保健工作资料存档。

(二)保育工作的实施

保育工作的实施是幼儿的常规工作之一，是保育工作管理的重要组成部分。

第一，要建立保育工作管理的组织。幼儿园应设置主管保育工作的副园长；下设保教主任，负责具体执行幼儿园的保育工作计划；基层的保育工作主要由各班保育老师承担。

第二，制定保育工作标准。对于保育工作的各项内容都要制定详细的质量标准。如：将擦活动室和擦卫生间的墩布分开使用，用完洗净后要悬挂晾干；再如：擦桌子的程序是第一遍用清水擦，第二遍用有洗涤灵的水擦（去油污），再用清水擦两遍等。幼儿园可以根据具体情况制定不同的标准，尽量详细。

第三，不断对保育老师进行保育工作内容和标准的培训。保育工作烦琐辛苦，不易坚持，幼儿园管理者要不断进行保育工作内容和标准培训，教育保育老师树立专业思想。

第四，采取一切措施减轻保育老师的劳动量。为班级配备洗衣机等设备，减轻保育老师的体力劳动；教育幼儿保持环境卫生，吃饭尽量不往地上掉饭粒等。

(三)保育工作的检查

保育工作的检查要有指定的负责人。幼儿园主管园长和保教主任是检查的组织者和主要实施者，也可以组织专门的检查小组进行检查。小组成员一般由从事保育工作的老师组成，在检查的过程中，保育员既可以对他人的工作做出评判，也可以将自己的工作同他人的工作进行比较，促进全员共同进步。

保育工作的检查可以分为定期检查和平时的随机检查。定期检查一般是全面的检查，指定专人对各个班级保育工作的各个方面进行检查，其优点是能够掌握全园的保育工作情况，也便于比较各个班级工作的优劣，积累资料用于评比。也可以由专人或专门小组进行随机的检查，随时发现问题，随时指导。

(四)保育工作的总结

保育工作总结是为了肯定保育工作的成绩，找出保育工作中存在的问题，得出经验教训并力图找到保育工作管理的规律，达到指导下一阶段管理的目的。

保育工作的总结一般分三个部分：

一是要回顾本工作阶段保育工作的概况，找到做得好的地方和存在的欠缺；

二是要分析取得的成绩和存在问题的原因；

三是提出下一段工作改进的方法。

这一阶段是形成经验的阶段，也可以结合评比来进行，通过"树立典型"的办法，带动全园教职工明确自己努力的方向。

第三节　幼儿园保教工作的结合

在幼儿园一日活动的各个环节中，必须要保育和教育工作紧密结合，才能完成教育任务。本节主要按幼儿园一日活动的七个环节介绍幼儿园保教结合工作情况：入园活动的管理；进餐活动的管理；教育活动的管理；如厕、喝水的管理；户外活动和体育锻炼的管理；午睡的管理；离园活动的管理。

一、入园活动

(一)对幼儿入园的要求

(1)衣着整洁，愉快入园，有礼貌地和老师、小朋友打招呼，与家长告别。

(2)不带任何危险物品入园，并乐意接受老师的晨检，会将自己的身体不舒服的感觉告诉老师。

(3)会将自己的衣物和书包放在指定的位置，积极参加区域活动，遵守活动规则，知道将所玩玩具放回原位，摆放整齐。

(二)对教师组织入园的要求

(1)衣着整洁，仪容大方，主动向幼儿和家长问好，态度热情，亲切。

(2)认真做好晨检工作，仔细观察幼儿的精神及情绪表现(脸色、皮肤、眼神等)有无异常，妥善处理好幼儿的异常情况；向家长询问幼儿的在家情况，并做好记录。

(3)做好生病幼儿的药物管理工作，准确把握药瓶剂量、服用时间、服用方式、服用注意事项，避免错喂、漏喂等情况的发生。

(4)仔细检查幼儿有无携带不安全物品，如有携带，应及时进行教育和保管，并在下午离园时和家长做好沟通，提醒下次不允许带危险物品入园。仔细检查教室内有无危险物品和区域，如有情况及时处理。

(5)有组织、有纪律地组织晨间活动，并对活动内容熟练掌握。

(三)对保育教师晨间工作的要求

(1)早晨入园先开窗通风，通风时间根据天气情况而定，每天早晨不少于10分钟。

(2)做好餐桌、椅子、杯子和毛巾的消毒工作，每餐(点)前30分钟做好桌面消毒工作(先用84消毒液擦洗一遍，10分钟后，用清水擦洗两次)。

(3)协助教师接待幼儿和晨间活动。

(4)完成指定区域的卫生打扫，并在离开教室或做任何工作之前告知教师，做到双方心里有数。

二、进餐活动

(一)对幼儿进餐的要求

(1)认真洗手，正确使用肥皂；手冲洗干净后对准水池甩三下，最后一个幼儿关好水龙头。

(2)指派值日生协助老师发放餐具，摆放整齐。

(3)培养文明进餐的良好习惯：进餐时不大声说话，不随便说笑打闹；一手拿勺子(筷子)一手扶碗，喝汤时两手端着碗；饭和菜，干点和稀饭搭配着吃，不吃汤泡饭；细嚼慢咽，不慌不忙，不挑食；不用手抓食物，不将饭菜塞满嘴；不剩饭菜，不弄脏桌面、地面和衣服；食物残渣放在指定位置，不将不吃的饭菜挑在小朋友碗里；咽下最后一口再站起来，主动整理好自己的餐具；收拾食物残渣，离开桌面，轻放椅子；餐后知道用餐巾擦嘴，漱口和喝水。

(二)对教师组织进餐的要求

(1)进餐前15分钟提醒幼儿结束活动，做好盥洗，准备进餐。

(2)指导值日生分发餐具，轻拿轻放，摆放整齐。

(3)进餐前创造愉快、安静的进餐氛围，执行进餐礼仪；播放适合幼儿进餐的轻音乐，使每个幼儿积极愉快进餐。

(4)掌握每餐食谱，向幼儿科学介绍饭菜营养，激发幼儿进餐欲望。

(5)在进餐中，指导幼儿有序进餐；观察、照顾幼儿进餐，轻声、和蔼地指导和帮助幼儿掌握进餐技能，培养幼儿文明进餐习惯及自我服务的能力；提醒吃饭慢的幼儿吃饱饭；对有特殊要求的幼儿(生病禁忌，对某些食物过敏，少数民族等)的餐点做好调整；切忌大声催促，对进餐慢的幼儿大声斥责等。

(6)提醒幼儿饭后擦嘴，漱口和喝水，有计划组织餐后活动。

(7)早午餐后，严格按照说明逐一为幼儿喂药；服药时认真核实，确保准确无误，不准出现错服、漏服、重服、药量不足和过量等现象。

(8)组织幼儿进餐过程中，不得私吃、私拿幼儿餐点；如有剩余，全部送回食堂，不得在班上留存。

(三)对保育教师组织进餐的要求

(1)按时到食堂领取班级食物，掌握幼儿每餐实际进食量。

(2)给幼儿盛饭动作轻、快，注意夏季散热，冬季保温。

(3)观察幼儿进餐情况，重点指导和帮助吃饭慢的幼儿吃饱吃好；幼儿进餐时，不催饭。

(4)进餐完毕，带领值日生将餐具和剩余餐点收拾干净，整齐，送回食堂，并将教室打扫干净，清洗餐盘、餐巾，口杯消毒，并在每餐后消毒。

三、教育活动

(一)对幼儿教育活动中的要求

(1)如厕洗手，做好活动准备。

(2)活动中，积极参加教育活动，心情愉悦，注意力集中；乐于动脑、动口，与老师、同伴分享活动经验。

(3)活动结束，主动帮助老师整理活动材料，物归原主。

(二)对教师组织教育活动的要求

(1)活动前，做好充分准备，充分理解、分析熟悉教学内容；提前写好教学活动教案，文字材料能背诵；示范动作要熟练、准确。实物、图片、模型等活动材料应提前一天准备好。活动开始前，提醒幼儿收拾好玩具，如厕，做好身心准备。

(2)保证教学质量：教育目标明确、具体，符合本班幼儿的发展水平。以幼儿为活动主体，引导幼儿动脑、动口；启发幼儿在活动中的积极性、主动性和创造性，注重能力和良好习惯的培养；注意观察幼儿在活动中的表现，针对不同层次的需求进行启发性指导、随机教育和个别教育；研究有效的活动形式和方法并灵活运用，突出重点，解决难点，具有创造性；注意培养幼儿正确的坐、立、行和握笔姿势，保护幼儿视力；引导幼儿正确用嗓，保护好嗓子。

(3)教学规范：教师教态要亲切自然，语言清晰、简练、准确、儿童化；亲切，赏识幼儿，富有童心，师生关系融洽；以人为本，引导幼儿主动学习；绘画和手工等作品要注意展示和保留；教育活动结束后要注意反思，认真总结经验和不足，以便以后继承和改进。

(三)对保育教师参与教育活动的要求

(1)活动时间不随意打断教师的活动，不随意进出教室，保持安静。对于中途需要如厕的幼儿，及时协助老师带幼儿如厕。

(2)在教师组织活动期间，如有区域工作未完成的，先和老师做好沟通，再去完成工作。

四、如厕、喝水

(一)对幼儿如厕、喝水的要求

(1)托班、小班幼儿在老师的提醒帮助下喝水，中大班幼儿逐渐做到独立喝水。

(2)喝水必须用自己的水杯，喝水后把水杯放在口杯橱固定位置，摆放整齐，幼儿主动喝水，保证喝足够的水。

(3)如厕时有秩序，不喧哗，不打闹，不玩耍，懂得节约用水，大小便入池，正确使用手纸，便后洗手，中大班幼儿逐渐做到便后将厕所冲刷干净。

(二)对教师组织如厕、喝水的要求

(1)组织、指导幼儿有序地如厕、喝水(至少保证有两个老师在场)，培养幼儿良

好行为习惯并形成班级常规。

(2)准确掌握幼儿饮水量，保证饮水量充足。根据幼儿身体状况、活动量及天气情况及时调整饮水量。

(3)掌握幼儿大小便习惯，及时提醒幼儿如厕；帮助托班、小班幼儿脱、提裤子，正确把握如厕姿势，正确使用手纸。

(4)教育幼儿有便意时能大胆告诉老师，不拉、尿裤子；指导中大班幼儿独立如厕；教育幼儿便后洗手，节约用水；教育幼儿不随地大小便。

(三)对保育教师组织如厕、喝水的要求

(1)保证班上随时有温度适宜的饮用水，不给幼儿喝冷的、冰的饮用水；及时提醒幼儿喝水，掌握幼儿饮水量。

(2)保证口杯的清洁和卫生，并在餐后清洗和消毒；随时保持厕所的卫生清洁和安全。

五、户外活动和体育锻炼

(一)对幼儿户外活动和体育锻炼的要求

(1)整理好自己的衣服，冬天不怕寒冷，积极参加锻炼；听音乐做操，精神饱满，情绪愉悦，注意力集中，动作协调，力求达到锻炼的目的。

(2)在指定的范围内活动，兴趣浓厚，活泼愉快；学习和提高动作技能，会用器材锻炼身体，具有基本的自我保护能力。

(3)遵守活动规则，活动时不乱跑，不喊叫，不打闹，不做危险动作，不玩危险游戏；知道玩大型玩具时不拥挤，不推拉，有序上下梯子，有组织有纪律地参加活动。

(4)中大班幼儿能自己组织小型多样的体育活动；在老师带领下，积极参加劳动、散步、自由活动等户外活动；正确使用器械，注意爱护器械，用完后帮助老师将玩具、器械、材料放回原处并摆放整齐。

(二)对教师组织户外活动和体育锻炼的要求

(1)每周制订户外活动计划，目标明确，切合实际，为幼儿创设安全的户外活动环境；准备相应的活动场地、玩具、器械及材料，保证活动顺利开展。

(2)提前做好上操前的准备，教师衣着宽松、舒服、便于运动；不穿高跟鞋，保证活动自如；保证有两位老师在活动现场；提醒幼儿如厕，检查幼儿衣服、鞋带及场地安全，器械数量等，保证活动顺利进行；精神饱满，口令、示范动作准确、熟练；用语言、动作示范指导幼儿，禁止训斥、拉扯幼儿，保证幼儿情绪愉悦地投入活动。

(3)托班、小班以模仿操为主，中大班以徒手操、轻器械操为主，每学期更换一次；准确把握幼儿动作发展水平，根据幼儿的层次进行指导；观察幼儿在活动中的

动作及行为(面色，呼吸，出汗，动作的协调性等)，准确把握运动量大小，及时调整活动进程，随时观察活动情况，发现不安全因素及时制止，并及时调整活动；活动中要注意培养幼儿的自我保护能力。

(4)保证每天户外活动时间不少于两小时，其中户外体育活动不少于一小时；早晨入园，教学活动后和午餐后时间，灵活组织散步、自由活动等户外活动；允许幼儿按自己的意愿和兴趣，自由选择有益活动，自由结伴，自由交谈，适时指导。

(三)对保育教师参与户外活动和体育锻炼的要求

(1)配合教师做好活动前的准备(检查幼儿服装、鞋带，准备器械，检查器械、活动场地是否安全等)。

(2)活动过程中，观察幼儿的动作及行为表现，及时排除不安全因素，保证幼儿安全，及时处理好活动过程中的突发事件。

六、午睡

(一)对幼儿午睡的要求

(1)稳定情绪，懂得午睡对身体有益；安静进入睡房，铺好被子，放平枕头；按顺序穿脱衣服(入睡前，先脱外衣，再脱鞋子、裤子；起床时先穿外衣，再穿裤子，最后穿鞋子)，并叠放整齐，放在指定位置；盖好被子，闭上眼睛，安静入睡，保持正确睡眠姿势(右侧卧或仰卧)；不带玩具上床。

(2)睡觉期间，不东张西望，不蒙头睡，养成良好的睡眠习惯；早醒幼儿可进行安静活动，不出声响，不影响同伴；按时起床，不拖拉，学习整理床铺。

(二)对教师组织午睡的要求

(1)午餐后组织幼儿散步、如厕，稳定幼儿的情绪；及时细致地为每一个幼儿铺好被子，纠正不良睡姿，培养幼儿良好的入睡习惯；帮助难入睡的幼儿尽快入睡，上床半个小时班级入睡率达到90%以上。

(2)每天有一位老师值班，每隔半个小时全面巡视一次，及时纠正幼儿不良睡姿，并注意检查被子是否盖好；重点观察带病幼儿，发现神色异常及时处理并报告；随时保持空气新鲜，天暖无风可打开窗户，但应该避免对流风吹在幼儿的身上；随时准备柔软毛巾为出汗多的幼儿轻轻擦汗；轻声提醒常尿床的幼儿起床如厕，发现幼儿尿床要及时换洗、晾晒，严禁让尿湿的幼儿睡在湿的床上；老师值班时动作轻，不大声说话，不能以任何借口离岗、做私活、会客、吃零食、聊天等。

(3)组织幼儿起床前，先轻轻叫醒幼儿，让幼儿在床上躺3~5分钟后再起床；起床时，观察幼儿情绪有无异常，指导并帮助幼儿穿衣，整理床铺；提醒动作慢的幼儿。

(4)起床后，注意检查幼儿的衣服，鞋是否穿反并及时纠正；指导并帮助幼儿喝水；做好睡房的消毒、打扫工作，并开窗通风。

(三)对保育教师组织午睡的要求

(1)幼儿午睡前关好窗户,帮助幼儿打开被子,托叠衣服,入睡之后,再适当打开窗户,避免对流风吹在幼儿身上。

(2)起床后,开窗通风,整理床铺,打扫睡房卫生,保持睡房内卫生、清洁、整齐、美观。值班时和老师要求一样。

七、离园活动

(一)对幼儿离园的要求

(1)愉快地参与区域活动,遵守规则,离园前把玩具、材料、椅子收放整齐,整理好活动环境;整理好自己的仪表,带好自己的物品,不是自己的东西不拿。

(2)主动和老师、小朋友及其他家长道别;不独自离开老师、班级和幼儿园,不跟陌生人走。

(二)对教师组织离园的要求

(1)与幼儿进行简短谈话,回顾一天的生活,鼓励他们的进步,提出新的要求;检查幼儿仪表是否整洁,是否有穿反衣物、鞋子的情况发生;对于托班、小班孩子,重点检查是否有尿湿裤子情况;提醒幼儿带好回家物品,回家途中的注意事项,进行安全、饮食教育;有计划、有组织地指导等待离园幼儿的区域活动。

(2)当家长来接幼儿时,做好班级教师工作分配:一位教师要注意组织幼儿有序离园,另一位教师可向家长适当反映幼儿在园情况,有针对性地向幼儿家长提出指导性建议,共同配合教育;高度负责,把每一个幼儿安全交给家长,严禁出现幼儿自己离班、离园、被陌生人接走的情况;有陌生人接幼儿时,首先和家长(父母)取得联系,确实得到家长的同意之后,请陌生人在交接记录本上签字后,方可把幼儿交给陌生人;慎重对待有特殊家庭背景的幼儿。

(3)幼儿离园后,教师做好教室物品、材料的整理,检查水、电、门窗是否关好。

(三)对保育教师组织离园的要求

(1)指导并帮助幼儿整理仪表;整理好幼儿衣物;协助老师组织好幼儿的区域活动。

(2)家长来接幼儿时,要协助老师看好孩子,以免混乱中幼儿走出教室;这个阶段停止打扫教室卫生等工作。

(3)下班前,清洗口杯,做好消毒;将教室内外的地面、楼道、工作区域彻底清理干净,关好水、电和门窗,并将当天垃圾打包放到室外垃圾桶处。

第四节　幼儿园班级管理

一、班级管理的含义

班级是幼儿园的基层组织，是实施保教任务、实现教育目标的基本单位。班级是指实现教育目标、人为组织的带有一定强制性的集体，是由幼儿和保教人员共同组成的学习集体。班级的构成要素包括：幼儿、教师和班级学习环境，包括物质环境和精神环境。可以认为，幼儿园的班级是正式组织与非正式人际关系二者的统一。

班级作为幼儿所处的最贴近的环境和最真实的生活场所，对幼儿发展具有最直接的影响。

幼儿园班级管理是指由幼儿园班级中的保教人员通过计划、实施、总结、评价等过程，协调班集体内外的人、财、物，以达到高效率实现保育和教育目的的综合性活动，简言之就是对班级工作有关"人""财""物"的管理。幼儿的健康成长和幼儿园工作目标的实现，都直接取决于班级管理的效果。

二、班级管理的主要内容

幼儿园班级管理一般由生活管理、教育管理、家园交流管理、班级间交流管理和幼儿社区活动管理几方面组成。幼儿班级中的管理人员包括保教人员、幼儿、幼儿家长。其他方面的管理工作服务于幼儿的生活、教育管理。

(一)生活管理

幼儿园班级生活管理是为了保证幼儿的身体正常发育，心理健康成长，保教人员围绕幼儿在园内的起居、饮食等生活方面的需要而从事的管理工作。生活管理的内容如下。

1. 学期(学年)初的工作

(1)填写班级幼儿名册，填写幼儿家庭情况登记表，明确家园联系方法。

(2)家访并调查幼儿家庭教养情况，初步了解幼儿生活习惯，做好记录。

(3)安排幼儿个人用的床、衣柜、毛巾架、水杯格，写上姓名并做好便于幼儿识别的标记。

(4)初步布置活动室环境，安排室内家具、准备活动设施等。

(5)观察幼儿一日生活的言行举止，并记录分析。

(6)依据幼儿一日生活表现的观察分析与家访调查，制订班级幼儿生活管理计划与措施。

2. 学期(学年)中的工作

(1)每日班级保教人员根据幼儿一日生活程序履行生活管理的职责。

(2)每日做好幼儿上、下午来园或离园的交接记录。

(3)每日保管好幼儿生活用品。

(4)每日做好班内外幼儿活动场地的清洁工作和各项设备的安全检查。

(5)每周对活动玩具进行消毒,更换生活用品。

(6)每周检查班级幼儿生活管理计划的实施情况。

(7)每周初,班级教师碰头,总结上周经验,调整本周幼儿生活管理的工作内容与措施,分工负责。

(8)观察幼儿生活行为,记录好其表现。

(9)对幼儿计划免疫、疾病、传染病情况登记。

(10)体弱幼儿的生活护理。

3. 学期(学年)末的工作

(1)汇总平日幼儿生活表现记录,做好对幼儿生活情况的小结。

(2)总结班级幼儿生活管理工作,找出成绩与问题。

(3)向家长发放幼儿在园生活情况小结,指导家长对幼儿假期生活进行管理。

(4)整理室内外环境,对集体用品、材料进行清点登记。

(二)教育管理

班级保教人员在班主任教师带领下对班级幼儿进行调查研究,对教育过程精心设计组织,对教育结果进行细致评估,这一系列的工作称为幼儿班级教育管理。教育管理的内容为:

1. 开学初工作

(1)结合家访和对幼儿的观察分析,完成对班级幼儿发展水平的初步评估,并做好分析记录。

(2)根据幼儿情况及班级条件,制订详细的幼儿教育计划。该计划应包括阶段性的班级教育教学目标及完成进度的日程安排,还有考虑特殊情况的处理方法。如针对班级教学中的问题开展教学研究活动。

(3)根据教育教学计划,征集或领取幼儿的绘画、手工材料、卡片、游戏工具等。

(4)班级保教人员共同制定各项教学活动的组织形式及常规,建立班级教育活动的运转机制。

2. 学期中的教育常规管理

(1)每日事务。准备好当日教学所需的材料,做好前一阶段知识的复习,保证教育教学的连贯性。

(2)每周工作。根据年级教研组的备课计划制订每周活动安排及每日教学计划。

提前做好教具、学具材料的收集与制作。写教育笔记，记录幼儿一周的学习表现。

（3）每月工作。月初制定好月教育目标、教学活动进度。召开班级教师会议，研究班级教育工作的具体内容和措施，协调分工与配合。做好个别儿童教育的计划及修订措施。月末整理各种教育材料与资料。根据教育内容适当调整活动室安排，布置更新环境。

3. 期末工作

（1）整理教育活动方案、教育笔记和幼儿作品档案。

（2）做好幼儿全学期的评估工作，写好幼儿发展情况及表现的小结。

（3）完成教师自身的评估，总结个人教育目标的实现、教育方法的运用情况。

（4）教育活动剩余材料的清点与登记。

三、班级管理的过程

班级管理的过程可分为四个环节：①幼儿园班级工作计划的制订。计划是确定行动的纲领和方案，促使行为趋向于目标的管理活动。它是一种预先的确定目标和实现目标的手段。幼儿园班级工作计划是班级管理者为班级的未来确定目标，并提出达到这一目标的方法和步骤的管理活动。了解孩子的实际状况是我们制订计划的前提条件。②幼儿园班级工作的组织与实施。班级工作计划制订得再好，也只是文字性的东西。计划和结果之间还需要组织与实施。组织是指安排分散的人或事物，使之具有一定的系统性或整体性；实施即实行。幼儿园班级工作的组织与实施是指将班级中的教师、幼儿、材料、物品、空间、时间等要素进行合理安排，使之具有一定的系统性和整体性，并加以实行。③幼儿园班级工作的检查与计划调整。检查是对计划的检查，根据计划实施的情况对预先制订的计划进行调整。④幼儿园班级工作的总结与评估。总结是管理过程的终结。它对班级工作计划的执行情况进行全面检查与评估，发现成绩和缺点，总结经验和教训。总结的过程也是一个对以往工作进行全面检查、分析和研究的过程。

这四个环节是互为条件的，前一个环节是后一个环节的基础，后一个环节是前一个环节的落实与实施。它们之间相互联系，环环相扣，形成了一个螺旋上升的链。每一次新计划的目标都比上一个计划目标水平提高。如此不断循环，最终促进幼儿园工作质量的提高。

四、班级管理中应遵循的原则

幼儿园班级管理的原则是对班级管理必须遵守的普遍性行为准则，这一原则贯穿于班级管理的全过程，全方位地体现在幼儿园管理当中，包括环境创设、教学活动、日常生活等。幼儿园班级管理的基本四大原则为主体性原则、整体性原则、参与性原则以及高效性原则。

（一）主体性原则

主要蕴含了两方面的含义：第一，教师作为管理者具有自主性、创造性和主动性；第二，幼儿作为学习者具有主体地位。在贯穿运用该原则时应注意以下几个方面。

1. 明确教师对班级管理的职责和权利

要求教师不断地发挥主动性和积极性，不断地开拓班级管理的新举措，最大限度地反映幼儿的愿望和要求，从而调动幼儿学习的主观能动性。

2. 教师作为班级管理者应充分了解并把握班级的各种管理要素

对班级各种要素把握，合理调配，并予以驾驭和协调，是对班级进行良好管理的必要前提。这些要素不仅包括了每一个体幼儿，也囊括了家长、环境设施等一切可以为教学和管理服务的资源。

3. 教师还应正确地理解和处理与作为被管理者的幼儿之间的关系

我们都知道教师是班级管理中的管理主体，而幼儿是客体或者说管理的对象，但同时，幼儿又是发展的主体。所以我们在管理幼儿时既要发挥自身的指导作用，又要保证幼儿学习自主权，对这一点的控制和把握是十分重要的。

（二）整体性原则

幼儿园班级管理应是面向全体幼儿并涉及班内所有管理要素的管理，在运用时应当注意：教师对班级的管理不仅是对整体的管理，也是对每个幼儿个体的管理。幼儿教师在班级管理时经常出现抓两头、忘中间的现象——过分地偏爱优秀的幼儿，或者一味地关注问题小朋友，而忽视了默默无闻的孩子。这是违背整体性原则要求的。教师应该把目光放到整个班级中的每个幼儿身上，在此基础上根据幼儿自身的特点和水平进行管理。教师应该充分地利用班级作为一个集体的熏陶作用和约束作用；班级管理不只是人的管理，还涉及物、时间、空间等要素的管理，即要求全方位地考虑，联系物质、时空等因素来使每个幼儿参与活动，接受教育、夸奖、批评等。

案 例

我的闪光点

我们的幼儿园班级环境布置上有一个"我的闪光点"专栏。这一专栏每周记录一次，记录的内容涉及幼儿的方方面面。有孩子用绘画等方式记录自己近一段时间所取得的进步，班级教师将孩子记录的内容用文字的形式进行说明，并且将记录的情况张贴在走廊上，便于孩子之间相互观摩和家长及时了解孩子的最近发展情况。有的孩子记录了自己书写的数字并第一次得到五角星，有的孩子记录自己做操当上了

"小小老师"，还有的记录了自己哪一天吃饭又快又好。这样一个专栏出来后，受到了家长的极大好评和鼓励，成为家长和老师沟通的一个良好工具。

分析：在这个案例中教师通过设立这样一个专栏，引导幼儿进行自我评价；让孩子之间相互观摩，相互评价，起到强化作用；并且注重孩子的年龄特点，操作简单，形式有趣；引领幼儿享受参与评价的乐趣，使幼儿成为评价者的同时成为被评价者，在注重个体主体性发挥的同时，兼顾到了班级的整体，让其他小朋友看到他人的优点，起到强化作用。同时教师也合理地利用了班级的良好资源，教室良好的空间环境，幼儿自身以及与家长的互动等，全方位贯穿运用了物质、时空等因素来使每个幼儿参与评价活动，接受教育、夸奖、批评等，发挥了自身主动性，因此很好地体现了主体性、整体性原则。

（三）参与性原则

参与性原则是教师在管理过程中，不以管理者的身份高高在上，而是以多种形式参与到幼儿的活动中去，在活动中民主、平等地对待幼儿，与幼儿共同展开有益的活动。

案例

长长的火车

这是大班纸牌游戏一个区域活动内容，开始时，老师发现宝宝只是坐在一旁看小朋友们玩，就问："怎么不跟小朋友一起玩啊？"宝宝看看其他小朋友有的在找同样花色的，有的在搭高，说："我觉得这没意思。""哦？那么你想怎么玩啊？"老师问道。宝宝看了老师一眼，他向小朋友建议道："要不我们来玩接龙吧。"小朋友见有新的玩法，都很高兴地来玩了。老师看他们玩了一会儿，想看看他们还能玩出什么不同的游戏，就问："宝宝，你说这连起来的纸牌像什么啊？""这好像一个火车。""对啊，我们玩火车行驶的游戏吧！""可是火车要轨道的。"另一个小朋友喊道。"要不我们把纸牌做成轨道吧！"于是，很多小朋友开始按照火车行驶时会出现的一些状况，安排小朋友建车轨、车站，安排老师做售票员等，开心地玩了起来。

分析：这个游戏小朋友们能够玩得这么好，教师合理适时的指导起到了很大的作用，而且教师很好地参与并融入了幼儿的游戏当中，成为幼儿的游戏伙伴，拉近了与幼儿间的关系。

从上述案例的分析中我们可以知道，对于这一原则应该注意以下几点。

(1)教师参与活动应注意角色的不断转变，以适应幼儿活动的需要。

(2)在某种场合教师参与活动要根据幼儿的需要，取得幼儿的许可。

(3)教师参与活动中，指导和管理要适度。

(四)高效性原则

高效性原则也可以理解为灵活性原则，要求以最少的人力、物力和时间，尽可能地使幼儿获得更多、更全面、更好的发展。

运用高效性原则需要注意以下几个方面。

1. 班级管理目标的确定要合理，计划制订要科学

要充分地考虑幼儿的身心发展特点、所处的年龄段，还要考虑减少不必要的人力、物力等资源的浪费。

2. 班级管理计划的实施要严格和灵活

这主要是针对幼儿这一群体活动多变、不稳定、突发状况多而提出的。

3. 班级管理方法要适宜，管理过程中重视检查反馈

主体性、整体性原则主要涉及管理思想，参与性和高效性原则主要涉及管理方法，四者关系密切，不可分割。

本章小结

本章首先在宏观上探讨了幼儿园保育工作和教育工作的重要性及各自的内容，分析了保育、教育工作的管理过程，进一步系统阐述了保教结合的内容和管理的动态过程。在微观层面上，从班级这个基层组织的角度，详细分析了班级管理的内容、过程以及在管理中应该遵循的一些原则。

1. 幼儿园的教学是指依据预设的教育目标、教学任务，教师运用适宜的教学策略与儿童共同活动，并且在过程中不断调整结构，从而促进幼儿的学习与发展的活动。它可以分为三种类型：生活活动、游戏活动和教学活动。幼儿的生活活动是指满足幼儿基本生活需求的活动，包括进餐、睡眠、盥洗等。游戏活动是幼儿在幼儿园最基本的活动，也是幼儿最喜爱的活动，因此游戏活动是幼儿园课程实施中的主要部分。幼儿园的教学活动是教师有目的、有计划地对幼儿施加影响的活动。幼儿园教学活动要做到以下几方面：教学情境生活化，教学内容综合化，教学过程活动化，教学组织形式多样化。

2. 幼儿园教学是实现幼儿园教育目的的手段，是帮助幼儿获得有益的学习经验，促进身心全面和谐发展的有目的、有计划地引导幼儿生动活泼、主动活动的各种形式的教育过程的总和。

3. 幼儿园的教学管理主要包括园长或管理者通过健全教育教学组织系统、指导教师制订教育教学工作计划、加强教师备课活动的指导、坚持深入班级检查计划执行情况、抓好教育教学工作总结和建立良好的教育工作秩序六方面工作。幼儿园教学管理具有以下特点：第一，目标性和计划性；第二，程序性和灵活性；第三，社会性；第四，控制性。

4. 幼儿园的保育工作管理不仅包括保障幼儿的身体健康和人身安全，培养良好的生活习惯和卫生习惯，而且强调保护和增进幼儿的身心健康。保育工作包括清洁与护理、辅助教学、物品管理和日常工作。

关键术语

幼儿园教学　幼儿园教学管理　保育工作　保教结合　班级管理

思考题

1. 根据幼儿园教学管理的特点，谈谈如何实施幼儿园教学管理。

2. 结合自身经验，举例说明你所了解到的教学管理。

3. 试分析幼儿园保育工作内容。

4. 从保教结合的角度，分析幼儿园的一日活动管理。

5. 班级管理的内容有哪些？

6. 试分析班级管理的过程及管理中应该遵循的原则。

案例研究

案例一：

大班的王老师每天好像都很"急"。

美术活动时，小朋友们正兴高采烈地画着小乌龟，有的才画了乌龟的身子，有的只画了乌龟的脑袋，可是喝水时间到了，王老师急匆匆地收走了小朋友们的笔和纸催促小朋友去喝水。小朋友们刚喝完水，王老师又拿出绘本书，给大家讲故事，小朋友们刚融入奇妙的故事情节中，王老师又说加餐的时间到了，小朋友们只好失望地去排队了。

下班后，王老师感叹道：每天都好忙呀！

你是如何看待王老师的"急"和"忙"的？结合幼儿园活动设计原则，谈谈你的看法。

案例二：

某幼儿园发生了这样一幕：救护车载着一名呼吸急促的幼儿飞快地驶离了幼儿园，剩下一堆人堵在幼儿园门口大吵大闹……原来是中班的一名幼儿在老师领大家喝水时，偷偷将两个圆形药片放到了鼻子里，在进入气管后，引发呼吸急促，脸色通红，使劲抠鼻子。这时，老师才发现异常，带孩子去了保健室并拨打了120。在通知家长后，家长质疑药片从哪儿来的，幼儿园老师也纳闷药片的来源：入园时，没有发现孩子带药啊。

上述案例中的幼儿园存在哪些管理问题？

📖 **拓 展 阅 读**

1. 朱家雄. 幼儿园课程[M]. 上海：华东师范大学出版社，2003.

该书是幼儿园课程教材中的经典，涉及诸多幼儿教育理论与实践问题。

2. 王春燕. 幼儿园课程概论[M]. 北京：高等教育出版社，2007.

该书是高等师范院校学前教育专业的专业基础课"幼儿园课程"的全国"十一五"规划教材，内容以学生为本，操作性较强。

3. 王坚红. 学前教育评价——理论·方法·实践[M]. 北京：人民教育出版社，1994.

该书是我国大陆第一部系统论述学前教育问题的专著。

4. 石筱岐. 学前教育课程论[M]. 北京：北京师范大学出版社，2014.

该书由博士论文和几篇有关学前教育课程的研究文章组成，比较深入地阐述了我国当前幼儿园课程改革中出现的问题及发展趋势。

5. 刘菱蔚. 幼儿园班级管理的66个技巧[M]. 长春：吉林大学出版社，2014.

该书详细说明了班级管理实践中，可能会遇到的七类问题及相关策略。

6. 宋琛琛. 幼儿园保教实习指导与实践[M]. 徐州：中国矿业大学出版社，2014.

该书主要介绍了幼儿园保健实习中必备的知识与技能。

第五章　幼儿园后勤工作管理

学习目标▶

    1. 了解后勤工作管理的地位和作用。

    2. 理解后勤工作管理的性质和主要特征。

    3. 了解卫生保健、膳食与营养管理、安全工作管理的内容。

    4. 掌握卫生保健、膳食与营养管理、安全工作管理的基本策略。

导入案例▶

    一天上午，户外活动时，保教主任找到园长报告称小二班牛牛小朋友上楼梯时不小心摔倒了，眉头磕破了，现已由班主任和保健医生送往医院紧急处理。园长对孩子的伤情很重视，急忙与保健医生通了电话，了解到孩子伤情不重，但为了使伤口愈合效果好，需缝三四针。园长和保教主任赶紧乘车赶往医院，并与孩子家长取得联系，在电话中简单述说了孩子的情况，请家长及时赶往医院。

    园长和保教主任来到医院时，孩子的伤口刚刚处理好。家长赶到时，孩子已经安稳地坐在主班老师怀里休息了。心急如焚赶来的爸爸，看到孩子无大碍，顿时轻松了许多。征得家长的同意后，医生给牛牛注射了破伤风针并开了消炎药，费用由幼儿园承担。最后园长同家长一起将孩子送回家。回幼儿园后，园长与保教主任立刻到事故发生地了解情况，发现由于刚下过雪，楼梯瓷砖滑，才导致牛牛摔倒……事故发生后，如果你是园长将如何处理此事？怎样杜绝此类安全事故的发生？

第一节　幼儿园后勤工作管理概述

    幼儿园后勤工作管理是幼儿园管理的重要组成部分，是为幼儿园保教活动顺利开展所提供的各方面支持的重要工作。后勤工作管理主要包括园所的卫生保健管理，膳食与营养管理，安全工作管理，财务工作管理及档案管理。后勤工作管理作为幼儿园常规管理的重要组成部分，是确保幼儿园保教工作正常开展的重要因素，为全体人员工作学习和生活提供保障，为培养人才实现教育目标创造适宜的条件。

一、幼儿园后勤工作管理的特点

幼儿园教育是一种保育、教育相结合的综合性活动。同时，幼儿园教育更多地具有启蒙性，这就决定了幼儿园后勤工作除了具有先行性、全局性、政策性特点外，其服务性和全面性特点与中小学等其他教育阶段相比更为明显，具体体现在以下几个方面。

第一，对幼儿的服务。幼儿是不成熟的、正在发展中的个体。幼儿的发展具有个体差异，必须针对不同幼儿的不同需求，提供不同的服务，例如，对于不同年龄层次的幼儿，向他们所提供的教学玩具，必须要适合这个年龄层次的幼儿。

第二，对家长的服务。对家长的服务主要包括：为幼儿提供良好的教育、促进幼儿身心健康发展、根据家长要求提供相应的特殊服务，例如，延迟放学接送时间、开办双休和寒暑假幼儿班等。

第三，对教职员工的服务。对教职员工的服务除了提供必备的保教工具和设备，以及提供良好的工作生活环境外，尤其要照顾他们的精神感受——只有幸福的教师才有幸福的孩子。

二、幼儿园后勤管理工作的原则

为了使后勤工作能够发挥最大功效，应当遵循如下原则。

(一)后勤工作管理服务性原则

(1)树立为幼儿生活服务的观念。

(2)树立为教职员工服务的观念。

(3)树立为保教服务的观念。

(二)后勤工作管理制度化原则

制定并不断地完善和健全后勤管理制度，是做好后勤支持工作的开始。利用后勤管理制度，可以使园内的各项后勤工作的基本程序和对后勤人员的要求系统化，从而使得幼儿园的后勤管理能够朝着更完善、更科学、更人性化的目标改进。

(三)加强后勤工作管理科学化原则

幼儿园的后勤工作是通过对人、财、物等的综合运用与管理来进行的。只有科学化管理才能使各项工作协调有序地进行。

(四)坚持勤俭办园的原则

勤俭节约自古以来就是中华民族的优良传统，管理好一所幼儿园同样也需要勤俭节约。所谓勤俭并不是说一切从简，而是指要把钱花在刀刃上，要抓住重点，使得所花的每一笔钱都能取得最大的效益。

三、建立后勤工作管理体系

（一）建立幼儿园后勤工作管理体系

一个组织的工作效率如何，与它的管理体系高度相关。管理者不仅是一种职位，更是一种无形的影响力。管理体系的完善与否直接影响着组织能否有效运转，也影响着管理过程中人、财、物的使用情况。建立完善的幼儿园后勤工作管理体系要做到以下几点。

1. 实行严格的岗位责任制

在构建后勤工作管理体系时，需要对每个岗位的具体职责进行清晰的界定，实行岗位责任制，明确每个人的职责，责任到人。只有责任具体到人，幼儿园后勤管理才能既有效率，又有针对性，才能使得事事有人做，事事有人负责，才会激发幼儿园后勤部门工作人员的工作动力，以使其更好地履行自身的工作职责。

2. 建立科学的部门负责人选拔机制

幼儿园要使得后勤工作能够真正发挥为幼儿园的保教服务、为幼儿园的发展提供全方位支持的功能，就必须选择能够以实现幼儿园发展目标为己任、以促进保教事业健康发展为理想的管理者。当然，理想管理者的选拔必须以建立科学的部门负责人选拔机制为前提。

（二）建立幼儿园后勤工作管理服务体系

1. 完善为幼儿服务的后勤工作管理体系

幼儿园的开办目的就是促进幼儿的全面、健康成长，因此为幼儿服务是幼儿园所有工作的中心。例如，幼儿园在选址时，应选择环境优美、安静整洁的地方；要安全并远离工厂和污染；完善幼儿的饮食管理体系，为幼儿提供健康、营养均衡的食谱；布置室外环境时，应做到干净、整洁、舒适。随着幼儿园各项工作的正常运转，物质也随时在消耗，后勤部门应根据需要及时补充。因保教工作的不断创新，对物资的需求也会有所变化，后勤部门还应有一定的预见性，及时进行调整和增加。对于后勤的常规性工作，要提前做好计划，分配任务到具体人。例如，一般幼儿平均一天在园的时间近 10 小时，对于学习及生活所需物品必须做到了解全面、准备充分。幼儿园的日常性采购、保健药品及用品的配备、季节性的物资配备、节日活动的材料购买及各类共同活动室的物资配备等，都应当提前做好安排。

总之，要围绕"为幼儿服务"的中心建立起相互联系、相互配合的服务体系，为幼儿营造一种"家"的氛围，使幼儿能够以一种安心、信任的状态，在幼儿园中接受教育，健康快乐地成长。

2. 健全为家长服务的后勤工作管理体系

家长的支持、合作和认可，不仅是幼儿园保教质量提高的有效途径，同时也是幼儿园长久发展与生存的前提条件。幼儿园后勤工作应关注幼儿在园一日生活的各个环节，健全为家长服务的管理体系。如家长接送幼儿车辆是否有地方停放，幼儿所用被褥是否由家长自行采购制作等，从各方面完成"服务家长"的工作目标。

3. 健全为教职员工服务的后勤工作管理体系

后勤部门必须为各部门、各班级配备好必需的生活和教学设施设备及日常消耗品，以保证幼儿园有一个舒适的环境，教室有一个满意的办公及教学场所。幼儿园后勤工作人员要树立为教职员工服务的思想观念，为教职员工营造宽松、融洽的工作氛围，保证教职工愉悦地投入到工作中。

(三)建立财务管理体系

幼儿园管理所涉及的人、事、物都要通过后勤部门。后勤工作必须要做到严谨、务实、高效，以确保幼儿园管理工作取得最大的管理效益。在财务方面要本着勤俭办园的原则，建立必要的财务制度。按照有关财务制度合理调整和使用资金，为提高保教的质量提供充足的经费支持。幼儿园所需的各类物资，在经过后勤部门的确认后应按规定时间提供，要做到物资准确及时到位，以保证幼儿园各项工作的有效开展，提高幼儿园工作的质量。

后勤部门还要做好物资、人员及财务的协调工作。对幼儿园的人、财、物的投入并非越多越好，做好物质保障是一方面，更重要的是要通过物质给养做好与各部门各人员的协调和沟通。当幼儿园在财务上捉襟见肘时，更要采取一定的管理技巧，以达到节约经费的目的。有关财务管理的细节见本章第五节。

(四)建立档案管理体系

建立档案管理制度，由专人负责建立资料档案并对资料档案进行管理，及时发现问题，保持工作的连续性。例如，通过建立教职工业务档案，帮助管理者了解教职工的业务水平，同时也有利于教职工及时归档整理自己的业绩，有利于教师在反思中成长。有关档案管理的细节见本章第六节。

第二节　幼儿园卫生保健管理

幼儿园卫生保健工作既是幼儿园后勤工作管理不可或缺的组成部分，又是促进婴幼儿体、智、德、美全面发展的重要组成部分。幼儿时期是人体生长发育的重要时期：一方面，幼儿身体各组织器官都在迅速地发育；另一方面，他们发育尚未成熟，各组织器官还比较娇嫩柔软，免疫力低，各组织器官容易感染疾病。因此，幼儿园卫生保健工作，就显得尤为重要。幼儿园管理者应重视这项工作的管理，要建立幼儿园整体工作目标体系内的卫生保健目标分体系，充分发挥专职保健人员的作用，全园教职员工紧密配合，使卫生保健工作的任务落实到每个教师身上，促进幼儿身心健康发展。

一、幼儿园卫生保健工作管理的内容和要求

幼儿园卫生保健工作管理包括创造良好的物质精神环境、科学的生活制度及疾病的预防。

(一)物质精神环境的创设

幼儿园是婴幼儿生活和活动的场所,《幼儿园管理条例》第八条规定:举办幼儿园必须具有与保育、教育的要求相适应的园舍和设施。幼儿园的园舍和设施必须符合国家卫生标准和安全标准。因幼儿经验不足、缺乏自我保护能力,所以为幼儿创设的物质环境最基本的就是要符合安全的要求。幼儿园的物质条件还应该符合卫生标准,否则会直接影响到幼儿的身体发育。幼儿园的物质环境不应追求奢华,但要注重场地设施等符合安全卫生和教育要求,努力使环境净化、绿化、美化和儿童化,适合幼儿的生活与教育需要。园舍、设备和室内家具要及时维修,大型玩具要有专人定期检查和维修,以免发生危险;注意保持场地清洁,及时清除污物,建立室内外环境的清扫制度并定期检查,为幼儿提供一个清洁卫生、美观舒适的生活环境。

幼儿园的卫生保健工作,不但要促进幼儿的身体健康发展,而且要促进其心理健康发展。可以通过制定合理的生活制度,创设温馨的班级氛围、温暖的人际交往环境来帮助幼儿增加安全感,使他们能在愉快的氛围中生活和学习,保持精神愉快。

(二)科学的生活制度

幼儿园应参照教育行政部门和卫生部门制定的卫生保健制度,依据幼儿的年龄特征,同时考虑季节的变化,地区的特点和家长的需要,科学合理地安排幼儿的作息,培养幼儿良好习惯。保证幼儿有足够的户外活动时间,室内外活动平衡,集体活动与个别分散活动相结合,保持以游戏为基本内容。

(三)做好健康检查和疾病的预防

第一,幼儿园卫生保健工作要坚持预防为主的方针,对疾病与事故做到防患于未然。依据《托儿所幼儿园卫生保健管理办法》的规定,学前教育机构必须定期为幼儿体检,适时检测他们的身心发展指标。幼儿的健康检查分为两种:一是入园检查,即幼儿在入园前必须进行全身体格检查,合格者方能入园;二是定期体检,即幼儿园每年体检一次,每半年测身高体重一次。根据传染病流行季节和各种疫苗的有效免疫期,定期对婴幼儿实施预防接种,以提高他们对疾病的免疫能力。严格执行生活制度使幼儿生活有规律。让幼儿多在户外运动,室内要有合理的通风换气设备,尽量减少空气中的灰尘;充分利用自然因素,如日光、空气和水,进行锻炼,提高机体的抵抗力;培养婴幼儿用鼻呼吸的卫生习惯;处处注意个人卫生、饮食卫生和环境卫生,防止病从口入,保证幼儿身体健康。

第二,需做好晨检和午检。晨检和午检由保健医生和当班教师共同完成。通常

的检查原则是：一摸(有无发烧)，二看(咽喉、皮肤和精神)，三问(饮食、睡眠、大小便情况)，四查(有无携带不安全物品)，把好健康"入口关"。

案 例

把好晨检第一关

一天中午11点多钟，幼儿分组进入盥洗室洗手，五六个男孩子嘴上、脸上、下巴上相继出现流血现象。看到当时的情况我都蒙了，我急忙叫来保健大夫，及时清理伤口。相继止血后，询问情况得知，原来早晨入园时，调皮的晨晨从家里把爸爸的刮脸刀片偷偷地带进了幼儿园，在中午洗手的时候，把刀片分发给自己的几个好朋友。几个调皮的男孩子，学着大人的样子用刀片给自己刮胡子，结果出现惊险的一幕。幸好及时发现，刀片全部被收回，避免了更重大的事故发生。

启示：这起安全事故的出现，在晨检环节就埋下了隐患，丧失了幼儿园应有的第一道安全健康防线。晨检绝不是一项可有可无的工作，幼儿园管理者要高度重视，为全体幼儿的健康撑起一把"保护伞"，做好这项对幼儿的身心健康有着重要意义的工作。

第三，幼儿园应当做好健康检查并制定突发传染病应急预案，认真做好疾病防控工作。幼儿和教师在进园之前都必须进行体格检查，并且要调查是否与传染病患者有过接触，以及在传染病痊愈后是否已过隔离期等。每年应定期进行体格检查，发现病人或带菌者应延缓入园或隔离治疗。一旦发现园内幼儿患传染病，幼儿园要采取紧急措施，防止传染病的交叉感染。要严格对与传染病患者接触过的幼儿进行检疫、隔离，观察检疫期间不办理入托和转托手续，检疫期满后无症状者，方可解除隔离。在传染病流行期间，幼儿园要采取更加严格的预防措施以保障在园幼儿不受传染病的侵害。

幼儿园所有工作人员上岗前必须接受专业的医疗保健单位体检，体检合格由检查单位签发"健康证"后方可上岗。每年进行全面体检，同时，要随时关注教职工的心理健康状态，避免一些极端事件的发生。

幼儿园应当建立幼儿健康卡或档案。每年体检一次，每半年测身高、视力一次，每季度量体重一次；注意幼儿口腔卫生，保护幼儿视力。幼儿园对幼儿健康发展状况定期进行分析、评价，及时向家长反馈结果。

案例

幼儿园门卫引发的惨案

2004年，北京市某幼儿园发生惨案，市民许先生从幼儿园经过，听到孩子们的呼救声，他立即和朋友冲向幼儿园大门，发现多名师生在凶徒刀下伤亡。制造这一惨案的犯罪嫌疑人是该幼儿园的门卫徐某，曾于1999年5月至9月在北京安定医院住院治疗。医生诊断其患有偏执型精神分裂症。事发后幼儿园管理者向媒体坦言，我们要是知道他有精神病，肯定不会用他。然而，这个人竟然可以在幼儿园工作两年，用人部门在此期间是否存在失察或用人不当的过错呢？

值得我们深思的是：对于幼儿园门卫这个特殊岗位，幼儿园应对所招聘的人员进行岗前跟踪调查，特别是有无犯罪前科、有无精神病史。幼儿园应动态关注在园教职工的身体和心理状态，排除可能存在的安全隐患。

(四)提供合理的营养膳食

膳食方面，需要补充每天活动中机体代谢所消耗的能量，还要供给机体组织生长发育的营养。卫生保健人员要协同总务部门共同制定营养平衡的幼儿食谱，定期计算幼儿实际进食量和营养摄取量，并指导督促烹调技术的改进，保证幼儿每人每日摄取的营养量。餐间隔时间为3.5~4小时。有关膳食和营养管理的细节见本章第三节。

(五)开展经常性体育锻炼

幼儿园应当积极开展适合幼儿的体育活动，充分利用日光、空气、水等自然因素以及本地自然环境，有计划地锻炼幼儿肌体，增强身体的适应和抵抗能力。在正常情况下，幼儿户外活动时间(包括户外体育活动时间)每天不得少于2小时，寄宿制幼儿园不得少于3小时；高寒、高温地区可酌情增减。

(六)关注幼儿心理健康

幼儿园应当关注幼儿心理健康，注重满足幼儿的发展需要，保持幼儿积极的精神状态，让幼儿感受到尊重和接纳。及早发现有心理障碍的儿童，给予矫治，将心理健康教育渗透到幼儿一日生活之中。

资料链接

常见的儿童心理问题(节选)

1. 自闭症

典型自闭症的孩子，目光与言行都不与人接触，常使自己活在自我的世界里，而且脾气异常暴烈。他们同时会固执地爱听某种旋律或玩某种玩具。日常生活中，他们对物的兴趣比对人要高，有时甚至会把人的肢体当成物体来玩。玩的时候，常常会有一些重复且有节奏性的动作；对于喜欢的东西相当执着且一成不变。

2. 多动症

有多动症的幼儿活动量过大且容易坐立不定，整天跑东跑西、爬上爬下，话多、手势多。父母或老师往往不喜欢这类孩子，他们有时会认为这些孩子是故意捣蛋的。

一般而言，这类孩子的特征有：注意力难以集中，肌肉协调不良，缺乏意志力，挫折容忍度偏低，情绪不稳易发怒，过度敏感。儿童过度好动的原因有三种：一是家庭压力太大，二是轻微的脑部受损，三是天生就属于活动型的孩子。

3. 恐惧症

儿童对不明物体的恐惧似乎是司空见惯的，但是这种恐惧若持续不断地存在，则将影响孩子正常生活。造成恐惧症的原因不外以下三种：其一是过去可怕的经验所导致，如突来的巨响、恐吓等；其二，恐惧可能是焦虑的代替品；其三是社会学习而来。

4. 口吃

根据统计，2~4 岁的孩子最易发生口吃。口吃是一种语言表达上的障碍。孩子发生口吃的原因有生理和心理两方面因素。生理因素可能有遗传、发音器官协调迟缓、发音器官障碍、神经系统控制问题等。如果是这方面的原因，最好能就医治疗，一般都能有良好的矫治效果。心理因素造成的口吃大多来自内心的压力、焦虑、恐惧、需求注意或不当模仿等。

二、幼儿园卫生保健工作管理的措施

幼儿园实行园长对幼儿园的卫生保健工作总负责制，同时建立起一支由保健医生、班组保教人员、保育员、后勤炊事人员等组成的队伍。要确定卫生保健工作的总任务和要求，突出重点。由各部门据此制订具体工作计划，各项工作要任务明确、措施具体。根据需要成立专项工作组织，如卫生检查小组、膳食管理小组、安全检查小组等，将重点工作与常规工作紧密结合起来，不断推进卫生保健工作的开展。

(一)完善管理机构，健全各项制度

健全各项卫生保健制度，是实现幼儿园卫生保健目标的保证，也是检查各项卫生保健工作实施情况的依据。幼儿园应根据卫生部制定的《托儿所幼儿园卫生保健管理办法》和幼儿园的实际情况，制定切实可行的制度，如幼儿生活制度、消毒与隔离制度、体格锻炼制度、健康检查制度、疾病预防制度等，明确相关人员的任务和职责。制度一经制定，必须严格执行，以促进幼儿健康发展。这些制度应每年随着执行情况，逐步修改，加以完善。

案　例

幼儿园健康检查制度

1. 儿童入园须经省妇幼保健中心进行健康检查，合格后方可入园。体检中发现有疑似传染病患者应当"暂缓入园"，及时确诊治疗。痊愈后凭痊愈证明入园。

2. 儿童入园时，幼儿园应当查验"儿童入园健康检查表""0～6 岁儿童保健手册""预防接种证"。

3. 在园儿童离园 3 个月以上者，在返园时须重新体检。对有传染病接触史的儿童要进行检疫，经体检证实健康者方可回班。

4. 在园儿童每年体检一次，测身高、体重两次，以"世界卫生组织"体格发育评价标准，对儿童身高、体重进行评价，掌握在园儿童生长发育水平。所有儿童每年进行一次血常规和肝功能检测。每年测视力一次。对视力异常者进行登记，督促家长进行矫治，矫治详细情况记入登记册中。

5. 体检中发现营养不良、贫血、肥胖儿等异常者均应转入体弱儿进行专案管理。

6. 转园幼儿持原有托幼机构提供的"儿童转园（所）健康证明""0～6 岁儿童保健手册"可以直接转园（所）。"儿童转园（所）健康证明"有效期 3 个月。

7. 坚持晨午检及全日观察制度，认真做好一摸（有无发烧），二看（咽部、皮肤和精神），三问（饮食、睡眠、大小便情况），四查（有无携带不安全物品），五记录，发现问题及时处理。

8. 卫生保健人员每日深入班级巡视 2 次，发现患病、疑似传染病儿童应当尽快隔离并与家长联系，及时到医院诊治，并追访诊治结果。

9. 托幼机构工作人员每年必须在妇幼保健机构进行全面健康检查，并填写健康检查表。

10. 工作人员体检合格，持有健康检查单位签发的《健康证》，方能上岗。

11. 在岗工作人员患有精神病者，应当立即调离幼儿园。

12. 患有发热、腹泻等症状，滴虫性及霉菌性阴道炎、淋病、梅毒、消化道及呼吸道传染病、化脓性或者渗出性皮肤病者，应立即离岗并积极治疗。治疗结束后必须经妇幼保健部门复查，持妇幼保健部门健康证明方可重新上岗。

13. 炊事人员每年在卫生防疫部门进行健康检查，体检合格后持证上岗。

(二)加强教育培训，强化业务技能

保健人员的数量原则上按照保健人员与在园幼儿 1：100 的比例配备。首先，保健人员作为取得职业资格的医护人员，上岗前必须经卫生行政部门组织的专门培训并取得上岗证书；其次，平时注重对全体教职工进行专职培训，通过外出学习、在幼儿园请专家讲学等多种形式，开阔视野，强化技能。

组织保育员进行理论和操作两方面的比赛，理论方面的内容包括教育、保育、消毒、疾病防治，以笔试和口试、抢答赛的方式进行。操作方面包括铺床单、洗餐巾、教促幼儿穿脱衣服等。

（三）制订实施计划，加强过程管理

1. 卫生保健工作计划的制订和执行

根据卫生保健工作管理目标，园长在制订园务工作计划时应将卫生保健工作作为一项重要内容列入计划，确定总任务和总要求。卫生领导小组要根据全园卫生保健工作计划的要求，制订学期的卫生计划，包括经常性和定期性的卫生工作的内容及具体措施。班级是幼儿园的基层组织机构，班级工作人员和幼儿接触最多，因此应重视班级的日常卫生保健工作，重视幼儿日常生活活动及每天的饮食起居中的卫生保健工作。在各班的工作计划中，应将卫生保健工作计划作为一个组成部分或者单独制订一个班级卫生保健工作计划。

2. 卫生保健工作的检查

在完善制度和配备充足的人员基础上，进行检查和考核，才能使制度真正贯彻并落实。

3. 卫生保健工作的总结

总结是为了更好地提高，是对计划执行情况的全面评价。在学期结束或学年结束时，各个部门对所承担的卫生保健工作从正反两方面进行阶段性总结，得出有指导意义的结论。园领导根据对卫生保健工作的检查、分析，结合各部门的总结，做出全园的卫生保健工作总结，并将其纳入全园工作总结之中，作为下一阶段制订计划的依据。

幼儿园卫生保健工作是幼儿园管理工作不可缺少的重要组成部分，关系到幼儿的身体健康、正常发育和人身安全。它是一项至关重要的工作，必须常抓不懈、持之以恒，不断规范化和科学化。

第三节　幼儿园膳食与营养管理

幼儿园膳食与营养管理是后勤工作的一个重要组成部分，包括营养食谱的制定、民主监督机制及膳食的分析，以保证增强幼儿体质，促进其健康发育。

一、健全管理组织，完善膳食制度

幼儿园应成立幼儿膳食管理委员会，作为幼儿膳食管理的组织。管理委员会应由主管园长任主任，成员包括营养师或监管儿童营养的卫生保健人员、膳食管理员、炊事班长、保教人员以及财务人员等。幼儿膳食管理委员会每月至少应有一次会议，

对幼儿膳食计划、食谱、食物购买渠道等进行管理、监督、评价，每季度向家长汇报幼儿膳食状况。每学期定期召开工作会议，修订与完善各项膳食制度。

资料链接

幼儿园膳食管理制度

（一）幼儿伙食实行民主管理，成立伙食委员会，由园领导、保健员（或医务人员）、保教人员、炊管、财会人员及幼儿家长代表组成；每月召开会议，征求家长意见，不断改进工作，提高伙食质量。

（二）制定采购验收制度，建立出入库账目，伙食费要专款专用，计划开支，每月结算并公布账目。

（三）幼儿与工作人员（包括炊事员）的伙食要分开。

（四）工作人员要准确掌握幼儿出勤人数，以便按量做饭，做到少剩饭，不浪费。

（五）膳食要合理，制定带量食谱，食谱每两周调换一次，每三个月进行一次营养测算，做到营养量稳定、平衡，达到规定标准。

（六）坚持按食谱做饭。开饭时间要有合理间隔，两餐间隔3.5~4小时，幼儿进餐时间不少于20分钟，并准时开饭。提倡幼儿园自制糕点和小菜，午餐做到两菜一汤，饭菜分开，保证幼儿吃饱、吃好（汤的制作要提前，先晾一会儿）。

（七）要坚持三餐一点留样制度，以便于幼儿家长了解幼儿园伙食情况及特殊情况下的检测（如食物中毒）。

（八）坚持膳食营养测算，做好省妇幼中心每年两次抽检工作。

二、严格管理，保证膳食卫生质量

供给膳食的幼儿园应当为幼儿提供安全卫生的食品，抓好膳食质量要做好"三把关"工作。

一是把好卫生消毒关。食堂人员每天严格根据食堂卫生消毒操作要求，做好各种消毒和记录，重视消毒实效，防止再次污染。

二是把好食品采购关。食品采购是厨房安全管理工作的第一关，这一关把不好，其他工作将会付诸东流。幼儿食品要定点采购，坚持索证；由专人采购，费用由专人管理，专款专用，计划开支，合理使用；采购时，炊事人员要观察蔬菜有无腐烂变质现象，至少清洗两遍，而且要留样48小时以备查证；采购食品后，采购员签字，炊事班长签字验收，主管领导签字批准；采购验收合格后，一律上架，不得放置于地面，以防污染。

三是把好加工烹饪关。把安全工作放在第一位，严格执行《中华人民共和国食品卫生法》，做到食物生熟分开，不做凉拌菜、不吃隔夜菜、不吃不洁食物、不吃腌制食品，以确保膳食的质量安全。

案 例

食物留样工作要做好

某幼儿园午饭之后有孩子突然大声喊："老师，我肚子疼!"教师和园长马上将其送到了附近医院。

医生初步判断为食物中毒。为进一步确认幼儿腹痛的原因，家长要求园长把幼儿当天午餐所吃食物的全部留样进行化验检测。按照家长要求，园长把"食物留样"送检，结果检查食品没有任何问题。调查发现幼儿喝了自己书包里的过期酸奶。

启示：该幼儿园建立了幼儿食品留样制度：专人负责幼儿每餐的食物留样，用专用的冷藏箱来存放留样，制定对幼儿食物留样记录和处理的工作制度。一方面，这是卫生保健部门的要求；另一方面，在一些特殊情况下这是幼儿园正当权益的保障。

三、科学安排膳食，保证营养均衡

编制营养均衡的幼儿食谱，定期计算和分析幼儿的进食量和营养摄取量，保证幼儿合理膳食。幼儿园应当每周向家长公示幼儿食谱，并按照相关规定进行食品留样。

营养食谱的制定是为了使幼儿从每日膳食中得到符合标准的各种营养，以及保证其生理需要，同时也便于有计划地供应幼儿膳食。幼儿食谱的制定应注意选择营养价值较高的各类食品，通过适当搭配使用，从而得到足够的热量和营养量，并应少甜食和油炸食物。合理地安排一周食谱，且每周更换一次。食堂管理员、炊事员在制定食谱时应充分听取保健医生的意见，以幼儿的年龄健康状况和活动强度为依据，确定幼儿每日所需的热量和营养量。注意计量制作饭菜，每日应以幼儿实际出勤人数计算，以免造成浪费；注意掌握幼儿每餐实际进食量，以便计算营养素的实际摄入量。同时，烹制时应注意食物颜色、形状及调味，注意多样化以激发儿童食欲和对食物的兴趣；注意科学的烹调加工，减少制作过程中营养的损失，且适合于幼儿的消化吸收；应随季节的变化和当地市场供应情况改变食谱，多选择季节性的水果和蔬菜，注意食物品种多样化。

总之，合理膳食计划要讲究科学合理、营养平衡、季节搭配，色、香、味、形的搭配，了解幼儿膳食心理，做好食物调配烹饪。

案 例

某幼儿园一周食谱

	星期一	每人每日供给量	星期二	每人每日供给量	星期三	每人每日供给量	星期四	每人每日供给量	星期五	每人每日供给量
早餐	双色卷 虾皮炒鸡蛋 小米菠菜粥	面粉 30 白糖 2 紫米面 10 鸡蛋 25 虾皮 6 小米 15 菠菜 25	牛奶小馒头 煮鸡蛋 疙瘩汤	面粉 40 高钙奶粉 3 鸡蛋 35 猪肉 10 面粉 15 小白菜 10 虾皮 1	豆沙包 五香鹌鹑蛋 麦片奶粥	面粉 40 高钙奶粉 3 芝麻 2 核桃仁 2 豆沙 8 鹌鹑蛋 25 高钙奶粉 15 麦片 10	麻酱卷 美味肉末蛋羹	面粉 35 高钙奶粉 3 麻酱 6 白糖 3 鸡蛋 40 胡萝卜 5 猪肉 2 鲜香菇 2 香菜 1	果仁蛋糕 鲜牛奶	面粉 35 鸡蛋 65 白糖 28 芝麻 2 核桃仁 3 牛奶 200
午餐	大米饭 红烧翅根 鸡汁烧豆腐 银耳莲子羹	大米 75 翅根 75 白糖 2 豆腐 40 鲜香菇 15 菜心 10 木耳 1 江米 5 银耳 1 莲子 2 白糖 3	西红柿鸡蛋面 卤猪肝 原汤面	面条 70 西红柿 110 鸡蛋 25 小白菜 10 香干 10 黄花 1 木耳 1 猪肝 30	大米饭 红烧排骨 素炒三鲜 米汤	大米 75 猪软排 70 白糖 2 青椒 30 茄子 50 胡萝卜 35 木耳 0.5	大米饭 牛肉丸 绿甘蓝炒肉 虾皮紫菜鸡蛋汤	大米 75 牛肉 35 白萝卜 30 猪肉 15 鲜香菇 5 绿甘蓝 90 西红柿 15 香干 10 木耳 1 鸡蛋 2 虾皮 2 紫菜 0.5 香菜 1	提子米饭 香酥龙利鱼 茄子炒肉 翡翠白玉汤	大米 75 葡萄干 5 龙利鱼 80 茄子 115 猪肉 20 白糖 2 西红柿 10 青椒 10 豆腐 5 油麦菜 8 香菜 1 虾皮 1
午点	热牛奶	高钙奶粉 18	伊丽莎白瓜	150	高钙酸奶 烤核桃仁	100 10	香蕉	150	西瓜	200
晚餐	杂粮枣糕 红烧肉 冬瓜	面粉 55 玉米面 5 小米面 5 红枣 5 白糖 2 冬瓜 110 猪肉 20 海带 2 豆腐 8 粉条 2 白糖 2 香菜 1 虾皮 2	小笼包 小米燕麦粥	面粉 70 猪肉 30 白萝卜 115 小米 10 燕麦 4	千层饼 香菇菜心 玉米糁粥	面粉 70 奶粉 3 芝麻 2 油菜 110 鲜香菇 13 猪肉 15 香干 5 玉米糁 15	猪肉卷 西红柿炒鸡蛋 大米豆粥	面粉 65 猪肉 20 西红柿 120 鸡蛋 20 虾仁 20 木耳 1 大米 8 绿豆 3 花生米 2	扬州炒饭 三鲜汤	大米 65 火腿 15 鸡蛋 20 虾仁 10 黄瓜 35 胡萝卜 20 蒜薹 10 鸡蛋 3 虾皮 2 紫菜 1 香菜 1

四、规范进餐管理，优化进餐环境

有了膳食的品质保证和营养的平衡，还必须要有幼儿良好的配合，膳食才能发挥出真正的作用。为了让每个幼儿在进餐时间对食物保持高涨的热情，餐前不要做剧烈运动，而要安排餐前故事、餐前小游戏、餐前阅读等安静和快乐的活动，以调动幼儿良好的进餐情绪。明确幼儿进餐常规，执行"不催、不说、不急"的原则。掌握每个幼儿进食量、进餐速度、身体状况等，针对所掌握的实际情况，对个别幼儿进行个别教育与帮助照顾。

进餐环境的优劣直接影响到幼儿的膳食质量。良好的进餐环境应该是指光线充足、空气流通、温度适宜、食具清洁美观、大小适宜，室内布置优雅整洁，气氛和谐，不强迫幼儿进餐，不体罚或批评，使幼儿愉快进餐。可以播放一些轻松、优美的音乐，也可以向幼儿介绍菜的名称、营养价值，激发幼儿进食欲望。

五、注重膳食分析，多方调研反馈

幼儿园应当建立由主管园长、保健医生、班级保教人员及家长代表组成的膳食管理委员会，加强幼儿园膳食管理的民主监督机制，督促各项操作制度和卫生制度的执行，听取各方面意见，定期研究改善幼儿伙食，使幼儿吃得好、健康发育；还应责成财务人员定期向家长公布膳食账目，争取家长的监督。

对幼儿膳食进行分析评价以了解幼儿从膳食中摄入的营养是否充足，定期进行膳食评价分析可掌握幼儿营养状况和发育水平并及时发现问题，采取适当措施改进幼儿膳食营养状况。

在对膳食进行分析时，要实地观察幼儿进食情况，了解幼儿对膳食的喜欢程度及进食量，验证膳食的可接受性，并实地检查食品质量和烹调方法，还要定期进行幼儿食谱的营养分析，准确掌握幼儿的营养素摄入状况：包括对各类食品摄入总量的分析，各类营养素的一日摄入量的分析，热量营养素来源的分析及各营养素比例的分析。膳食调查工作由保健医生或保健员负责，应深入加强检查督促，了解膳食状况，检查督促炊事人员认真执行制度，及时发现问题；管理膳食一定要严格细致，避免疏忽对幼儿的健康与安全带来危害。

第四节　幼儿园安全工作管理

幼儿园是幼儿集体生活、学习与活动的场所，幼儿园的安全问题关系到每一个家庭的幸福，也影响着社会的和谐稳定。《幼儿园教育指导纲要（试行）》明确指出："幼儿园必须把保护幼儿的生命和促进幼儿的健康放在工作的首位。"由此可见，对于幼儿园管理而言，全面保障幼儿在园的安全成长要比学习知识和体验生活更为重要。安全工作管理的根本任务就是为幼儿提供能确保他们安全的环境，室内外没有危险的设备材料，当发生危险时有应急措施，保证幼儿的生存和健康。

一、幼儿园安全工作管理的内容和要求

(一)保证室内外游戏场地及生活环境的安全

游戏是幼儿活动的主要形式，幼儿的一日生活都在园内进行，因此幼儿园必须能够提供安全健康的环境来保障幼儿的生命安全。幼儿的玩具、器械应当安全卫生，应使用符合国家安全质量标准的材料；要定期检查电线是否有老化裸露等情况，防止幼儿被电伤或发生火灾等；玩具设施设备的棱角、高低不平的活动场地、地面突出的小树桩、建筑工地等都可能影响幼儿的安全。《幼儿园管理条例》中也明确规定，慢性传染病、精神病患者不得在幼儿园工作，以防止他们给幼儿园师生带来的安全隐患。

(二)保证幼儿饮食卫生安全

饮食对于身体健康有着很大的影响，尤其对于稚嫩的孩童而言，入口的东西就更马虎不得了。为此，幼儿园膳食管理必须做到从源头抓起，要从正规的供货方采购食品；食品入园首先要验收，合格后再入库；厨房工作人员需要有具体的操作规范来约束其行为；幼儿的每餐必须留样等。

(三)全面开展安全教育

利用语言指示、图片等使成人和儿童了解安全标记，加强自我保护的能力培养，提高应对事故或危害的能力。在班级中，应该注意结合幼儿的年龄特点，对幼儿进行适当的安全教育，增强其自我保护的意识和能力。幼儿园的全体工作人员也要强化自己的安全意识，应从"安全第一"的观念扩展到"防范危机"的理念。管理者可以在教研、园务工作会议、备课等环节中组织引导教师学习有关的文件和政策，并制定本园的安全责任制，将安全工作落到实处；力争做到人人知道、人人关心、人人负责，在全园形成讲安全教育、树安全意识、促安全工作的局面；配备必备的急救药品和设备，培训全体工作人员基本的急救知识和技能。

幼儿园要设有医务室，并配备具有执业资格的医护人员，如遇突发事件，医务人员可以先实施急救。另外，幼儿服用的药品要写明幼儿的姓名，且要放在幼儿不易接触到的位置。

二、幼儿园安全工作管理的原则

(一)安全教育制度化

幼儿园必须建立有效的幼儿安全防范长效机制，建立健全各种安全规章制度，切实做到规范化、制度化和常规化，并注意安全规章制度的科学性、前瞻性和操作性。

资料链接

幼儿园安全责任制度

1. 建立健全幼儿园安全管理网络，成立幼儿园安全工作领导小组，实行分工负责，并把安全工作要求列入各岗位职责中。

2. 注意房屋、场地、玩具、用具及运动器械的使用安全，定期检查，及时维修，避免触电、砸伤、摔伤、烫伤以及火灾等重大事故的发生。

3. 稀饭、开水、豆浆、汤要放在安全地方，冷热适中后再给幼儿食用。

4. 定期向幼儿及家长宣传安全知识，在幼儿园有危险的地方张贴醒目的安全警戒标志，提高幼儿的安全意识和自我保护的能力。

5. 加强教职工的职业道德教育，对幼儿坚持正面教育，严禁态度粗暴，动作生硬，体罚或变相体罚，杜绝因上述原因造成的事故。

6. 认真贯彻卫生防疫部门下达的有关食品卫生的规定，严把食品的进园关和食品入口关，严防食品中毒事件的发生。

7. 幼儿园组织的各项活动都应以幼儿的安全为第一要素，进行认真细致的事先准备，考虑周详，严禁带幼儿到有危险的地方开展活动。

8. 幼儿入园、离园严格实行安全接送制度，并由门卫加强管理，防止幼儿走失，禁止外来人员来园玩耍、借宿。

9. 严格现金管理制度，支票财务章按规定分开保管，现金保存不超过200元。

10. 下班后，各班教师要负责关好门窗，断水、电，整理好物品。门卫要做好安全巡查工作，严防盗窃事件的发生。

11. 实行安全事故及时上报制度，幼儿园内发生重大伤害事故后，由安全联络员在2小时内及时向上级主管部门汇报情况，并报当地的有关部门。

(二)安全教育全员化

幼儿园的安全管理要以预防为主，要有效地防范安全问题的发生。幼儿园里的相关人员要主动去学习法律法规，了解有关幼儿园安全教育和保护的各项法规、政策和知识，让人人都掌握安全知识和急救知识，清楚应该如何应对安全事故。培训要全员参加，学习要全面，技能要熟练。

案 例

某园安全例会相关资料

1. 幼儿园成立园安全工作领导小组，园长为安全工作负责人，各部门、班级负责人为部门、班级安全工作负责人。

2. 幼儿园领导班子每月定期召开幼儿园安全会议，每周一次碰头会，遇有特殊情况可随时召开。

3. 安全工作会议围绕"预防为主，安全第一，幸福一生"的原则，讨论、研究园安全工作应急方案，采取切实可行的安全措施。

4. 幼儿园安全例会，根据实际情况，请相关人员参加，也可扩大到全体教职工。

5. 安全例会的主要任务是：传达上级安全会议精神；听取各部门安全工作汇报；分析幼儿园安全形势；安排部署近期幼儿园安全工作；听取各部门对幼儿园安全工作的意见和建议，解决实际的问题。

6. 安全例会要做到会议时间、内容、参加人员"三落实"，会议研究的有关事项要明确专人负责，确保贯彻落实。

7. 安全例会要明确专人做好会议记录并存入幼儿园安全档案。

(三) 幼儿安全教育活动化

幼儿园要特别重视幼儿安全意识和自我保护能力的培养，并注意将其融入幼儿园各年龄班的活动当中。为此，每个幼儿园要结合本园环境、房舍、设施设备的特点，进行园本安全课程的建构，如对幼儿开展交通安全教育，使幼儿掌握基本的交通规则和行为规范；对幼儿开展消防安全教育，组织幼儿到当地消防机构参观和体验，使幼儿掌握基本的消防安全知识，提高防火意识和逃生自救能力。[①] 幼儿园还可以把安全教育融入幼儿的一日生活中。幼儿年龄小，生活经验贫乏，控制力差，安全意识差，对他们讲大道理有时也不能理解，因此可以通过幼儿在实际生活中的所见所闻，搜集有关安全方面的信息、图片资料等，让幼儿观察讨论并谈谈自己的看法，教师做最后总结。幼儿在生活中，经常会碰上突发事件，教师在日常安全教育中除了要教给幼儿安全常识外，还应教会他们处理紧急事情的办法，杜绝安全隐患。

(四)安全管理责任化

幼儿园应当建立健全各项安全制度，做到所有事情责任到人；要从园长开始，

---

① 许亚文，李红卫，孙丽红，等，《幼儿园管理的 66 个细节》，长春，吉林大学出版社，2014。

层层向下，明确每个人每个岗位的安全职责，并签订安全责任书，将安全工作融入每个人的工作岗位中。幼儿园安全管理是每一位幼儿园工作人员日常工作的组成部分，坚持常规检查和重点检查相结合，将安全意识渗透到每一件事情中。

（五）保安人员管理专业化

随着校园安全事故的频繁发生，保安人员的作用就显得日趋重要。保安人员要按规定检查教师的"出入园门验证"、家长的"接送卡"，对陌生人要严格执行出入园登记制度等，严守幼儿园安全的第一道防线——大门。不仅如此，幼儿园管理者还必须要根据本园的实际情况制订《保安人员工作职责》来规范对保安人员的管理，并对保安人员进行相关培训，增强其责任心，熟悉园内的各个监控点，学习监控操作技能。此外，还应制定"保安巡逻"制度来防范安全事故。

1. 安全技防设备优质化

幼儿园要保证各类设施设备的安全配置，既要保证新型安全设施设备的配置到位，也要保证对已有安全设备的定期检修和更新。因此，在每年的财务预算中要为安全设备预留一定经费，以保证来年安全技防设备的及时更新和定期检修。如操场和走廊里的红外线监控设备、应急灯、财务室的报警器、消防水管等应当定期检查和维修；应急灯要做好检查充电工作；到期的消防器材应当及时更换，等等。此外，要保证各种安全设施设备能够正常工作，也应当保证所有人员定期地接受安全知识和能力的培训，因此，安全知识和能力的人员培训费也应该列入预算经费中。

2. 细微重点不容忽视

幼儿园大门是幼儿园安全工作的重点位置，门卫及保安人员对这第一道防线的防守程度直接关系幼儿的人身安全。因此，大门是安全工作的重中之重，保安人员必须严守，家长入离园必须出示接送卡，并与幼儿手牵手进离园，切勿睁一只眼闭一只眼让不法分子混入，给幼儿的安全带来威胁。

（六）班级安全管理精细化

活动室是幼儿一日生活与活动的主要场所，班级内的保教人员除了对幼儿进行教育外，还对幼儿在园时间有监护义务，成为幼儿安全的第一监管人。因此，班级内部的安全工作更应精细化，如每天教师做好安全检查；电门、插座、电灯等不让幼儿接触；录音机、投影器等使用完毕要立即切断电源，以免发生意外事故；严格执行每日晨检、午检，确保幼儿不携带利器等易伤害幼儿的物品；幼儿自带的药品要由主班教师管理，并按家长的要求给幼儿服用。管理者应特别注意提高保教人员的责任感，让他们加倍关注幼儿日常生活中的细节，保护幼儿的生命健康与安全。

三、幼儿园安全工作管理的基本策略

（一）建立健全安全管理制度

任何制度都具有规范性和约束力。幼儿园在实施安全管理制度过程中，必须使幼儿园成员都能了解制度的内容和制度制定的依据，一旦违反了制度就要受到相应的批评与处分，从而发挥制度对行为的制约与规范作用。

资料链接

幼儿园安全工作制度目录

1. 安全责任制度
2. 安全奖惩制度
3. 安全例会制度
4. 安全培训制度
5. 安全防护和检查制度
6. 晨检制度
7. 卫生消毒制度
8. 交接班制度
9. 幼儿接送制度
10. 食品安全制度
11. 消防安全制度
12. 传染病预防和管理制度
13. 用水、用电、用气、易燃易爆危险品安全制度
14. 事故信息通报制度
15. 园舍设施设备安全使用及检查、维修制度
16. 财务安全管理制度
17. 车辆安全管理制度
18. 安保制度
19. 突发事件预案制度

(二)加强对教职工及幼儿的安全教育

幼儿园教职工必须具有安全意识，掌握基本急救常识和防范、避险、逃生、自救的基本方法，在紧急情况下应当优先保护幼儿的人身安全。幼儿园应当把安全教育融入一日生活，并定期组织开展多种形式的安全教育和事故预防演练。

(三)制订幼儿园突发事件的应急预案

应急预案是组织为了应对突发的危机事件，抗拒突发的灾难事变，尽量使损害降至最低点而事先建立的防范、处理体系和应对的措施；是针对幼儿园可能遭遇的危机情境，如幼儿伤亡、食物中毒、被拐骗、走失、传染病暴发等所采取的一系列应对策略。幼儿园管理者应主动规划调整管理措施，以期避免或减轻危机所带来的威胁。

案 例

某园防暴力伤害预案

为了有效防范幼儿园内暴力事件的发生，切实保障幼儿及老师的人身安全，及时处置侵害安全的恶性事件，维护幼儿园的稳定，特制订本预案。

1. 预防暴力事件领导小组成员名单：

组长：＊＊＊

成员：＊＊＊

2. 预防暴力事件成员分工及职责：

＊＊＊：负责组织、安排和指挥全体工作人员沉着冷静地应对事件的发生，避免因工作人员的慌乱造成事态的进一步扩大或其他的严重后果，并迅速指挥展开反暴力工作，务必以保护孩子生命安全为第一要务。

＊＊＊：负责迅速组织后勤人员与歹徒进行周旋、劝说，全力以赴控制歹徒。如组长不在，代组长行使职责。

＊＊＊：负责迅速向 110 指挥中心报警；讲清犯罪嫌疑人的数量、相貌特征、采取的手段、使用的凶器、所处的位置等，同时向局、处领导报告。负责组织全体带班老师转移幼儿到安全位置并安排老师及时通知家长。

＊＊＊：负责现场的警戒工作。

＊＊＊：负责以最快的速度将伤者送往就近医院救治。

＊＊＊：负责协助并组织全体后勤人员与歹徒周旋，控制歹徒。

3. 预防措施：

(1)加强对幼儿及老师的法制和安全教育，增强自我保护意识，教育老师及幼儿在紧急情况发生时，学会大声呼救、躲避、及时传递信息，老师要全力保护幼儿安全。

(2)园领导要及时了解职工的思想状况，经常进行沟通，缓解心理压力，调节情绪。老师、保安要关注家长的情绪，对带有情绪的家长要耐心接待，尽力做好化解工作。

(3)聘请专业保安人员，配置警棍，加强幼儿园门卫管理，保安不允许离开大门，大门随开随锁，保安打饭时由专人替岗。

(4)严格执行外来人员登记管理制度，任何人需经园长办公室允许且在门卫处登记后方可进入，来客(包括家长)携带的大件物品暂存在传达室。

(5)严格控制幼儿园大门外 50 米内不得有商贩；劝阻小区居民不在幼儿园门口围观。

（6）幼儿入园时要求保安站在门口，监督家长牵孩子的手入园，并巡视门外安全情况。家长把孩子交给老师后，老师将接送卡交给家长，家长离园。

（7）幼儿户外活动时，由保安和预防暴力事件成员共同在门口院内负责安保。

（8）幼儿分三个时段离园（中班 5：30，小班 5：35，大班 5：40）。家长按年龄班在门口排成三队，凭接送卡依次入园，由保安和＊＊＊负责查卡。家长将接送卡交给老师后，老师方可把孩子交给家长，家长牵孩子的手立即离园。

（9）定期检查红外线报警装置和紧急报警按钮，保证监控录像 24 小时正常使用，由＊＊＊负责。

资料链接

《幼儿园工作规程》（2016 版，节选）

第三章 幼儿园的安全

第十二条 幼儿园应当严格执行国家和地方幼儿园安全管理的相关规定，建立健全门卫、房屋、设备、消防、交通、食品、药物、幼儿接送交接、活动组织和幼儿就寝值守等安全防护和检查制度，建立安全责任制和应急预案。

第十三条 幼儿园的园舍应当符合国家和地方的建设标准，以及相关安全、卫生等方面的规范，定期检查维护，保障安全。幼儿园不得设置在污染区和危险区，不得使用危房。

幼儿园的设备设施、装修装饰材料、用品用具和玩教具材料等，应当符合国家相关的安全质量标准和环保要求。

入园幼儿应当由监护人或者其委托的成年人接送。

第十四条 幼儿园应当严格执行国家有关食品药品安全的法律法规，保障饮食饮水卫生安全。

第十五条 幼儿园教职工必须具有安全意识，掌握基本急救常识和防范、避险、逃生、自救的基本方法，在紧急情况下应当优先保护幼儿的人身安全。

幼儿园应当把安全教育融入一日生活，并定期组织开展多种形式的安全教育和事故预防演练。

幼儿园应当结合幼儿年龄特点和接受能力开展反家庭暴力教育，发现幼儿遭受或者疑似遭受家庭暴力的，应当依法及时向公安机关报案。

第十六条 幼儿园应当投保校方责任险。

第五节　幼儿园财务工作管理

财务管理主要是指对资金的管理及运用。幼儿园的财务主要是指对幼儿园经费的管理，包括筹集、分配、运用及其他方面发生的经济关系。幼儿园管理者必须能够合理有效且安全地使用财务资源，才能让园内各项活动有序进行，才能促进幼儿园的可持续发展。幼儿园管理者对于财务活动、财务关系的综合管理就是幼儿园的财务管理，它包括科学合理的预算、对园内资金使用的有效监管以及适时对财务计划进行适宜的调整，争取以有限的投入获得最大的效益。随着市场经济的深化改革，政府这只"有形的手"将不断放权，让市场这只"无形的手"来引导经济，这就要求幼儿园管理者能够充分发挥园所财务管理的自主权，能够清楚地了解财务管理工作的规律，了解本园的财务状况，提高自身的经济效益意识，在资金的使用上注重挖掘本园的资源潜力，提高资金运用的效益。

一、幼儿园财务工作管理的内容和要求

(一)积极筹措资金

资金是财务管理的主体。若幼儿园没有资金来源，那么谈财务管理也就毫无意义了。当前，我国大部分幼儿园的经费都要靠自己筹措。筹措资金是幼儿园管理者的一项艰巨任务。幼儿园经费收入来源有多种渠道，主要项目包括幼儿入园管理费、托费、杂费、政府或主办单位拨款、个人或团体的捐款和其他创收，其中以托费和捐款为主。幼儿教育是一项面向未来的教育事业，是基础教育的根基，因此通过提高教育质量吸纳资金是筹措资金最主要的渠道。幼儿园的管理者，有责任且必须有能力通过各种渠道多方吸纳资金，积极筹措资金。

(二)科学编制预算

科学编制预算、决算是合理分配经费、高效利用经费的保障。每年的年末都要进行下一年度预算的编制，幼儿园应本着"量入为出，统筹兼顾，保证重点，收支平衡"的原则来编制预算。幼儿园在编制预算时要注意到以下几方面：首先，分清主次轻重，将幼儿园的各项工作按照轻重缓急的顺序排列好，要保证那些紧急重要的事情能够完成，即能够直接影响幼儿园目标能否实现的事情。其次，预算要留有余地，不要计划得太满，要预留部分资金来满足计划之外的特殊需要。最后，要有规范的预算程序，预算由财务人员编制，园务会讨论通过，再由园长审批，并上报有关部门。做好本年度决算工作也能为下一年度科学预算提供依据。通过决算可以了解到本年度园内经费的使用情况，总结收支状况后，经过分析就可以发现各项经费之间的比例关系和经费的使用规律，从而为下一年度预算的编制提供依据。此外，幼儿园管理者也应当有一定的财会知识，

在财务人员编制预、决算时能够给予他们一些幼儿园业务上的帮助，提出建议。

(三)合理分配资金

提高资金的使用效率，是财务管理的根本任务之一。幼儿园的各项工作对资金的需求并不相同，幼儿园管理者也应本着保证重点、兼顾一般的原则去分配资金，将有限的资金按预算进行合理分配，确保幼儿园能够全面可持续地发展。

幼儿园经费支出项目主要有人员经费和公用经费两大项。人员经费包括职工工资、奖金、医疗费和福利费等；公用经费包括办公费、业务培训费、水电气暖费、资料费、玩教具材料和设备购置费，以及小型房屋修缮费等。婴幼儿的伙食费必须专款专用，全部用于他们的伙食费用支出。

分配资金就是预算的执行过程，当然，在执行过程中要同时进行监管和控制，即把实际情况与计划情况相比较，并做出必要适宜的调整。

(四)健全财务制度

幼儿园必须建立健全财务管理制度，包括表册制度、会计制度，才能使财务管理有章可循、有据可依、杜绝漏洞、合理支出。要按照国家的财务工作制度、财务纪律，严格执行财务工作程序，账目、现金分开管理；严格实行财会人员工作制度，出纳管钱不管账，会计管账不管钱，不能一人独管。财务制度要严格且合理，要相对稳定而又可以根据实际情况进行必要的调整。

资料链接

幼儿园财务管理制度

(一)总则

幼儿园的财务工作是整个幼儿园的重要组成部分，幼儿园各项奖金的安排和使用，直接关系到党和国家有关方针、政策的贯彻执行，关系到各项工作的建设和教职员工的学习、生活。因此，必须加强管理。

(二)管理范围

1. 上级主管部门按照预算计划下拨的经费。

2. 固定资产，包括房屋、设备及其他使用价值在一年以上的物资。

3. 预算外收入。

4. 保杂费收入和其他社会资助的办学经费。

5. 伙食费及其他代办经费。

(三)经费收入管理

1. 收入管理

(1)上级拨发的经费，按项目实行专款专用，按规定每月向上级结报和反映资金活动情况。

（2）保杂费及预算外各项收入，均应列入幼儿园收入统一管理，在收入款项时，应分别给对方出具上级规定的正式收款收据，入账管理。

（3）幼儿代办经费收入实行专项管理，每学期结算一次并向家长开具详细清单，多退少补，中途不得移作他用，不能巧立名目，加重家长负担。

2. 支出管理

（1）经费支出审批权限。购物开支在 5000 元以下的由幼儿园自行决定；5000 元以上（包括 5000 元）的需报上一级主管部门审批。

（2）财务监督管理。财会人员对幼儿园经费、物资使用是否合理，有权进行监督和提出意见，各项经费开支，都要有支出凭证，有经手、验收、领导审批等手续。

各项支出报销，会计人员应该审查如下各点。

①是否有预算计划；②是否经领导审批；③支出手续是否健全。

（3）严格控制教职工的借支款，如因暂时困难必须借支的，原则上只能在工会经费中借支解决；动用行政经费须经领导批准，并由借款人确定归还日期，按期归还，旧款未清，不得再借支。

（4）为了加强幼儿园财务民主管理，各园要建立财务审查小组，小组成员应由党员、团员、群众代表组成，一般不少于 3 人。审查小组每学期审查一次各项收入和支出，财会人员应按月将财务收支情况向领导汇报。

（5）幼儿园会计掌握全园经济信息，对出纳的现金库存情况，每三个月应检查一次，以加强现金管理。

（6）会计人员调换工作或离职时，应认真办理工作交接，由园领导会同上级财务主管部门进行交接工作监督。

（五）加强财务监督

财务监督是贯彻国家财经法规以及幼儿园财务规章制度，维护财经纪律的保证，各幼儿园必须接受国家有关部门的财务监督，并建立严密的内部监督制度。幼儿园筹措资金不易，分配时必须慎重，因此，必须加强监督、严格管理，坚决杜绝幼儿园管理者或财务工作人员中出现损公肥私、贪污、非法挪用等违法乱纪的行为。幼儿园的财务监督包括事前监督、事中监督、事后监督三种，各幼儿园可根据实际情况对不同的经济活动采取不同的监督方式。

此外，幼儿园还应实行民主管理，定期公布收支情况。财务工作要遵循民主管理的要求，每年向教职工代表大会汇报预算及决算情况，定期公布收支情况，包括婴幼儿伙食账目，自觉接受民主监督，提高工作质量。

二、幼儿园财务工作管理的标准

随着幼儿园经营活动的增加，幼儿园管理人员必须学习财务管理知识，幼儿园也应对财务人员进行相应的入职和职后培训，如幼儿园运营及业务上的专门培训等，使财务人员能够尽快熟悉幼儿园业务，管理人员也可以在使用有限资金时提出建议发挥资金的最大效益。为此，在财务工作中要做到以下几方面。

（一）处理好收入与支出的平衡

每年做好预、决算，分析收支情况，不断探索资金运用的规律，总结收支平衡中出现的问题，并通过讨论尽量解决或者避免。

（二）处理好投入与产出的关系

幼儿园投入与产出的关系是一个教育经济学方面的问题，是指幼儿园为幼儿教育投入的人力、物力、财力、时间等方面的要素与幼儿园教育所培养的人才质量数量及幼儿园工作成果的关系。具体到幼儿园财务管理方面是指对幼儿园投入的资金及固定资产等与幼儿教育的质量数量、工作成果的关系。经济学的研究对象是资源的有效配置，对于幼儿园来说，资金是相对稀缺的，但想要完成的任务是相对无限的，那么就需要有效地分配资金，就是以最小的投入获得最大的效益。在进行预算时要注意将教育成本纳入到财务管理之中，科学计算成本，充分发挥各种资源优势，努力降低成本，发挥教育资源的最大效能。有些幼儿园盲目追求高档次，不注意投入与效益的关系，如将幼儿园室内外大面积铺上大理石，致使幼儿园的绿化和花草减少，人为地将幼儿与大自然隔绝，这既浪费了资源，又减少了许多教育机会，这样的投入是不经济的。

（三）处理好开源与节流的关系

开源对于幼儿园来说是一项十分艰巨的任务，幼儿园管理者不仅要考虑如何提高教育教学质量，还要考虑多方筹集资金。正因为开源十分不易，需要很多人付出辛苦，所以就不能因为有钱而觉得浪费无所谓，就大手大脚。因此，开源应与节流相结合，一个不懂节约的集体是不会有长远发展的。相反，若只知节流，一味节省，购置的都是一些不符合要求或者劣质产品也是不行的。因此，开源和节流缺一不可，在幼儿园的财务管理中应该灵活运用这两大法宝，才能使幼儿园的资金"财尽其用"。

（四）处理好长期目标与近期目标的关系

每所幼儿园都应该有自己的长远规划，这些规划不是短期内可以实现的，需要一个长期的过程。如师资队伍的建设，这里要明白师资队伍的建设并非教师数量的增加，它包括更广泛的内涵，其中教师的专业发展与成长，即提高教师的素质与水平才是最核心的问题。因此，这是一个日积月累的过程，在平时就要有意建设教师队伍，有计划、有投入地对教师进行培养，如与专家合作设立课题等促进幼儿教师的发展。管理者切不可因为长远计划周期长、难实现、不易见效，就放弃投入，只盯着那些如装修、购买大型玩教具等短、平、快的项目。管理者既要有长远的眼光，从发展的角度对待资金的投入，又要处理好幼儿园当前出现的问题，因此财务管理要处理好长期目标和短期目标的关系。

资料链接

《幼儿园工作规程》(2016 版，节选)

第八章　幼儿园的经费

第四十六条　幼儿园的经费由举办者依法筹措，保障有必备的办园资金和稳定的经费来源。

按照国家和地方相关规定接受财政扶持的提供普惠性服务的国有企事业单位办园、集体办园和民办园等幼儿园，应当接受财务、审计等有关部门的监督检查。

第四十七条　幼儿园收费按照国家和地方的有关规定执行。

幼儿园实行收费公示制度，收费项目和标准向家长公示，接受社会监督，不得以任何名义收取与新生入园相挂钩的赞助费。

幼儿园不得以培养幼儿某种专项技能、组织或参与竞赛等为由，另外收取费用；不得以营利为目的组织幼儿表演、竞赛等活动。

第四十八条　幼儿园的经费应当按照规定的使用范围合理开支，坚持专款专用，不得挪作他用。

第四十九条　幼儿园举办者筹措的经费，应当保证保育和教育的需要，有一定比例用于改善办园条件和开展教职工培训。

第五十条　幼儿膳食费应当实行民主管理制度，保证全部用于幼儿膳食，每月向家长公布账目。

第五十一条　幼儿园应当建立经费预算和决算审核制度，经费预算和决算应当提交园务委员会审议，并接受财务和审计部门的监督检查。

幼儿园应当依法建立资产配置、使用、处置、产权登记、信息管理等管理制度，严格执行有关财务制度。

第六节　幼儿园档案管理

幼儿园档案是指幼儿园在教学、科研、财务、党政管理及其他各项活动中形成的对幼儿园和社会具有保存和利用价值的各种文字、图表、声像等不同形式的历史记录。档案管理是幼儿园科学管理的重要组成部分，《幼儿园工作规程》指出："幼儿园应建立业务档案、财务管理、园务会议、人员奖惩、安全管理以及家庭、小学联系等制度。"幼儿园档案管理工作进行得好坏，将直接影响幼儿园各项工作的顺利开展。它对于总结经验、深入研讨保教工作、提高保教质量、探索教育规律等具有重要意义：首先，幼儿园档案管理为提高保教质量、实现教学改革提供了历史资料和可靠依据，使保教人员能够有针对性地开展教育活动。其次，幼儿园档案管理是幼儿园管理规范高效的保证，教职工的业务档案是保教人员评优、晋升等的考核依据。教职工的业务资料和档案的收集与积累能调动他们的工作积极性，使幼儿园管理走上科学的道路。再次，幼儿园管理为幼儿园全面工作推进创设条件，是幼儿园教育评估的依据材料。幼儿园的各项档案为日后工作提供了原始依据，为编写园史及各种史料提供了宝贵的材料。最后，幼儿园档案能够促进家园间的密切联系，能够再现幼儿的成长过程，为探索幼儿的发展规律提供有力证据。

一、幼儿园档案管理的内容和要求

曾大庆将幼儿园档案划分为行政管理类资料，规划和计划类资料，一日活动、课程、游戏、培训与教研、科研类资料，各种账目资料，工作过程性资料，成果性的资料六大类。吴邵萍在《幼儿园管理与实践》一书中将幼儿园档案管理划分为党群类档案、行政类档案、教育教学类档案、基建类档案、设备类档案、会计类档案、安全管理类档案、卫生保健类档案八大类。按照内容划分档案，没有统一的标准，因幼儿园而异。① 笔者经查阅资料，总结前人成果，认为幼儿园档案管理应包括以下内容。

行政档案：包括上级部门的批示，以及向上级汇报的表册申请通知，和各项文件按接收日期编号存档。园的规划、计划、总结改革资料、园长工作手册、考勤记录、奖惩记录，园务会议及专题记录，各岗位职责和各项规章制度，还有招生资料及档案。

保教业务档案：包括教师档案（包括任职资料、专题计划、经验文章、评议记录、调查报告、大活动计划记录等），保育教育工作（包括教研、科研计划、记录小结等），班级管理工作（包括自制教玩具、环境小样、班级计划、总结评议记录、班务记录、物品登记、家园联系册、有一定价值的儿童作品、录音录像、照片等），幼儿成长档案等。

卫生保健档案：包括卫生保健制度（包括一日生活制度、健康检查制度、卫生消毒制度，传染病管理制度和检查制度、食品药品管理制度、膳食管理制度等），食品留样记录，采购验收记录，食品卫生检查记录，幼儿出勤登记、晨检、午检记录，营养分析、预防接种、常见病、传染病登记、体弱儿管理记录，膳食调查记录，差错事故分析处理登记，工作人员健康状况登记，体检及卫生保健宣传资料等。

安全管理档案：幼儿安全管理制度，安全工作奖惩办法，班级安全目标责任书（教师和幼儿园签订的责任书、家长和教师签订的责任书），园内大型玩具检修记录，

---

① 时松：《论幼儿园档案管理的四个基本问题》，载《陕西学前师范学院学报》，2014(5)。

安全月报表，学校安全教育检查台账等。

家长工作档案：包括家长学校组织机构及各项规章制度，家长工作计划、总结，家长会、家教讲座等活动记录，专题材料，家长委员会名单，家长对园、对班老师的反馈表，家访记录等。

财会档案：包括会计年度报表，工资表，财务年度预决算，银行账，现金账，记账凭证，幼儿园及幼儿伙食账本、报表，养老台账及住房公积金台账，退伙清单，幼儿每月来园登记表等。

房屋设备档案：包括幼儿园园舍平面图，房产资料，有关房产的申请报告和批复文件，班级财产登记册及保管使用制度，教学仪器、器材设备、设施、图书及其他物品的登记，园内修缮、建设等合同及采购审批表等。

其他档案：党支部资料，团支部资料，工会资料，集体受奖惩情况（情况登记、原始资料、证件的原始件或复印件、照片），图书报刊和音像资料，园内大事记。

资料链接

幼儿园分类管理

一级类目	编号	二级类目	编号
党群类	1	党支部	01
		团支部	02
		工会	03
		教工大会	04
		家长委员会、社区	05
行政类	2	行政事务	01
		人事劳务	02
教育教学类	3	班级	01
		年级组	02
		教研组	03
		课题组	04
		教科室	05
		日常保育教育管理	06
		教师个人业务档案	07
基建类	4	按工程项目设置	
设备类	5		
会计类	6	凭证类	01
		报表类	02
		账簿类	03

续表

一级类目	编号	二级类目	编号
安全管理类	7		
卫生保健类	8	登记类	01
		统计类	02
		营养膳食类	03
		其他类	04

资料来源：吴邵萍. 幼儿园管理与实践［M］. 南京：江苏教育出版社，2012.

二、幼儿园档案管理的实施策略

档案管理是一项浩大而又烦琐的工程，实施过程还应注意其规范性和科学性。为提高幼儿园管理水平，应从以下方面加强幼儿园档案管理。

(一)健全档案制度

建立健全档案管理体系和各项规章制度是做好档案工作的前提。档案工作是一项科学的工作，具有一套严密的操作程序和具体的操作要求，并且，随着社会的发展，档案工作也在不断地改革创新。园领导和档案管理者要加强学习，了解《中华人民共和国档案法》《归档文件整理规则》等有关法律法规，并结合幼儿园的实际情况制定出具体的档案工作的各项规章制度，健全档案工作的管理体系。首先，各幼儿园要设立专用档案橱，有条件的还要建立档案室和借阅室。其次，要配备具有档案专业知识并熟悉保教业务的专职或兼职档案管理员，规模较小的幼儿园可以由园长兼任。另外，要制定科学合理的档案管理规章制度，如档案室安全制度、档案管理制度、查阅制度、入档文件要求、材料收集制度、档案学习制度等。省、市级规范化幼儿园要建立电子档案，探索现代化的网络档案。各幼儿园要逐步形成一套自己的档案管理操作程序，健全完善档案网络管理体系，制定一整套规范合理的管理制度，使档案工作建立在科学规范的基础上，实现良性运转。健全的制度、完善的体系能为档案工作提供强有力的保障。①

资料链接🖐

幼儿园人事档案管理制度

一、认真学习档案工作有关文件和基本知识，努力提高档案人员的政治思想素质、业务素质，认真接受上级领导检查，不断改进工作。

---

① 宁秋萍：《理清思路实现幼儿园档案管理的规范化》，载《山东教育》，2005(33)。

二、档案人员按档案资料收集范围及时收集筛选，并将筛选后的材料分类装订，进袋入档。档案资料要力求齐全、准确；入档要及时。

三、严格执行档案借阅和档案保密制度，防止人为散失、泄密和缺损，确保档案完整、安全。

四、专人管理档案，切实做好防潮、防湿、防蛀及安全工作。

五、职工需要查阅档案，必须经园长批准后，在档案管理员监管下，方可到档案资料室查阅档案；未经同意不得摘抄档案材料；经同意可以摘抄的材料，须经档案资料室人员仔细核对。如园工作需要，经园长批准，查阅者方可将非本人档案材料拿出资料室，并且及时归还，记录归还时间，确保档案资料齐全，不丢失。

六、档案资料室门窗要加固，要备有消防器材，保持整洁、干燥，自然通风，严禁吸烟和放置易燃、易爆、易引鼠入室的物品。

七、档案管理人员不得将无关人员带进档案资料室，不得外泄档案中的机密，档案资料室人员在工作中所用的各种草稿、废纸等，不得乱扔乱抛，应将保密纸处理或销毁。

(二)及时收集

档案工作的基础环节是资料的收集。收集资料是档案工作的起点，而且最重要的是要注意保存原始的、真实的第一手资料，因此所有资料的收集都要从平时的点滴工作上慢慢积累，要勤于收集。具体而言，活动档案尽量留存照片和录像资料，它们除了具有形象性和直观性的特点，还有着文字资料难以替代的作用：相比于文字档案，它们可以更真实地反映历史，再现活动的各种细节和参与人员的表现，以备后来教科研或评价活动使用。重视图像、影像资料并非完全摒弃文字档案，文字档案可以补充说明图像资料中的短暂细节，在不方便或者来不及获取图像资料时可先简单记录，事后及时整理成完整的文字资料。总之，各岗位工作人员都应成为有心人，及时收集资料，按时上交至档案室。

(三)科学整理

由于幼儿园的资料涉及面较广，因此在分类归档时一定要细心，按照各园的档案归类方法仔细分类整理，避免文件归档混乱的现象出现。这同时也对档案管理人员的素质提出了要求：一要具备奉献精神，深入实际，掌握全面真实的第一手资料；二要具备一定的专业文化理论素质，以及档案学和相关学科知识、较强的文字表达能力。

(四)系统管理

幼儿园档案工作管理的目的是更好地发挥档案的作用，所以，在管理档案时应当做到系统化，以免在查阅档案时出现费时费力的情况。为此，幼儿园应该做到：由分散到集中，在内容上保证档案的完整性，即分段进行的活动资料要集中在一起，保证活动资料在内容上是完整的；由零碎到系统，保证活动资料在时间上的连续性，即将每次承办完的活动资料先暂时存放起来，然后在每个月的月末，将已经完成的活动资料进行初步整理，还没有承办完的资料暂时不整理，等到活动结束，再将这些资料放在结束月的当月活动资料之中，从而避免资料的混乱。[①]

此外，随着现代科技的发展，在计算机的帮助下，档案整理的质量和效率都大大提高了。因此，在档案管理中应将电子资料和文本资料结合起来，使之融为一体，让计算机在档案管理中发挥适当的作用。

1. 妥善保存

档案资料收集、整理、归档完毕后，还须进行妥善保存。首先，要保证所存档案文件不得丢失，还要注意做好防火、防盗、防潮、防霉等工作。其次，应严格执行档案借阅制度，外借文件要及时归还并放入原卷，不可外借的资料只能在档案室进行查阅，查阅时要向有关部门申请并取得批复。同时，一定要注意做好机密文件的保密工作，不得随便外借，严守档案管理的有关规定。此外，档案管理实行计算机辅助的幼儿园，要求管理员具有更高的素质，除了档案管理员的一般要求外，还要加强对计算机网络知识的学习，如网页的设计制作、发布与管理，防火墙的安装、信息加密技术等，积极研究计算机网络档案信息的存储、加工、管理、开发、利用等新技术，以适应幼儿园档案管理工作的需要。

2. 规范档案管理流程

以科学的态度，把幼儿园档案工作做得规范而精细。档案管理的规范流程包括档案收集、档案整理归档、档案组卷装订、档案排架保管、档案利用，以使幼儿园档案工作科学化、规范化、标准化。

3. 提高档案人员素质

档案人员应该具备专业档案知识，有爱岗敬业和求实的科学精神，有为教育服务的工作理念。因此，要注重对档案人员素质的培养，设置专门经费用于组织档案人员的工作培训，提高其业务能力，使档案工作跟上时代的步伐。

4. 有效利用

档案工作的根本目的就是充分发挥档案的价值作用，幼儿园档案管理的目的也就在于能使幼儿园工作者及时获取信息，并从信息中获取、提炼、开发出有参考价值的东西，否则档案工作就会失去生命力，档案就成为死档。因此，要充分提高各种档案的利用率，为幼儿园各项工作的开展服务，为幼儿园的科学发展服务。

三、幼儿园档案管理的标准

为了促进幼儿园的科学发展，幼儿园档案管理工作必须与时俱进，不断规范，大胆创新，逐步实现高效化管理。因此档案管理应当具备以下标准。

(一)档案管理工作经常化，全员化

档案工作经常化首先要求幼儿园全体工作人员转变以往"重业务教学，轻档案规

[①]　姚云芳：《合理规划有效建档——谈幼儿园业务档案的有效管理》，载《新课程研究》，2013(09)。

范"的观念,不断加强对幼儿园档案规范管理的重视,将档案管理工作落到实处。各岗位工作人员要在平日的工作中不断积累,收集资料。

(二)档案管理人员专业化

档案管理工作水平的高低,是由档案管理人员的自身素质决定的,因此,幼儿园管理者应该树立终身学习的理念,不断强化对档案管理人员的教育培训,积极参加省、市组织的档案管理培训,使他们能够熟练地应用现代化管理知识和先进技术设备,使得档案管理工作能够实现办公自动化。

(三)档案管理工作制度化

建立健全档案管理制度,是档案管理工作实现规范化管理的有力措施和可靠保障。因此,各园所应当按照相关规定,进一步健全和完善本园所档案管理制度,并严格执行,使本园的档案管理工作有据可依,有章可循。

(四)档案分类规范化

材料的归档要遵循档案整理原则,严格按照档案管理的规范进行系统整理归档。幼儿园的所有活动方案、总结及活动的照片及影像资料可利用信息技术都存入电脑,并分门别类,按永久、长期、短期进行保存,便于对档案信息进行查找和使用。必须注意的是,存入电脑的各种档案尤其是重要资料必须进行备份,以防电脑系统瘫痪或其他原因致使原文件损毁或丢失。

随着幼儿园档案管理工作的不断推进,在其发挥为幼儿园的发展的服务作用时,也应当利用创新档案为手段,激励幼儿园管理者、教职工在工作中不断突破,创新工作。如激励教科研工作,丰富教学内容和手段,使幼儿园课程更加贴近幼儿实际,提高教学水平和质量;教师和幼儿还可以一起创作玩教具,发挥他们的创造力,使得幼儿园生活更加丰富多彩。幼儿园档案是幼儿园的一种无形资产,反映的是幼儿园文化管理的内涵,也记录着幼儿园各个时期的办园特色和发展状况。在今后的工作中,各园要加大幼儿园档案管理的工作力度,规范管理工作的程序,借助现代信息技术手段,使档案工作精益求精,更好地促进幼儿园的发展。

本章小结

后勤工作管理是幼儿园管理的重要组成部分,它为幼儿园的发展和各项工作的正常开展提供了强有力的物质保障。幼儿园后勤工作管理的地位和作用体现在:保障作用、激励作用、驱动作用、协调作用。幼儿园后勤工作管理具有服务性、先行性、全局性、政策性的特征。在实施幼儿园后勤工作管理中,努力做到:制度化、常规化、规范化、精细化、科学化。

【关键术语】

后勤工作管理　安全工作管理　卫生保健工作管理　膳食与营养工作管理

【思考题】

1. 谈谈幼儿园后勤工作有哪些特征。

2. 如何做好幼儿园膳食与营养管理？

3. 简述幼儿园安全工作管理的基本原则。

4. 结合实际，谈谈幼儿园卫生保健管理工作的措施。

5. 结合你自己在幼儿园见（实）习经历，谈谈如何为幼儿创造良好的进餐环境。

【案 例 研 究】

大型玩具失修的后果

今年春天，某农村幼儿园一幼儿在大型玩具上玩耍时摔了下来，腿部受了伤，额头肿起一个包。老师及时把他送到乡村医院进行治疗。园领导到现场进行检查，发现事故原因是大型玩具年久失修，幼儿在玩耍时铁链子断了，致使幼儿受伤，庆幸没有造成严重后果。园领导看望了幼儿，并对家长表示了歉意。园领导同时对园内所有玩具进行了检查，发现问题及时维修，并对年久的玩具进行了更换。

上述案例中的幼儿园存在哪些管理问题？

【拓 展 阅 读】

1. 俞丽萍. "五常法"在幼儿园后勤管理中的创新实践[J]. 中国教师，2014(2).

该文介绍了"常组织、常整顿、常清洁、常规范、常自律"的"五常法"。现在，许多幼儿园将"五常法"管理应用于幼儿园的后勤管理之中，探索出新的管理模式，形成了以"让管理看得见，让细节看得见，让习惯看得见，让物品的取用看得见"为核心的后勤管理模式，有效地提高了后勤工作人员的整体素质，改善了教职工的工作环境和服务质量，并逐步形成了一套幼儿园后勤管理的规范操作系统。

2. 许亚文，李红卫，孙丽红，等. 幼儿园管理的66个细节[M]. 长春：吉林大学出版社，2014.

该书旨在帮助幼儿园管理者更好地管理幼儿园；提出了66条管理细节，主要包括抓好文化建设、完善规章制度、丰富一日活动、教师管理制度、利用公共关系、优化后勤总务管理等方面；以案例的形式，生动有趣地呈现了某个特定的管理场景；通过对案例的分析与探讨，反映出幼儿园管理中亟待引起重视的一些管理细节问题，尤其是从一些管理者习以为常的管理行为中挖掘出那些易被忽略的问题，并提出了富有针对性的管理措施和建议。

第六章 幼儿园评价

学习目标▶

1. 从整体上把握幼儿园评价的内涵，了解幼儿园评价的大致内容和原则；

2. 了解幼儿园评价的基本方法及评价步骤，在操作层面对幼儿园评价有更加深刻的认识；

3. 结合案例，进一步理解幼儿园评价的内涵、原则、方法、步骤等。

导入案例▶

某一级一类幼儿园即将迎来教委及相关专家的级类考核，全园都处于一种紧张状态。由于初次接待如此重要的考核，新上任的业务园长带领老师们全身心投入到环境布置、一日生活流程的细节调整等方面，甚至在考核前夕多次加班。然而不少老师的班级环境调了又调、改了又改，总是通不过业务园长的检查。有的老师有意无意地开始了抱怨："花这么长时间改来改去，你觉得这样好，可是我觉得那样不好啊！"业务园长听到老师的抱怨，陷入了对幼儿园工作评价的思考。

幼儿园的工作涉及方方面面，要想做好管理，必然离不开对幼儿园的评价。只有准确地评价，帮助管理者改进工作中的问题与不足，才能给幼儿园各项工作的开展指明方向，保证各项工作质量，促进园所长久、良好发展。

本章从幼儿园评价的内涵及意义、幼儿园评价的基本原则和评价的方法步骤几个方面对幼儿园评价进行梳理，帮助读者从整体上建立起幼儿园评价的概念。

第一节 幼儿园评价及其意义

幼儿园评价是幼儿园管理中不可缺少的内容和工作环节，也是教育评价的重要组成部分。幼儿园的工作繁杂多样，若管理者不能对幼儿园工作情况有效把控，就不利于各项工作的推进。因此，幼儿园必须实施有效的评价，了解不同工作的推进情况，保证各项工作的方向性和质量，这对于推动幼儿园各方面的工作具有重要意义。

一、幼儿园评价的概念

幼儿园评价是指人们依据一定的标准和程序，有目的、有计划、有组织地对园所建筑和配套设施以及各方面工作进行深入且具体的调查，同时做出相应的价值判断的过程。

二、评价的基本内容

幼儿园评价是一个非常复杂的工作，应涉及幼儿园的方方面面。根据《幼儿园工作规程》，幼儿园的工作内容大致分为：幼儿入园和编班、幼儿园的卫生保健、幼儿园的教育、幼儿园的园舍和设备、幼儿园的工作人员、幼儿园的经费、幼儿园与家庭和社区、幼儿园的管理。相应地，幼儿园评价工作也可以从以上的这几方面展开。

与《幼儿园工作规程》中对幼儿园的工作划分类似，秦明华、张欣在《幼儿园组织与管理》中将幼儿园工作评价分为以下几个方面。

(1)园所的教育理念和办园方向评价；

(2)园所的教育资源评价；

(3)园务管理的评价；

(4)幼儿园的公共关系的评价。

由于各地区的经济、文化发展水平有差异，行政教育部门对幼儿级类划分的标准也不尽相同，但总体的划分标准是一致的。为了进一步提高评价工作的可操作性，给评价对象在同类园所中一个准确定位，除了参考《幼儿园工作规程》和相关著作外，还可以参考幼儿园所在地的幼儿园级类划分标准。

三、幼儿园级类划分标准

幼儿园级别表明的是园内的硬件条件和部分软件条件，主要涉及园所的建筑环境是否优美、建筑面积的大小是否符合规定、公用设施是否完善、教育教学资源是否丰富等。

类别表明的是幼儿园软件条件，主要涉及园所教职工队伍的整体素质和业务能力、保教工作质量、幼儿发展水平、教师师德情况、课题开展情况等。在此，我们以北京市幼儿园级类划分标准为例，为读者提供参考。

北京市一级幼儿园的标准：在环境方面绿化美化好，布局合理，有儿童情趣和教育意义；幼儿人均活动场地在4平方米以上；园内有音体室、隔离室、保健室、幼儿厨房、幼儿厕所、资料室、教师办公室；大型玩教具每班2件以上，且安全适用，玩教具种类齐全，数量充足，并有较多的自制玩具和物质材料；适合婴幼儿的图书，人均 4 本以上；班额人数有硬性规定：小班人数为 25 人，中班为 30 人，大班为 35 人，特殊情况下人数可以适当浮动，但浮动人数不得超过 5 人。

北京市一类幼儿园的标准：教师的教态亲切和蔼、理解、尊重幼儿，能灵活地运用多种方式正确引导幼儿积极主动活动；能促进幼儿的全面发展，实现各领域的教育目标；卫生保健设备齐全，能按幼儿年龄及季节完成预防接种工作；室内环境清洁，婴幼儿每人一巾一杯，毛巾之间挂的距离保持 10 厘米；婴幼儿饭前便后均用流动水洗手，饭后擦嘴，用水漱口；定期洗头洗澡，寄宿制每天洗脚、洗屁股，洗屁股的毛巾每日消毒；每两天换一次食谱，且 1 岁以下、1～3 岁、3～6 岁的饮食制作都有区别，注意荤素搭配、粗粮细粮搭配、蛋白质互补。

根据幼儿园的级、类的标准不同，还有示范园、一级二类幼儿园、二级一类幼儿园、二级二类幼儿园等。正如前文提到的，由于各地区经济、文化发展水平不同，对幼儿园级类评定的标准也不尽相同。因此，幼儿园评价工作的开展要充分考虑幼儿园所处地区的文化背景和发展情况。

四、幼儿园评价的意义

幼儿园评价是托幼园所管理工作的一个重要内容，它涉及园所硬件设施及园所整体工作。对幼儿园进行科学、客观的评价，可以为教育决策、管理方法及园所的发展思路等提供依据，这对于提升园所保教质量、推动园所发展具有重要意义。幼儿园评价的意义具体体现在以下几方面。

(一)有利于贯彻我国的幼教方针，实现教育目标，提高园所保教质量

幼儿园是对学龄前儿童实施保育和教育的机构，是基础教育的有机组成部分。幼儿园必须以保教目标为依据，确立园所的管理和工作目标。通过对幼儿园进行评价，我们可以对幼儿园贯彻党的幼教方针，落实《幼儿园教育指导纲要（试行）》精神，以人为本，实现教育目标，在提高幼儿园保教质量等方面做出客观、全面、正确的评价，找出差距和不足，从而明确方向，制定措施，保证保教目标的实现。

(二)有利于调动幼教职工的积极性和主动性，树立正确的保教观

成功的评价有助于激发幼儿教师的工作热情、促进教师专业成长，加强幼儿园的凝聚力。在幼儿园，影响教职工工作积极性、主动性的因素很多，比如，福利待遇、收入水平、人际关系、工作负荷、晋升机会等，但其中最重要的是领导的行为。幼儿园工作评价的基本内容是对园领导和领导班子行为的评价。广大幼教职工通过参与评价以及对反映领导行为的指标体系的理解，了解领导个人和领导班子应该如何管理幼儿园，明确其在幼儿园工作中的地位和责任，从而发挥自身的主动性和积极性。另外，评价是对幼儿园全体员工工作成绩、业务水平、能力素质的综合判断。员工在自评、互评、管理者评价的过程中，对照评价标准发现进步与不足，寻找改进工作的途径和方法。所以，好的评价是促进全体员工自我成长、自我更新，提高

幼儿园保教质量的重要手段和措施。

(三)有利于提高幼儿园管理工作水平和管理效益

幼儿园评价是对幼儿园工作过程状态和效果做出价值判断，能为幼儿园管理工作提供比较准确的依据，从而使幼儿园的各个部门、各级负责人对自己的工作过程、状况以及效果有一个比较客观的、全面的了解；并找准自己的工作定位，通过评价不断改进和提高管理工作的水平，使管理工作更加科学和规范。

(四)有利于推动幼教改革不断深入

幼儿园工作评价是幼儿园领导和上级教育行政主管部门，了解和把握幼儿园发展状况、整体办园水平以及特色的基本途径。幼儿园工作评价搜集的信息具有客观性、全面性和准确性，既有定量分析，又有定性分析，这不仅为园领导和上级教育行政主管部门了解幼儿园提供了材料，更为科学决策提供了可靠的依据，是幼教改革、发展和管理决策科学化的基本保证。

第二节　幼儿园评价的基本原则

幼儿园评价应当是一个具有明确的目的、全面且细致的计划以及准确的价值判断的过程，最终的价值判断将成为下一步幼儿园工作计划的依据。为确保幼儿园评价的科学性和实效性，评价者应当在评价工作中遵循以下原则。

一、方向性原则

我国的教育目标和教育方针是幼儿园一切工作的开展依据。幼儿园评价必须坚持我国的幼教方针和政策，才能保证评价的正确方向，真正发挥出评价的导向作用。幼儿园评价，可以帮助幼教工作者明确工作目标的达成度，发现不符合我国幼教方针和政策、不符合幼儿身心发展规律的问题，为幼教工作者及时调整工作方案提供有力依据。

二、客观性原则

幼儿园评价是一项科学、严谨的价值判断工作，因此评价者必须持客观、实事求是的态度开展评价活动，否则，难以给幼儿园工作做出准确评价，也就难以为下一步幼儿园工作的开展及幼儿园发展提供依据，造成人力、物力浪费，甚至给园所工作指错方向。要保证评价的准确性，需要评价主体通过多种渠道收集广泛的信息，并做出科学的分析和整理，才能保证评价工作的客观性。

三、发展性原则

在幼儿园评价中，要坚持用发展变化的眼光看待评价对象。另外，对于差距比较大的幼儿园使用同一种评价标准是不公平的。正如前文所述,幼儿园的办园水平与所在地的经济、文化发展水平是有密切联系的。因此,对于不同水平的幼儿园要采用不同的评价标准。即便是同类幼儿园,也要以发展变化的眼光对评价结果做出解释,以便准确定位被评价对象在同类园所中所处的地位。只有这样才能调动各类幼儿园的办园积极性和主动性。同样的道理,评价主体也要用发展变化的眼光评价不同的保教人员、行政人员、管理人员,以调动不同员工的工作积极性。

四、改进性原则

幼儿园评价的真正目的是通过评价促进幼儿园工作的改进,不断提升幼儿园的保教质量。评价主体得到幼儿园的评价结果是一方面,另一方面是要从评价结果当中发现问题,为幼儿园工作的改进提供依据。因此,这要求评价主体要始终有明确的评价目的,避免在同一个评价过程中因前后评价目的的不同出现滥评现象,保证评价工作始终具有明确的指向性,继而保证评价工作的有效性。

五、多种评价相结合的原则

幼儿园评价是一个非常复杂的工作,应涉及幼儿园的方方面面。评价时既要关注评价对象的某一侧面,还要关注整体工作;既要对评价对象进行量化解释,也不能忽略质性评价;既要看评价结果,更要关注评价对象的过程。所以,评价时要坚持相对评价和绝对评价相结合、单项评价与综合评价相结合、定性评价和定量评价相结合、自评与他评相结合、终结性评价和发展性评价相结合的原则。只有这样,才能保证评价的科学性,才能有利于幼儿园各方面工作的改进,才能发挥评价的导向和激励功能。

第三节　幼儿园评价的方法与步骤

幼儿园评价是一项有计划、有目的的工作。为了保证评价结果的准确性,从评价工作准备、评价目标和范围的确定、评价方法的选择、评价步骤的推进,以及评价结果的分析总结等都要讲究科学性和严谨性。因此,在评价中,要依据被评价对象的不同、评价目的的不同来选择不同的评价方法。

一、幼儿园评价的方法

幼儿园评价的内容繁多,评价方法要适合评价的内容,通过评价才能得出可靠的结果。一般来说,定性评价通常采用程度表示法;定量评价通常采用数量表示法。两种方法各有所长,在实际操作中,要视具体情况做出恰当选择。

1. 程度表示法

程度表示法是非数量化方法，也叫等级评价法，是我国的传统评价方法，其具有多种形式。它是指把各项评价指标按照评价指标的重要程度分出等级，分别用不合格、合格、优秀或优、良、中、差或很好、较好、一般、较差、很差等类别评定。等级法的优点是简便易行，缺点是粗略，等级之间的界限难以把握。

2. 数量表示法

数量表示法是数量化方法，指在评价过程中采用数学方法，形式多样，或者在分析教育现象时用数学作为手段，或将评价结果用数量表示，或将评价标准用数字来表示。数量表示法是最常用、最简单的方式，是对评价项目打分或是标出百分比。

二、幼儿园评价的步骤

1. 确定评价目的

《幼儿园教育指导纲要（试行）》和《幼儿园工作规程》是幼儿园工作应该遵循的发展方向和总目标，是幼儿园评价的依据。在确定评价目的时必须要保证幼儿园有正确的办园方向，不能违背幼儿教育的规律和幼儿园的实际，只有这样，才有利于教育总目标的实现。评价目的还是确定评价标准的依据，只有评价目的明确、合理、符合实际，评价标准的制定才能科学，才能得出可靠的结果，继而指导幼儿园实践。

《幼儿园工作规程》在总则第三条和第五条中明确指出"幼儿园的任务"与"幼儿园保育和教育的主要目标"分别是："贯彻国家的教育方针，按照保育和教育相结合的原则，遵循幼儿身心发展特点和规律，实施德、智、体、美等方面全面发展的教育，促进幼儿身心和谐发展。""促进幼儿身体正常发育和机能的协调发展，增强体质，促进心理健康，培养良好的生活习惯、卫生习惯和参加体育活动的兴趣。"

2. 选择和确定评价内容

幼儿园评价工作涉及许多方面，比如，教师的半日（一日）活动评价、教师工作评价、保育工作评价、幼儿园总务工作评价、家长工作评价、幼儿园目标管理评价等。可以根据幼儿园实际需要或阶段工作重点，选择确定所要评价的对象和内容。评价具有导向功能，管理者把评价的重点放在哪里，幼儿园的教职工就会把主要精力放在哪里。

3. 设计评价方案

（1）设计评价的指标体系。指标通常指反映某种社会现象的数字，这些数字可以是绝对量、相对量或平均数。指标一般应以数字表示，但教育工作的复杂性及其特点，决定了教育工作评价的指标不能都用数字来表示，而是应当用反映评价对象某方面特征的主要因素、模糊量（如优秀、良好、一般等等级）或数字构成。指标一般分为定量指标和定性指标。定量指标用于考核可量化的工作，而定性指标则用于考核不可量化的工作；相对而言，定量指标侧重于考核工作的结果，而定性指标则侧重于考核工作的过程。

定性评价指标设计：在幼儿园工作评价中，评价目标通常比较概括、抽象，难以量化，所以，幼儿园工作评价指标常采用定性评价指标体系进行评价。定性评价指标主要凭评价者的直觉和经验，凭评价对象的过去和现在的延续状况及最新的信息资料，根据评价对象的性质、特点、发展变化规律做出判断，设定指标。在实际操作中，常将评价指标逐层细化、逐层拆解，将一级评价指标分解为二级评价指标，相应地，继续分解评价指标，最终转化为可直接评价的评价要素。除此之外，评价者还要针对每一个评价要素确定出相应的评价标准，并且用很好、较好、一般、较差、很差等几个等级来表示。

定量评价指标设计：定量评价指标是依据统计数据，收集评价对象可以量化的信息，运用数学方法做出推论，计算出评价对象的各项指标及其数值。定量评价指标设计最主要的是赋予评价指标的权重。权重是指在评价指标体系中，每项指标相对重要程度的标志，即每项指标在总体中所占的比例。通常可以靠经验、调查、专家咨询等手段较为合理地确定指标权重。只有赋予不同的指标以应有的权重，才能使评价结果准确反映工作质量的真实情况。

（2）选择评价方法。在评价工作中，一般会用到两种评价方法，即程度表示法和数量表示法，其具体内涵在此不再赘述。两种方法各有所长，也有各自的缺点。在实际评价工作当中，要依据评价对象的不同、评价目的不同选择恰当的评价方法。

（3）撰写评价方案。评价方案要形成文字，以便评价人员掌握评价的指导思想和具体操作方法，严格按照标准进行评价。

一个完整的评价方案应包含以下内容。

①对编制方案的说明，包括评价目的、指导思想、指标系统设计与权重构造说明等。

②评价的指标系统与权重。说明评价指标结构，各项指标在系统中的相对重要程度。

③分项指标等级及评价方法。

④评价用具。说明此次评价采用的是测验法、观察法、访谈法还是问卷调查法等，还要说明在评价中用到的测验工具、观察工具、访谈提纲、调查问卷等。

⑤评价实施计划。说明评价过程的具体时间、地点、人员安排以及各个评价阶段的具体要求等。

4. 实施评价方案

幼儿园评价的实施是评价人员以评价方案为依据，依据资料、处理信息，对评价对象进行价值判断的过程。实施评价方案是幼儿园工作评价的重要环节，没有实施，再好的方案也是一纸空谈。

（1）培训评价人员。为了保证评价工作的科学性、客观性和公正性，幼儿园评价必须建立和组织评价工作的领导小组，根据不同的评价对象、评价内容和评价要求，确定评价主体，选择合适人员参加。同时，必须对评价人员进行理论和技术培训，使其思想统一；从认识评价的意义、评价方案的学习，到对各项评价指标、评价标准的理解，以及收集、分析和处理相关信息和评价的具体方法的掌握，都要认真对待，以保证评价的科学性。

(2)广泛宣传，取得评价对象的支持配合。一般在正式评价活动之前，都要对评价工作的开展进行广泛的宣传，说明评价的目的、任务以及评价的重要意义。让评价对象了解评价的目的是发现工作中的问题和不足，从而改进工作，而不是针对个人，要赢得广大被评价者以及各个部门的支持和配合，使评价工作顺利展开。

(3)多途径、多方法收集、处理材料。资料收集的方法很多，一般要根据所收集资料的性质进行选择。常用的方法有观察法、座谈法、问卷调查法、文献分析法、案例分析法、测量法、统计分析法等。比如，想了解家长对幼儿园工作的意见，可以用问卷调查法；想了解幼儿的游戏表现，可以采用直接观察法；想了解教师的业务成长状况，可以采用听课、查业务档案等。

在收集了大量资料之后，就要对这些资料进行分类整理，一般根据评价指标和评价标准进行处理：一要看全不全，是否包括评价指标和评价标准的全部资料，有无遗漏；二是要看准确不准确，是不是真实材料，有无虚假，有无矛盾。只有这样才能保证评价的真实性。

(4)实施评价，得出评价结论。对整理过的事实材料进行归类总结、研讨分析，对数据进行统计处理，从而得出相应的结果。然后，对结果进行解释，分析其原因，指出存在的问题，并提出改进工作的意见和建议，形成评价报告。

5. 撰写评价报告

评价报告是对整个评价工作以文字形式进行的总结。教育评价报告要求主要对评价的过程和结论进行全面的描述，并提出相应的建议。幼儿园工作评价报告就是要求对幼儿园工作评价的过程和结论进行全面的描述，提出合理化的意见和建议。一般幼儿园工作评价报告主要有以下几个组成部分。

(1)封面。

①标题：评价报告的标题由评价内容、评价对象加文种构成，如"关于××幼儿园办园条件的评估报告""关于幼儿家长对幼儿园工作评价的调查报告""幼儿园安全工作自查报告"等。

②评价者、评价对象、评价时间、评价报告写作时间：评价者指的是一定的评价组织。评价对象可以是单位、集体，也可以是个人。评价时间有跨度的要写上跨度时间。评价报告写作时间一般指报告呈递时间。

(2)序言或前言。指的是报告的开头部分，要写明：评价的目的；评价方案的背景情况，主要写明评价标准的来源，评价人员的组成；评价情况的简要综述。

（3）正文。正文是报告最主要的部分，也是整体评价工作最重要的部分，主要包括：评价方法与过程——描述采用的评价方法以及评价的实施过程，重点写清评价信息的收集与处理过程；评价结果及对结果的分析——找出主要信息及对这些信息的分析处理结果。

（4）结尾。结尾主要包括两方面的内容：评价结论——对评价信息处理后推断出的结论；评价建议——对评价对象的有关工作提出相应的建议。

第四节　幼儿园评价方案实例

教育评价在教育活动中起着非常重要的作用。《幼儿园教育指导纲要（试行）》指出：教育评价是幼儿园教育工作的重要组成部分，是了解教育的适宜性、有效性，调整和改进工作，促进每一位幼儿发展，提高教育质量的重要手段。幼儿园评价的最终目的是为更好地在教育实践过程中改善办园行为，提高办园质量。

以下是幼儿园常用的几个评价内容的详细说明。

一、学前儿童动作发展评价

（一）学前儿童大动作发展评价

学前儿童的大动作发展评价是指对学前儿童全身的大肌肉协调运动、腿部肌肉爆发力以及动作灵活性的评价。例如，走、跑、跳、投、平衡、钻爬、攀登、滚、上举等，都是学前儿童的基本动作，也是评价儿童大肌肉运动的重要指标。当然，以上这些基本动作也可以有其他类型，如单腿跳、双腿跳、立定跳、拍球、悬吊等。

类似走、跑、跳这样的大肌肉动作的评价也需要一个标准体系。表 6-1 所示为一个有关大肌肉动作发展的指标体系和标准，其中包括三个等级，每个等级都有一定的标准与之相对应。

表 6-1　大肌肉动作的等级标准

内容	等级标准		
	一	二	三
走	上体正直，自然地走	上体正直，上下肢协调地走	听信号自然、协调地走
跑	两臂在体侧屈肘，自然跑	协调、轻松地跑	听信号变向、变速跑
跳	立定跳远 60 厘米	立定跳远 80 厘米	立定跳远 100 厘米
平衡	单脚站立 10 秒	单脚站立 20 秒	单脚站立 30 秒
拍球	单手连续拍球 10 下	左右手交替拍球 15 下	单手运球 10 米

（二）学前儿童精细动作发展评价

学前儿童精细动作也称小肌肉动作，是指胳膊、手、手指等与小肌肉相关的动作准确性、协调性和顺序性，以及手眼动作的协调和手部动作的综合能力。手眼协调能力是儿童小肌肉动作发展的一个非常重要的方面。反映小肌肉动作发展情况的活动有画画、折纸、剪纸、穿珠、扣扣子、系鞋带等。以下是有关儿童小肌肉动作发展的一些具体评价指标。

(1)0～18个月。能抓住照看者的手指；能双手伸出去拿玩具、物品、瓶子等物件；学拍手，能做表达再见时的挥手动作；能把小物件从一只手放到另一只手中；能把物件从盒子里取出；能用食指和拇指拿物件；能翻大书，通常能一翻好几页；能用较粗大的书写工具在纸上做记号。

(2)19～36个月。大多数情况下，能一页一页地翻书；用水彩笔涂鸦，开始模仿画符号(如一个圆)；能使用刷子；在帮助下，能将毛巾、纸等折叠起来；把水从小杯子里倒出来；在帮助下，能通过转动、拉动等把门打开；能较好地使用一些餐具。

(3)37～60个月。用餐具吃东西；使用各种绘画、手工用的工具(如蜡笔、刷子等)；能画出几何图形等；能用一只手把剪刀张开和并拢；能沿着直线或曲线剪，不一定准确；能很容易地操作小物体(如穿珠、把小东西放在小洞里)；能把大扣子扣好；能拉大的拉链；能使用订书器；能写出一些可被人们认得出的字(如数字、汉字、字母)。

(4)61～72个月。能打开或盖紧盖子(不是很难的那种)；在帮助下，能折一些东西(如纸飞机等)；在帮助下，能打结、系好鞋带；能写出自己姓名里的某些字；能扣好衣服上的大扣子。

二、学前儿童认知发展评价

对学前儿童认知的评价不等同于对他们知识掌握和评价，而是他们基于知识掌握而获得的能力的评价。下面以美国华盛顿州的评价指标和标准为例来加以说明。

(一)美国华盛顿州制定的有关认知评价的评价指标

(1)逻辑与推理。

①因果。

②批判与分析思维。

③问题解决。

④表征思想。

(2)数量与数字。

①数字。

②测量。

③排序。

(3)科学。

①科学思维。

②科学知识。

(4)社会探究。

①历史。

②地理。

③经济。

④生态。

⑤技术。

(5)家庭、社区与文化。

(6)艺术创造。

①表达与表征。

②理解与表现。

(二)美国华盛顿州制定的有关认知评价的评价标准

(1)逻辑与推理。

①因果：意识到事物的因与果。

②批判与分析思维：比较、对比、检验、评价经验、任务与事件。

③问题解决：能找到多种方法来解决问题、克服困难、完成任务和迎接挑战。

④表征思想：用象征符号来表征物体。

(2)数量与数字。

①数字：具有数字和数数方面的知识和技能。

②测量：具有大小、体积、高度、重量、长度方面的知识。

③排序：对物体的分类排序与组织；对形状的知识。

(3)科学。

①科学思维：通过观察收集信息；在操作物体、问问题中探索周围的自然世界。

②科学知识：观察并描述生物的特征；观察并描述地球的特征。

(4)社会探究。

①历史：能区分已经发生、正在发生和将要发生的事件。

②地理：对位置和空间关系的理解；对人、地点、区域关系的理解和认识。

③经济：对经济概念的理解。

④生态：对人与环境关系的理解。

⑤技术：能合理使用技术、技术产品。

(5)家庭、社区与文化。

①对家庭特性与功能的理解。

②对所处社区人们之间相互依存、社会角色的理解；表现出公民责任感。

③对自己的文化、他人的文化的理解与欣赏。

(6)艺术创造。

①表达与表征：用艺术创造来表达与表征他们知道什么、想什么、相信什么和

感觉到了什么等。

②理解与表现：对创造性艺术的理解和表现。

三、游戏活动评价

《幼儿园工作规程》中明确指出，"游戏是对幼儿进行全面发展教育的重要形式"，幼儿园的教育工作者应"以游戏为基本活动"，应"因地制宜地创设游戏条件"，应"充分尊重幼儿选择游戏的意愿"等。幼儿园游戏活动的评价不仅是幼儿园教育评价的组成部分，也是对幼儿园游戏活动的各方面进行价值判断的过程。

下面以对幼儿园户外游戏场地设置的评价、对幼儿园室内游戏区设置的评价、对幼儿园游戏条件评价为例（见表 6-2～表 6-4）。

表 6-2 幼儿园户外游戏场地评价表[①]

评价项目	评价标准	评价方法	得分
场地面积	1. 无游戏场地； 2. 未达标，尚无有效的变通措施； 3. 未达标，但已采取有效的变通措施； 4. 达标	对照国家 相关规定 实地检测	0 1 2 3
场地质量	1. 全部为水泥地或其他不合格地； 2. 沙土、土地占 60％以上，其他为水泥地； 3. 沙土、土地，并有一定的草坪	实地观察、 测量	0 1 2
设施器械	1. 无或数量极少，不能满足游戏活动的需要； 2. 数量适宜，质量一般； 3. 数量达标，并且器械具有多功能和经济适用的特点	实地观察	0 1 2
结构安排	1. 有不同区域的划分； 2. 各区域安排合理； 3. 各区域之间有过渡； 4. 能满足幼儿的不同需要	实地观察	1 1 1 1
安全	1. 地面上无危险物； 2. 器械安装牢固； 3. 设备功能完善； 4. 设备适合幼儿身体和运动特点	实地观察、 检查	1 1 1 1
其他	1. 有绿化带； 2. 绿化带安排合理； 3. 有防雨棚或其他防雨设施	实地观察	1 1 1

说明：前三项只能选择一个分值，后三项可多项选择分值；最高得分为 18 分。

---

① 虞永平，等：《幼儿园课程评价》，南京，江苏教育出版社，2005。

表 6-3　室内活动区设置评价表①

评价项目	评价标准	得分
占用面积	与室内总面积之比： 达 50％以上 达 70％以上 达 80％以上	1 2 3
活动区内容的丰富性（不同活动区的数量）	4 个区 6～7 个区 8 个区以上	1 2 3
活动内容的合理性（活动区的总体特征）	符合班级特征 符合教育要求	2 2
活动区数量的适宜性（班内人数与可使用面积之比）	数量适宜 数量较适宜	2 1
活动区的外部结构	有区域划分但不明显 有明显的区域划分 区域安排合理 有明显的交通要道利于幼儿活动交往 无教师观察上的死角	1 2 1 1 1
活动区的内部结构	材料与物品的设置具有层次性、系统性 材料与物品的设置便于儿童取放及游戏开展 具有暗示性 有封闭，但程度不适宜 有适宜的封闭 具有相应的游戏心理氛围	1 1 1 1 2 2
活动区的安全、卫生状况	区内设备和材料与其空间大小相匹配 区的性质与其所处的位置相匹配 区内没有锐利、有毒、易破碎、易对幼儿身体造成伤害的物品	1 1 1

说明：根据实际情况选择分值，除 1.2.4 项外，可多项选择，最高得分为 29 分。

表 6-4　幼儿园游戏条件评价表②

评价项目	评价等级	评价方法	得分
户外游戏场地的设置	1. 无户外游戏场地； 2. 部分符合国家的规定； 3. 完全符合国家的规定	实地考察	1 3 5

---

① 李坚红：《学前教育评价》，北京，人民教育出版社，2010。
② 李坚红：《学前教育评价》，北京，人民教育出版社，2010。

续表

评价项目	评价等级	评价方法	得分
室内游戏区的设置	1. 面积小，内容单一； 2. 面积较大，但区域划分不够合理； 3. 面积大，且区域划分合理	实地考察	1 3 5
游戏材料的提供	1. 游戏材料数量少，且有很多安全隐患； 2. 游戏材料较多，有一定的材料安全意识，但品种不够丰富，材料操作性不够强； 3. 游戏材料丰富，品种多，有特色，材料富有操作性和针对性，能注重游戏材料的安全卫生	实地考察	1 3 5
游戏时间的安排	1. 游戏时间短； 2. 游戏时间较长，但不能灵活调整； 3. 游戏时间长，能根据幼儿需要灵活调整	观察游戏	1 3 5
游戏的心理氛围	1. 无良好的心理氛围； 2. 有较良好的心理氛围，但不够稳定； 3. 有良好的心理氛围，幼儿能感受到支持与接纳，能快乐、自然地投入游戏活动	观察游戏	1 3 5

四、幼儿园整体工作评价

幼儿园整体工作评价是全面考查幼儿园办园行为，提升幼儿园办园质量的重要途径之一。在进行幼儿园整体评估时，可将幼儿园的工作分成若干维度（一级指标），再逐级细化（二级指标和三级指标），使指标能涵盖幼儿园工作的所有方面；为每一项指标设立评价标准；根据指标在整体工作中的重要性为其赋值，最后通过实地考察等方法来评价幼儿园的整体工作。

如前所述，幼儿园整体评价是一项系统的工作，一般需要专门的研究者来完成，如各省市在幼儿园升级进类时，需要对幼儿园的整体工作进行评估。

表 6-5 是浙江省一级幼儿园评价标准，供大家参考。

表 6-5　浙江省幼儿园等级评估指标体系

一级幼儿园

一级指标	二级指标	三级指标	评价标准	分值	评分结果		备注
					自评	考评	
A1 办园条件	B1 园舍场地	C1 ★	园舍产权明晰、合法（民办幼儿园产权为幼儿园自有）（1分）；园舍独立，设置在安全区域内（1分）；园舍建筑设计、造型和室内设计符合幼儿特点，布局合理（1分）；日照充足，场地干燥，道路平整，排水通畅，清洁整齐（1分）。	4			
		C2	有专用的户外活动场地，生均面积不少于4平方米（1.5分）；有30米跑道、运动场、沙池、戏水池、种植园地等户外活动区域（1分）；绿化面积生均不少于1平方米（垂直绿化面积按1/2计算）（0.5分）。	3			
		C3 ★	每班有专用的活动室和午睡室。若活动室和午睡室合用，则两者使用面积之和不少于生均3平方米；若两者分设，则活动室面积不得低于生均2平方米（2分）；有适合幼儿并符合卫生要求的午睡床铺设备，确保一人一床或一人一位（0.5分）；每班有专用盥洗室面积12平方米以上，流水洗手龙头6个以上，幼儿厕所大便器4个以上，小便器4个或便槽2.5米以上，卫生设施完备，符合幼儿年龄特点（1分）；有防暑降温和防寒保暖设备（0.5分）。寄宿制幼儿园（班）必须有幼儿专用、每人一床的独立寝室。	4			2008年1月1日以后新建的幼儿园，园舍场地必须符合省建设厅发布的《普通幼儿园建设标准》（DB33/1040—2007）。
		C4	幼儿园各类服务用房齐全。有保健室、园长室、教职工办公室、值班室、会议室（可兼家长接待室）、教职工厕所等（1分）；有独立设置、规模适宜、符合卫生要求的厨房（0.5分）；有大型的多功能活动室，面积在120平方米以上（1分）；幼儿专用活动室按每3个班一间的比例设置，每间面积不少于30平方米（0.5分）。寄宿制幼儿园（班）必须有疾病隔离室、浴室、洗衣房等。	3			

续表

一级指标	二级指标	三级指标	评价标准	分值	评分结果		备注
					自评	考评	
A1 办园条件	B2 设施设备	C5 ★	活动室内幼儿生活和学习必需的各种设备和用品较为齐全、适用。有适合幼儿身高的桌椅、开架的玩具柜、饮水设备、茶杯箱等家具(1分)；能够根据不同年龄班幼儿的特点配置玩教具(1分)；玩具种类、数量丰富，能够满足幼儿游戏和学习活动的需要(1分)；教具(黑板、钢琴或电子琴、多媒体设备等)较为齐全，能够满足教育教学需要(1分)。	4			
		C6	户外活动场地配备符合安全卫生要求和幼儿年龄特征的大中型玩具、器械和体育活动设施，数量适宜(1.5分)；投掷、跳绳、大小球类等小型器具人均3件以上(1.5分)。	3			
		C7	为教师提供良好的办公条件，建立现代化办公和管理系统，能够较好地满足教师的教育教学和学习研究需要(1分)；有教职工阅览室，配有各类教育理论、教学参考书籍，种类丰富，达300册以上，幼教专业杂志达5种以上，音像资料较为丰富(1分)；有专用的幼儿阅览室，幼儿图书生均10册以上(0.5分)；每年均新增各种图书和资料(年递增量人均1册以上)(0.5分)。	3			
	B3 办园经费	C8	办园经费来源合法稳定(1分)；生均日常公用经费开支达到300元/年以上(1.5分)，并逐年稳步增长(0.5分)。	3			
		C9★	教职工待遇有保障并稳步提高。严格执行新《劳动合同法》，依法与在职非在编教职工签订劳动合同(1分)，其工资不低于本地区的最低工资标准(1分)，并为其办理医疗、养老、失业等保险(1分)；非在编合格专任教师的工资参照在编教师工资标准支付，非财政发放的福利、奖金等做到与在编教师同工同酬(1分)。	4			

一级指标	二级指标	三级指标	评价标准	分值	评分结果		备注
					自评	考评	
A1 办园条件	B4 人员配备	C10 ★	配备园长以及足够数量的专任教师、保育员、医务保健人员和工勤人员。平均每个班级配专任教师 2 名(或专任教师与幼儿的比例在 1∶10～1∶15)(2 分),保育员 0.5 名(宁波规定 1 名)以上(1 分);全日制幼儿园应配医务人员 1 名(寄宿制幼儿园配 2 名,幼儿超过 300 名酌情增加)(1 分)。寄宿制幼儿园(班)每班配备 2 名教师、2 名保育员。	4			本条指标分值为 4 分。其中,每班的专任教师和保育员的配备占 3 分;其他人员配备占 1 分。在评估时可根据实际情况,酌情打分。
		C11	园长应具有大专以上学历,5 年以上教育工作经验(0.5 分);持有适用的教师资格证,幼儿园高级及以上职称(0.5 分);取得省级教育行政部门核发的《幼儿园园长岗位培训合格证书》(0.5 分);具有较强的业务能力和管理能力,具有较强的教育教学研究能力,有课题研究成果或论文发表(0.5 分)。	2			
		C12 ★	幼儿园教师队伍整体素质高,结构合理。100%的专任教师持有适用的教师资格证(1.5 分);70%以上的专任教师具有学前教育专业大专以上学历(1 分);所有合格的专任教师都有机会参加职称评定(0.5 分);15%以上的教师具有幼儿园高级及以上职称(0.5 分);专任教师三年流动率不超过 20%(0.5 分)。	4			
		C13	医务人员具有中专卫校毕业以上文化程度,经过专门培训(0.5 分);保育员具有初中以上文化程度、55 周岁以下、受过保育专业知识培训,并取得上岗证(0.5 分);保健人员具有高中毕业以上文化程度,经过卫生保健专业培训,并取得上岗证(0.5 分);财会人员具有高中以上文化程度并获得会计人员从业资格证书(0.5 分);食堂主要炊事员受过烹饪专业技术培训,并有相应的等级证书(0.5 分);门卫人员是 50 周岁以下、初中文化以上的保安人员(0.5 分)。	3			

续表

一级指标	二级指标	三级指标	评价标准	分值	评分结果		备注
					自评	考评	
A2园务管理	B5行政常规管理	C14	有正确的办园指导思想和培养目标，有幼儿园发展的整体规划与具体实施措施(0.5分)；坚持保教结合，全心全意为幼儿和家长服务(0.5分)；有 3 年以上办园历史(0.5分)；办园水平高，社会声誉好，家长、社会满意度高(0.5分)。	2			
		C15	幼儿园规模适宜，一个园区幼儿数不超过 500 名(1分)；严格控制班级学额，小班不超过 25 人，中班不超过 30 人，大班不超过 35 人(2分)。	3			
		C16	坚持依法办园，实行园长负责制和目标管理(民办幼儿园实行董事会领导下的园长负责制和任期制)(1分)；行政、教学、后勤等管理组织机构健全(1分)；建立了民主平等、科学有效的决策机制(如园务委员会、教职工代表大会、家长委员会等)(1分)；幼儿园章程和各项管理制度健全(1分)。	4			
		C17	园长每周带班兼课时间合计不少于半日(1分)；园长每学期跟班观摩指导教育活动不少于 20 次(0.5分)，业务副园长不少于 60 次(0.5分)。	2			
	B6教职工队伍管理	C18	教职工岗位责任制、考核评价制度和奖惩制度健全落实(0.5分)；重视教师继续教育和专业发展工作，建立以园本为主的业务学习制度和教师培训制度，有切实可行的近期和中长期师资培训和教师专业发展计划(1分)；幼儿园积极为教师培训创造条件，教师培训经费落实(0.5分)；每位教师平均每年集中培训时间不少于 48 学时(0.5分)；每位教师专业成长档案资料较为齐全(0.5分)。	3			
		C19 ★	有市级以上优秀教师、教坛新秀、学科带头人、规划科研课题主要负责人等 1 人以上。	2			

续表

一级指标	二级指标	三级指标	评价标准	分值	评分结果		备注
					自评	考评	
A2 园务管理	B7 后勤与财务管理	C20	物品管理制度健全。分工明确,专人负责(0.5分);财产造册,定期清点,账物相符(0.5分);各种物品保存完好,使用率较高(1分)。	2			
		C21	档案资料管理制度健全。分工明确,专人负责(0.5分);各类文件、档案资料齐全(1分);管理规范,借阅手续完备,查找方便(0.5分)。	2			
		C22	财务制度健全。执行《会计法》的规定,核算行为规范,管理制度健全,无重大违反财经法律法规政策的行为。	4			
		C23 ★	幼儿园应按物价部门规定的项目和等级标准收费。民办幼儿园应执行国家发改委、教育部、劳动和社会保障部制定的《民办教育收费管理暂行办法》(发改价格〔2005〕309号),收费规范。	2			
		C24 ★	师生伙食账目分开(0.5分);每月幼儿伙食费盈亏不超过5%(0.5分);每月向家长公布幼儿伙食账目(0.5分);每学期向家长提供代管费使用情况清单(0.5分)。	2			
		C25 ★	不以开设实验班、兴趣班、特色班和培养幼儿某种专项技能等为由收取费用(1分);不收取与幼儿入园挂钩的各种形式的赞助费(1分)。	2			

续表

一级指标	二级指标	三级指标	评价标准	分值	评分结果		备注
					自评	考评	
A3 安全卫生保健工作	B8 安全工作	C26 ★	重视安全工作，建立房屋、设备、消防、交通、幼儿接送和食品、药品等安全管理制度（1分）；分工明确，管理到位，责任落实（0.5分）；园内各种建筑、设施设备均有安全防护措施，教育活动所提供的场地、材料、教玩具等均能确保安全（1分）；定期进行安全检查并记录，及时消除安全隐患（0.5分）；近3年内没有重大责任事故（1分）。	4			
		C27	有计划地对幼儿进行安全教育，帮助幼儿掌握必要的自我防护知识和方法，提高幼儿自我保护的意识和能力。	2			
	B9 卫生保健工作	C28	按照《××省托幼园所保健管理办法》配备保健室和隔离室，常用设备、器械、药品较为齐全（1分）；保健人员定期接受儿童保健专业培训（1分）；班级的卫生保健和消毒设备安全、卫生、齐备，使用率较高（1分）。	3			
		C29	建立并严格执行健康检查、卫生消毒及卫生保健登记统计等各项卫生保健制度（1分）；认真做好入园检查、定期体检、晨检及全日健康观察等日常卫生保健工作，配合卫生部门做好计划免疫工作（1.5分）；建立规范的疾病预防、隔离制度，近2年内无传染病蔓延事故（1.5分）；建立健全幼儿健康档案，各类账册、资料、档案齐全、规范（1分）。	5			
		C30	幼儿每年体检一次，受检率100%，预防接种率达100%（1分）；幼儿离园3个月以上回园需有医院健康证明（0.5分）；建立对特殊需求儿童的卫生保健管理制度，重视体弱儿、肥胖儿的矫治和管理（0.5分）；全园幼儿生长发育（主要指标包括：身高、体重、血色素）基本达到国家标准，达标率90%以上（1分）。	3			
		C31 ★	幼儿园所有工作人员必须持有健康证（1分），无慢性传染病和精神疾病（1分），并每年进行体检（1分）。	3			

一级指标	二级指标	三级指标	评价标准	分值	评分结果		备注
					自评	考评	
A3 安全卫生保健工作	B9 卫生保健工作	C32	建立营养管理制度，为幼儿提供合理的膳食。根据时令及幼儿特点制定定量食谱(1分)；定期进行营养分析，并向家长公布幼儿进食量和营养摄取量等情况(1分)。	2			
		C33	食堂严格执行《食品卫生法》和食品验收制度，做好饮食卫生管理，达到"××省学校食堂卫生监督量化分级管理"B级以上(2分)；教职工与幼儿伙食严格分开(0.5分)；幼儿两餐间隔不少于3.5小时，按时开餐(0.5分)；为特殊需求幼儿(如体弱儿、肥胖儿等)提供特殊饮食(0.5分)；保证幼儿吃饱吃好，不吃隔餐饭菜，无食物中毒事故发生(0.5分)。	4			
A4 教育工作	B10 教育教学常规	C34	严格贯彻执行幼儿教育的方针、政策和《幼儿园工作规程》，根据《幼儿园教育指导纲要(试行)》安排教学活动内容(2分)；不开设超越幼儿教育阶段的学科课程，没有小学化倾向(1分)；使用的教材经过省级以上教材审定部门审定(1分)。	4			
		C35 ★	根据幼儿的需要建立科学的幼儿一日生活作息制度，合理安排幼儿一日生活，保证幼儿有充分的自主活动时间和休息时间(1.5分)；保证幼儿每天(雨雪等天气条件下除外)2小时的户外活动，其中体育活动1小时以上(1.5分)；积极创造条件，利用阳光、空气、水等自然因素开展适合幼儿年龄特点和个性特征的户外游戏和体育活动，培养幼儿参加体育活动的兴趣和习惯(1分)。	4			
		C36	幼儿园和班级的环境美观，富有童趣，有教育意义(1分)；能结合教育教学内容及时更新(1分)；重视幼儿参与环境布置，幼儿参与度较高(1分)。	3			

续表

一级指标	二级指标	三级指标	评价标准	分值	评分结果		备注
					自评	考评	
A4 教育工作	B10 教育教学常规	C37 ★	以游戏为幼儿基本的活动形式，寓教育于各种活动之中(1分)；幼儿游戏活动区域丰富、齐全，动静相对分开(1分)；游戏材料安全卫生、数量充足、适宜幼儿使用，有较强的可操作性和可变性，并有一定数量的师生自制教玩具及半成品游戏材料(1分)。	3			
		C38	教师能根据本班幼儿特点，制订适宜的教育教学方案(1分)；能较好地组织形式多样、内容丰富的各类教育教学活动(1分)；善于观察分析每个幼儿发展情况，进行个性化的教育和指导(0.5分)；能定期记录、分析教育活动效果(0.5分)。	3			
		C39	教师坚持积极鼓励、启发诱导，努力为每个幼儿提供表现长处和获得成功的机会(1分)；善于观察幼儿的情绪和行为，及时发现并纠正幼儿的行为偏差(1分)；无体罚和变相体罚幼儿现象(1分)。	3			
		C40 ★	未经教育行政部门同意，不组织幼儿参加民间组织的各类竞赛、评奖活动和幼儿集体参加的社会活动。	2			
		C41	建立较为科学合理的幼儿发展评估体系。通过观察和记录科学评价每个幼儿的发展情况(1分)，并能将评价信息作为改进工作的依据，采取有效措施，进行个性化的教育和指导(1分)；幼儿发展过程的档案资料齐全(1分)。	3			
		C42	大部分幼儿生活、卫生习惯良好，有基本的生活自理能力，喜欢体育活动，动作协调灵活(1分)；乐意与人交谈，会倾听和理解，能清楚地表达，喜欢听故事、看图书，能听懂和会说普通话(1分)；能积极参与各项活动，自信心强，在活动中初步懂得互助、合作、分享，有同情心(1分)；好奇心强，喜欢提问，积极参与探究活动(1分)；喜欢参加艺术活动，大胆地表现自己的情感和体验，能用自己喜欢的方式进行艺术表现活动(1分)。	5			

续表

一级指标	二级指标	三级指标	评价标准	分值	评分结果		备注
					自评	考评	
A4 教育改革与教科研工作	B11 教育改革与教科研工作	C43	大力进行各种教育改革与研究探索(1分);全体教师都能积极参与教科研活动(1分);教科研课题与教育实践紧密结合(0.5分);园本教研成效突出(0.5分);教科研工作开展规范,过程资料和档案齐全(1分)。	4			
		C44 ★	教研、科研组织机构健全,有市级教育部门或省级教育学会及以上课题(2分),并取得显著成果。幼儿园集体和个人近3年在市级以上(含市级)报纸杂志发表、会议交流的教科研文章篇数与教育科研成果(论文)获奖次数之和与专任教师数之比的比值达0.5以上(2分)。	4			
A5 家长和社区工作	B12 家长工作	C45	重视家园共育,家长工作开展规范,形式多样,内容丰富,有计划、有落实、有记录、有总结、有实效。与家庭联系密切,定期或不定期进行家访,举行家长会和家长开放活动(1分);通过多种形式向家长普及科学的早期教育理念和方法,帮助家长树立正确的教育观念,指导幼儿的家庭教育(1分);充分发挥家长和家长委员会在幼儿园管理及教育中的作用,家长满意率高(1分)。	3			
	B13 社区工作	C46	积极争取社区的支持,与社区共享教育资源,为社区提供力所能及的服务。充分利用社区资源,为幼儿提供丰富的活动场所、材料及其他教育资源和条件(1分);为社区内的儿童提供健康有益的活动场所,积极开展社区内幼儿(包括0~3岁散居婴幼儿)早期教育及其家庭教育指导和咨询工作(1分);积极向社区及全社会传播科学的幼儿教育理念,努力为幼儿成长创造良好的社会环境(1分)。	3			

续表

一级指标	二级指标	三级指标	评价标准	分值	评分结果		备注
					自评	考评	
A6 示范辐射作用	B14 示范辐射作用	C47 ★	能够协助各级教育部门做好本地区学前教育业务指导和管理工作（1分）；重视本地区的师资培养培训工作，成为本地区幼儿园教师职前培养的见实习基地和职后培训基地（1分）；定期或不定期举行市级以上教育教学观摩活动（1分）。	3			
		C48 ★	通过各种途径和形式，为其他各类幼儿园提供指导和服务。长期、经常开展针对薄弱园、民办园和农村园的帮扶活动，帮扶工作有成效（1分）；城区幼儿园有具体的辅导片区，乡镇中心幼儿园有健全的辅导网络（1分）；有专人负责指导辅导片区内幼儿园（班）的业务工作，职责明确；建立辅导制度，有计划、有记录、有成效（1分）。	3			

本章小结

　　幼儿园评价是指人们依据一定的标准和程序，有目的、有计划、有组织地对园所建筑和配套设施以及各方面工作进行深入且具体的调查，同时做出相应的价值判断的过程；对幼儿园进行科学、客观的评价，可以为教育决策、管理方法及园所的发展思路等提供依据，这对于提升园所保教质量、推动园所发展具有重要意义。

　　幼儿园评价工作一般分为：(1)确定评价目的；(2)选择和确定评价内容；(3)设计评价方案；(4)实施评价方案；(5)撰写评价报告。在幼儿园评价过程当中要讲究方向性、客观性、发展性、改进性、多种评价相结合这几项原则。

关键术语

　　幼儿园评价　评价原则　评价内容　评价方案　评价报告

思 考 题

1. 幼儿园工作评价的意义和目的是什么？

2. 幼儿园评价工作要遵循哪些原则？

3. 如何撰写一份完整的幼儿园工作评价方案？

案 例 研 究

在某一集团化办学的连锁幼儿园，管理该集团幼儿园的领导为了提高教学质量，组织旗下的 8 所幼儿园进行集中教学活动评比。评委老师由集团领导及部分教学园长组成。经过 8 所幼儿园一天的集中教学活动观摩，评出了一、二、三等奖，此活动告一段落。

请你结合幼儿园工作评价的相关内容，评价此种做法的利弊。

拓 展 阅 读

霍力岩. 学前教育评价[M]. 北京：北京师范大学出版社，2000.

该书系统研究了如何编制学前教育评价方案，探讨了如何实施学前教育评价，研究了西方学前教育评价的主要模式和策略等评价思潮，值得深入学习。

第三篇

幼儿园的发展

第七章 幼儿园的发展战略

学习目标 ▶

1. 理解幼儿园发展战略中包含的内容。
2. 熟悉提高幼儿园核心竞争力的策略。
3. 了解幼儿园品牌建设的过程。

导入案例 ▶

某幼儿园原属某区妇联主管，2009年归某区教育局直属，由于主管行政部门不同，在教师队伍管理、培养工作等方面与教育系统公办园存在明显差距。尤其是教龄在6～10年的中青年在编教师占全体教师的88％，其中很多对职业的认同进入了高原期，缺少职业效能感，缺乏创造欲望；而近几年由于办园体制上的种种原因阻碍了幼儿园的发展，生源逐渐减少，教师的工作热情明显下降，团队意识松散，缺少凝聚力。

面对这样一个师资队伍该怎么办，是维持现状、停滞不前，还是改革创新、迎接挑战？园长应如何通过规范教学管理促进教师专业成长、促进幼儿园的健康发展？只有结合本园实际，从源头入手抓管理，努力创设科学、规范、合理的管理模式，激活幼儿园的人力资源，从而提高教育教学质量，才是唯一的办法。本章将围绕此类幼儿园发展问题展开讨论。

第一节 幼儿园发展战略概述

在市场经济体制下，幼儿园面向社会自主办园、自我发展已成为趋势。随着幼教市场准入政策的放宽，幼儿园被推入了竞争越来越激烈的市场，如何占领市场、吸引生源成为众多幼儿园面临的一个重要问题，这就使得幼儿园开办者及管理者不能只注重内部管理，还需要树立市场意识，制定幼儿园发展战略。如今，公办园与民办园在物质形态方面(如园内建设、教学硬件等)日趋接近，表现出来的软实力(如教育理念、教育定位、园所文化等)在竞争中具有至关重要作用。为了更好地促进幼儿园在市场中的发展，提高幼儿园的竞争力，在制定幼儿园发展战略时，会涉及以下一些内容。

一、领先的教育理念

教育理念是对"教育是什么"的价值判断和基本看法，是教育发展的指向性的理性认识，反映教育本质和时代的特征，反映社会发展和教育与社会、经济发展的适应程度，目的在于促进人的发展。教育理念是评价一所幼儿园教育质量非常重要的指标。如果没有明确的教育理念，幼儿园办园模式易落入"跟风""追潮流"中。理念作为一所幼儿园的灵魂，一所幼儿园特色的形成，需要一个适应时代潮流和教育发展方向的先进理念做支撑。即一所优秀的幼儿园除了硬性条件外，还需要具备领先的教育理念，具有一定的前瞻性，从而能正确地指明一所幼儿园的前进方向。[①]

(一)意义

首先，领先的教育理念决定了幼儿园办园思路。教育理念表现在观念层面上，决定了幼儿园办园方向和思路；表现在实践层面上，指导和约束幼儿园的具体操作工作。教育目标的确定，课程的设置，教材的选择、教师的培训、教育方法的选择等，都是以一定的教育理念为依据的，特别是课程的设置，很大程度上决定了幼儿园的特色所在。

其次，领先的教育理念有助于改善幼儿园的整体环境。前瞻性的教育理念，会成为教育行动的思想先导，为教育实践活动指引方向，形成积极的幼儿园氛围。正确的教育理念会使教职工有一种信任感和归属感，从而形成一种积极的心理氛围。

最后，领先的教育理念督促教师队伍的自我成长。领先的教育理念对教师教学能力和科研能力等方面提出了更高的要求，需要教师不断学习，提高自身修养。

(二)教育理念的确定

确定教育理念的核心是要符合本地区经济发展水平，教育发展状况和本园实际情况。具体可以从以下几方面入手。一是保证幼儿身心的全面发展。面对名目繁多的教育理念，开办者或管理者不能盲目标新立异、追赶潮流，而忽略教育的本质，应该通过理性分析来判断和选择究竟什么对儿童身心发展最有益。二是教育理念的确定要在一定程度上满足家长的消费品位。随着社会经济的发展和人们受教育水平的提高，家长在教育理念上不断更新，教育品位越来越倾向于强调幼儿园整体文化氛围。三是教育理念的确立要促进幼儿园的长远发展。应把握最前沿的教育信息，

---

① 孔小琴：《谈幼儿园的教育理念与其品牌的树立》，载《山东教育》(幼教刊)，2005(06)。

以儿童心理和教育发展的规律为依据，尊重本地实际情况，充分挖掘理念的深刻内涵，丰富理念本身，保证幼儿园可持续发展。

需要注意的是不能把教育理念只是当成口号，流于形式，而是要让教育理念深入人心，渗透到幼儿园文化建设之中，内化为实践，彰显教育理念育人功能。同时，教育理念要融入幼儿园教育的环节中，如课程的设置、教育目标的制定、教材的选择等。此外，教育理念的执行者是全体教职工，幼儿园应通过多种形式的教职工培训，让他们能够理解和掌握，从而形成整个幼儿园的教育理念。最后，让教育理念影响到家长的育儿理念，引导家长树立正确的育儿观、教育观。

案　例

温馨提示

"一切为了孩子，为了孩子的一切"，这句话体现了教育者以儿童身心发展为核心开展活动的教育理念，本身思想内涵很丰富。它适应于一切与儿童教育有关的场所和机构，不仅仅是幼教机构，中小学、各种儿童培训机构、各种儿童活动场所都可以用。实际中有很多幼儿园都把这句话作为主要的标语口号来运用。这导致许多幼儿园的品牌标示雷同，不能使人准确把握不同园的区别。此外，这句话的指导性不强、可操作性不强，表现的主题过大过泛，即使园内的管理者和普通员工也无法准确理解这句话，并用以指导工作。[①]

因此，幼儿园在树立教育理念时应仔细斟酌。

二、正确的教育定位

在现阶段，我国的幼儿园既是专门的教育机构，也具有企业组织的性质。幼儿园与企业发展有相似的地方，如需要盈利，无论各种类型公办园还是民办园，都面临着自筹资金的问题，尤其是民办园的生存发展全靠自筹资金解决。幼儿园的发展不能以损害幼儿的利益为代价，管理者不能盲目追求经济利益，而丢失教育的责任，把办园当作快速致富的渠道。这就需要幼儿园在发展中要始终坚持正确的教育定位。

(一)目前幼儿园存在的定位问题

我国经济发展的速度影响了幼儿教育的发展。快速发展有时导致管理机构对幼儿园的指导和监管不到位，社会浮躁风气和家长的急躁心态影响了幼儿园教育，导致幼儿园教育发展的浮躁、跟风现象严重，部分幼儿园教育定位存在偏差。

许多幼儿园教育盲目追求小学化，违背幼儿身心发展特点，违背教育规律。如，

---

① 袁萍，唐敏：《幼儿园管理》，北京，北京师范大学出版社，2012。

一些幼儿园为了迎合家长需求，减少了幼儿游戏活动，把儿童的主要活动变为课堂的学习活动。教育内容枯燥化，教育方法和手段单调化，这些过于注重知识学习和简单技能的练习，忽视了幼儿兴趣和情感需要，忽视了幼儿思维能力和方法的培养，忽视了幼儿健康人格和社会化行为习惯的培养。[①] 更有甚者将幼儿园完全当成盈利的工具，无视幼儿的身心发展需要，多方克扣幼儿园的正常支出，违背了教育工作者的职业道德。

(二)正确定位的必要性

与大学、中学等教育机构相比，幼儿园有其特殊性，即它的教育对象是"社会上最脆弱的群体"(《儿童权利公约》序)——尚无独立生活能力的、需要成人精心照顾和保护的幼儿。因此，幼儿园这一教育机构也是公共育儿机构，具有社会福利性，即幼儿园是带福利性的学前教育机构。幼儿园的定位是否恰当很大程度上决定了这个幼儿园办得是否成功，而所谓幼儿园的定位，首先便是这个幼儿园的一切都是以幼儿的利益为最高点，一切都是为了幼儿而服务的。[②]

此外，由于幼儿园教育的对象年龄小，身心发展不成熟，幼儿教育始终应坚持保教并重，教养相结合的原则。

(三)幼儿园定位的要求

首先，幼儿园教育对象是幼儿，在教育定位中应以遵循幼儿身心发展特点和教育规律为准绳。依据幼儿身心发展特点，一切从幼儿的实际利益出发，充分考虑幼儿发展需要，始终应以促进儿童身心健康为根本使命，对幼儿进行德、智、体、美等方面全面发展的教育，保障幼儿游戏的权利，而不是迎合家长不科学的需求，只注重计算、识字等方面教学。

其次，教育定位要符合国际教育理念，坚持幼儿权利至上的原则。同时，教育定位要符合我国的方针政策和相关文件(如《幼儿园工作规程》《幼儿园教育指导纲要(试行)》等)中的规定，包含着正确的儿童观、教育观、活动观等。

最后，正确的教育定位离不开幼儿园办园的历史和文化环境，要立足于幼儿园实际。每个幼儿园不管其创办时间的长短，都会有自己的文化与风格，需要立足于现实，理性思考。如，农村幼儿园可以充分发挥大自然对幼儿发展的作用，利用独有的自然和地域资源，引导幼儿从劳作中学习和成长等。

需要注意的是，家庭教育也是幼儿园教育中不可忽视的一个环节。在教育定位中，也要考虑到家庭教育。幼儿园教师对幼儿的教育离不开家庭的配合，帮助家长建立正确的教育观、儿童观，能够使家长更好配合幼儿园工作，实现家园共育，更好地促进幼儿身心健康发展。

---

① 袁萍，唐敏：《幼儿园管理》，北京，北京师范大学出版社，2012。
② 邓宏，李以盛：《幼儿园教育质量提高的 66 个有效策略》，长春，吉林大学出版社，2014。

三、卓越的管理团队

对幼儿园来说，管理包含着对人、财、物等的管理。幼儿园的一切工作，无论是教育、教学工作，还是物质、财物工作，都要通过人去完成。幼儿园管理的主要任务就是要把全员各部分人有效地组织起来，形成一个坚强的教育集体。[1] 这就需要组成管理团队，为实现共同的管理目标，完成管理任务，相互配合、协调。

(一)建立卓越管理团队的必要性

一方面，管理团队的建立是幼儿园发展的需要。如果一所幼儿园没有建立自己的管理团队，而是管理者一头扎进事务中，易出现管理的混乱状态，影响到幼儿园的发展。为了克服管理过程中混乱状态，需要建立管理团队。

另一方面，卓越的管理团队具有较强的凝聚力，影响力和执行力，能够使幼儿园在竞争中实现更好的发展。

(二)管理团队的角色定位

幼儿园的管理团队应该是一个懂"行"的专业团队，是一个能充分整合专家团队资源，引领教师团队进行专业"掘金"的支持团队。要组建这样一个能为教学和教职工提供高品质服务与支持的团队，就需要打破传统的管理者高高在上的权威意识，明确管理者置身于群体之中的公仆意识，将"领导与被领导"的干群关系调整到"服务与被服务"的关系上。[2]

(三)对卓越管理团队的要求

卓越的管理团队应具有一定的领先意识，如：学习意识领先、改革意识领先、专业意识领先、服务意识领先。在学习意识上，具有终身学习的意识，有良好的学习习惯和先进的管理理念，为教职工提供信息咨询，协助教职工解决思想困惑，满足他们专业发展的需要；在改革意识方面，管理团队应作为改革创新的推行者和探究者，对先进的教育理念进行深刻理解和把握；在专业意识方面，管理团队应熟悉学前教育专业，具备与之相应的知识、能力，能言传身教，进行示范，在专业上能为教职工提出切实的建议；在服务意识上，管理团队在规划工作、物资保证、信息资源提供、落实措施工作等方面，要有计划性、超前性和预测性，要深入实际观察和了解教职工的需要，及时满足教职工的合理需求，能创设良好的精神和物质环境，改善办园条件。

卓越的管理团队要有丰富的管理知识和管理经验。丰富的管理知识要求管理团队成员系统学习管理的理论知识，掌握管理学和管理心理学等基础理论，并能够不断学习新的知识。丰富的管理经验要求管理团队成员有多年的从业经历，不仅自身积累了丰富的经验，而且能够以开放的姿态广泛吸取其他行业和教育机构的经验。

---

[1]　袁萍，唐敏：《幼儿园管理》，北京，北京师范大学出版社，2012。

[2]　唐玉萍：《经验课程：在探索中生发(幼儿园课程研究丛书)》，南京，南京师范大学出版社，2011。

卓越的管理团队要有娴熟的管理技能。卓越管理团队的成员要能够"识人、知人、善于用人",能够了解每一位教职工的需求和能力,安排适合的工作,通过适当的激励手段调动教职工的积极性,鼓励他们不断超越自己;还要有良好的沟通技能,通过良好的沟通实现信息的传播通畅,使得"令行禁止",保证管理措施的执行。

卓越的管理团队还要有良好的配合:在年龄上要"老中青"相结合,将丰富的经验、充沛的精力和满腔的热情结合起来;在技能上要有人善于沟通,有人擅长业务;在管理风格上,要有人擅长开拓,有人擅长协调,有人擅长执行,形成优势互补,才能称之为"卓越的管理团队"。

四、优秀的教师队伍

教育服务产品是无形的产品,它需要借助教师这样一个载体去实现教育目标。幼儿园作为对幼儿进行保育和教育的机构,教师是幼儿园教育、教学的主要实施者,幼儿园的发展离不开教师。

(一)建立优秀教师队伍的必要性

《国家中长期教育改革和发展规划纲要(2010—2020年)》指出:"教育大计,教师为本。有好的教师,才有好的教育。"可见,教师对教育发展起到十分重要的作用,而一所好的幼儿园的发展离不开一支优秀的教师队伍。《幼儿园教师专业标准(试行)》提出,造就一支以师德为先、幼儿为本、能力为重、终身学习理念武装起来的,师德高尚、热爱儿童、业务精良、结构合理、充满活力的高素质专业化幼儿园教师队伍。

幼儿园教师的素质决定了幼儿教育的质量。一支优秀的教师队伍能够很好地践行幼儿园教育理念,在实际工作中除了用自己丰富的专业理论和知识外,还能够用爱心、耐心、责任心关怀幼儿的成长和发展,能够密切联系家长,获得家长和社会的信赖。一支优秀的教师队伍善于总结和反思,具有研究能力,教师之间能够做到优势互补,能够切实从幼儿园和幼儿的发展去思考问题。一支优秀的教师队伍是幼儿园文化软实力的一种象征,它发挥的作用具有持久性。

幼儿园教育工作有集体性的特点,即教师的工作成果是以集体成果的方式体现的。只有建立优秀的教师队伍,才能对幼儿集体施加全方位的教育影响。

(二)优秀教师队伍的要求

如何建设一支优秀的教师队伍,是幼儿园发展中必须要考虑和重视的问题。首先,对教师的任职条件要明确,要严格选拔和聘用教师。其次,在实际教育教学工作中,要根据教师能力差异和兴趣爱好不同,为教师提供合适的工作岗位,重视从政治思想、职业道德、科学文化等方面提高教师素质,发挥优秀教师的引领作用,鼓励教师自身的进修和学习,为教师提供专业发展的机会。同时,通过专家讲座、教研活动、公开课观摩学习等多种形式,促进教师的反思和成长。再次,要鼓励教师之间的交流与沟通，彼此信任，使幼儿教师在队伍中具有归属感。最后，为教师提供民主化的氛围，关怀教师，推动教师职业幸福感和心理健康发展。

五、良好的组织文化

促进幼儿园的发展，还离不开幼儿园自身组织文化的建设。园所组织文化是反映办园水平、管理理念以及园长素质高低程度的重要指标。[①]

（一）良好组织文化的意义

一所幼儿园的组织文化在一定程度上会决定该园的办园品位。良好的组织文化势必会提升幼儿园的办园品位。在评价一所幼儿园的环境时，除了关注园舍、绿化等硬件条件外，还会关注幼儿园是否具有和谐的人际关系，兼容并蓄的组织文化。幼儿园的组织文化，对与幼儿园有密切关系的人有着直接或间接的导向作用，会影响着每位老师的思想品德和行为规范，也影响着家长的言行举止和育儿理念，以及孩子的身心健康和成长。

（二）良好园所组织文化的含义

园所组织文化是社会文化的一种，与幼儿园的发展是同步的，是幼儿园全体老师在生活、学习和工作的过程中所共同拥有的信仰、态度、作风、行为准则和价值观念。它通常是通过园所的发展历史、形象标志、建筑设施、园所环境的创设、办园的管理模式、园风园训、老师的工作态度、师幼关系以及幼儿园的升旗仪式、节日庆典、文体表演、毕业典礼等活动要素来体现。[②]

（三）良好园所组织文化的内容

园所组织文化包含物质文化、精神文化和制度文化。

物质文化是园所文化建设的基础，具有外显性和感官性，幼儿园的建设大到幼儿园的布局规划，小到一室、一梯，一厕等的设计，都是物质文化的具体表现，这一定程度上透射出一个幼儿园办园理念和特色。[③]

园所组织文化建设的核心在于园所精神文化的培育，精神文化是幼儿园在办园过程中形成的最具特色、最有意义的一种文化。它是幼儿园群体在长期教育教学实践中积淀起来的，在共同的心理和行为中表现出来的一种理念；它是一种潜在的力量，是一种在幼儿园能普遍得到教师和家长的认可，能够为大家所接受和推崇的习惯和准则；它可以振奋人的精神，激励人的斗志，调节人的心理，规范人的行为——如开拓创新，勇于超越，务实勤奋，尽心敬业，认真做事，踏实做人；它不仅能引领全体教职工发自内心地认同这些价值观念，而且能将这些共同认定的价值

① 朱家雄，张亚军：《给幼儿园园长的建议》，上海，华东师范大学出版社，2010。
② 朱家雄，张亚军：《给幼儿园园长的建议》，上海，华东师范大学出版社，2010。
③ 中国学前教育研究会：《现代教育管理，幼儿园的改革与创新——中国首届园长大会论文集》，上海，华东师范大学出版社，2006。

观落实到日常行为规范中去。

园所组织文化的建设还离不开制度文化的保障。制度文化是由幼儿园的法律形态和组织管理形态构成的显性文化。通过它可以把幼儿园的物质文化和精神文化有机地结合成一个整体。现代制度文化有四个特性，一是科学性：符合园所发展需要和教职工现有水平；二是民主性：制度制定和产生应建立在全员参与基础上；三是积极性：制度对员工有积极引导作用；四是有效性，操作方面，实施后能对教师、幼儿和幼儿园发展起到帮助作用。[①]

(四)建设良好园所组织文化的要求

首先，园长作为决定幼儿园保教质量和发展方向的领导者，必须注重园所组织文化的创建，将园所组织文化建设作为园长的首要工作来做。园所组织文化的建设应在幼儿园历史发展的基础上不断积淀，继承优良传统，凸显其文化特色，与时俱进，创新完善。

其次，要认识到幼儿园的园所组织文化建设是一项系统工程，在建设过程中，既要有正确的指导思想和目标，又要有严密的操作程序和完整的制度保障。尤其是在园所组织文化尚未形成的时期，要通过制度来约束教职工的行为，并通过不断的学习和熏陶，使教职工的良好行为从他律成为自律，良好的园风就形成了。

最后，良好的组织文化建设要遵循普遍性与特殊性相统一，继承性与创造性相统一等原则，坚持以格调高雅的主题环境熏陶人，以丰富多彩的活动教育人，以蓬勃向上的敬业精神激励人，以规范科学的规章制度约束人，从而为师幼构筑一个良好的精神家园，促进幼儿身心健康全面发展和教师的专业成长，以及幼儿园的蓬勃发展。

园所组织文化的建设是促进幼儿园不断进步和发展的永恒主题。园所组织文化的建设得到了越来越多幼儿园的重视，它已经成为幼儿园之间竞争的一个重要因素。

第二节　幼儿园核心竞争力

近年来，幼儿园如雨后春笋般开办起来，但幼儿园是否能立足于社会，得到良性的发展，构建幼儿园的竞争力是幼儿园生存发展的根本。

核心竞争力是存在于幼儿园内部的、能提供具有特异性或成本优势的关键性产品或服务的能力，或者能为幼儿园带来持续竞争优势的能力组合。核心竞争力的提高可以提升幼儿园的地位、提高幼儿园的综合能力、促进幼儿园的长远发展。

幼儿园核心竞争力包括政策环境要素和内部环境要素。政策环境要素包括国家

---

① 中国学前教育研究会，《现代教育管理，幼儿园的改革与创新——中国首届园长大会论文集》，上海，华东师范大学出版社，2006。

的法律和政策、地方的政策法规等。内部环境要素是核心竞争力的基础，这些资源包括人力资源、知识资源、时间资源等。本节将从幼儿园理念、管理两个方面展开分析，主要从内部资源进行研究与分析，阐述如何提高幼儿园的核心竞争力。

一、理念先人一步

理念指导行为，有什么样的教育理念就会有什么样的教育行为。理念是人们在理性思考和亲身体验基础上，形成的关于事物本身及其价值和价值实现途径的坚定不移的根本性的判断与看法。教育理念就是人们在理性思考和亲身体验基础上形成的关于教育事物本身及其价值和价值实现途径的坚定不移的根本性判断与看法。[①]幼儿园如果想在竞争中立于不败之地，首先应当在理念上先人一步。

(一)以幼儿为本[②]

幼儿是幼儿园的主体，幼儿园的目标是促进幼儿全面的发展。因此，幼儿园应当把以幼儿为本的理念放在首位。以幼儿为本，需要树立正确的儿童观，认识到幼儿是独立、独特、发展着的人。尤其要在幼儿园开展的活动中体现幼儿的主体地位。

1. 活动目标：以幼儿发展为本

活动目标应体现以幼儿发展为本的教育价值观。在教育这个系统中幼儿是诸多要素的根本，处于核心地位，其他要素都是围绕这一核心要素而存在和运转的。活动目标突出以幼儿为本，实质上是把使幼儿在原有水平上得到最充分的发展作为一切教育活动的出发点和归宿，把全面提高幼儿的基本素质作为可持续发展的基础。突出幼儿发展，并不是对社会需求和学科适应的忽视，而是三者之间的辩证统一和整合。以幼儿发展为本的活动应该突出以下两点。

第一，培养基本素质。幼儿教育是为每一个幼儿今后发展和从事终身学习的基础教育，是提高国民整体素质的教育，它不是英才教育，也不是职业教育。幼儿园的课程是终身教育的根本课程，重点是培养所有幼儿的基础素质。所谓的基础素质，即不论作为普通劳动者，还是作为科学家，不论是工人、农民还是国家领导人都具备的素质。[③] 这些素质是人们为能生存下去充分发展自己的能力，有尊严地生活和工作，充分参与发展，改善自己的生活质量，做出有见识的决策并能继续学习所迫切需要的。

1996 年，"国际 21 世纪教育委员会"明确地提出，面对未来社会的发展，教育必须围绕四种基本学习——"学会认知、学会做事、学会共同生活、学会生存"来重新组织。这四个基本要求为每一个幼儿今后的可持续发展和从事终身学习打下全面的综合的基础，它包括基本知识、基本技能、基本方法、基本能力、基本态度和基

① 温恒福：《探索 21 世纪中国教育教学先进理念引论》，载《教育探索》，2002(1)。
② 梁燕颜：《试论幼儿发展为本的幼儿园课程改革观》，硕士学位论文，华南师范大学，2003。
③ 高孝传，杨宝山，刘明才：《课程目标研究》，北京，教育科学出版社，2001。

本的价值观念；既关注基本知识技能的获得，也关注获得知识技能的过程与方法，同时更突出基本能力和基本态度的培养目标，并把基本态度和价值的养成放在首位。

第二，培养创新精神。幼儿发展为本的课程目标以促进幼儿终身发展和可持续发展为宗旨，发展的核心是培养幼儿的创新精神和创造能力，其最终目的是培养适应现代社会发展的创新人才。创新精神作为一种态度，一种个性倾向，不是一种可以直接教会的东西，它的形成是一个潜移默化的长期积累过程，是以积极主动性为基础的。在幼儿园阶段，要求幼儿具有太高的创造能力是不太现实的，创造教育的重点是培养幼儿的创新精神，创造性地发现问题、思考问题的能力，为幼儿将来具有一定的创新能力打下基础。因此，新的教育理念要渗透创新思想，为幼儿的学习提供自由的选择、主动探索的空间和机会，支持和鼓励幼儿的探索和创造活动。

2. 活动内容：开放性、生活化、整合化

活动内容的开放性和时代性。知识爆炸式的增长和迅速更新，使得教育再无法实现"将一切知识教给一切人"的理想，人们必须不断地在浩瀚的知识海洋中去筛选最基本的知识，并不断地选择最有效的方法将知识教给学生。以幼儿发展为本的活动强调紧跟时代的脉搏、具有时代感，活动内容要跟上时代的步伐，反映科学发展的最新成就。

活动内容的生活化。幼儿发展为本的活动，不是使课程脱离社会、脱离生活，而是要密切与社会与生活的联系，使幼儿最终成为社会和生活的主人。幼儿处在身心发展的特殊时期，幼儿的思维是感性的、形象的，幼儿身心发展特点决定了幼儿的学习是吸收性的学习，在环境中学习。只有贴近幼儿生活的教育，才能使幼儿的学习变成有意义的学习。对幼儿来说，最有效的学习就是他们感兴趣的学习，最有效的学习内容就是他们可以感知的、具体形象的内容。因此活动内容应从幼儿自身生活和社会生活出发，学前活动内容应尽最大可能同幼儿生活和社会现实相联系。

3. 活动过程：让幼儿成为主动学习的主人

应当发挥幼儿在活动中的主体地位。建立幼儿主动、探索、发现及合作学习的机制，让幼儿成为学习的主人。主动学习是一个由多种因素构成的完整过程。幼儿真正的主动学习包括直接地操作物体；在活动中思考；内在动机、需要和问题的解决。简言之，主动学习就是幼儿内在兴趣需要的基础上，探索环境，开展活动，在活动中不断思考，发现问题、解决问题的过程。主动学习不仅是一种能力，也是一种态度和精神，一种可持续发展的人的基本素质。

教师在活动中是观察者、支持者和促进者。教师应学会借助感官或仪器有计划、有目的地对幼儿进行全方位的了解，包括幼儿生活的点滴、生活的状态等。当教师身为观察者时，会从另一个角度了解幼儿状态。教师要善于总结和归纳，并与家长积极配合，加深对幼儿的了解，为活动的开展提供必要条件。我们倡导教师根据本班幼儿的年龄特点为幼儿提供丰富多彩的操作材料，支持幼儿多方面的发展需求。

教师要为幼儿提供活动的机会，激发幼儿学习的愿望与行动，鼓励幼儿在探索中不断前进。教师在教学、生活过程中也要成为幼儿活动的促进者。特别是在区域活动、建构活动等幼儿自主性活动中，教师以自己的专业能力尽可能地开发幼儿的潜能，促进幼儿的发展。幼儿的发展很大程度上依赖于教师的有效教育行为，因此，我们提出教师要与幼儿合作，做孩子支架，为幼儿助跑。

(二)文化立园

幼儿园文化是指幼儿园在整个幼儿园生活中所形成的具有独特凝聚力的园风园貌、制度规范和精神氛围等，其核心是幼儿园在长期的办园过程中所形成的共同价值观念、思想观念和行为方式，它是幼儿园特有的，且为幼儿园大多数成员共同遵循的最高目标、价值标准、基本信念和行为规范。[①]

1. 师幼平等互动，共同学习与成长

在教师与幼儿的相互交往中，教师和幼儿的成长往往是双向式的。教师作为有专业知识的技术人员，可以利用已有知识、经验和专业技能指导幼儿的活动，帮助幼儿建构自己的认知结构，使幼儿得到相应的发展。在此过程中，教师并非是单向的输出，要想真正地走进幼儿的内心世界，了解幼儿真实的想法和兴趣需要，就要对幼儿活动中的言行、动作、活动过程进行观察、记录、分析、指导，然后为幼儿创设更为适宜的环境或活动，帮助幼儿达到更高层次的发展需求。在此过程中，幼儿得到了切实的发展，教师也体验了孩子参与过程的感受，分享了幼儿获得经验和成功的喜悦。从这个角度看，教师和幼儿是双向学习共同成长的，在此过程中，达到了师幼智慧共同启迪。

2. 引领团队话语

团队话语就是团队存在的表达，话语是一个组织民主状况的表达，反映了集体的精神境界。

首先，要培育团队精神。每一个团队都是由团队成员通过组织合作、协调运转，有计划、有目的、有步骤地开展活动的。在团队中，要充分发挥每一位成员的积极性、主动性，以促使其营造氛围，形成合力，达到良好效果。团队成员的精神状态、气质面貌都会为团队运转形成一种无形的外在动力，即我们所说的团队精神。团队精神是一个团体整体面貌的体现，当每一位成员的积极性被调动时，就会形成 $1+1>2$ 的神奇力量。在幼儿园团队建设过程中，除了提供必要的物质保证之外，还要注意团队成员内在力量的调动，形成良好的集体凝聚力，展示别样的团队状态。老师之间要加强合作、互通有无；管理者与老师之间要民主平等、政务公开。

其次，要培育创新精神。创新是一个团队的灵魂，创新推陈出新，打破固定思维的僵局，进行合理资源的重新构建，这是一个开放、发展的状态。没有创新，一

---

① 史玉凤：《幼儿园管理应有理念》，硕士学位论文，内蒙古师范大学，2013。

切事物就会故步自封，有了创新，就会带来源源不断的动力。幼儿是可塑的，幼儿园要为其营造积极的生存环境，幼儿园的每项设置包括规章制度、课程开放、科研活动、教师培训、家园合作等都要为其服务。这是一个庞大的运作体系，创新会为其提供源源不断的动力。幼儿和教师是实现各项指标的直接参与者，他们在活动中要不断地去求新、汲取经验。

最后，要整合幼儿园管理中积极的价值观念。价值观念是一个人对事和物的理性判断，是在社会实践经验的不断积累和总结中完善发展的。积极的价值观念会为活动开展指引正确方向，影响行为。幼儿园管理中的积极价值观念包括在管理园所各项工作中形成的各类价值观念的总和，它们是幼儿园教育管理层面的理性凝聚，是幼儿园管理水平提升的综合指标。在幼儿园管理活动中，要遵循教育规律和幼儿身心发展特点，考虑每个人的价值贡献，凝聚价值观念中积极有利的成分，发扬精华，抛弃糟粕，以达成幼儿园管理的良性循环。

(三)特色兴园

坚持特色发展之路，创幼儿教育品牌。对于幼儿园来说，面对竞争者的强势压力，保教质量的保证和园所特色的创建，就成为幼儿园，尤其是民办幼儿园站稳脚跟并且持续发展的重要保证。[1]

对于特色幼儿园，不少人存在一些认识上的误区：有的将之等同于培养幼儿某些技能特长，有的将之理解为单纯的环境特色或是课程特色，还有的将之理解为无视了幼儿学习兴趣与学习能力的超前教育等。我们认为，特色幼儿园的内涵应集中体现为幼儿园在优质完成幼儿教育全面发展教育目标前提下，具有自己独特、稳定、优质的个性风貌，办出自己的教育特色。

1. 注重内涵发展与教育质量提升

内涵发展是以事物的内部因素作为动力和资源的发展模式，有别于在幼儿园建立初期通过投资硬件而获得发展的路径。《幼儿园教育指导纲要（试行）》提出：质量提升是教育改革和发展的核心任务，内涵发展是学校发展的关键。在未来的发展中，幼儿园也应该走而且必须走内涵发展和质量提升的道路。幼儿园内涵发展的重点是以幼儿和教师专业发展为目标的教育质量的全面进步。幼儿园通过一系列教师培训和文化建设达到促进教师专业发展并最终促进幼儿身心发展的目标。实践经验已经表明，内涵发展对于幼儿园的活力激发和可持续发展具有重要意义。通过内涵发展可以更新幼儿园的教育观念，提高教师的专业素养和保育教育能力，促进教师队伍的专业化；还可以丰富幼儿园文化和良好的精神环境，彰显幼儿园的活力和动力。

2. 整体建构课程框架和形成教育体系

幼儿园的课程是幼儿园发展的基本方向和主线，可以是幼儿园发展的历史积淀，

---

① 刘占兰：《关于幼儿园特色发展的思考》，载《幼儿教育》，2015(9)。

也可以是幼儿园依托地理和人文环境形成的独有特点，还可以是园长和教师对幼儿园教育的共同愿景和价值追求。幼儿园确定的课程不仅要符合幼儿园的已有历史和研究成果，符合幼儿园园长和教师的共同愿景，更要符合学前教育的原则和要求、幼儿身心发展的特点和规律。幼儿园具有特色的课程都是从教育理念、教育理论、教育信条的层面出发，从较为高位和宏观的视角思考幼儿教育，从更本源和更本体的价值出发理解幼儿教育。幼儿园的课程是对办园理念核心内涵的精炼阐释，能引领教师的教育观念和教育行为，体现了幼儿园所倡导的教育哲学，表明了教师所追求的教育信条，以及教师所认同的教育价值观。形成框架体系是指从整体上将幼儿园的物质和人文环境、教学与教育活动、管理与制度建设、教师团队与教研活动、幼儿园与家庭和社区的合作等各个教育要素进行合理的组织，围绕着课程，体现办园理念，形成具有内在逻辑联系的框架体系。

3. 不断完善和创新教育实践

形成实践形态是幼儿园整体发展的最后一步，也是最难的一步，需要幼儿园在实践的各个层面、各个环节落实业已构建的课程框架体系。园长和教师需要思考幼儿园的物质和人文环境、教学与教育活动、管理与制度建设、教师团队与教研活动、幼儿园与家庭和社区的合作等每一个要素，清晰地认识到在实践中哪些方面能够体现办学特色，还有哪些方面没有做到，哪些做得出色，哪些还没有到位，进而在实践中大胆尝试改革创新，使幼儿园教育体系得以完善，各个要素得以落实，最终形成科学、优质且具有特色的幼儿园教育实践体系。

二、管理高人一招

管理是对各种资源的有效配置，以最大限度地实现组织目标。幼儿园的管理是要将人、财、物等因素合理地组织起来，优质高效地实现国家所规定的培养目标和幼儿园工作任务。

针对当前很多幼儿园管理者没有系统地学习过管理理论，其管理更多地停留在"经验管理"层面的现象，我们提出必须重视以下管理内容，以期获得更大的管理效益。

(一)人的管理

在幼儿园管理的基本因素中，人是最积极、最活跃的因素，人具有主观能动性，物质资源都要由人来掌握、支配和使用才能发挥作用。因此，成功的幼儿园管理必然是以人为本的管理。[1]

以人为本的管理模式是在深刻认识人在社会中的主导作用的基础上，突出人在管理中的主体地位，实现以人为中心的管理，以谋求人的全面、自由发展为终极目

---

[1]　吴小平：《以人为本理念在幼儿园管理中心的运用》，载《教育导刊》，2010(1)。

的的管理。以人为本的管理思想是通过对人的心理规律的把握，从发展的角度出发预测与控制人的行为，并为人的发展需要积极创造条件，使被管理者从内心产生一种高昂的激情，奋发的工作热情和自觉行动。其本质在于促进人的自由、全面发展。现代以人为本的管理思想是把人作为管理要素中的主体，运用各种激励机制，充分发挥人的潜能和主观能动性，以实现组织目标，保证人与组织协调稳定发展的一种现代化的管理，是与以"物"为中心管理相对的。以人为本管理思想的出发点和归宿是完整的人，其价值取向是尊重、信任和理解。具体到幼儿园的管理工作中，需要以园长为核心，在教师理念、体制机制和教师培养等方面进行有机整合，具体策略如下。

1. 制定明确的发展目标

整个组织的目标可以组合成一个目标系统，包括总目标、群体目标和个人目标的整合一致。幼儿园在制定发展总目标的同时，要以提高教职员工的整体素质为突破口，制定包括思想、心理、能力几个维度的员工发展的总目标。在总目标的基础上，幼儿园再根据教师的不同能力、学历、经验层次，设计不同群体的发展目标，使其在各自的水平上获得提高。在个人目标的达成上，幼儿园要尽量做到"四个自主"：自主确定个人发展目标——即教师根据幼儿园的发展目标实行自我诊断，制定出切合自身实际的发展目标，并在工作中不断地进行自我调整，到学期末对照自我的发展状况做出评价；自主选择工作岗位——即教师根据个人的意愿以实际情况决定自己当班主任还是副班老师；自主选择任教年级——即教师根据个人的经验、特长选择在哪一个年级任教；自主选择工作伙伴——即经过竞争上岗的班主任可根据个人的性格、工作需要等来组合副班老师和保育员。

三个目标系统的确定，可以将幼儿园的办园理念具体化到目标实现的相关行为上，对每一位成员定责授权，使群体行为向着预期目标步步逼近。同时，能提高教职工的积极性和责任感，使之更主动、有创造性地开展工作。

2. 构建科学的评价机制

教育评价在教育管理过程中起着相当重要的作用，科学的评价机制能提高员工工作效率和效能。评价本身就是一个价值判断的过程，不仅有鉴定功能、诊断功能、改进功能，还有激励和导向功能。评价公平与否将直接影响教师的积极性及管理的绩效，因此，我们在评价过程中，应将科学和人性结合起来，制定教师工作评价体系，对照不同层次的目标进行定性和定量的评价。就目前我国幼儿园的发展态势和改革方向来看，评价体系的设置要根据教师的特点及幼儿园的目标而有所倾斜。首先，向科研成果倾斜。由于科研能力在教师整体素质中占有重要地位，因此我们应将科研能力的高低及科研成果的多少作为一项重要的评价参数，以此为突破口，激发教师的学习和教研热情，进而推动教师整体组织水平的提高。其次，向青年教师的倾斜。幼儿园在教育评价方面应关注青年教师的成长，在压担子的同时也注重利益的倾斜，例如可以设立科研奖金，专门用来鼓励在业务上敢于冒尖、提高较快的青年教师。这样能调动青年教师的成就动机，使青年教师快速地成长起来。教师的科研能力提高了，保教水平也跟着提高。最后，人事制度变革的倾斜。幼儿园可根据双向选择、转岗聘用等用人原则，按需求重新定岗定编，实施全员聘任制，使全园教职工的职、责、权、利进一步统一，提高教职工的积极性和工作效率。同时，引入竞争激励机制，实施竞争上岗，按照公开、公平、公正和择优录用的原则，对各个岗位进行竞聘，真正做到能者上、庸者下，形成优胜劣汰的良性竞争氛围。

3. 提供发展自我的机会

近代管理理论的重大变革，就是完成了从以物为中心的管理向以人为中心的管理的转变。马斯洛需要层次理论认为，实现自我是人的一种最高层次的需要。我们要让教师把幼儿园当成自己的舞台，使其成为幼儿园的主人，幼儿园的管理要帮助教师实现自我、发展自我。这就要求幼儿园要为不同层次教师的发展提供条件。首先，为老教师创造条件学习教育理论，帮助其升华原有经验，从而带动年轻教师完成从经验向科学的转化。其次，为青年教师提供条件提高转化能力和技巧，帮助其完成从理论到实践的转化。让每一个人都能找到自己的位置，发挥自己的潜能，自主地工作、自主地学习。最后，给予教职员工平等的发展机会。由于管理体制的改革，在一些国办幼儿园中人事代理制合同工数量不断增多。人事代理合同工的收入与在编教职工相比有较大的差距，同工不同酬的现象很容易使人事代理合同工产生心理落差，影响工作情绪。因此，幼儿园应在主动向上级主管部门争取提高人事代理合同工待遇的同时，还应关心他们的生活、学习和工作。在工作中充分挖掘个人的长处，并根据个人特点及发展状况为其提供学习、交流、展现特长的机会，对表现良好、成绩突出的个人给予表彰和奖励，使人事代理合同工产生强烈的归属感。

4. 运用"柔性"管理

以人为本的幼儿园管理是刚性管理和柔性管理的有机结合。在日常工作中，我们尤其要重视人文关怀，采取相应的激励艺术和人性化的"柔性"管理，充分调动广大教职员工的工作热情和积极性。首先，表率式激励。"一个好园长就是一所好幼儿园"，这句话透出幼儿园管理中园长自身模范作用的重要性。"其身正，不令也行"，工作中园长要以身作则，率先垂范，以自己高度的事业心、责任感和献身精神以及自身良好的形象和魅力去影响和激励广大教职员工。其次，表扬式激励。人的需要决定动机和行为，而"人性中最本质的愿望，就是希望得到赞赏"。因此，在日常工作中，园长应抓住教师的每一点进步，及时运用恰当的语言去评价甚至褒奖，这样教职员工就会产生一种满足感和责任感，并能不断激发出工作中的动力。同时，园长要善于掌握各个员工不同的实际情况，把物质激励和精神激励有机地结合起来，瞄准教职工的"穴位"和"兴奋点"及时给予表扬鼓励。再次，参与式激励。多项研究结果表明，参与管理、参与决策是人的一种自我实现的需要，是精神方面一种高层次的需求。从这一原理出发，幼儿园在制定规划、目标以及各种制度时，应充分听取、采纳广大教职员工的意见和建议，让他们献计献策。教职员工可通过工会、教代会、提合理化建议等多种途径参与幼儿园日常事务管理。运用参与式激励调动广大教职员工的主人翁意识，激发他们奋发向上的工作热情。最后，给予教职员工人性化的关怀。我们应注意捕捉教职员工情感的"敏感区"，常常设身处地、真心实意地为教职员工着想，主动关心他们的工作、生活、家庭，想员工所想，急员工所急，以真诚言行感动人。

案 例

一位幼儿园园长的有感而发

一个团队的打造，需要关爱教师的生活。关爱教师的生活要关心在教师的需求点上，给予教师生活上的关爱是朴实的，但要让教师觉得是温馨的，实实在在的。关爱教师的生活，既是为了让教师的生活丰富且没有后顾之忧，又是为教师专心工作打下物质基础，更是打造一个团队的基础。

一个团队的打造，需要关注教师的精神文明建设。我一直认为与教师一同营造精神家园很重要，一次寓教于乐的活动、一次郊外的野餐、一次促膝的谈话、一次全体的师德学习……都可以增强员工之间的凝聚力，形成向心力，让教师对幼儿园逐步形成依恋感。这是一个团队打造的催化剂。

一个团队的打造，需要让每位教师富有个性地发展。因为对每一个教师来讲，她们都是独立的、与众不同的个体，她们的成长也都有其不同的特点，幼儿园的管理者必须要发现她们的个性，为她们量身制订成长计划。这才是一个团队打造的精华所在。

一个团队的打造，需要为教师搭建促进其发展的"脚手架"。我希望幼儿园的每一位教师，专业能力无时无刻都有不同程度的提升；希望能最大限度地了解教师的需要，尤其是教师在专业发展方面的需求，以便创设多方面的条件促进其进步。这是一个团队打造的"终极"目标。

成功终究是昨夜星辰，进取却是不熄的明灯。让我们携手共进，众志成城，打造我园的高效团队，依靠团队的力量，促进幼儿园的和谐发展。当然，在园所发展的过程中，每一位教师都要不断实现自己的价值，取得团队和个人的双赢，共同创造美好的明天。

(二)知识管理

知识管理是知识经济时代的产物，其实质是知识共享和知识创新，是对显性知识和隐性知识的管理。知识管理的方法主要包括信息技术的使用和学习型组织的建设两个方面。把知识管理的理念和方法引入幼儿园的管理，应注意以下几点：把幼儿园建成学习型组织，注重对隐性知识的挖掘和学习，积极建构知识共享机制，重视知识创新并有意识地应用创新知识。

1. 把幼儿园建成学习型组织

一是实现自我超越。学习的意义并非指获得更多的资讯，而是培养如何实现生命中真正想要达成的结果的能力。实现自我超越，关键在于学习如何兼顾个人愿景和清晰的现状，产生一种"创造性张力"。当人们非常看重愿景或结果时，会产生一股力量，鞭策他们全心全意致力于实现愿景。

二是改善心智模式。"心智模式"存在于人们的心中，它是影响我们如何了解这个世界以及如何采取行动的许多假设、成见或印象。我们通常不易察觉自己的心智模式以及它对行为的影响。改进心智模式的修炼，要做到以下几点：认真分析自己是如何从粗浅的、直接的观察，跳到概括性的结论；面对自己所经历的事件以及处理方式坦诚地写出内心深处的隐含假设，找出其中不合理的地方；对自己拥护的理论与实际使用的理论之间的差距进行分析，并加以改进。

三是建立共同愿景。共同愿景是个人愿景的汇聚。应使教师意识到，组织愿景和个人愿景是一致的。管理者要使得组织成员在集体利益和个人利益之间找到最佳结合点，在实现集体愿景中追求自我愿景，使组织真正成为教师发展的手段和场所。通过建立共同愿景，把全体成员团结在一起，创造出众人一体的感觉。

四是团队学习。团队学习是团体成员互相配合与实现共同目标的过程。团体学习的训练需要运用深度会谈与讨论两种不同的沟通方式。深度会谈要求团体的所有成员提出心中的假设，聚集众多个人观点以形成更高层次的共识；讨论则是提出不同看法，并加以辩护的沟通技术。通常团体用深度会谈来探究复杂的问题，用讨论来完成对事情的决策。

五是系统思考。系统思考是看见整体的一项训练，它能让我们看见相互关联而非单一的事件，看见变化的形态而非瞬间即逝的一幕。系统思考的训练包括：将个人的灵性与理性结合起来；将自己与周围世界视为一体；发展出对别人的同情心；形成对整体利益的使命感。

2. 注重对隐性知识的挖掘和学习，积极建构知识共享机制

隐性知识是知识创新的源泉，是组织竞争力增强的宝贵财富。重视并挖掘员工中蕴藏的隐性知识是知识管理的核心内容。幼儿园中的隐性知识，就是教职工在工作中逐渐摸索出来的关于教学和管理的个人化的、未被分享的知识。隐性知识中包含着个体的各种独特的认知或行为模式与技能，也包括个体或群体意识或潜意识中对各种事物的理解和应对策略。隐性知识的管理分为显性化和分享两个过程。但是，大量实践表明，隐性知识显性化过程和分享过程并不会自动发生，而是存在着种种障碍。为此，促进幼儿园隐性知识的显性化和分享显得尤为重要，具体策略如下：

构建知识型组织结构；创建有利于知识共享的幼儿园文化；建立完善的激励机制；建立知识共享的信息网络；开发团队学习模式。隐性知识显性化后就要与他人分享，才能实现其价值。在幼儿园我们可以把个人尤其是优秀员工总结出来的显性知识（反思笔记、经验类文章等）拿到交流平台上共享，以期使其他教职工获得间接经验。

3. 重视知识创新并有意识应用创新知识

面对当今激烈的竞争，不能持续学习与创新的组织和个体必将为社会发展和竞争所淘汰。知识创新是生命力所在，没有创新，任何组织则难以为继。同样地，从知识创新也是幼儿园提高教育质量途径的层面看，知识创新大致等同于科学创造。知识创新的目的是追求新发现、探索新规律、创立新学说、积累新知识。而微观层面的知识创新是知识管理中的一个非常具体的、单一的概念，它更多地表现为程序性知识。它可能是一个感悟、一个体会，也可能表现为一个主意、一个点子，还可能是比较成体系的经验等。在幼儿园知识管理中，我们可以采取开展以问题解决为导向的园本研究的形式。显性知识和隐性知识的共享和创新都围绕要解决的问题而进行。这样，知识共享的内容很明确，知识创新的成果则表现在找到了解决问题的方法。这类知识管理实际上经历了个体知识显性化—个体知识的组织共享—组织知识创新（找到问题解决的系统方法）—组织创新知识个体化（把解决问题的方法内化为个体的实践性知识）这样一个过程。问题得以解决，幼儿园的教育质量因此而提高，就达到了知识管理的目的。

(三)时间管理[①]

幼儿园教师时间管理能力的高低直接影响着工作效率和幼儿园的整体水平，因此，提高教师时间管理的能力是当前许多幼儿园提高竞争力的重要环节。

现实生活中，"忙死了""累死了""天天搞活动""从早忙到晚，连上厕所都得小跑，回家还有做不完的案头工作"等的习惯话语，似乎已经成为越来越多幼儿园教师的生活写照。不难看出，由于幼儿园保教并重的工作特点，教师一天的工作时间被大量的师幼互动、家长工作、环境创设等分割占据着。当有限的时间精力与无限的工作事务之间的矛盾日益突出时，教师极容易身心疲惫。这种情况对于教师自身专业化成长与幼儿园保教质量的提升，乃至幼儿教育的长期发展是非常不利的。要缓解教师忙累的工作与生活状态，就不得不研究时间管理。提高教师时间管理能力的具体策略如下。

1. 培养积极的态度和明确价值观

一个人的价值观决定了他如何做出选择和行动。价值观不明确，时间分配就一定会不得当。积极而明确的价值观会像灯塔一样将个人的行动引向目标。这是时间管理的根本。想要实现目标，需要乐观积极的态度。如果态度不端正，"逃避"的心

---

① 王少群：《幼儿园教师时间管理现状研究——以民办幼儿园为例》，硕士学位论文，山东师范大学，2010。

态就会滋生，从而导致拖延。

2. 加强时间管理的意识，克服不良习惯

几乎所有成功的行动都包含了时间管理。换句话说，那些在职场中取得成功的人士都无疑是时间管理的高手。教师职业也不能例外。高效时间管理往往与一个人的生活习惯有关，比如说，有的人就能够语言干练，办事利落，工作安排得井井有条，总能在正确的时候做正确的事情。当你把有限的时间合理分配并充分利用时，再平淡的日子也能过得风生水起，有声有色。时间管理的关键不在于学会多少具体的方法技巧，而在于对个人不良习惯的知觉与克服。习惯可能是最难割舍的一种负累，但它们能释放出惊人的空间、精力和时间用以开发一个人的真正潜能。

3. 有针对性地学习时间管理的知识与技能

学习时间管理的知识技能有助于提高时间的利用效率。如使用工作清单，理清工作任务的轻重缓急，要事第一，按计划行事；运用目标设置和设定最后期限等方式提高效率；化整为零，利用零碎时间；保持办公桌的整洁有序，确保任何时候都能以最快速度找到物品；学会掌握"说不"的艺术，杜绝干扰等。

4. 学会管理自己的压力和不良情绪

当教师个人发现在很短的时间内需要完成大量的工作，而且无法控制时间的时候，自然会产生压力。此外，来自领导的批评、家长的投诉等也会给教师带来不良情绪。压力和不良情绪对时间管理影响很大。因为情绪决定了个人暂时关注的焦点在哪里，而焦点直接影响着个人的时间用在哪里。一些老师会较久地沉浸在不良情绪中而迟迟不能行动，进而导致时间的浪费。因此，教师要学会通过多种渠道积极排解自己的情绪，增强抗压能力。

三、贵在持之以恒

持之以恒即有恒心一直坚持下去。贝多芬曾说过："涓滴之水终可以磨损大石，不是由于它力量强大，而是由于昼夜不舍的滴坠。"事业的成功及个人的成就无一例外都是持之以恒的结果。幼儿园的发展也是如此，只有做出正确的决策，并持之以恒地执行，才能在竞争中立于不败之地。

（一）先进的办园理念要持之以恒

随着学前教育领域的不断发展，国内外教育理论也逐渐丰富。幼儿园在明确教育理念的过程中，在借鉴国内外先进教育理论的基础上，要结合本园的实际，来确定符合园所发展的先进教育理念。教育理念是指导幼儿园全局的重要思想，需要全园了解和学习，落实到每一位幼儿园工作人员的每一天的行动中，并且需要坚持不懈地执行和完善，这样才能发挥理念的引领作用。

（二）科学的管理要持之以恒

科学的管理是幼儿园正常运行的重要保证。随着幼儿园数量的增多，幼儿园之

间的竞争也越来越激烈，如果想在竞争中取得优势，科学管理手段是必要之举。然而当前许多幼儿园的管理者管理意识淡薄，管理手段乏力，导致幼儿园发展受到影响。因此，幼儿园要制定科学的管理制度，而科学的管理制度贵在坚持。在管理过程中要坚持管理的主体思路，不能因领导的更换而随意改变，要树立良好风气，养成良好习惯，这样才能增加幼儿园整体的发展后劲，增加竞争优势。

第三节　幼儿园品牌建设

现代经济的高速发展，市场竞争愈演愈烈。在经济多元化的今天，教育品牌化已经呈现。教育的品牌化是历史发展和时代要求的必然产物。幼儿园和企业一样，品牌形象是其自身生存与发展的需要。

品牌是广大消费者对产品精神上及物质上的体验，它代表着产品的服务、特色以及品质，是在消费者心中所形成的一种产品标识，具备独有的品质承诺、持久的生命活力、鲜明的个性、深厚的文化底蕴、无形的资产价值的特点。

幼儿园的品牌是在幼儿园的发展过程当中所创设的能够反映幼儿及幼儿园的主要信息，代表着幼儿园的内在价值、认可度、办学水平及办学质量和能够明显区别于其他幼儿园的一个重要标志。

幼儿园品牌的建立对幼儿园的发展具有重要意义，主要体现在：品牌是幼儿园综合实力的象征，是提高幼儿园核心竞争力的关键，是提高幼儿园社会声誉的保障。对于民办幼儿园来说，品牌几乎可以说是幼儿园的"生命"。幼儿园的品牌所包含的具体内涵有以下几个方面。

第一，现代化的办园理念。

可以从幼儿园处理日常繁杂事务的方式、环境设施、家长服务、目标定位、办园宗旨以及课程设置等诸多方面来体现其自身所具备的现代化办园理念。现代化的办园理念有着非常先进的前瞻性，并且能够为幼儿园今后的发展指明正确的方向。现代化的办园理念是幼儿园塑造品牌效应的一个重要的核心因素，对幼儿园的各项工作都有着十分积极的促进和指导作用。

第二，良好的教育环境。

幼儿成长所不可或缺的摇篮便是环境，要想实现儿童的发展，就需要良好的环境互动。在幼儿的成长以及发展过程当中，幼儿园良好的教育环境能够起到很好的感染和熏陶的作用。

第三，优质的保教质量。

绝大多数的家长在选择幼儿园时，首先考虑的就是保教质量的优劣。幼儿园优质的保教质量是社会与家长评价幼儿园的一个终极标准，它充分体现出幼儿园的办园特色，也是幼儿园独特的品牌名片。

第四，鲜明的园本特色。

幼儿园要想在激烈的市场竞争当中得以生存和发展，就必须具备自身鲜明的园本特色。通过对国内外一些知名幼教机构进行分析和调查，发现所有的知名幼教机构基本上都是凭借着自身鲜明的园本特色，获得社会及家长良好赞誉与评价的。

一、幼儿园品牌的建立

幼儿园的品牌，不论对于公办园还是民办园的发展都产生重要的影响，幼儿园本身也越来越重视品牌的建设，以此来提升幼儿园的整体质量与竞争力。

(一)找准定位是创建品牌的前提

正确认识自己、准确定位自己的服务范围和对象、找准自己的位置是幼儿园创设品牌的基础。这需要充分考虑幼儿园客观基础、社会客观要求、教育客观规律和办学客观条件的"四客观"要求，理智地分析幼儿园的环境、设施、师资、信誉等，清楚地认识幼儿园的优势和劣势，从而为幼儿园的发展找到正确方向。

(二)园所文化是创建品牌的核心

园所文化是幼儿园品牌必要的组成部分，和谐的文化环境更是创建品牌幼儿园的内核。园所文化建设的内涵十分丰富，既包括园所物理环境构成的物质文化，又包括由教风、园风、学风等构成的精神文化和园所理念执行好坏的制度文化等。园长应成为幼儿园文化的经营者，把营造幼儿园优质文化作为经营园所的不懈追求。

幼儿园的物质文化：幼儿园内的园所建筑、园所环境，既是师生学习、生活、活动的基本设施，又是幼儿园文化的重要载体和幼儿园文化精神的外在反映，它以独特的文化精神内涵影响着师生的价值观念和行为。

幼儿园的精神文化：幼儿园建设在保证物质条件的同时，应把主要精力放在建设教师和学生的精神世界上。优质的精神文化能够满足孩子们健康成长的要求，使幼儿园保持和谐发展。

幼儿园的制度文化：幼儿园的办园理念必须以制度为载体，没有详细的管理制度便不能形成具有特色的园所文化。

幼儿园的管理者应对幼儿园文化做统一部署，无论是建筑、雕塑、墙饰、标牌，还是口号、规章制度等都应整体进行优化，使之能体现出自己的办园宗旨、品牌特点和优势，也使每一位来园的家长和孩子感受到浓郁的品牌氛围。

(三)特色是创建品牌的突破口

幼儿园的办园特色是具有自己独特性的标志，也是区别于其他幼儿园的鲜明特点，体现着幼儿园的整体理念与定位，是创建幼儿园品牌的一个重要的突破口。

1. 鲜明的园本特色

一所历史悠久、质量高、信誉好的老园与一所新建不久、具有现代化设施的新园相比，其特色定位就各有侧重。老园可以从雄厚的师资、高水平的管理和教学等软件着眼创造特色，而新园则可以从直接引进国内外先进的办园模式、一流的现代化设施入手张扬个性。幼儿园在寻求发展和完善的同时，必须强化自身优势，把保教质量、具有时代特点的创新服务，尤其是鲜明的园本特色呈现给家长、幼儿和社会，从而在激烈的竞争中获得可持续发展的空间。

2. 完整周全的课程设计

幼儿园为了促进教育改革能够向深层次发展，大力改善办园条件，加强师资培训，树立教育特色，全面提高幼儿素质，以重个性化、个体化发展为目标提升自己的社会形象。

3. 经常开展特色活动

丰富多彩的特色活动是提升教育质量的有效途径，特色活动的开展，既展示了幼儿园的管理、教育水平，凸显了教育特色，又凝聚了人心、锻炼了教师。教师们在活动中，提高了设计、组织活动的能力，增强了家园的沟通与联系，提升了教育品质。

4. 人性化的服务

优秀幼儿园的服务对象已不只局限于在园的幼儿和家长，而是面向未来的家庭、社区、协作单位以及其他社会机构或团体延伸。幼儿园所提供的人性化的服务在一定程度上体现了现代幼教服务观，即"保教中有服务，服务中有保教"的新观念。

(四)教师队伍建设是创建品牌的关键

幼儿园在进行品牌建设的过程中需要充分开发各种资源，概括起来主要就是两方面的资源：硬件设施和软件的运用。硬件主要包括幼儿园的学园物理环境建设、游戏设施、玩具的丰富性、多媒体的运用等。硬件建设是必要的，但是对于幼儿园而言，并不是有了漂亮的环境，有了先进的设备，有了与众不同的名称、标识、象征等就能成为品牌，就能在激烈的竞争中立于不败之地。品牌幼儿园最重要的是要拥有优质的软件，它包括：强烈的品牌意识、先进的办学理念、优质的学校管理、深厚的校园文化、特色鲜明的课程、优质的教学质量、良好的办学效益以及一位优秀的园长和一支过硬的教师队伍等。在软件的开发中，一流教师队伍的建设是关键，只有一流的师资队伍才能确保这些思想的最终实施，才能将其具体落实到对幼儿的培养过程中，从而树立幼儿园的品牌。因此，幼儿园在自己的品牌建设中首先就应该注重对教师队伍的管理，注重对幼儿园教师队伍资源的开发和利用。

二、幼儿园品牌的巩固

品牌的打造和形成需要一个过程，需要一定的积累和沉淀。好的品牌从开始启动到赢得顾客信任，需要时间的磨炼，教育的品牌更是如此。幼儿园的教育质量和内涵发展，更需要一步一个脚印扎扎实实地去积累。

(一)强化品牌保护意识

良好的品牌是幼儿园的无形资产，是幼儿园有力的竞争手段。在激烈的市场竞争中，我们应增强品牌保护意识，加强品牌的注册工作，认真学习相关法律，如《教育法》《广告法》等，维护幼儿园品牌的形象，使幼儿园品牌获得法律保护。

(二)明确品牌的核心价值

品牌维护的目的是使品牌的核心价值清晰、明了地传递给消费者即家长。因此品牌维护的前提就是要考虑我们的品牌将给家长提供一个怎样的核心价值，且在幼儿园长期的品牌维护中都应该以不伤害或不违背品牌的核心价值为前提。如某幼儿园的办园理念"让每一个孩子都能够获得主动健康的发展"就鲜明地将自己品牌的核心价值呈现给家长，即促进孩子健康主动地发展，而幼儿园的一切管理、课程设置等也都是围绕这一核心价值展开的。

(三)品牌创新战略

创新是品牌持续发展的动力。幼儿园，尤其是民办幼儿园的品牌创新要把握住以下几个关键。首先，品牌内涵的创新。只有通过不断的创新，不断深化幼儿园课程改革，提供优质的保教服务，使幼儿园品牌的内涵更为丰富，具有更高品质，才能不断符合市场需求，满足群众对幼儿教育的需求，从而获得可持续的发展。其次，品牌管理的创新。管理创新强调的是通过管理达到创新，使管理呈现一种生气勃勃的状态。其目的和宗旨是发挥管理创新优势，极大地调动大家的积极性和创新性，充分展示出才能，在制度约束范围内能有其自由发挥的空间。管理的创新可使幼儿园的管理水平得到提升，充分调动教职工的积极性，更好地为品牌建设服务。

(四)树立客户服务理念

幼儿园作为接纳 3~6 岁幼儿，并对其集中进行保育和教育的机构，主要任务为解除家庭在培养儿童时所受时间、空间、环境的制约，让幼儿身体、智力等得以健康发展，这决定了幼儿园具有一定的服务性质，而全面、高质量、人性化的服务会提升幼儿园的整体实力与竞争力。在树立品牌的过程中，幼儿园要提高服务意识和服务质量，切实做好幼儿及家长的服务工作，以取得家长和孩子的充分信任。这样才能让幼儿园在激烈的竞争中立于不败之地。

三、幼儿园品牌的推广

如果说，保教质量占品牌创建的 70%，那么，剩余的 30% 就是宣传推广了。任何一所幼儿园要求得生存和发展，首先得把自己的事情"做好"，即提高办学效益和教育质量。但是，在竞争不断加剧的环境下，幼儿园只局限于"做好"还不够，还必须"告诉大家"。当幼儿园要采取新的重大举措，或者取得了良好的业绩，幼儿园的管理者要注意运用多种传播媒介，将相关信息准确、及时、有效地传播出去，通过舆论的制造、引导、强化及控制，达到宣传幼儿园的形象、扩大幼儿园影响的目的。[①]

(一)广告网络媒介推广

幼儿园是教育机构，面对的群体是幼儿与家长，重点突出的是理念和文化，结合幼儿园的特点，在品牌推广时可采用多种广告形式并用的方式：可通过设计宣传册、印发宣传单，也可以通过报纸广告、杂志广告、电视广告、网络广告等方式进行品牌推广。幼儿园网站的建立拉近了幼儿园和社会的距离，加深了家长对幼儿园的了解，已经成为家园沟通的桥梁、展示自我形象的平台。

(二)举办亲子互动活动推广

现在的年轻父母，对教育幼儿以及怎样教育好幼儿充满了困惑，把教育好幼儿的希望寄托在教师身上，其实这种想法是错误的。幼儿园教育应与家庭教育、社会教育、社区教育相结合才能保持教育的连贯性和一致性。开展亲子活动是帮助家长转变思想、学习先进教育观念的有效途径，同时也是幼儿开发心智技能，形成良好习惯的有效活动形式。在亲子活动中，通过与教师、家长之间的互动，幼儿感受到来自大家庭的温暖，从而提高他们发现和探索的能力。家长可以观察到幼儿在集体活动中的表现，进一步了解幼儿；在教师的引导和帮助下，及时更新教育理念和教育方法，共同促进幼儿身心健康成长。近年来，随着家长对亲子活动的重视，亲子活动逐渐获得家长的认同，幼儿园应适当多开展亲子活动，创造家长与幼儿沟通的机会。在亲子活动中，幼儿园自然宣传了办园理念、文化内涵，起到了品牌推广的效果。

(三)全园教职工推广

全园教职工每天都与幼儿、家长接触，对幼儿园的声誉和品牌建设推广有非常大的影响。幼儿园应定期对教职工进行品牌理念推广和品牌文化塑造的培训，通过培训把幼儿园的办园理念、文化内涵内化为教职工的思想，使他们成为宣传幼儿园品牌的主力军。凡是那些知名度高的幼儿园，管理者都十分重视教职工推广品牌的重要作用，他们把校园、教室、活动室等任何能与家长、幼儿接触的地方都看作品牌推广的有效场所，通过设置宣传栏、印发宣传单，创设适宜的环境为品牌推广创造条件。

(四)通过课程推广

幼儿园组织全园教师，在园长、教研组长的带领下，积极参与到园本课程的开发和建设中。通过开发园本课程，幼儿园形成自己的教材和教育特色，在突出个性的同时关注幼儿的个别差异、积极性和创造性，促进幼儿个性的发展。

幼儿园的品牌创设任重而道远，要想打造优秀的品牌，就应当经过长期的积淀

---

① 卢祉辛：《海滨幼儿园品牌设计与推广初探》，硕士学位论文，青岛大学，2014(5)。

以及持续的努力。幼儿园的品牌并非是依靠广告、标语或者口号而堆砌起来的。因此，幼儿园应当积极地树立长远的目标和计划，切实立足于教育的长期性，始终保持教育品牌的长期性。幼儿园还应当与社会的发展相适应，倾听幼儿与家长的心声，制定可持续发展的教育目标和办园目标，推动幼儿园保教质量的优化，培养高水平、高素质、高能力的师资团队，切实保证幼儿的健康发展。

本章小结

本章主要围绕幼儿园发展战略展开，分为三节。第一节主要对幼儿园发展战略所涵盖的内容进行概述，包括领先的教育理念、正确的教育定位、卓越的管理团队、优秀的教师队伍以及良好的组织文化。这些是幼儿园发展战略中不可忽视的重要组成部分。第二节主要对幼儿园如何提高核心竞争力展开论述。幼儿园如果想在日趋激烈的竞争中立于不败之地，首先要在办园理念上先人一步；其次，在管理上要高人一招；最后，在先进教育理念的指导下，进行科学高效的管理，并持之以恒。第三节主要论述幼儿园品牌建设。幼儿园要想提高竞争力，必须建设自己的品牌。本节围绕幼儿园品牌的建立、巩固、推广进行阐述，只有不断提高幼儿园的知名度和影响力，才能最后占得先机，实现长远发展。

关键术语

园所文化　幼儿园核心竞争力　幼儿园品牌建设

思 考 题

1. 选取所在市的一所幼儿园，从教育理念、教育定位、管理团队、教师队伍、园所文化等方面来分析此幼儿园的发展。

2. 谈一谈如何提高幼儿园的核心竞争力。

3. 为什么幼儿园要建立品牌？在实际中，如何来对幼儿园的品牌进行建设。

案 例 研 究

某市一所以早教课程起家的私立幼儿园，经过两年的改革与调整逐渐树立起知名的幼儿园品牌。两年前此幼儿园曾面临各种困难：早教市场在当地不景气，资金运转周期长，生源不稳定等原因导致亏损严重。为此，幼儿园管理层对市场进行了深入分析，在积极听取教育专家及教师的合理化建议之后，当即转变办园方向：将主营转向幼儿园，从招收 0～3 岁婴幼儿逐渐向招收 3～6 岁幼儿过渡；将教师资源经过培训后转岗调整；园所管理制度、运行机制、评价体制等都进行了改革与调整。不到半年时间，幼儿园起死回生，经过两年不断地经验积累，与国外某知名幼教品牌建立合作，并开办两所分园，在激烈的幼儿园市场竞争中站稳脚步。

随着国家二胎政策的放开，幼教市场呈现出更为生机勃勃的景象，幼教机构之间的竞争也日趋白热化。结合本章内容，分析以上案例中的幼儿园是通过哪些措施逐步提高竞争力的。尝试提出一些建议，如何更好地促进此幼儿园发展。

📖 **拓展阅读**

1. 蔡连玉. 幼儿园经营与管理［M］. 上海：华东师大出版社，2014.

该书是高职高专学前教育专业系列教材。教材介绍了国外华德福、瑞吉欧的教育理念，能够开阔读者的视野。该书的第一章幼儿园发展战略，分别从经营、竞争、品牌战略进行了阐述，与本章内容密切相关。

2. 袁萍，唐敏. 幼儿园管理［M］. 北京：北京师范大学出版社，2012.

该书是全国高中专学前教师教育教材，共有十一章。最后一章，围绕幼儿园的经营与品牌建设进行了论述，对幼儿园经营内涵、原则，以及幼儿园品牌内涵、建设的意义、建设策略进行了详细阐述。

第八章　幼儿园团队建设

学习目标 ▶

1. 了解幼儿园团队建设的含义及意义。
2. 掌握幼儿园团队建设的特征。
3. 明确幼儿园团队建设的目标和途径，注意团队建设中产生的矛盾。

导入案例 ▶

　　某大型连锁幼儿教育集团，具有一定数量的园所和师资规模。春节又到了，按照惯例，幼儿园每年春节来临之际会为所有员工发放年终奖励。今年春节，集团领导提出两种鼓励方案：一是所有员工（教师、保育员、后勤人员）均等，每人发放800元；二是教师每人1000元，保育员和后勤人员每人600元。针对这两种方案集团领导争执不下：部分领导认为均等较好，不公平的奖励会打击员工的积极性，不利于团队凝聚，影响日后工作的开展；其他领导认为教师工作相对琐碎复杂，而且教师是幼儿园的支柱，应该突出教师的中心地位，这样才能提高教师的积极性，更好地投入幼儿园工作。面对两种建议，该如何选择？

　　一个人强是尖强，几个人强是顶强，一个团队强才是总体强，培养一支具有较高凝聚力、团结奋进的幼儿园团队是幼儿园管理的重要任务。管理者从观念到行为，从目标到措施，从制度到策略，都要有团队建设的整体观，要有目标、有计划、有步骤地进行团队建设，把成长的动力、时间和平台公平地给予每一个团队成员。

第一节 幼儿园团队建设的含义和意义

一、幼儿园团队建设的含义

美国管理学家劳伦斯·霍普认为，团队是一个组织在特定的可操作范围内，为实现特定的目标而建立的相互合作、一致努力的由若干成员组成的共同体；另一种意见认为团队是指由组织中的正式关系而使成员联合起来形成的，在行为上又彼此影响的交互作用，在心理上能充分意识到其他成员的存在，并具有相互归属感受和协作精神的集体；也有研究者提出，团队是由这样一些个体组成：他们因任务而相互依存、相互作用，团队成员认可自己归属于该团队，这些人具有相互补充的技能，为达到共同的目的和组织绩效目标而努力。[①]

幼儿园团队主要是指幼儿园所有教职工为实现幼儿德、智、体、美等方面全面发展，促进其身心和谐发展的目标而组成的共同体。幼儿园团队包括的范围很广：既可以是党支部、团支部、工会、后勤组、班组、年级组、教研组等各种行政性或非行政性群体，又可以是教师自愿参加的各种兴趣小组、课题研究小组、项目策划小组、项目合作小组、智囊团等学术的或学习性、甚至临时性群体。从某种意义上说，一个年级组就是一个小团队，而整个幼儿园就是一个大团队。[②]

幼儿园团队建设是指通过设置团队目标，运用科学合理的途径来培养一支具有较强凝聚力、团结奋进的高素质幼儿园团队。共同的目标为团队指明了方向，在团队建设过程中参与者和组织者都会彼此信任、坦诚相对，为实现共同的目标而努力奋斗。

二、幼儿园团队建设的意义

(一)幼儿园团队建设与组织文化相互影响、相互促进

任何幼儿园团队运作的过程都离不开所在组织的大环境，团队运作及其有效性依赖于幼儿园组织的背景，其中包括组织文化。一般来说，强调合作、相互负责和鼓励信息交流的组织文化，要比强调壁垒和差异的组织文化更有利于团队工作。[③]

另外，幼儿园团队建设有助于形成良好的群体内聚力、团队精神、和谐的人际关系。在管理活动中，一个幼儿园组织文化的成功与否在很大程度上与在一起工作的员工及管理者能否成为一个有效的工作团队密切相关。

---

① 张欣，程志宏：《现代幼儿园管理实务》，上海，复旦大学出版社，2014。
② 王普华：《幼儿园管理》，北京，高等教育出版社，2014。
③ 王晖，李晶：《幼儿园管理》，北京，北京理工大学出版社，2010。

(二)良好的团队建设可以提高幼儿园管理质量和保教质量

幼儿园团队建设和管理与教职工队伍的专业性、稳定性、积极性和创造性有着密切的联系，直接影响着幼儿园的管理质量和保教质量。教学人员素质高、后勤人员素质低，骨干教师素质高、非骨干教师素质低，年长者素质高、年轻教师素质低等局面是不科学的。幼儿园里每位员工的言行，在一定意义上都代表着幼儿园，影响着幼儿园的形象。一个幼儿园发展的根本是队伍的整体建设，因此，团队成员中每个人的素质都很重要。

第二节　良好的幼儿园团队的特征

所谓良好幼儿园团队的特征，是幼儿园团队成员共同遵循的原则，也是团队成员共同的归属感与成就感，它能引导和约束团队成员，塑造优秀的团队精神，提高团队的凝聚力。

一、明确一致的工作目标

幼儿园建立团队的目的是为了实现某一既定目标，开展团队工作也是为了更快、更好、更有效地完成这个目标。团队目标是凝聚团队成员的黏合剂，也是团队工作的内动力。团队只有设立了一个目标，并且只有参与各方都全力以赴，才会集中全体教职工的注意力，统一努力方向。在制定目标时，每一个工作人员的职责和任务都必须明确而具体，知道自己在团队中的位置和作用，对目标做到心中有数，真心认同。

在实际工作中，由于教师的个人价值观不同、受教育背景情况不同，一所幼儿园的管理团队和教职工团队在工作目标上完全一致基本上是不可能的，甚至管理团队内部个体之间和教职工团队个体之间，在工作目标上存在较大的差异也是正常的。

幼儿园的管理者，一定要根据幼儿园的实际情况确定目标，并对目标有充分的自信；将目标明确告知全员教职工并用自己的行动激励教职工，同时通过规章制度规范教职工的行为，逐渐使目标趋于统一。

二、互补的技能

霍兰德的人格—工作匹配原理告诉我们，如果个体所从事的工作与其人格特点一致，其绩效水平和满意度会较高。就团队内的位置分配而言，也是如此。团队有不同的技能、角色需要，在挑选团队成员时，就应该以职工的人格特点和个人偏好为基础。

管理人员要了解能够给团队带来贡献的个体优势，根据这一原则来选择团队成员，并使工作任务分配与团队成员个人风格一致。管理者在配置团队成员时，有必要从年龄结构、职务结构、知识结构、能力结构等方面综合考虑。例如，年龄结构上体现新老结合，知识结构上使经验丰富的教师与资历较浅的教师搭配。能力结构上让业务水平较高的教师与能力一般的教师组合等，以建立一个结构合理的幼儿园团队。另外，管理者在用人过程中，要力求做到优化组合，即不是简单采用人力叠加的方法，而是注重员工组合中的互补度、认可度和透明度。①

三、共同的价值观和行为规范

团队建设的实质就是对人的管理，人是团队建设中最有活力、最积极的因素，社会价值倾向影响个体在实际生活中的行为表现，共同的价值观和行为规范是一个团队的精神支柱，通过全体成员共同的价值观和行为规范，使每个人对团队形成强烈的认同感、凝聚力，同时对团队的目标、计划等形成良好的沟通环境和默契一致的行为，最终使团队不断进步。

幼儿园团队规范是大多数团队成员认为应当遵守的行为准则。团队中的规范包括作息时间、信息传播与共享规定、任务流程和规定等。为了确保团队的工作效率，管理者应当鼓励团队成员发展有助于实现团队目标的规范。为保证团队成员遵循团队规范，需要有以下三个基本前提：①成员主观上认可团队规范所倡导的行为方式；②成员想仿效他所喜欢的和尊敬的团队成员；③奖惩措施对团队成员能够起到作用。

四、职责范围内的自主性

幼儿园团队文化的建设要以人为本，每一位成员都是有着自己的思想和个性的活生生的人，因此，幼儿园在制定一系列制度的时候要充分体现民主和面向全体的基本原则，在确定好每个人的职责后给予一定的自主性。过度的限制职责会降低团队成员工作的主动性和责任感，无论在幼儿园哪个岗位的工作人员，在确定一定的职责范围内给予易行的自主性可以提高成员的参与感、决策感和权威感，调动成员的积极性。

就幼儿园的教师而言，教育教学是一种富于创新又灵活决策的复杂活动，它需要教师拥有自主权。一定范围内的教育自主权是教育教学创新的保障，教育教学创新是自主权的价值体现，缺乏自主权在很大程度上抑制了教师专业发展和教育教学创新。正如杜威所指出的那样，创新的大敌就是极端地被控制，如果管理者或决策者为了回避风险，过于强调对教师的控制，那么教师势必因循守旧，缺乏活力。

因此，在幼儿园团队建设与管理中要避免整齐划一、"一刀切"式的管理，要注重团队成员的个性差异和发展需求，确定明确的职责又给予一定的自由空间，从而

---

① 王晖，李晶：《幼儿园管理》，北京，北京理工大学出版社，2010。

促进团队的进步与发展。[①]

五、有归属感，互相信任，沟通良好

培养教师彼此信任、尊重和支持的价值观和归属感，形成积极的组织和沟通氛围，并将它作为幼儿园各个团队发展的基础，才会不断提升团队的凝聚力。

首先，要培养幼儿园团队内部积极融洽的合作氛围和归属感。最基本的特征之一就是幼儿园所有的人为达成一个共同的目标而形成的团队精神，例如团队的领导者将要求清晰地传达给团队成员，并在工作中给予积极的支持和鼓励。同时，团队领导者与团队成员的关系必须建立在对他们能力确信的基础上，表现出对他们的信任、尊重和宽容。在这种氛围中，教职工也可以彼此给予支持和鼓励。[②]

其次，团队之间要进行良好的沟通，建立良性的互动关系。幼儿园的管理者，要积极创造机会让所有教职工不断增进了解，融为一体。幼儿园领导和下属之间、同事之间的沟通顺畅，团队的合作意识将进一步增强。[③]

六、有效的激励机制

没有或没有好的激励机制，可以让一个原本积极的人变得消极，而好的激励机制可以让每一个人充满动力。幼儿园要通过建立一套好的激励机制来提升团队的动力。在建立激励机制时，我们要注意以下五个方面。[④]

(1)在激励内容上要物质、成长、精神相结合，既要有物质的激励，更要有精神和成长层面的激励，要把三者有机结合起来。物质、成长、精神激励的结合，将对团队产生更有效、更持久、更强大的激励作用。

(2)在激励时效上短期、中期、长期相结合，激励要围绕团队的工作目标来实施，把个人目标和团队目标结为一体。按照幼儿园目标的长短，激励措施也要有时效上的差别。按时效的长短可以把激励分为短期激励、中期激励和长期激励三类。如果只有长期激励没有短期激励，时间一长团队成员很容易疲软，丧失信心。只有短期激励而没有中长期激励的话，很可能会导致团队在发展中只关注眼前利益而放弃中长远利益。

(3)在激励来源上自我激励、外部激励相结合，比如培训机会、奖金都属于外部激励，也就是通过一些外部的因素来激发一个人的工作动力。除了这些外部激励外，也不能缺少团队成员的自我激励。自我激励就是一个人调动自身激情的一种激励。对于自我激励的人有一个形象的称呼叫"自燃式的人才"。当一个人懂得自我激励时，

---

① 姚计海：《教师与学生的心理沟通》，北京：北京师范大学出版社，2013。
② 王普华：《幼儿园管理》，北京，高等教育出版社，2014。
③ 张欣，程志宏：《现代幼儿园管理实务》，北京，北京师范大学出版社，2007。
④ 广发：《清华公开课》，北京，中华民族摄影出版社，2014。

即使没有任何外界的激励，也能找到强大的工作动力，这是一种自动自发的表现。团队领导者只有培养每一个团队成员自我激励的能力，团队才会拥有永不枯竭的动力。

(4)在激励性质上追求快乐与逃避痛苦相结合，这种情况在我们实际生活中也可以得到很好的验证。很多时候，单纯的奖励并不一定能激发每个人的潜力，但如果同时对做得不好的人给予恰当的处罚，相信每个人都会变得更用心。但是，团队领导者在具体运用追求快乐与逃避痛苦这两种不同性质的激励时，要尽可能以奖励、荣誉等追求快乐的形式为主，因为惩罚性质的激励措施短期内可能会收到明显的效果，但如果长期使用，会对团队的主动性和凝聚力造成伤害。

(5)激励措施因人而异。每个人由于背景、观念、处境不一样，个人的需求也会不一样。而要对一个人进行有效的奖励，必须立足于他的需求。当我们对一项奖励措施内容的需求越强烈时，产生的激励效果就会越大。就像一个人在沙漠中行走时，一瓶水远比一块金子对他更能产生激励的效果。同样在幼儿园里青年老师比中年老师寻求自我提高与发展的意识更强，因此激励要因人而异。

第三节　团队建设的目标和途径

幼儿园的发展涉及方方面面，其中最核心、最重要的部分是整体队伍的发展，脱离了队伍建设，幼儿园的发展不可能是有内涵的、高品质的、可持续的。因此幼儿园领导既要重视园内各种小团队的建设，同时，更要加强整个幼儿园大团队的建设。

一、共同设置目标并使其整合一致

一个清晰、合理的团队目标能激发团队成员的所有潜力，团队成员应该投入充足的时间、精力来讨论、制定他们共同的目标。在具体实施中，可以将这一总目标分层级分解成子目标分派给每个团队成员，这样既能使个人不断地开拓自己，又能促进整个团队的发展。具体的目标使得彼此间的沟通更顺畅，并能督促团队始终为实现最终目标而努力。在这一过程中每个团队成员都能够更深刻地理解团队的总目标，以后不论遇到什么困难，这一共同目标都会为团队成员指明方向。[①]

幼儿园团队建设中必须有一个明确的共同目标，同时将该目标细化为幼儿园可操作的年度计划、月计划等，帮助教职工以目标为导向开展工作，提高绩效水平，分清事务的轻重缓急，明确核心任务，共同促进幼儿园的良性发展。

---

① 胡伟，胡军，张琳杰：《沟通交流与口才》，北京，清华大学出版社，2013。

二、用民主的方法建立合理的规章制度并严格执行

幼儿园的规章制度是大多数员工应该遵守的行为准则。团队中的规章制度包括作息时间、信息传播与共享规定、任务流程和规范等。这些规章制度是面向每个人的，对每一个工作人员都有一定的约束性。只有这些规则从员工切身实际出发，才能真正显示其威严与约束力。在制定这些规则时要利用民主的方法，认真考虑大家提出的宝贵意见，共同协商建立应有的规章制度。民主建立的规章制度代表着所有员工的思想，严格地约束着每个员工的行为，无论团队大或者小，民主的规章制度是一个团队健康发展的有效保障。

案 例

淘气堡该怎么玩儿

某幼儿园，为了丰富幼儿的游戏活动，购置了淘气堡，每个班每周都有一次去淘气堡玩的机会。可是慢慢地问题出现了，一些老师不遵守规定，总是随意带领孩子去淘气堡玩。一个淘气堡每次容纳四五个班共一百多个孩子，显得分外拥挤，可分享的玩具就少了，矛盾也会增多，孩子们相互磕碰争抢的现象也常常发生。时间一长那些按照规定去淘气堡玩的班级觉得不公平了，经常抱怨本班的孩子们盼一周，就这么一次去淘气堡的机会，还有其他班和我们抢。园长及时发现了这一问题，组织教职工讨论淘气堡应该怎么玩。一些老师认为幼儿园应该在户外增加一些游玩设施，可供户外活动的设施多了，就不会争抢去淘气堡了。在大家统一认识的基础上，一方面幼儿园重新规定了淘气堡使用的规则，另一方面又购买了一些新的游戏设施来丰富户外活动。

一项规定是否能够不折不扣地被贯彻执行，很大程度上取决于制度的具体化和可操作性。任何一个决策都应该是被众人所认可的，这样执行度就会大大地提高。为了提高教职工的认同度，可以采取民主决策的方法，在做决定之前都给予员工参与讨论和提供意见的机会，这样所决定的内容就会得到大家的认可和遵守。

三、引导全园形成良好的组织文化

任何团队运作的过程都离不开所在组织的大环境，幼儿园团队运作及其有效性有赖于支持性的组织文化背景。一般来说，强调合作、相互负责和鼓励信息交流的组织文化，要比强调壁垒和差异的组织文化更有利于团队工作，引导全员形成良好的组织文化有助于幼儿园各个团队的良好发展。

幼儿园的组织文化不同于幼儿园的规章制度。在幼儿园中"规章制度"相当于国

家的"法",而幼儿园的"组织文化"相当于社会的"道德"。在社会生活中,如果违反了国家的法律,就会受到法律的制裁,违反了社会道德,则会受到道德的谴责。

案 例

她为什么落聘

某幼儿园规章制度明确规定上班时间不能使用手机,但有一名老师总是躲到监控死角玩手机。对此园长虽有耳闻,但从没有当面看到,调取监控也没有找到这位老师的相关影像。

这所幼儿园每年都要进行竞聘上岗,这年又开始竞聘了,这个班的班长不再聘这位老师作为配班,其他班的班长也没有选择这位老师。按照规定,幼儿园和这位老师终止了劳动合同。

案例中的幼儿园有很好的"组织文化","遵守幼儿园的规章制度"是每个人都应该坚持的,违反了组织文化的人,将被这个组织所淘汰。

由于"从众心理",对于新手教师来说,在具有良好组织文化的幼儿园工作,能够更快地适应工作,尽快成为合格的幼儿园教师;而对于成熟的教师来说,良好的组织文化能帮助自己克服缺点,提升专业能力。

幼儿园领导者可以通过建立合理的规章制度以及适时使用榜样学习法、双重激励法、情感引导法、活动教育法来引导全园建设良好的组织文化。

四、公平公正处理团队冲突

每个人都会有自己的思想,当彼此的想法和见解不同时,难免会发生冲突。冲突是能量与能量相互碰撞而产生的一种紧张状态。团队是由不同的能量聚集而成的,发生冲突是不可避免的。幼儿园教职工团队是个比较特殊的团队,一是女教师比较多,二是在一起工作时间长。这样的团队出现冲突是必然的事情。

团队的领导者,应该将精力集中在冲突背后某些特定的问题上,具体问题具体分析,认清冲突的根源,实事求是,保证客观公正的处理态度,不偏袒某一个员工。如果没有做到公平公正,往往会让别的员工产生意见,影响整个团队的建设发展。因此,团队领导一定要关心员工的内心,调查冲突的真相,公平公正处理团队内部的冲突。[1]

五、关爱教职工个人成长

借鉴人的社会心理发展分析,幼儿园教职工有五大基本需求:生活的需要,包

---

[1] 包丰源:《共振:让员工思想达成共识的秘密》,北京,中华工商联合出版社,2012。

括工资、住房、医疗；学习的需要，包括较好的学习进修条件，取得合格的学历，补充和更新知识，提高业务水平；自尊的需要，希望得到包括学生、家长和同行的尊敬以及领导的器重；政治的需要，包括得到政治信任和组织的关心；成就的需要，包括个人能力的充分发挥，事业有成以及得到公正的评价。幼儿园的管理人员可以从文化水平、业务能力、思想状况、兴趣特点、家庭及个人生活方面去分析了解幼儿园教职工的个体情况，进而在管理活动中用人之长，避其之短。

另外，幼儿园的管理者要坚持以人为本，推行人性化管理，既要关注老年教师的心理需求，又要关心青年教师的成长需求，满足他们学习、进修和提高的要求，让教职工感受到团队的温暖，增强团队的凝聚力，促进个体不断自我成长。

案 例

鼓励老师提高学历

随着社会人才、学历要求的不断提高，具有研究生学历的教师在幼儿园逐渐多起来，而对于他们在幼儿园的表现，大家褒贬不一。很多幼儿园认为他们能力不如本科生、专科生，个人的主张又特别多，难以融入幼儿园文化之中；再加之，由于读书时间长，参加工作时的年龄都不小了，到了幼儿园还没有做贡献就要结婚生子，很难真正进入工作状态。这些都给幼儿园的管理带来了一些负面影响，以至于一些幼儿园拒绝接受研究生。

某幼儿园在面对这些现实的同时，发现研究生具有很强的科研能力，在幼儿园的教研和科研工作中为他们搭建展示个人风采的平台，让他们带领幼儿园老师申请课题，共同观察研究。借此，一方面使这些学历较高的研究生展现了自己的能力，体会到在幼儿园群体中的价值；另一方面也提高了其他老师的科研热情和能力。

幼儿园要关爱职工的个人成长，无论是新成员还是老成员，无论能力高低或是学历高低，管理人员要充分了解成员的需求，对他们充满希望，为他们的发展创造适宜的成长环境。

第四节 团队的冲突和解决策略

幼儿园里存在着大大小小不同的团队，每个人都有自己独立的思想，难免会发生冲突。冲突能充分暴露幼儿园存在的问题，为解决问题提供新的契机，有助于幼儿园的团队建设与管理。

一、正确认识团队冲突

再好的团队也不可避免地存在各种矛盾和冲突。团队冲突是客观存在的，是不以人的意志为转移的。由于不同的价值观念、习惯认同、文化习俗等，或者由于团队的内部缺乏顺畅的沟通机制、组织机构上存在功能缺陷等，冲突以各种各样的形式存在于团队之中。

事物的发展是对立统一的，冲突对团队发展的影响具有二重性，即破坏性和建设性。冲突并不可怕，在一定范围内，它还能有效地促进团队的进步发展。当领导者能够公平合理地处理冲突时，就会使团队在冲突、挑战中不断融合、成长，变得更加和谐、高效。如果团队缺乏有效管理冲突的能力和机制，那么不但建设性的冲突可能会向破坏性的冲突转化，而且原本属于破坏性的冲突可能会对团队产生致命性的打击，直接威胁团队的生存。因此，领导者要辩证地认识与看待团队冲突，还应该努力地把握冲突的积极面，充分利用冲突来打破员工之间的沉闷关系，使团队变得更加活跃。[1]

二、合理解决团队冲突

(一)确立目标和价值的导向机制

幼儿园团队成员的价值观存在差异，导致他们可能具有不同的知识结构、能力结构。因此，不同的价值观和观点可以导致对正确批评的误解，并引起不适当的反应。在这种情况下，团队管理者可以通过培训、座谈、讨论等形式，增强团队成员对目标和价值的共同理解，减少情感性冲突。调查显示，如果团队有共同目标，就会用更广的视野讨论团队的目标和怎样取得更好的成绩，虽然彼此在一些问题上有异议，但本质是建设性的。[2]

(二)建立有效的沟通渠道

有效的沟通有利于减少团队内部不必要的认知冲突和情感冲突的发生。要达到沟通的效果，采取适当有效的沟通形式及建立有效的沟通渠道是十分必要的，幼儿园管理者可以带领大家开展讨论、座谈等。团队领导者一定要培养一种能促进成员积极参与、公开交流、团结协作的氛围，加强团队成员的共识。尽管这种公开、坦诚的交流可能导致一些争论甚至冲突，但是如果团队成员能够认识到冲突是以目标为导向的，是为了提高团队凝聚力，他们就能积极面对冲突，从而提高团队成员的满意度。

① 包丰源：《共振：让员工思想达成共识的秘密》，北京，中华工商联合出版社，2012。
② 李玉萍，许伟波，彭于彪：《绩效一剑》，北京，清华大学出版社，2008。

案例

解决冲突的办法

幼儿园准备已久的家长开放日快要到了，可是这两日却阴雨连天，原本计划的室外活动不能开展了。教学组长为大家安排了活动中心、音乐和舞蹈教室等宽阔的室内活动场所。大部分班的老师都想争取去活动中心，因为活动中心最宽敞且设备也比较齐全，为此产生了一些抱怨和冲突。教学组长见此情况带领大家认真分析并调整了各班的活动计划，根据计划分配了活动场所，使活动更加丰富又不受场地的影响，借此不仅消除了老师之间的抱怨和冲突，也为家长开放日做足了准备。

当发生冲突时，幼儿园管理者应以事实为依据，从不同角度认真分析产生冲突的原因；引导冲突双方相互尊重和信任，充分协商和沟通；采取积极的解决策略。

(三)冷静与公平处理人事冲突

人事决策都是费时的决策，原因很简单，即人具有独特的性格与价值观。团队领导者不能凭借主观喜好评断人事冲突，在做出决定之前，必须多花精力进行多方面思考。将最合适的人放在最合适的岗位，将不能友好相处的人分开安排。大多数人事冲突不能在第一时间作出判断，团队领导者可以先对冲突进行控制，给自己稍多一些观察和考虑的时间，找到冲突的根源，而不是急着做出错误的决定。[①]

常用的解决冲突的办法主要有：一是"对着干"，对于无法妥协的冲突，采取坚持己见、果断热处理的方法，以坚定的态度取得"支配"地位，让冲突双方冷却情绪；二是合作方式，把冲突看成是重新思考问题的契机，修正自己的想法，采纳别人的意见，从不同角度看问题，取得共识，促进合作；三是回避冷处理的方式，对有的冲突不采取直接对抗的方式，通过第三者或其他场合冷却、缓和矛盾，以便使对方能接受。[②]

本章小结

1. 幼儿园团队主要是指幼儿园所有教职工为实现幼儿德、智、体、美等方面全面发展，促进其身心和谐发展的目标而组成的共同体。幼儿园团队包括的范围很广：既可以是党支部、团支部、工会、后勤组、班组、年级组、

---

① 张国良：《驾驭力高效团队的行动方案》，北京，机械工业出版社，2010。
② 张欣，程志宏：《现代幼儿园管理实务》，北京，北京师范大学出版社，2007。

教研组等各种行政性或非行政性群体，又可以是教师自愿参加的各种兴趣小组、课题研究小组、项目策划小组、项目合作小组、智囊团等学术性或学习性、甚至临时性群体。从某种意义上说，一个年级组就是一个小团队，而整个幼儿园就是一个大团队。

2. 幼儿园团队建设具有十分重要的意义。主要表现为：(1)幼儿园团队建设有助于良好组织文化的形成。(2)良好的团队建设可以提高幼儿园管理质量和保教质量。

3. 良好的幼儿园团队特征主要包含以下几个方面：(1)明确一致的工作目标。(2)互补的技能。(3)共同的价值观和行为规范。(4)职责范围内的自主性。(5)有归属感，互相信任，沟通良好。(6)有效的激励机制。

4. 幼儿园要通过一定的途径来进行团队建设，幼儿园团队建设的途径主要包括：(1)共同设置目标并使其整合一致。(2)用民主的方法建立合理的规章制度并严格执行。(3)引导全园形成良好的组织文化。(4)公平公正处理团队冲突。(5)关爱教职工个人成长。

5. 正确认识团队冲突，领会冲突具有两面性，掌握冲突解决的策略和方法；建立有效的沟通渠道，坦诚相见，及时沟通。

关键术语

幼儿园团队　幼儿园团队建设　激励机制

思考题

1. 幼儿园团队建设的含义及其主要意义有哪些？
2. 联系实际谈谈良好的幼儿园团队需要具备哪些特征？
3. 结合幼儿园团队建设的途径，思考幼儿园团队建设可从哪几方面着手？
4. 幼儿园团队冲突的作用及解决策略有哪些？

案例研究

幼儿园新招聘进来一批老师，其中小赵老师活泼开朗，表现积极有很强的上进心，技能技巧等能力很强，适应工作也快，很快得到了园长的肯定，成为骨干教师，担任了园里很多职务。其他一同招聘进来的老师尽管对工作也勤勤恳恳，但是性格沉闷，不爱表现，所以只是普通老师，并没有得到特殊的关照和培养。

幼儿园经常会有一些外出学习观摩和培训的机会，园长觉得小赵老师是骨干教师，比较灵活而且学习能力也强，因此每次遇到培训的机会，园长都会把这些宝贵的机会给了小赵老师。面对小赵老师独享培训机会的情况，其他老师议论纷纷，抱怨不断，感觉不公平。他们认为在专业发展上，普通教师和骨干教师本来就有差距，如果只派骨干教师出去学习培训，那么骨干教师和普通教师之间的差距就会越来越大，并且普通教师也有自我发展与提高的信念和追求，这样不公平的待遇会打击普通教师追求自我发展的积极性。

走出去观摩学习的机会，对于每一位教师来说都是十分宝贵的，每一位出去培训的教师都会格外珍惜。但是受客观原因的影响，进修的机会不多，每个幼儿园只有少数人可以得到这个机会，那么在这种情况下就会产生一定的矛盾，影响团队的凝聚力。面对这种情况根据本章学到的团队建设的内容，思考有哪些解决办法。

拓 展 阅 读

1. 吴邵萍. 幼儿园管理与实践[M]. 南京：江苏教育出版社，2012.

该书共分为六章，包括幼儿园文化建设、幼儿园一日活动皆是课程、幼儿园课程管理、幼儿园团队建设、行政后勤管理、幼儿园公共关系管理，分别从理论和实践两方面讨论了幼儿园管理的具体现象，对于未走进工作岗位或年轻的老师有很多帮助。

2. 许亚文，李红卫，孙丽红，等. 幼儿园管理的 66 个细节[M]. 长春：吉林大学出版社，2014.

该书旨在帮助幼儿园管理者更好地管理幼儿园；提出了 66 条管理细节，主要包括抓好文化建设、完善规章制度、丰富一日活动、教师管理制度、利用公共关系、优化后勤总务管理等方面；以案例的形式，生动有趣地呈现了某个特定的管理场景；通过对案例的分析与探讨，反映出幼儿园管理中亟待引起重视的一些管理细节问题，尤其是从一些管理者习以为常的管理行为中挖掘出那些易被忽略的问题，并提出了富有针对性的管理措施和建议。

第九章 幼儿园组织文化建设

学习目标 ▶

1. 了解幼儿园组织文化的内涵及特点。
2. 正确认识幼儿园组织文化的特点及类型。
3. 理解幼儿园组织文化建设的原则、步骤及途径。

导入案例 ▶

河北省保定市青年路幼儿园有着悠久发展历史。园所引进先进的教育理念和管理理念，探索了实施素质教育的新途径；教学楼中和院落中处处彰显自己的文化特色，并借此传达给家长正确的教育理念；重视激发教职工的内驱力，通过教研、培训、外出学习等措施极大地调动了教职工的积极性，挖掘了他们身上的潜能，使园所在持续的合作、学习和创新中不断地发展。

第一节 幼儿园组织文化的内涵

近年来，不少幼儿园在稳定发展的基础上寻找管理的突破，试图跳出自己的小圈子放眼于未来，参考借鉴企业组织文化建设的经验，把先进的文化管理理念引入幼儿园，根据社会主义核心价值观和本园的特点，建设园本特色的组织文化，不断提升办园水平。

一、幼儿园组织文化的含义

(一)广义的和狭义的幼儿园组织文化

组织文化是指组织在其发展过程中形成的，为其成员普遍认同并遵循的共同价值观，精神信念及行为方式的总和。广义的幼儿园组织文化是园所内全体成员共同接受的价值观念、行为准则、团队意识、思维方式、工作作风、心理预期和团体归属感等群体意识的总称。狭义的幼儿园组织文化是指幼儿园的物质设施、习惯化的行为方式、管理组织结构及其相应的制度，以及幼儿园组织成员内隐的幼儿园精神、职业价值观等。

(二)显性的和隐性的幼儿园组织文化

显性的：幼儿园组织标志，如园标、园服、园歌等；幼儿园组织环境，如幼儿园的物质设施、学习娱乐设施等；幼儿园规章制度，如管理制度、工作标准等；幼儿园组织目标，如幼儿园全体员工的共同追求等。

隐性的：主要表现为以下五点：(1)幼儿园组织哲学。幼儿园组织哲学是幼儿园领导者为实现幼儿园组织目标，在整个管理活动中坚持的基本信念，是幼儿园领导者对幼儿园长期发展目标、发展战略和策略的哲学思考和抽象概括。(2)幼儿园组织价值观。幼儿园组织的价值观是幼儿园组织内部管理层和全体员工对教育教学、管理、服务等活动，以及指导这些活动的看法和基本观点。(3)幼儿园组织精神。幼儿园组织精神是幼儿园组织为谋求生存和发展，为实现自己的价值和社会责任，经过长期培育而形成的一系列反映群体意识的信念和座右铭，是幼儿园组织的精神支柱和精神动力。(4)幼儿园组织风气。幼儿园组织风气是指幼儿园组织以及职工在长期的教育教学活动中以及共同生活中，逐步形成的一种精神状态和精神风貌。(5)幼儿园组织道德。幼儿园组织道德是调整幼儿园组织与社会、幼儿园组织与组织、幼儿园组织及职工之间关系行为规范的总和，是规章制度的补充。[①]

在幼儿园管理实践中，往往把幼儿园的"组织文化"称为幼儿园的"园风"。一个园有良好的积极向上的园风，管理就不再仅仅依靠规章制度等外在的约束，而是得益于教职工从内心认同的共同的价值观念、行为准则、团队意识、思维方式、工作作风、心理预期和团体归属感，由制度的"他律"上升到"自律"。在幼儿园管理中，可以形象地将园风比喻为幼儿园的"道德规范"，和幼儿园的规章制度一起，成为提升幼儿园管理水平的有力抓手。

二、良好的幼儿园组织文化的特点

良好的幼儿园组织文化具有以下特点。

(一)严谨

良好的幼儿园组织文化首先是严谨的。比如，严谨的制度保障，规范的制度文化可以保障教师专业权利的实现，提高教师的专业技能，有利于教师之间形成良性的竞争与互助。

(二)协作

协作是指组织成员间的相互配合。良好的幼儿园组织文化下的成员间的协作是多

---

① 王普华：《幼儿园管理》，北京，高等教育出版社，2014。

方面的、广泛的。比如，班级间的相互学习与促进，教研活动中互助观摩、案例研讨、头脑风暴、参与式研讨等，教师以一种主人翁的角色积极参与到幼儿园各项活动中。

(三)诚信

良好的幼儿园组织文化引导教职工处事真诚，讲信誉，能以真诚之心，行信义之事。这种良好的精神文化具有较强的凝聚力，有利于提升教师的向心力。

(四)温情

由于幼儿本身的成长需要，女性细腻、温和的特质在这项工作上显得更有优势，也使得女性被选择成为幼儿的最佳教育者和养护者。因此在女性教职工占绝大多数的幼儿园中，温情是幼儿园不同于其他组织的特点。

(五)创新

良好的幼儿园组织文化是引导教职工不断学习、不断创新的文化。学习和创新是幼儿园保持健康发展关键的支撑，是幼儿园不断前进的动力。只有不断汲取新的教育动态和信息，调整发展理念和工作思路，在日常工作中将幼儿教师的教育智慧、教学艺术等综合素质发挥至极致，才有利于教师的专业化成长，最终提高幼儿园办园质量，促进幼儿园的可持续发展。

三、幼儿园组织文化的作用

(一)幼儿园组织文化具有灵魂作用

组织文化中最主要的是正确的教育理念、办园目标、指导思想等，这些是组织的精神支柱。当前，我们应在习近平新时代中国特色社会主义思想的指导下，将"两个确立""四个意识""四个自信""两个维护"根植于组织文化建设中。在幼儿园管理中，必须坚持"思想走在前头"，通过做好组织成员的思想工作，充分发挥组织文化的灵魂作用，不断激发教职工对幼教工作的热情和积极向上的精神状态，使信念化作行动。

(二)幼儿园组织文化具有导向作用

幼儿园是一个开放性的社会服务机构，本着"兼容并蓄，为家长服务"的原则为社会服务。园所的组织成员以及幼儿和家长来自四面八方，有着不同的生活背景和教育素养。因此，各种各样的言论和思想都会在幼儿园交集、碰撞，有的是正面的、积极的，有的则是负面的、消极的。在组织文化的正确导向作用下，组织成员能够充分认识幼儿教师工作的社会价值，树立教师光荣、教师神圣的职业观念，追求较高层次的精神境界，不为物质利益诱惑所动，安心于幼儿园工作，勇于奉献。

(三)幼儿园组织文化具有凝聚作用

组织文化作为组织成员所共同具有的思想作风、价值观念与行为态度等，对组织成员具有心理上、感情上的凝聚力量。健康向上的幼儿园园风，体现着良好的精神风貌、价值观念、心理趋势和文化气势，组织文化的这些内核，能使组织成员形成共同的荣誉感和责任感，从而激发出高度的自觉性和创造性。

第二节　幼儿园组织文化的功能及类型

一、幼儿园组织文化的功能

(一)正向功能

1. 有利于提高幼儿园的各项工作质量

良好的幼儿园组织文化表现为全员参与、积极向上、管理规范、融洽团结，它能促进幼儿园各项工作质量的稳步提高。好的组织文化与幼儿园的各项工作相互促进、相互联系。因此，不断加强幼儿园组织文化的建设，有利于保证和提高幼儿园的保教质量，有利于幼儿园更出色地承担社会赋予其本身的责任。

2. 有利于提高幼儿园的核心竞争力

文化学家弗朗西斯·福山就将组织文化视为组织发展的社会资本，同时认为这种社会资本是其他资本如"金钱资本""人力资本"无法取代的，它是组织发展的核心竞争力。良好的幼儿园组织文化还有利于树立良好的社会形象。在市场经济的背景下，幼儿园之间的竞争越来越激烈，良好的幼儿园组织文化则有助于提高幼儿园的核心竞争力，使幼儿园在竞争中立于不败之地。

3. 有利于加强幼儿园的可持续发展

幼儿园的可持续发展需要良好的软约束性的组织文化，即让教职工自觉自愿遵守的行为准则。一个有着共同价值观和行为准则的组织，才能将个人目标与组织目标结合起来，最大限度实现个人价值和集体价值。优秀的幼儿园组织文化能够提升员工对于幼儿园的认同感和集体责任感，激发教职工工作的积极性和创造性，进而为幼儿园的可持续性发展提供坚实的保障。

4. 有利于为幼儿创设良好的成长环境

对于幼儿来讲，幼儿园的组织文化可以看作是一种隐性课程，通过从根本上提升教师的工作态度、精神面貌、行为方式来潜移默化地影响幼儿，为幼儿营造理想的教育氛围。因此，建设良好的幼儿园组织文化，同时要为幼儿的健康成长创造良好的发展环境。

(二)负向功能

幼儿园组织文化的建设是一把双刃剑。科学的、积极向上的组织文化能帮助幼儿园可持续发展，消极的、不健康的组织文化则会给幼儿园带来负面的影响。比如，幼儿园办园思想出现偏差，就会导致幼儿园的园所建设滞后，制度老化，教师队伍散漫等。管理者在幼儿园组织文化建设中起到至关重要的作用，如果管理者碍于情面，疏于管理，那么幼儿园就会出现有规不循，有法不依的局面，对遵守规章制度的教职员工形成一种负面影响，不利于幼儿园的未来发展。

二、幼儿园组织文化的类型

(一)学习型组织

学习型组织理论是当前最前沿的管理理论之一，它对幼儿园管理、幼儿园组织文化的重建具有指导性意义。"学习型组织"这一概念最早源于美国哈佛大学佛睿思特教授的《企业的新设计》中的思想，后经其学生美国学者彼得·圣吉总结提炼，在1990年出版的《第五项修炼——学习型组织的艺术与实务》一书中正式提出了"组织修炼"和"学习型组织"的概念和方法。①

彼得·圣吉把学习型组织概括为"五项修炼"：第一项修炼，自我超越(学习型组织的精神基础)，就是个体不断学习并加深个人的真正愿望，学习如何扩展个人的能力，创造出自己想要的结果，塑造一种组织环境让所有的成员都全心全意致力于实现自我愿景。第二项修炼，改善心智模式(学习型组织的关键)。心智模式是人的心理素质和思维方式，它会对人的行为产生重大影响。因此，学习如何改善我们的心智模式有助于改变我们的固有思维，以更开放的心态去接纳新的想法，并且逐渐深化自己的认识。第三项修炼，建立共同愿景(学习型组织的前提)。共同愿景是指组织中人们共同愿望的景象，它要求组织成员拥有一个共同向往的目标，把全体成员团结在一起，创造出众人一体的氛围。第四项修炼，团队学习(学习型组织的特征)。团体学习是发展团体成员整体搭配能力和提高实现共同目标能力的过程。让每个成员通过自由交流、互换想法，在思想碰撞中深化认识，不断提升。第五项修炼，系统思考(学习型组织的核心)。系统思考要求人们运用系统的观点整体看待组织的发展，引导人们由局部放眼整体，从表面现象透视事件本身。

学习型组织是一个具备不断调整与革新能力、创新能力的组织。它主要具备五个基本特征：一是组织成员具有共同的目标和理想；二是该组织是由多个创造性个体组成；三是强调终身学习、全员学习和全程学习；四是强调团队学习；五是重视自主管理。②

(二)人本管理型组织

20世纪60年代，人本管理理论被明确提出，到了80年代该理论受到了很多组织的重视。"人本管理"即以人为本的管理，它与物化管理相对应。有的学者也将人本管理分成了五个层次，即民主管理、自主管理、人才管理、情感管理、文化管理。总而言之，人本管理将人作为管理的主要对象和管理的重要资源，尊重人的需要、人的价值，通过谋求人的全面发展而发展组织。它有两层主要含义，即强调人在管理中的积极性、主动性、创造性；其次，人本管理寄希望于通过以人为本的管理创

---

① [美]彼得·圣吉：《第五项修炼——学习型组织的艺术与实务》，郭进隆译，上海，上海三联书店，1998。
② 黄志成，程晋宽：《教育管理论》，上海，上海教育出版社，2001。

造和谐的工作氛围，进而高效地实现组织目标，这是它真正的精髓和理想境界。学校管理与其他管理系统最大的不同体现在以下两个方面：第一，教师具有双重性的存在方式，其首先是学校管理的对象，又是培养学生、管理学生的主体；在角色功能上，其要实现教育的二级传递。第二，学校管理的目的是培养人、发展人、提升人的无形资产的水平，而其他管理的目的是生产"物"，是生产人的生产生活消费品、提升人的有形资产的水平。[①] 人本理论告诉我们，在建构幼儿园组织文化时要尊重组织成员个人需求和个人价值的实现。

第三节　幼儿园组织文化建设的实施

一、幼儿园组织文化建设的原则

(一)导向性原则

优质幼儿园的组织文化建设必须坚持正确的导向性，要能够体现新时代中国特色社会主义国家对于幼儿教育的基本要求，体现出时代发展对于幼儿教育的基本要求，积极弘扬社会主义核心价值观和社会主义文化的主旋律，因地因时制宜，用积极健康的文化氛围引领全体教职工和幼儿和谐发展。

(二)系统性原则

良好的幼儿园组织文化建设切忌"单打一"，即只关注局部文化建设，忽视整体文化建设。要用系统性思维来指导幼儿园的组织文化建设，充分发挥物质文化建设、制度文化建设、行为文化建设和精神文化建设的功能，善于整合，形成文化建设合力，推动幼儿园的良性发展。

(三)独特性原则

幼儿园的组织文化建设不要千园一面，不要相互照搬和模仿，要具有自己的特色，能够彰显出与众不同的文化特质。文化建设是在各自相对独立的发展背景下进行的，要因地制宜，因时制宜，坚持自己的独特性。

(四)长期性原则

幼儿园的文化建设不是一朝一夕就能完成的，它是一个长期的、渐进的过程，是随着社会文化、经济的发展而不断发展和丰富的，具有长期性，是一项潜移默化、持之以恒的工作，需要长时间坚持不懈的努力传承、完善和革新。

二、幼儿园组织文化建设的步骤

首先，创建学习型组织。学习型组织代表了社会发展需求和发展方向的先进理

[①] 孙鹤娟：《学校文化管理》，北京，教育科学出版社，2004。

念，具有现代组织构建所必须遵循的指导思想。[①] 园长要以身作则，率先学习党和国家的政策法规，树立社会主义核心价值观，用新知识、新理念不断提高自身素质，明确自身职责，发挥模范带头作用；强调团队合作，知识共享，注重积极创新而不是重复性工作；坚持教职工与幼儿共同发展的理念，创设合作、创新、求知的学习氛围。

其次，加强师德建设，组建积极向上的教师队伍。采取多种形式组织培训，加强教师对法律法规的学习。积极开展读书交流、分享活动，将办园的思想、理念等渗透到日常的工作生活中。

再次，加强信息化建设，提高办园的现代化水平。建立幼儿园的公共网站、利用微信公众号、校讯通等教育信息平台，推动教育教学现代化、家园沟通信息化及网上教育资源的共享。

最后，活跃生活文化，提升教职工的幸福感。快乐能激发、调动人的潜能，能改变教师工作的态度，提高工作的质量和效率。不断提升教职工的幸福感，使其经常感到快乐是促进幼儿园整体发展、促进个体可持续发展的重要因素。幼儿园应当经常组织丰富多彩的娱乐活动，聘请专家进行相关知识讲座，进行工作压力的疏导以及心理健康的教育，不断增强教职工的凝聚力和向心力。

三、幼儿园组织文化建设的方法

(一)建设物质文化，塑造良好组织形象

建设幼儿园的物质文化，积极开发幼儿园文化的新载体，可以通过对树木的种植，花草、绿地的培养，实现绿化、观赏和休憩功能；也可以将幼儿园的园景、园训、理念刻在石头上或者悬挂在幼儿园显著的位置。

(二)建设制度文化，规范幼儿园管理

幼儿园的制度包括幼儿园的各项规章条例、习俗、教学常规、保育措施、工作手册、岗位职责等。当幼儿园的制度与幼儿园文化融合之后便形成了幼儿园制度文化。这种制度文化直接把幼儿园组织文化外化为师生的自觉行动，形成一种其他幼儿园无法模仿的核心价值观。

(三)塑造精神文化，打造核心竞争力

幼儿园组织文化建设的核心在于以人为本，推动人更好地发展。通过挖掘、发现和积累一些优秀的人物和事迹，以典型引路，凸显和宣扬幼儿园所特有的观念文化和办园理念。文化建设要从教职工和幼儿的长远发展出发，避免短视。无论是环境的创设、制度的制定、活动的开展，还是理念的输出，都要注重以人为本这个核心原则，在此前提下让文化建设推动人积极健康和谐发展，推动园所的积极健康和谐发展。

---

① 刘丽：《幼儿园学习型组织创建策略(上)》，载《幼儿教育》，2016(1)。

四、幼儿园组织文化建设的途径

(一)学习借鉴国内外优质幼儿园组织文化建设的先进经验

我们生活的世界是开放的世界，所处的社会也是开放的社会，这种开放性要求幼儿园的组织文化建设也是开放的，要注重借鉴国内外优质幼儿园文化建设的先进经验，推动文化建设的新发展。国内外一些幼儿园很注重各种仪式的创立和举行，注重荣誉体系的建立和完善，比如新生入园仪式或者大班毕业仪式等，有的还有自己的园史馆。园史是幼儿园组织文化不可或缺的传承载体，是对幼儿园办园发展历程的回顾总结，记载了幼儿园不同发展时期的变迁，能够起到凝聚人心、激人奋进的作用。要注重理顺园史，利用刊物、网络、活动资料和图片以及成功毕业生的先进事迹进行广泛宣传，形成自己独特的观念文化；还要注重幼儿园发展愿景的描述和宣传，它是幼儿园文化的表征和灵魂，是对幼儿园办园理念的高度概括，潜移默化地规范和指导师幼的行为举止；同时还要注重荣誉体系的建立和完善，向更好更高的目标不断努力，全面发展。

最新趋势，大致勾画了教育管理理论发展的脉络。第三章至第十章分别论述了教育管理中最普遍、最基本也是最重要的系列理论，可以说，在教育管理的实践过程中，我们碰到的许多实际问题或多或少都与这些理论有关。

(二)对幼儿园文化进行整体设计，提高文化的育人功能

幼儿园组织文化建设是一个复杂的系统工程，要把文化建设纳入幼儿园的总体规划并高度重视，要注重幼儿园文化的整体设计，不要有所偏废。要遵循教育发展规律，不断积淀和传承优秀的历史文化，不断改革和创新。在塑造物质文化的同时，要注重富有人文气息、富有教育性和审美性，同时注重不断完善园所的规章制度，不断提高师资队伍的教育教学水平，不断提升观念文化的内涵，树立优良的园风、班风，设立幼儿园文化建设的管理机构。只有这样，才能保障幼儿园文化建设的健康、和谐发展，真正促进各个方面工作的有效开展。

(三)开展丰富多彩的文化活动，充分调动教师的积极性和创造潜能

优质幼儿园文化建设中很重要的一点就是要开展健康向上、生动活泼、丰富多彩的文化活动，比如科技节、读书节、艺术节、新年联欢、社会实践、社区服务等，以充分调动和发挥教师的积极性和创造潜能，推动幼儿园文化建设不断向前发展。要精心组织和策划每一项活动，通过活动推动文化建设的稳步推进。各项活动的有效开展可以在园内外有力彰显幼儿园的观念文化，让教职工在活动中认同、感受和践行幼儿园的文化，增强凝聚力和主人翁意识，扩大文化建设的辐射范围，促进幼儿园积极健康地发展。

本章小结

1. 广义的幼儿园组织文化是园所内全体成员共同接受的价值观念、行为准则、团队意识、思维方式、工作作风、心理预期和团体归属感等群体意识的总称。狭义的幼儿园组织文化是指幼儿园的物质设施、习惯化的行为方式、管理组织结构和其相应的制度，以及幼儿园组织成员内隐的幼儿园精神、职业价值观等。

2. 良好的幼儿园组织文化特点主要有严谨、协作、诚信、温情、创新。幼儿园组织文化具有灵魂作用、导向作用和凝聚作用。

3. 幼儿园组织文化的建设是一把"双刃剑"，既有正向功能也有负向功能。正向功能表现在有利于提高幼儿园的各项工作质量，提高幼儿园的核心竞争力，加强幼儿园的可持续发展，为幼儿创设良好的成长环境。消极不健康的组织文化则会给幼儿园带来负面的影响。

4. 良好的幼儿园组织文化类型主要有学习型组织和人本管理型组织。

5. 幼儿园组织文化建设的原则包括：导向性原则、系统性原则、独特性原则、长期性原则。幼儿园组织文化建设可以采取以下几个步骤：首先，创建学习型组织。其次，加强师德建设，组建积极向上的教师队伍。再次，加强信息化建设，提高办园的现代化水平。最后，活跃生活文化，提升教职工的幸福感。

6. 幼儿园组织文化建设的途径主要有：学习借鉴国内外优质幼儿园文化建设的先进经验；对幼儿园文化进行整体设计，提高文化的育人功能；开展丰富多彩的文化活动，充分调动教师的积极性和创造潜能。

关键术语

幼儿园组织文化　幼儿园组织文化建设　学习型组织

思 考 题

1. 幼儿园组织文化建设的含义是什么？
2. 联系实际谈一谈幼儿园组织文化建设的功能。
3. 结合实际，思考幼儿园组织文化建设的方法有哪些。

案 例 研 究

某实验幼儿园在组织文化的建设中取得了很多骄人的成绩，如重视幼儿园物质文化的创设，重视教育教学行为的科学化，重视建立良好的内外部交往氛围等。但是，其组织文化也存在一些不足，例如，忽略了创设富有较高人文内涵的物质设施，忽略了幼儿园精神文化的内化。

请你结合本章所学内容，谈一谈该幼儿园应如何发挥自己的优势，弥补自身不足，完善园所的组织文化建设。

📖 拓 展 阅 读

1. 王普华. 幼儿园管理［M］. 北京：高等教育出版社，2014.

该书分四编：第一编基本理论，包括绪论，幼儿园管理的任务、内容与原则，幼儿园的目标管理，管理职能与幼儿园的管理过程；第二编幼儿园工作管理，包括幼儿园保教工作管理，幼儿园卫生保健工作管理，幼儿园总务后勤工作管理；第三编幼儿园组织与人员管理，包括幼儿园的管理体制，幼儿园保教队伍建设，园长的领导艺术与领导班子建设，幼儿园组织文化建设；第四编幼儿园公共关系与幼儿园工作评价，包括幼儿园公共关系管理，幼儿园工作评价。该教材在博采众家之长、认真梳理管理理论的基础上，力求从理论和实践的结合上有所突破，形成完整的管理概念，突出操作性、实用性。

2. 黄志成，程晋宽. 教育管理论［M］. 上海：上海教育出版社，2001.

该书参照了国外管理和教育管理的教科书，着重论述国外较有影响的教育管理理论，力图构筑较为完整、系统的教育管理理论体系；提供一种新的思考框架，使教育管理人员能充分了解和掌握较为系统的教育管理的一般原理，以指导和改善教育管理的实际工作。全书共有十一章，其中第一章、第二章和第十一章主要探讨教育管理的概念、研究教育管理的意义、教育管理的发展过程和最新趋势，勾勒出了教育管理理论发展的脉络。第三章至第十章分别论述了教育管理中最普遍、最基本也是最重要的系列理论，可以说，在教育管理的实践过程中，我们碰到的许多实际问题或多或少都与这些理论有关。

第十章 园本课程建设

学习目标 ▶

1. 掌握科学的幼儿园课程理念。
2. 理解幼儿园课程开发的特点。
3. 了解当前幼儿园课程实施的主要问题。
4. 掌握幼儿园园本课程开发的基本要求和程序。

导入案例 ▶

  每年一度的《幼儿园工作家长问卷》和召开的"家长委员会座谈会"上，在对幼儿园课程评价方面，总有家长强烈要求幼儿园开设英语、写字和拼音课程。园长面对家长的诉求，应如何进行幼儿园课程管理？

  在第二章第七节，我们谈到了幼儿园课程内容的选择和组织。在幼儿园建立之初，没有形成自己的办园风格和特色的时候，必须引进他人课程；经过一段时间，幼儿园进入稳定发展阶段时，可以摆脱简单引入他人课程的状况，并根据自己的实际情况，进行园本课程建设。

第一节 幼儿园课程理念

一、课程必须通过科学的管理来实现其价值

  课程管理是课程实践的一种方式，是对课程开发、课程实施与课程评价等活动的引领，其目的在于影响课程实践的过程与结果，实现课程实践的目标。对幼儿园来说，课程管理是指对幼儿园课程的理念、精神、文化和行为等多种因素的综合管理。幼儿园课程管理不仅要体现社会的价值取向，遵循幼儿身心发展规律，也应充

分体现幼儿园特有的课程理念、课程开发、课程实施与课程评估，以及渗透在这些因素之中的课程文化。

幼儿园课程理念是指导幼儿园课程改革与发展的核心思想，也是课程在开发、实施与评价等实践过程中的灵魂。《幼儿园教育指导纲要（试行）》明确指出："幼儿园的教育活动，是教师以多种形式有目的、有计划地引导幼儿生动、活泼、主动活动的教育过程。"《幼儿园教育指导纲要（试行）》还指出："教育活动的组织与实施过程是教师创造性地开展工作的过程。"教师要根据《幼儿园教育指导纲要（试行）》的精神和规定，从本地、本园的条件出发，结合本班幼儿的实际状况，制订切实可行的工作计划并灵活执行。

二、课程以幼儿发展为本

幼儿是幼儿园课程的主体，所以幼儿园课程应该尊重幼儿的特点、兴趣与爱好，符合幼儿身心发展规律，课程目标和实施应当建立在充分考虑幼儿特点和幼儿需要基础上，这是课程开发的前提条件，也是课程实施、课程评价的依据。当前，一些幼儿园课程偏重认知技能的传授，一味向幼儿灌输知识，而缺少幼儿园应有的游戏活动，同时也忽略了幼儿情感与社会性的培养。不少家长也简单地认为，提前学习小学教材，就可以减轻小学入学的压力，就是为升入小学做准备。有不少幼儿园将小学课程搬到幼儿园来，幼儿园课程"小学化"的现象非常严重。这种忽视幼儿接受能力，忽视其所处的特殊身心发展阶段的做法，不利于幼儿的健康成长。

《幼儿园工作规程》明确指出幼儿园以游戏为基本活动，寓教育于各项活动之中。另外，幼儿园应尊重幼儿的天性，尊重幼儿对游戏的需要。幼儿园课程因其教育对象的特殊性，呈现出丰富而感性的特点，游戏成为幼儿园课程的重要组成部分。总之，幼儿园在课程实践时应当充分考虑到幼儿的生理、心理特点以及幼儿的真实需要，切实从幼儿的角度出发，真正关注幼儿的身心健康发展。

三、课程旨在促进幼儿全面的发展

《幼儿园教育指导纲要（试行）》明确指出，幼儿园的教育内容是全面的、启蒙的，可以相对划分为健康、语言、社会、科学、艺术等五大领域。各领域的内容相互渗透，从不同角度促进幼儿情感、态度、能力、知识和技能等方面的全面发展。幼儿全面发展教育是指以幼儿身心发展的现实与可能为前提，以促进幼儿在德、智、体、美等方面全面和谐发展为宗旨，并以适合幼儿身心发展特点的方式、方法，实施着眼于培养幼儿基本素质的教育。对幼儿实施全面发展教育是我国幼儿教育的基本出发点，也是学前教育的基本任务。

《幼儿园工作规程》指出，幼儿园的任务是：贯彻国家的教育方针，按照保育与教育相结合的原则，遵循幼儿身心发展特点和规律，实施德、智、体、美等方面全面发展的教育，促进幼儿身心和谐发展。全面发展是针对片面发展而言的，偏重或忽略任何方面的发展都不是全面的发展。但是，全面发展并不意味着个体在德、智、体、美等方面齐头并进、平均地发展，也不意味着个体的各个侧面可以孤立地发展。因此，幼儿园全面发展教育在保证幼儿德、智、体、美等方面全面发展的基础上，可以允许幼儿在某方面得到突出发展，同时，应注重幼儿各方面发展的和谐。当前，由于受传统课程观念的影响，许多幼儿园课程偏重于认知和技能，忽略了对情感、社会等方面的教育，这不利于幼儿的全面发展。因此，全面发展的幼儿观要求幼儿园在课程设计之初，就必须考虑到各个方面的因素，遵循《幼儿园工作规程》中提出的幼儿园教育应当贯彻的原则和要求：面向全体幼儿，德、智、体、美等方面的教育应当互相渗透，有机结合；遵循幼儿身心发展规律，符合幼儿年龄特点，注重个体差异，因人施教，引导幼儿个性健康发展。

四、课程注重整合性教育

当前我国幼儿园课程实践的基本趋势是更多采用整合性课程。整合性课程不仅强调课程内容的整合性，也注重课程体系中其他要素的整合，如家长资源、社区资源等。同时，整合性课程摒弃了原有的过分分科的课程体系，不再简单地将课程分离成一门门孤立的科目。具体来说，实践整合性课程需要做到以下几个方面。

(一)课程设计要注重幼儿、家长和社区的参与

《幼儿园工作规程》指出，幼儿园应当认真分析、吸收家长对幼儿园教育与管理工作的意见与建议。因此，幼儿园应当充分吸收家长和社区参与到课程实践中来。在课程实施上，组织幼儿互相学习，提倡师幼及同事之间的合作。同时，也要充分利用家长和社区的教学资源，努力为幼儿提供丰富多彩的课程。

(二)课程内容要与幼儿日常生活紧密联系

由于幼儿身心发展的独特性，学前教育更多的是培养幼儿的基础素质，重点在于促进幼儿的全面发展。因此，幼儿园课程应尽可能地同幼儿生活和社会现实相联系，引导幼儿关心周围的人和事，培养幼儿对社会的关爱之心。

(三)课程开发与实施要走向多学科深度整合

学前教育以促进幼儿智力因素与非智力因素协调发展为目标。要实现这一目标，必须将幼儿认知、情感与行为等方面的教育紧密结合起来，建立整合性课程正是实现这一结合的有效途径。课程整合强调的是，课程目标、内容、实施及评价等的全面综合，这有利于高级能力的形成及幼儿全面发展。整合性课程避免了分科教学的"孤立"等缺点，将教育过程的知识性、趣味性、情境性和活动性有机地结合在一起，充分激发了幼儿学习的主动性。

总之，幼儿园课程整合的目的在于促进幼儿的健康成长。因为幼儿的身心特点与大、中、小学生不一样，幼儿园课程实践要有别于其他学校系统，真正做到把幼

儿作为课程的中心，促进幼儿认知，特别是社会、情感等方面的全面发展。

知识链接

《儿童的一百种语言》——瑞吉欧的教育理念（节选）

瑞吉欧是意大利东北部的一座城市，自 20 世纪 60 年代以来，洛利斯·马拉古齐和当地的幼教工作者一起兴办并发展了该地的学前教育。经过数十年的艰苦创业，意大利在举世闻名的蒙台梭利之后，又形成了一套"独特与革新的哲学和课程假设，学校组织方法以及环境设计的原则"，人们称这个综合体为"瑞吉欧·艾米里亚教育取向"。

在《儿童的一百种语言》一书中，马拉古齐的一首诗《不，一百种是在那里》充分表达瑞吉欧教育思想。他说孩子，是有一百种组成的。孩子有一百种语言，一百只手，一百个想法，一百种思考、游戏、说话方式。在这首诗中，我们可以体会到他视儿童为一个自己能认识、思考、发现、发明、表达世界的栩栩如生的个体，一个成长中自己做主角的孩子，一个富有巨大潜能的孩子。成人应如何面对这样的孩子？最重要的是要承认"其实有一百"。其次，要以儿童的思维、儿童的立场来看待一切。瑞吉欧的教育体系可简要说明如下：它集合了一个为儿童智慧、情绪、社会及道德各项潜能而仔细雕琢与指导的学校群，主要的教育方法是让儿童在美丽、健康及充满爱的环境下，参与长期的、有趣的项目活动。在瑞吉欧，老师知道如何倾听幼儿、如何允许幼儿带头活动，以及如何运用灵活的方式去引导幼儿……

诚然，一棵扎根良好的树，我们不能把它挖出来，而栽种到完全不同的环境里。我们要学习瑞吉欧什么，值得深思。

第二节 幼儿园课程与教师的"磨合"

幼儿园课程内容是实现幼儿园课程目标的手段，对于教师和儿童而言，主要解决的是"教什么"和"学什么"的问题。幼儿园课程内容与幼儿园课程目标的契合度，与幼儿园课程编制者所持有的价值取向能否被实现有着直接的关联。幼儿教师需要适应课程，课程也需要适应教师，这样才能更好地、更有效地实现课程目标。这一相互适应的过程就是课程与教师"磨合"的过程。

一、课程要适应教师

幼儿园教师在岗前培训的时候，要对课程有总体的了解，不仅了解课程内容、课程实施方法，也要对课程目标和课程评价有一个大致了解，即不仅要接触课程的内容，而且要了解教材的价值取向，不仅知其然，还知其所以然。

（一）了解幼儿园课程内容的价值取向

教师在教学前要了解本园课程内容的价值取向，在教学中避免偏离课程目标。纵观幼儿园的课程内容，不外乎以下几种取向。

1. 课程内容即教材

将课程内容作为预设的东西，规定了教师应该教什么，儿童应该学什么，其长处在于知识和技能的系统性和可操作性强，教师在教学过程中有据可依。基于这些长处，课程内容即教材的取向在幼儿园课程编制过程中经常被采用。

但是，这一取向使课程内容成为儿童必须接受的东西，而不一定是儿童需要的和感兴趣的东西。为了弥补这一弊端，课程编制者和教师经常会设法运用各种教学技巧，对教材进行加工，使教材能引起儿童的兴趣。杜威曾运用生动的语言，批评这种做法是让儿童"在他高兴地尝着某些完全不同的东西的时候，吞下和消化一口不可口的食物"。

2. 课程内容即学习活动

把关注点放在儿童做些什么方面，强调课程与社会生活联系，强调儿童在学习中的主动性。英国教育家怀特海曾说，"教育只有一种教材，那就是生活的一切方面"，明确地道出了这种取向的本质。课程内容的这种取向对"课程内容即教材"提出了挑战，批评这种取向关心的只是向儿童呈现什么内容，告诉儿童一些基本事实和方法，而不关注儿童自己对活动过程的参与。

课程内容即学习活动的取向关注了让儿童在参与活动的过程中去探索和发现，但是，这往往是儿童的外显活动。尽管这些活动在表面上可能很活跃，但是，这往往不是儿童对课程内容的同化，不会从根本上引起儿童深层次的心理结构的变化。在学习过程中，每个儿童都在自己原有的水平上获得经验，即使是同样的活动，对于不同的儿童而言，所获得的可以是完全不相同的。课程内容即学习活动的这种取向没有从根本上反映出儿童学习的这一本质。

3. 课程内容即学习经验

把课程内容看成是儿童的学习经验，认定儿童是主动的学习者，决定学习的质和量的主要方面是儿童而不是教材。换言之，儿童是否能够真正理解和获得课程内容，主要取决于儿童已有的心理结构，取决于儿童与环境之间的有意义的交互作用。根据这种取向，知识是儿童自己"学"会的，而不是教师"教"会的；课程内容应由儿童决定，而不是由学科专家支配。对课程内容持这种取向会使课程编制者关注幼儿园环境的创设，关注儿童学习经验的获得。

课程内容即学习经验的取向，将儿童在学习过程中所获得的经验作为选择和组织课程内容的出发点，这种看法有其深刻的理由。但是，儿童的经验主要还是儿童自己的心理体验，这是一种主观的东西，课程编制者和教师都难以把握，容易使课程内容过于泛化。

在选择幼儿园课程内容时，课程内容适合儿童发展特征、贴近社会生活以及顾及基础性这三方面并不矛盾，只是不同的教育价值取向在涉及课程内容选择时，以不同的方式平衡这三者之间的关系而已。

(二)了解幼儿园的课程模式

幼儿园的课程模式有许多不同的定义，至今仍没有公认的概念。简单来讲，幼儿园的课程模式就是幼儿园的课程计划或课程方案，即幼儿园教学内容的呈现方法，其中，既包括了内容先后顺序的安排，又包括不同学科之间的关系和顺序；既包括了全园教学的安排，又包括了每一位教师以何种方法、形式、途径将教学内容呈现给幼儿。在不同的内容取向下有不同的课程模式。

1. 分科课程

在幼儿园课程中，所谓"分科教育"，常是一种以学科为中心的和以逻辑顺序组织幼儿园课程内容的方式。"分科教育"将课程内容分成各种学科，如语言、计算、科学、音乐、美术、体育等，并按每门学科内在的逻辑顺序组织课程内容，使这些内容保持连续性和顺序性。这种课程内容的组织方式是根据对学科本身的理解而确定的。学科课程体系完整，课程结构化程度高，课程目标明确，教学内容系统，教师在教育过程中更容易操作。

幼儿园采用分科教学的时候，教师大多是按照预设的目标、将系统的知识直接传授给幼儿，但幼儿的主体性发挥不够，个体的需要不一定能得到满足。相对而言，对教师的教学水平要求不高，只要能照本宣科就能完成任务。

2. 综合课程

如果强调儿童的发展，强调儿童一般能力的获得，那么这类幼儿园课程的内容就会以儿童在活动过程中自己已有的经验，以及自主获取经验为主要取向，课程内容往往具有可变性，在操作过程中课程内容具有选择性和生成性。

在这类低结构幼儿园课程中，在选择幼儿园课程内容时必然会注重课程内容与儿童发展特征相符合，使课程内容能够通过儿童与环境之间有意义的互动而被儿童同化。在组织幼儿园课程内容时必然会注重内容的心理顺序，采用横向的、以儿童为中心的组织方式。

在幼儿园课程中，有些"综合教育"课程，诸如探索性主题教学课程、方案教学课程、建构游戏课程等，主要是以心理顺序组织课程内容的。这些"综合教育"课程打破了学科界限，从儿童的兴趣和需要出发组织课程内容，使各种课程内容之间保持整合性。这种课程内容的组织方式，往往是课程编制者根据对儿童心理特征的理解而确定，在课程实施过程中给儿童生成自己的活动留有空间，并能根据儿童对课程内容的反应而加以调整。

幼儿园课程在价值取向上并非一定是"非此即彼"的，有些课程会同时兼顾儿童的自然发展与关注教师教学的知识和技能，兼顾培养儿童的一般能力与为升入小学做好学业上的准备。这类幼儿园课程内容的选择和组织就会同时兼有高、低结构幼儿园课程各自具有的特点，表现为与两者既有相似，又有不同的地方。

在幼儿园课程中，常是以一种学科中心与儿童中心兼顾、逻辑顺序与心理顺序共存的方式组织课程内容的，如图 10-1 所示。

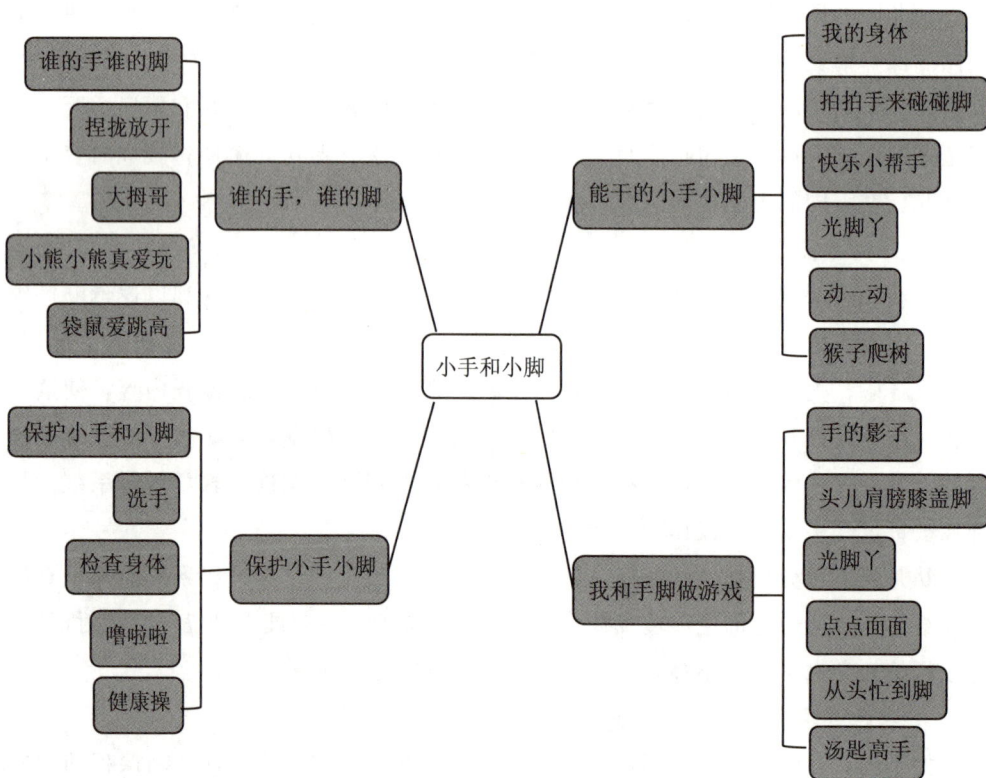

图 10-1　"小手和小脚"综合主题课程网络图

3. 生成课程

幼儿园生成课程是在教师对幼儿的发展有充分了解的情况下，幼儿可以根据自己的兴趣、需要和能力选择活动内容和活动方法，选择活动的伙伴，甚至是活动时间和地点，自主活动、自我发展的课程。这种课程能够最大限度地满足幼儿的内在需要，使他们获得最有效的发展。

这种课程模式的优点是显而易见的，但是它对于教师的教学水平、教学的条件有比较高的要求，相对于教师预设的教学，所花费的时间也比较长。

总之，幼儿园课程实施者教师的水平和能力，在相当程度上决定了幼儿园课程实施的可行性和有效性。具体地说，课程政策制定者的意图再"先进"，课程计划再完美，若课程实施者的水平不高，能力不强，仍然不可能达到课程实施的良好状态。

二、教师要适应课程

幼儿园教育实践中，课程政策制定者、教育行政人员和课程编制者、管理者所认识到的教师需要和教师的实际感觉常常并不一致。鉴于此，课程政策制定者、教育行政人员和课程编制者若要实施课程变革，就要通过一系列措施，让幼儿园课程逐步与教师的教学水平相适应，让"教师和课程相互促进"，形成教学的特色。

（一）定制课程内容和课程模式时充分考虑教师的教学水平

不同的课程模式对教师教学水平的要求不同。当教师有较高的教学水平时，可以采取生成式的课程，关注幼儿的发展需要，将各个领域的知识和技能统一在一个主题下，达到融会贯通，促进幼儿的整体发展；反之，如果教师的教学水平不高，那么选择教师预设的教学、直接授课的教学和分科教学或许可以更好地实现课程目标。

（二）通过教研和跟进培训提高教师教学水平

课程适应教师还要在课程实施中通过事先和定期的教研活动，促进教师对课程内容取向的理解，并深入到教师的教学活动中，在观察教师教学的基础上提出改进意见，使教师逐步适应并熟练运用不同的课程模式。

（三）逐步提高课程水平和课程有效性

课程并不是一经制定就不可改变。每个幼儿园有自己的特点，每个班级的幼儿有自己的特点，每一位教师也有自己的教学特点。课程在实施过程中也要不断适应教师，适当调整。一般在每一学期末，教学园长都要带领教研组长和教学骨干对本学期课程实施中发现的问题进行讨论，对课程内容或模式进行调整，不断提高。

另外，幼儿园管理者在课程实施中不要忘记创造与教师的良好的工作关系，让教师在受尊重的前提下自愿地去进行符合课程理念的行动，在课程实施过程中克服"习惯性"以及对新课程计划的排斥性，使课程实施得以顺利进行。

诚如约瑟夫·托宾所言："无疑，许多美国的学前教育工作者很高兴在中国的幼儿园中推广建构主义、活动区角、自我表达、方案教学。但是我担心这些教学法将如何融入中国的文化传统和价值观之中，以及在贯彻这些方法时，如何考虑中国社会本土的实际情况。许多贫困的国家，乐于接受来自北美的帮助，以发展其学前教育系统，但关键的是他们需要从自己的实际出发，以尊重其本土文化的方式来展开变革。"

第三节　幼儿园园本课程开发

幼儿园园本课程开发是幼儿园发展到一定阶段的必然，也必然是发展到一定阶段才能实施。

一、园本课程及其开发

园本课程是幼儿园根据国家、地方的课程政策，从幼儿园实际出发，充分利用国内外教育资源，通过对课程的创编、选择和整合而形成的、体现本园特色的个性化课程体系。它强调的是幼儿园在拥有了课程决策权后，自主地进行课程开发。一般地，园本课程体现了幼儿园特色，符合幼儿需要。

《幼儿园教育指导纲要（试行）》对幼儿园课程开发与管理并没有制定统一的标准和教材的文本要求，全国各地的幼儿园可以根据当地的实际情况，自行开发能体现本地、本园特色的课程。因此，幼儿园课程与中小学课程理念的一个很大不同之处是，幼儿园更重视园本课程的自主开发与实践。园本课程的实质是，幼儿园在结合本园实际的情况下所实施的能够体现幼儿园特点和个性的课程，它应该是在园长的积极引领下，多方人员参与研发的课程体系。

课程开发是指通过需求分析，确定课程目标，再根据这一目标选择某一个（或多个）学科的教学内容和相关教学活动进行计划、组织、实施、评价和修订，最终达到课程目标的整个工作过程。广义幼儿园课程开发包括非园本课程开发和园本课程开发。幼儿园非园本课程开发的主体可能是国家、地方，甚至是市场机构，而幼儿园园本课程开发的主体仅限于幼儿园。一般地，幼儿园课程开发取其狭义，即指幼儿园园本课程开发。《幼儿园教育指导纲要（试行）》要求，应把幼儿园课程开发看作为一个革新的动态历程、一项自主决策的系统工程，幼儿园课程开发的复杂性要求幼儿园教师积极主动地参与到课程开发中来，充分发挥其参与课程开发的主体作用。

从幼儿发展角度看，幼儿园园本课程开发的出发点是幼儿园要充分考虑本园自身的特点，以及幼儿发展的实际需要。在幼儿园保教情境中，幼儿接受教育的途径主要是课程的实施，因此课程的选择、重组和整合的效果直接影响幼儿受教育的效果。课程管理的基本理念与幼儿园园本课程开发的理念是一致的。课程管理为园本课程开发提供了必要的制度保证与环境支持，使课程决策、制定、实施更加科学高效。

在课程管理理念的指导下，幼儿园科学有效地进行园本课程开发，会对幼儿的发展起到积极的促进作用。园本课程开发不能仅仅局限在幼儿园内部的资源上，家长和社区是幼儿园可以利用的丰富资源。在园本课程开发的过程中，课程发展既需要家长的积极配合，也需要社会主动而有力的支持。因此，园长在推动园本课程开发的过程中，需要考虑家长和社区方面的想法与意见，在许多方面需要家长的参与和社区的支持。另外，与家长、社区的沟通及配合还需要幼儿园有一个民主开放的组织结构，以及一套完善的管理制度，以便给予家长、社区人士更多参与幼儿园课程决策的机会。园本课程的开发是一个持续、动态和逐步完善与探索的过程，园本课程开发的目标在这个探索过程中具有灵活性和开放性，因此园本课程是一种不断生成的探索性课程。这一特点也赋予了园本课程以生机和活力。

二、园本课程开发的特点

(一)多样性

园本课程开发没有统一固定的模式，园长和教师可以根据具体情况对幼儿园的课程进行选择、改编、整合、补充、拓展或新编。园本课程的开发是灵活多样而非固定不变的。

一般地，课程选择是众多幼儿园普遍进行的园本课程决策行为。幼儿园园长和教师根据自己对教育幼儿的要求，以及自身的条件，从众多可供选择的课程中选择合适的课程。教师还可以对原有课程进行一定的修改，以适应具体的教育情境。就目前而言，因为综合课程在幼儿园占有突出的地位，幼儿教师也常常把跨学科的课程进行重新设计与整合。当然，根据教育教学的需要，教师有时也会补充一些课程材料，以增加幼儿对课程的感知和兴趣。有时教师还会把课程进行延伸、拓展，以发展幼儿的个性。这方面的活动在幼儿园科学教育活动中较为常见，但这对教师的素质要求较高。对课程进行新编是一项比较复杂的工作。新编辑课程往往形式多样，既适合幼儿的特点，又能联系幼儿周围的生活环境，深受教师、家长和幼儿的欢迎。

(二)独特性

各幼儿园办园理念与办园宗旨可能不同，加上各个幼儿园的师资条件和环境不同，以及本来就存在的地区差异，因此，各园所开发出来的园本课程具有明显的差异，即每一幼儿园园本课程都有其独特性。这种独特性的表现可归属于幼儿园办园特色。长期以来，我国各地幼儿园在条件千差万别的情况下，形成了几乎完全一样的幼儿教育模式。与此同时，教师习惯于模仿，不善于创新。这些因素直接或间接地导致我国幼儿园园本课程很难表现出鲜明的独特性。

(三)民主性

从园本课程开发的人员来看，园长、教师、课程专家、幼儿及家长和社区人员都有权提出自己关于课程方面的见解，所以，园本课程开发的过程也就必然体现出一定的民主性。国外幼儿园园本课程的开发充分考虑了各个方面的参与程度，美国在这一方面表现得尤为突出。由于幼儿年龄尚小，还不能对自己的行为进行理性决策，家长的意见就常常成为幼儿园园本课程决策的重要依据。《幼儿园工作规程》中也明确地提出了家长参与到幼儿园的教育活动中来的要求。但毕竟家长不能很好地掌握学前教育的规律，所以家长的建议必须经过教师的加工而体现在课程中。

(四)灵活性

园本课程开发鼓励家长和社会人士的参与，这样容易融合最新出现的课程资源，因而具有相当的弹性。同时，园本课程开发使幼儿园、家庭、社区和社会紧密地联系在一起，促进了幼儿课程的本土化，彰显其灵活性。

三、园本课程开发的条件

园本课程在我国长期处于探索阶段，尚未完全形成合理的发展势态。总结相关的园本课程开发经验，我们认为，有效而高品质的幼儿园园本课程开发应具备如下条件。

(一)高素质的师资队伍

一般而言，园本课程开发在具有受过良好教育的、高素质师资的幼儿园中更易实现。所以，幼儿园教师的敬业精神、专业知识与专业技能等都是影响园本课程开发成功的重要因素。由于课程开发对幼儿教师来讲，是一个新的领域，所以要致力于这一活动，必须具备相关的知识和技能。显然，目前幼儿园教师中的大多数还没有承担这一任务的能力。因此，在园本课程开发之前，对幼儿园教师进行相关知识的培训，全面提高他们的素质就显得尤为重要。

(二)科学的教育理念

一般地，国家对各级各类学校(包括幼儿园)的培养目标、培养规格都有统一的规定，但是，这种规定只是最基本的原则性要求，不可能照顾到各地、各类、各级学校的具体特殊性。而且千校一律、千人一面的培养目标、培养规格也难以满足当今丰富多样的社会与个人发展需求。这就要求幼儿园要有自己科学的教育理念，要根据具体的师幼特点、教育资源与环境，以及教育者的办园宗旨，确立幼儿园的独特发展方向。

(三)民主开放与科学管理

幼儿园园本课程开发是根据国家、地方的规定，以及幼儿园的特点，由众多的参与者共同完成的，不是单个人的行为。这就要求幼儿园有民主、开放的组织结构，而不能是"一个人说了算"，更不能"闭门造车"。它需要幼儿园园长纵向协调各层级之间的关系，横向协调幼儿园各部门、个人之间和各项工作之间的关系，需要幼儿教师广泛积极地参与，需要家长的配合，也需要社会主动有力地支持。

园本课程开发是幼儿园自主进行的，它的实施成效不可能依赖于国家用类似于外部统一考试等评价手段来进行检测。所以，园本课程开发更多需要幼儿园自身的科学管理机制，确切地说，是自觉自律的自我评价机制。幼儿园要不断反思园本课程开发过程中出现的问题，进行自我批评、自我改进和自我激励，以保证园本课程开发的顺利进行。幼儿园的科学管理还应包括对时间、场所和资金的管理，以便在开发、利用课程资源时，能从各种渠道得到有力支撑。

(四)高效的监督服务机构

当前，有些地方在开发园本课程时，往往由某位行政负责人召集园长或教师编纂完成，然后通过行政指令的方式让各幼儿园购买，整个过程伴随建议或行政干预。这种看似带有地方特色的幼儿园课程，其实质并不是真正的园本课程。这种课程的完成没有得到课程专家的指导，没有家长和幼儿的参与，充其量只是其他课程的翻版。真正的园本课程开发应该有一个完备的服务与监督机构：一方面，这个机构能够为园本课程开发提供有效的服务，使社会各界广泛地参与到决策和管理活动中来。另一方面，它又能起到监督作用，对不符合课程原则的幼儿园课程，或者违反幼儿身心发展的课程能够及时发现、果断纠正，使园本课程不至于落入"一哄而上"的境地，这一点也是有历史教训的。

园本课程的开发需要较高的幼儿园教育理念水平和优秀的师资队伍，并且需要幼儿园经过若干年的发展，园长和教师对幼儿教育有独到的思考后才可以启动，其开发过程注定不是一帆风顺。一般来讲，幼儿园课程开发要经过以下四个阶段。

1. 园本课程开发的酝酿阶段

在幼儿园筹建初期，一般都会选用成型的课程。当发现已有的课程并不适合社会发展的需要，幼儿园又具备了开发条件时，就会酝酿开发园本课程。

开发初期，幼儿园会广泛接触、尝试使用不同课程并逐渐形成适应本园的课程。通过对教师的培训，教师逐步为园本课程的开发奠定基础。

2. 园本课程开发的准备阶段

该阶段的主要工作有以下几项。

(1)成立开发组织。一般由园长或负责教学、科研的副园长任责任人，组织有丰富教学经验的教师参加。

(2)确定课程目标。课程目标是课程的出发点和最终归宿，要结合本园的具体情况来确定。首先，要根据《幼儿园教育指导纲要(试行)》《3－6岁儿童学习与发展指南》的要求，对幼儿实施全面发展的教育；其次，要分析本园实际情况，根据所处地区家长的普遍需求确定目标；最后，要考虑本园教师的教学水平以确定课程目标，不要好高骛远。

(3)选择课程模式。要确定是使用以学科为中心的分科课程模式、各领域融合的综合课程模式，还是关注幼儿发展需求的生成式课程模式。如前所述，不同模式各有利弊，幼儿园应根据自身条件权衡、选择。

(4)分解课程目标。纵向上将确定的课程目标分解为大、中、小三个年龄段六个学期的二级目标，再将学期目标分解为月目标、周目标甚至每日活动目标。横向上将确定的课程目标分解为教学目标、保育目标、游戏目标、户外活动目标以及家长工作目标等。

(5)课程内容的选择。根据目标选择能够实现目标的活动内容。

3. 园本课程开发的实施阶段

撰写课程材料教育活动、游戏活动、户外活动以及家长工作的计划和内容材料，设计活动方案。通过小范围实施课程，检测课程的可行性。随着课程方案的完成逐步推广，在实施中要注意收集存在的问题，以便改进。

4. 园本课程的完善阶段

通过全面的课程实施，在实施中不断发现问题，适时调整，使课程不断完善。

案 例

某幼儿园成立于1953年，在成立之初采用教育部统一要求的分科教学，教师预设目标，教学计划性强，关注幼儿的发展比较少。20世纪90年代，该幼儿园学习了上海的"生存课程"，从此打开了教师的视野。随后，该园又陆续研究了卢梭、蒙台梭利、皮亚杰的教育思想，并开始关注幼儿的自主性、主动性，教师的儿童观和教育观趋于统一。随后，幼儿园有部分教师参加了由园外专家组织的课程开发，了解了如何设计和编制课程。

2004年，在多年实践积累的基础上，结合陶行知"生活即教育""社会即学校""教学做合一"的教育思想，该园开始开发以"我自己""我与自然""我与社会"为线索的生活课程，经过一系列的配套工作，最终在2013年形成并全面实施，并在2014年形成了教材、材料、资源的一体化系统。

第四节　幼儿园课程实施

一、幼儿园课程实施的特征

幼儿园课程实施是将编制好的课程付诸实践的过程，是实现预期课程理想、达到预期课程目标的基本途径。本质上，幼儿园课程实施是动态的过程，它应成为有计划、有组织的互动过程。一方面，它促进了教师的专业成长；另一方面，它丰富了幼儿的体验，最终指向预期教育目标的实现。幼儿园课程实施具有如下特征。

(一)人文性

幼儿园课程实施是一种以幼儿为对象的实践活动，所以，课程实施不是按自然规律开展的活动，而是由人支配的文化生产活动，必须通过教师与幼儿这两个主体才能实现，是一种主体性活动。这些活动是课程得以实现的基础。在课程实施过程中，自始至终都包含着幼儿教师与幼儿的价值选择与价值追求，所以，幼儿园课程实施必须考虑到幼儿和教师两方面的因素，关注两个方面的人文性。

（二）复杂性

幼儿园课程实施是以人为对象的人文活动，同时，幼儿和教师的复杂性决定了课程实施过程的复杂性、不确定性与随机性。课程实施的复杂性由课程计划教育资源、幼儿入学的基础、兴趣爱好、接受能力、幼儿园的社区环境、教师的知识经验、幼儿园文化、园长的专业能力及课程管理理念等相异的因素所决定的。

（三）动态性

幼儿园课程实施是一个复杂的过程，这种复杂性决定了它动态的本质。课程实施不可能只是简单地按照课程计划原封不动地实施。由于幼儿自然生成的兴趣有即时即景性，教师要根据幼儿的兴趣，调整既定的教育活动内容与步骤，有时甚至还要改变教学目标。所以，在实施过程中做出相应的调适与创造是必要的。这些都充分体现了幼儿园课程实施的动态性。

（四）本土性

幼儿园课程实施的本土倾向根源于各地的文化传统，文化传统具有一定的稳定性、相对的独立性、本土的倾向性、相互的差异性等特征，它无形地影响着人们的价值取向和行为方式。幼园课程在实施的过程中，同样也受到文化传统的影响，本土倾向十分明显。从更小范围看，幼儿园课程实施受到了其所处社区环境的影响，社区环境体现的就是本土性。课程实施的园本性是本土性的体现。

二、幼儿园课程实施的影响因素

幼儿园课程的实施是一个复杂的、动态的过程，是以幼儿园教师和幼儿为主体的一项人文性活动。在这项活动中，幼儿是课程实施的对象，教师是课程实施的执行者。因此，影响幼儿园课程实施的因素包括了幼儿和教师等多个方面，具体主要有如下几种。

（一）教师是课程实施的主要执行者

幼儿园教师作为课程实施的主要执行者，在其中具有不可替代的作用。幼儿教育理念必须通过教师进行实践，幼儿教育的目标也必须通过教师的努力才能得以实现，因此，幼儿教师是幼儿园课程设计与课程目标实现等环节重要的联结者。幼儿园教师课程实施的效果也是课程活动是否能够促进幼儿真正发展的决定性因素之一。

（二）幼儿是课程实施的重要参与者

幼儿是幼儿园课程的实施对象，所以幼儿在课程实施过程中的参与度直接影响到课程实施的效果。一个真正符合幼儿发展规律、满足幼儿需求的课程，必然能够吸引幼儿参与其中。幼儿是一切课程的基点与目标，也是最佳的课程设计者，他们的想象力、创造力、生成性与多变性是课程发展的重要源泉。园本课程新模式主张幼儿成为课程实践的重要参与者。幼儿作为拥有丰富想象力、创造力的群体，应成为课程研究、开发与实施的重要参与者。

(三) 园长是课程实施的关键指导者

在课程实施的过程中，幼儿园园长作为课程管理的第一责任人，起着举足轻重的作用。园长课程管理的水平是决定课程活动能否取得良好效果的重要因素，也影响着幼儿园教师和幼儿园的长远发展。

三、幼儿园课程实施中的问题

(一)课程计划落实不到位

幼儿园课程计划经过充分讨论制订出来后，在实施的过程中往往会出现落实不到位的现象。在落实过程中最容易出现的问题有如下两类。

一是落实课程计划时，周游戏活动比例失当。应平衡一周各类型游戏的比重，每周至少开展各类型游戏 1 次，保证每日幼儿游戏活动的时间不少于一个半小时。许多幼儿园对幼儿游戏活动的开展重视不够，尤其是没能认真组织角色游戏、表演游戏和音乐游戏，而且，幼儿活动区的活动时间也得不到应有的保证。

二是落实课程计划时，其他课程内容比重失衡。尽管国家要求幼儿园课程应涉及健康、语言、社会、科学和艺术五大领域，各领域的内容应相互渗透，从不同角度来促进幼儿情感、态度、能力、知识和技能的全面发展。但是在具体落实的过程中，幼儿园往往更注重显性知识的培养，而忽略了对幼儿情感及其他非智力因素的培养。

(二)教师课程实施能力有限

教师是课程实施的关键，但是由于教师实施能力有限而带来的课程实施问题也是比较常见的。

第一，教师对活动目标理解不透彻，活动组织不力。不少幼儿园教师在组织教学活动之前，对教学活动的目标并不十分明确，在教学过程中盲目指导，造成课程实施效果不佳；在课程实施过程中，过分依赖既定的方案，对教学过程中出现的"意外"情形处理得不够灵活，不能适时改进课程实施，导致教学过程生硬呆板。

第二，教师在日计划落实时生搬硬套。由于一些幼儿园教师在缺乏创造性的同时，也缺少对教材的钻研与理解，不能把日计划真正变为适合儿童需要、促进儿童发展的活动内容，缺乏对教学材料进行再次筛选、加工与设计的意识和能力。在实施日计划的过程中，教师的教学反思也经常流于形式，对所发现的问题缺乏有效的分析与改进。部分教师将教学反思的重点放在了大多数幼儿的需求上，那些"吃不了""吃不饱"的少数幼儿却很少被教师所关注。还有的教师不知道该反思些什么、怎样全面透彻地反思、怎样多角度地反思，这些都反映出教师多角度思考分析问题的能力比较弱。

(三)课程管理制度不全，职责不明

幼儿园大小事务极多，管理复杂，很多制度只是简单的复制与沿袭，没有及时

更新，因此远远跟不上课程改革的变化。在不少幼儿园，从园长到年级组长，再到教师，均存在着职责分工上的混乱现象，造成幼儿园各级管理人员对自己的课程职责认识模糊，对各类课程计划的指导审核流于形式，对课程实施缺乏有效的管理。

(四)课程实施监督控制乏力

课程实施是一个复杂的动态过程，幼儿园应该有相应的制度和人员监督、控制课程实施的各个环节。然而，常见的情形是，园长是课程实施的监督者，虽然会定期查看各班课程实施的情况，但很多也是流于形式，没有及时指出并解决课程实施中出现的问题。而且，监控人员对课程实施的评价还存在问题，对课程实施的效果重视不够，对课程实施中呈现的问题不能及时地给予反馈，从而影响了课程实施的质量。

四、幼儿园课程实施的建议

为了更有效地在幼儿园进行课程实施，建议如下。

(一)采取有效措施，提升幼儿园教师素质

幼儿园教师的素质是决定课程实施有效与否的关键因素之一，教师在课程实施中发挥着重要作用。由于幼儿园课程没有国家统一颁发的标准，更没有国家组织编写的教材，幼儿园在确定了本园所开设的课程后，主要是由教师按照《幼儿园教育指导纲要(试行)》的精神，根据本班幼儿的实际情况，制订课程计划，确定课程目标，选择课程内容与方法等。教师在课程时间的安排、课程计划的制订、教育活动目标的确定、教学方法的选择和教育活动开展形式的确定等方面有着相当大的自由度。

当前，我国幼儿园教师的理论与实践水平还偏低。随着幼儿园课程改革的逐步深入，教师理论水平不足的问题日渐显露出来，主要表现为教师对课程改革的本质理解不透彻，不能从社会发展需求和幼儿终身发展、全面发展的层面上来认识课程，课程改革仅仅理解为操作层面上某些具体方法的变革，表现在课程实践上就是"换汤不换药"。因此，要保障幼儿园课程的有效实施，就必须提高幼儿教师的基本素质。

要提高教师的专业素养，需要从两个方面着手，一是切实提高幼儿教师职前教育质量，促进教师专业成长；二是强化教师职后培训，帮助教师自我成长。

(二)加强课程实施管理，完善课程管理制度

幼儿园园长作为幼儿园课程管理者，要持有正确的教育理念，把握科学的课程观，坚持将促进幼儿完整个性的形成与发展作为办园宗旨。园长不仅是行政管理者，更是教育教学改革的决策者与引领者。面对幼儿园教师在课程实施中遇到的困难与问题，园长应该积极组织并参与到课程实施中来，通过组织教研活动，与教师们共同探讨实施课程的有效途径，成为课程实施的支持者、促进者与管理者。

另外，幼儿园课程实施是复杂的、动态的过程，幼儿园应该有相应的制度和人员对其进行管理，监督实施的各个环节。当前，为了进一步完善课程实施的效果，

幼儿园必须加快建立合理且高效的课程管理制度。

(三)重视家园共育，争取家长支持

以往，家长在幼儿园教师的心中只是一个支持者、配合者，不是合作者、监督者，如今，教师们需要转变观念，才能真正吸纳家长参与到幼儿园的课程实施中来。幼儿园应从管理上找问题，依托园本培训，深入理解《幼儿园教育指导纲要(试行)》精神，增强课程意识，树立大课程观，将幼儿园课程实施与幼儿一日生活进行有机融合，相互渗透。同时，要让家长了解《3—6岁儿童学习与发展指南》精神，结合实际问题，通过探讨达成共识，使教师、家长能够分享新的理念。在班级课程实施中，要主动听取家长的意见和建议，使家长真正成为育儿的伙伴。还需要加强家园合作，让家长参与课程等方面的实际操作，认真听取家长对幼儿园课程的意见，让家长代表参与幼儿园课程的决策，并通过家长积极利用和挖掘课程实施所需要的资源，在幼儿园形成有利于课程实施的环境与氛围。

知识链接

陈鹤琴的"五指活动课程"

"五指活动课程"是陈鹤琴创编的。陈鹤琴以 5 个连为一体的手指比喻课程内容的五个方面，虽有区分却是整体的、连通的，以此说明他所谓的五指活动课程的特征。陈鹤琴提出了我国幼稚园发展 15 条主张，系统地阐述了他关于幼稚园教育，特别是幼稚园课程的观点。他的 15 条主张是：

1. 幼稚园是要适合国情的；

2. 儿童教育是幼稚园与家庭共同的责任；

3. 凡儿童能够学的而又应当学的，我们都应当教他；

4. 幼稚园的课程可以自然、社会为中心；

5. 幼稚园的课程可先拟定，但临时可变更；

6. 幼稚园第一要注意的是儿童的健康；

7. 幼稚园是要使儿童养成良好习惯的；

8. 幼稚园应当特别注重音乐；

9. 幼稚园应当有充分而适当的设备；

10. 幼稚园应当采用游戏式的教学去教导儿童；

11. 幼稚园的户外活动要多；

12. 幼稚园多采用小团体的教学法；

13. 幼稚园的教师应当是儿童的朋友；

14. 幼稚园的教师应当有充分的训练；

15. 幼稚园应当有种种标准，可以随时考查儿童的成绩。

陈鹤琴对幼稚园教育的 15 条主张，概括了他对幼稚园课程的基本思想，体现了他重视生活和重视儿童的课程价值取向。特别是 20 世纪 40 年代末形成的"活教育"理论体系，成为陈鹤琴所谓的"五指活动课程"的理论基础。

在其"活教育"的思想体系中提出了"大自然、大社会，是我们的活教材"。陈鹤琴打破了按学科编制幼稚园课程的方式，以大自然和大社会为中心组织课程内容，形成他所谓的"五指活动"：

1. 健康活动：饮食、睡眠、早操、游戏、户外活动、散步等。
2. 社会活动：朝夕会、周会、纪念日、集会、每天的谈话、政治常识等。
3. 科学活动：栽培植物、饲养动物、研究自然、认识环境等。
4. 艺术活动：音乐(唱歌、节奏、欣赏)、图画、手工等。
5. 语文活动：故事、儿歌、谜语、读法等。

陈鹤琴认为，虽然这五种活动是分离的，但是它们就像人的 5 个手指一样，构成了具有整体功能的手掌，幼稚园课程的全部内容都被包括在这 5 种活动之中。因为儿童的生活是整体的，因此课程内容是互相连接为整体，而不是分裂的。正如陈鹤琴所言："五指是活的，可以伸缩，互相联系。""课程是整个的，连贯的。依据儿童身心的发展，五指活动在儿童生活中结成一个教育的网，组织有系统，合理的编织在儿童的生活上。"陈鹤琴将其课程内容的组织方式称为"整个教学法"。

陈鹤琴在其"活教育"的思想体系中提出了"做中教、做中学、做中求进步"，以此作为其方法论的基本原则。陈鹤琴强调"做"，为的是确立儿童在教学活动中的主体地位。陈鹤琴说，"凡儿童自己能够做的，就应该让儿童自己做"；"凡是儿童自己能够想的，应该让儿童自己想"；"你要儿童怎样做，就应当教儿童怎样学"。陈鹤琴强调"做"，为的是强调儿童的直接经验。

第五节 幼儿园课程的形成和推广

幼儿园课程传统上是以文本为主的形式呈现的，文本可能包括幼儿园教师参考用书、幼儿用书、挂图材料等。随着幼儿园课程改革的不断推进，幼儿园课程将会以更加丰富的形式呈现，即所谓的"多媒体资源"，这不仅包括传统的文本、操作材料、音像资料，更包括内容丰富的操作材料包，基于网络的各种课程资源包(课件、教学软件、资源平台等)。未来的幼儿园课程在实践中的应用将面临更大的竞争，因此，课程开发团队还要重视课程的推广。

一、幼儿园课程的形成

课程开发团队依据幼儿发展特点与需要，考虑幼儿园的实际状况和课程资源条件，对课程内容、课程方法、课程编排、课程管理等方面的改革实践进行梳理与整合，在此基础上形成一套课程表达形式，这就是完整的幼儿园课程。幼儿园课程是幼儿园在一定时期内实施教学和进行课程管理的依据及行动纲领。

当前，面向幼儿教育领域开发的课程主要有幼儿园综合活动课程、幼儿园建构式课程、幼儿园主题式课程、幼儿园快乐与发展课程、幼儿园渗透式领域课程等，几乎每类课程都有相配套的一系列材料，主要包括教师指导用书、配套的操作材料以及相关资源。

（一）教师指导用书

教师指导用书以幼儿园教师为对象，是幼儿园课程实施的指导手册。其内容一般包括详细的课程设计理念、课程总体安排、活动设计指导、活动方案汇编等。基于课程设计理念不同，课程所体现的预设与生成的倾向性会有所不同。强调预设倾向的幼儿园课程一般提供了按部就班的课程指导，一线教师以"依样画葫芦"的方式实施，自主开发的余地较小，现行开发的课程方案以这种形式为主；强调生成倾向的幼儿园课程一般只提供了课程设计的构想及相关资料，一线教师需要进行二次开发，操作实施的难度较大。

幼儿园课程的不同，教师指导用书所阐述的维度也有所不同，有的以五大领域（健康、语言、社会、科学、艺术）为维度，有的以幼儿园不同活动类型（游戏活动、生活活动、学习活动、运动等）为维度。不同维度的课程组织方式，恰恰反映了课程编制者的课程理念。

（二）幼儿用书

幼儿用书以幼儿为对象，作为幼儿活动指导材料或操作材料的纸质文本。因为幼儿园活动强调以直接经验为主的操作性，幼儿用书要充分体现操作和交互功能的发挥，这往往并不是纸质文本所擅长的。因此，幼儿用书的呈现方式要以图画与标记为主，要大量留白以供幼儿操作。对不同领域而言，幼儿用书也不一样，比如语言、数学、美术等内容相对容易表现，而健康、社会、科学、音乐等内容就较难表现。

幼儿用书本质上是为幼儿活动服务的，特别是对应着目标比较明确的教学活动，它与教师用书一起构成了较为完整的幼儿园教学系统，为一线教师提供了比较系统完善的课程指导。但幼儿用书因其表现形式的先天不足（相对于幼儿而言），需要有其他形式活动材料的支持。

（三）操作材料

操作材料一般与教师指导用书以及幼儿用书相配套，供幼儿在活动中直接操作和使用。操作材料所包含的内容十分广泛，最常见的有卡片、贴纸（画）、玩具、学具等。由于操作材料最符合幼儿年龄与活动的特点，因此越来越成为幼儿园课程中必不可少的组成部分。但因操作材料开发的成本及难度较高，与现行课程相配套的操作材料尤显不足，这应该成为幼儿园课程开发中重点要研究的课题。另一方面，未来幼儿园课程开发的自主性将逐渐向一线教师倾斜，因此一线教师也肩负着操作材料开发的重任。

有些专家开发的幼儿园课程还包括一些配套资源，例如与课程相对应的资源库或网络平台，提供了相应的课程资源，包括案例、资料、课件等，还会配合课程开发相应的辅助资源，比如目前比较流行的绘本。伴随着技术的进步，未来基于信息技术和网络的课程资源开发会成为关注的重点。

二、幼儿园课程的推广

众所周知，完成学前教育课程改革重任的实践主体是幼儿园，因此，专家开发的幼儿园课程最终是要在幼儿园中加以采纳和运用。一般来说，专家开发的课程在落实的过程中，首先需要向一线幼教工作者解读指导思想。纵观近些年专家开发的幼儿园课程相关材料，多以《幼儿园工作规程》《幼儿园教育指导纲要（试行）》《3－6岁儿童学习与发展指南》以及教育科学研究的最新成果等为指导。专家编制课程的过程，也是贯彻执行相关文件精神的过程，因此，课程编写思想的解读，便成了幼儿园课程推广的第一步。

基于幼儿园课程不具有强制性统一的特点，幼儿园课程开发呈现出百花齐放的特点，其宣传推广也日益成为课程开发的必要环节，通常可采用如下形式。

（一）合作研讨

幼儿园课程在开发之初就必然是与一线高度关联的，课程开发者在课程开发的全程都会与一线幼儿园密切合作。课程开发的过程就是一个合作研讨的过程。在课程开发的不同环节，需要有各种调研、研讨、论证、编写会议，这些均可成为合作研讨的有效途径。合作研讨的范围可扩大，邀请更多的一线幼儿园参与，这本身就是一个传递思想、宣传推广的契机。

（二）范例试点

在幼儿园课程的草案形成之后，可以在一些幼儿园开展试点，以初步检验课程实施的效果，并改进完善课程。试点范围可逐渐扩大，并逐步丰富幼儿园课程的配套资源，形成系统完整的幼儿园课程体系。在这个过程中，可与教育主管部门、教研部门合作，以区域试点的方式完善，进而扩大范围，这也可以达到宣传推广的效果。

（三）广告运营

在当代社会，不仅要有一流的产品，还需要一流的运营。在形成了正式出版的课程产品之后，商业化的运营必不可少。课程开发团队应与运营推广团队密切合作，共同制订课程宣传推广方案。

本章小结

本章主要围绕幼儿园课程管理展开，分为五节。第一节主要对幼儿园课程管理理念进行阐述，理念是行动的引领，也是保证幼儿园科学运行的指南，树立科学的管理理念是课程实施与开发的关键。第二节围绕课程与教师的"磨合"展开。幼儿园课程实施者——教师的水平和能力，在相当程度上决定了幼儿园课程实施的可行性和有效性，课程政策制定者的意图再"先进"，课程计划再完美，若课程实施者专业能力不强，仍然不可能达到课程实施的良好状态。第三～五节从课程的开发、实施与推广三个方面进行概括性阐述。

关键术语

课程管理　课程实施与开发　课程推广

思考题

1. 什么是幼儿园课程管理？
2. 在幼儿园课程开发中怎样发挥民主性原则？
3. 课程实施中要注意哪些问题？
4. 如何将陈鹤琴"整个教学法"运用于园本课程？

案例研究

某幼儿园制定了《××幼儿园工作流程》，规定了从幼儿来园到离园各个环节的时间及活动，而且要求不折不扣地执行。在环节过渡时，教师常要求全班幼儿"齐步走"，即在同一时间内全班只能做同一件事。这样做的结果是：教师看得最多的是钟表，而不是幼儿的反应和需要；太多的全班"齐步走"使得部分幼儿经常处于消极等待的状态。这与《幼儿园教育指导纲要（试行）》要求的"尽量减少不必要的集体行动和过渡环节，减少和消除消极等待现象"相差甚远。面对教育教学中出现的问题，谈谈你的意见和建议。

拓展阅读

佐藤学. 教育方法学[M]. 于莉莉译. 北京：教育科学出版社，2016.

日本教育学家佐藤学，"作为付诸行动的研究者"，走访了日本各地许多的幼儿园、小学、初中、高中和养护学校，同一线教师交流、合作，直面学校改革的挑战，出版了《教育方法学》。作者将这里的"教育方法学"定义为狭义的教育学，它是与教育的价值、伦理、技术的选择与判断相关的实践学，教育哲学、教学论、教学研究、课程研究等构成其主要研究领域。

在《教育方法学》一书中，佐藤学对"课程"有了更深入的阐述。他首先交代了课程的历史沿革、内涵及其变化。课程，拉丁语原意为"跑道"，后来衍生出"人生阅历"这一含义，再后来被杜威定义为"学习经验的总和"。20 世纪 70 年代后，被称为"概念重建主义者"的教育学家们对"课程"进行了重新定义。休伯纳认为，课程在作为教育内容的程序及系统之前，是每个人在课堂中体验的、个性的、实存性的经验。佐藤学认为，课程是展现每一个个体经验轨迹的"学习经验的履历"。相信该书对于幼儿园课程的管理会产生深远影响。

第十一章　幼儿园公共关系建设

学习目标 ▶

1. 了解公共关系的兴起与发展。
2. 了解幼儿园公共关系的含义、目标、对象及过程。
3. 领会幼儿园公共关系的传播模式，并在实践中灵活运用。

导入案例 ▶

1. 2009 年手足口病流行期间，家长接送孩子时不能入园，只能在园门口与老师交接幼儿。小班的李老师在一次带着三四个幼儿回班的途中，其中一个幼儿在上台阶时不小心摔倒，嘴角内侧被牙硌破了一个口子，血顿时流了下来。李老师马上给幼儿的家长打电话。家长第一时间来园，在李老师的陪同下带幼儿去医院就诊。幼儿的嘴角内缝合了三针。两天后家长气愤地来到园长办公室，言辞激烈地指责园里对幼儿受伤一事毫不重视，并提出要幼儿园为孩子今后可能发生的整容手术承担费用，并写出书面承诺。① 面对家长的质疑，园长在和教师了解情况后，带领教师和保健医去探望了幼儿，并在园内开展了安全主题教育，以增强幼儿与教师的安全意识。

2. 一家在当地很知名的幼儿园接到一个家长的投诉，说中一班的教师骂他的孩子是"猪脑子"。园长在了解情况后，证实家长所反映的情况属实之后，亲自带着这位教师上门向家长和幼儿赔礼道歉；召开专题家长会，请家长就幼儿园服务意识与服务质量等问题提出意见和建议；在幼儿园教职工中开展了幼儿教师职业道德与教师言行规范教育活动，并借助本园的知名度向全市幼儿教师发出"树形象，净言行，美心灵"活动倡议，同时邀请当地电视台与日报社专题报道。②

以上两个案例涉及的状况是幼儿园日常工作中最为常见的。面对诸如此类事情，幼儿园该怎样做，才能处理得更好。

---

① 案例来源于网络。
② 秦明华，张欣：《幼儿园组织与管理》，上海，复旦大学出版社，2011。

第一节 幼儿园公共关系概述

一、公共关系的含义

"公共关系"一词由来于英文"Public Relations"，缩写为 P. R. ，简称公关。公共关系作为一门综合性的应用学科和一种正在发展中的管理功能，对其的定义也是众说纷纭，其中较有代表性的定义有以下几种。

美国著名公共关系学者雷克斯·哈罗博士提出的定义："公共关系是一种独特的管理职能。它能帮助一个组织建立并维持与公众之间双向的交流、理解、认可与合作；它参与处理各种问题与事件；它帮助管理者及时了解公众舆论，并对之做出反应；它明确并强调管理部门为公众利益服务的责任；它作为社会变化趋势的监视系统，帮助管理者及时掌握并有效地利用社会变化，保持与社会变动同步；它运用健全的、正当的、传播技能和研究方法作为主要的工具。"

英国著名公共关系学者弗兰克·杰夫斯基认为："公共关系就是一个组织为了达到与它的公众之间相互了解的确定目标，而有计划地采用一切向内和向外的传播沟通方式的总和。"

当代美国公共关系学术权威，马里兰大学的詹姆斯·格鲁尼格教授认为："公共关系是一个组织与其相关公众之间的传播管理。"

美国普林斯顿大学的资源公共关系教授蔡尔兹认为："公共关系是我们所从事的各种活动、所发生的各种关系的通称，这些活动与关系都是公众性的，并且都有其社会意义。"

此外，公共关系还有较多通俗的表达：

(1)公共关系是社会组织为了塑造组织形象，通过传播、沟通手段来影响公众的科学与艺术；

(2)公共关系是一个社会组织用传播的手段使自己与公众相互了解和相互适应的一种活动或职能；

(3)公共关系就是争取对你有用的朋友；

(4)公共关系是 90％靠自己做得对，10％靠宣传；

(5)公共关系是通过良好的人际关系来辅助事业成功。

以上各种公共关系的定义从不同的角度阐释了公共关系的属性，都具有合理性。公共关系从理论到实践是一门正在发展中的学科，它涉及不同的学科领域和不同的实践领域。我们研究学习它，目的是将它融入幼儿园管理过程中，从而更好地为幼儿教育服务。

二、幼儿园公共关系的含义

幼儿园公共关系是幼儿园为实现教育及管理目标，有组织、有计划地运用各种传播手段与内、外部沟通联系，在幼儿园与幼儿及家长之间、幼儿园与员工之间、幼儿园与外部公众之间建立和发展相互了解、信任与支持合作的关系，是以提高幼儿园管理质量，塑造幼儿园良好形象和创造最佳教育环境为目的的社会实践活动。

这至少包含三层意思：

第一，幼儿园公共关系是幼儿园与幼儿及家长、幼儿园与员工、幼儿园与外部公众之间的关系，其中，幼儿园是主体，幼儿、家长、员工、外部公众是客体。

第二，幼儿园公共关系是传播活动，是一种双向的信息交流。幼儿园可以通过传播活动扩大组织对社会的影响力，建立良好的社会形象，而幼儿、家长、员工则可以通过信息交流实现自己的目标与要求。

第三，幼儿园公共关系具有管理职能。幼儿园能根据信息反馈调整幼儿园内部的行为及其规范，以利于与其客体的交流与合作。它所追求的目标是幼儿园与其利益关系的双赢。

三、幼儿园公共关系的目标

(一)塑造形象

在现代社会条件下，各个组织必须在公共关系战略指导下，将组织的信息向社会发布，以增进组织与公众之间的了解、信任和支持，在社会公众中树立良好的组织形象。树立良好的组织形象容易使组织得到公众的肯定和支持，使公众产生依赖感，增加员工的归属感和成就感，便于吸引人才和留住人才，有利于组织的生存和发展。对于幼儿园来说，公共关系的目的是在广大家长社区中树立一个良好的服务者与教育者的形象，具体包括教师形象、服务质量、保教质量、环境形象、园所风貌等各种形象要素。这里面包括有形形象与无形形象。

1. 有形形象

指组织的外在特征和风格，通过人们的感官能直接感受到的形象，如幼儿园的绿化环境、园舍设施、保教质量等。

2. 无形形象

指组织的内在特征和风格，通过人们记忆、思维而形成的组织深层的形象，如幼儿园的精神面貌与凝聚力、教师的服务意识与态度等。

一个幼儿园要建立良好的社会形象，既要重视有形的外在形象，也要重视无形的内在形象。

(二)协调关系

公共关系作为组织与公众沟通的桥梁，发挥着协调沟通的重要作用。幼儿园公共关系的协调功能一般包括内外两个方面：

1. 组织内部的协调

组织内部的关系协调，一般包括三种：一是管理层与教师之间的关系协调；二是园所内各个部门之间的关系协调；三是员工之间的关系协调。公共关系必须协调好领导者之间、职能部门之间、领导者与被领导者之间、员工与员工之间的关系，努力创造理解、合作、团结的良好氛围，及早消除不满和成见，帮助进行意见和情感交流，营造一种相互支持、相互信任、相互谅解的工作环境，培养教师对幼儿园的认同感，增强组织的凝聚力。

2. 组织与外部关系的协调

与组织与外部的关系主要包括与家长的关系、与上级领导部门的关系、与同行的关系、与社区的关系、与媒介的关系等。幼儿园与外部的关系如果处理不当，会直接威胁到园所的生存和发展。因此，应积极发展对外关系，与社会公众建立广泛的联系，扩大组织的知名度，认真倾听公众的意见与要求，争取社会各界对幼儿园的支持与帮助，创造良好的环境，为可持续发展打下良好的基础。

第二节　幼儿园公共关系的对象分析

幼儿园公共关系的对象就是公众。而公众指与组织发生直接或间接关系，对该组织的生存和发展具有现实或潜在影响力的个人、群体和社会团体。幼儿园全部公共关系活动的中心任务就是要解决幼儿园与各类相关公众之间的关系问题。与幼儿园交流密切的公众包括家长、社区、亲子机构、小学、教育行政部门与非教育行政部门。

一、幼儿园的家长及家长工作

家长是幼儿园服务的对象，他们是与幼儿园有直接利害关系的外部公众，是幼儿园进行沟通传播的重要目标对象。建立良好的家园关系，可以使家长对幼儿园产生良好的印象，提高幼儿园的知名度，促进幼儿园的生存与发展。

(一)幼儿园家长工作的意义

家长作为幼儿园公共关系的重要目标对象，我们不能忽视其在幼儿园管理工作中的重要作用。家长是幼儿不容忽视的教育者，在幼儿成长和发展中起着至关重要的作用。幼儿园工作离不开家长的配合和支持，幼儿园必须与家长密切配合，把家长看作重要的教育资源，使家长工作成为幼儿园工作的重要组成部分。

家长是幼儿的第一任教师，影响着幼儿的生活习惯，影响着幼儿对生活的态度，影响着幼儿的人格发展，他们是幼儿教育的重要力量。家长参与幼儿教育，能促进幼儿身心健康和谐发展。

幼儿与家长的血缘关系，家庭成员之间在时间与空间上密切接触，显示着家庭教育的不可替代性。因此，幼儿园更应发挥家庭教育的优势，向家长宣传科学的教育观念和正确的教育方法，争取家长对幼儿园教育目标、内容、方法的支持与配合。

(二)幼儿园家长工作的内容

1. 向家长宣传幼儿园的教育目标

教育目标具有教育的导向作用，也具有一定的激励作用。让家长了解幼儿园的教育目标，有利于家长对幼儿园的全面了解，理解幼儿园工作的具体做法，赢得他们的协助和合作。教师也要向家长介绍幼儿园教育的原则、方法、形式，向家长沟通幼儿的身心特点，学习个性化表现，争取家长的支持，与家长形成教育合力，共同促进幼儿健康快乐发展。

2. 主动沟通幼儿在家情况，间接了解家庭育儿观念

教师应该主动了解家长对幼儿的教育态度和方法以及家长的文化水平，了解幼儿的健康状况、心理发展水平、生活习惯、兴趣爱好及在家的表现；有针对性地宣传科学的育儿知识，引导家长树立正确的儿童观和教育观，使家长教育与幼儿园教育趋于一致。

3. 了解家长的需求，增强服务意识

幼儿园具有教育性和福利性的双重特点，为家长服务是幼儿园的任务之一，特别是私立幼儿园，这一点体现得尤为明显，所以幼儿园要通过增强服务意识来提高生存与发展的质量。在以幼儿健康全面发展的大前提下，尽可能方便家长，了解家长的需要和困难，采取相应的措施帮助解决。这样既能为家长服务，也有利于幼儿园自身形象的塑造。

4. 争取家长支持与参与幼儿园工作

幼儿园要争取家长的支持与参与，协助园内的教育和管理，要注重征求家长的意见和建议，提高保教质量，实现教育目标。家长既是幼儿园的服务对象，又是幼儿园的宣传大使。因此，幼儿园一定要通过家长工作，有效地调动这一庞大的群体力量，并通过他们影响其他公众，争取获得全社会的关注与支持。

(三)家长工作的途径

最为常见的家长工作的形式是召开家长会和家长开放日活动。这两种形式是家长工作中必要的，但又是远远不够的。下面列举几种主要的形式。

1. 交谈

交谈指口头的交流。可通过家访、谈话和电话多种形式进行。

(1)家访。家访可以分为经常性的家访和临时性的家访。经常性家访就是有目的、有计划地对全体幼儿家庭进行的周期性的访问。临时性的家访一般是遇到突发事件而进行的家访。

注意事项：访问前要和家长预约，选择家长方便的时间，过早、过晚、吃饭前后的时间都不宜访问。访问时态度要诚恳，要尊重家长，语言要客观真实，要认真倾听家长的想法与要求。家访时间不宜过长，一般一个小时为宜。家访前要预定访问目标，访问后要做详细记录（不要当着家长的面进行记录，以免影响家长）。

（2）谈话。谈话主要指通过家长在接送幼儿时与其进行的语言交流，是目前运用最为广泛的沟通方式。通过谈话与家长沟通幼儿在家的生活、学习情况，也可以向家长简短汇报幼儿在园的主要情况，及时交换意见。

（3）利用社交通信工具。信息技术如此发达的今天，社交通信工具成为与家长联系最为方便直接的方式。电话、微信、QQ 都具有实时性的特点。在不便与家长见面交流时，选择通信工具进行沟通是最方便省力的方式。

2. 书面宣传

书面宣传包括专栏、联系手册、问卷调查等方式。家园联系册在幼儿园用得较多，此外还可以通过育儿专栏进行沟通。专栏的内容应该丰富简短，包括对育儿知识的介绍、通知及家庭教育的经验交流等。一般在征求家长意见时，多用问卷调查的形式，这样能够免除家长的顾虑。有意见不敢提，可采取匿名调查的形式，能够保证答案的真实与客观。

3. 制度化的会议

制度化的会议指定期召开的全园性家长大会、班级家长会以及家长委员会。

全园性家长大会一般半年召开一次，可在学期初举行。其主要任务是使家长了解幼儿园的工作情况与计划，也可向家长宣传科学育儿的知识，介绍、推广幼儿园的教育成果等。

班级家长会由各班保教人员安排进行，一般也是学期初举行。其主要任务是向家长系统介绍本班工作，幼儿在园的学习、生活情况和健康状况，并听取家长意见。

家长委员会由家长推选代表，人数 5～7 人为宜。其主要任务是在家长与幼儿园之间起联系作用，反映家长的意见与要求，帮助传达幼儿园对家长的要求，加强家长之间的联系，发挥家长的教育资源作用，监督、检查、参与幼儿园管理，动员和组织家长帮助幼儿园解决一些实际困难等。

4. 活动展示

幼儿园可以结合节日开展一些活动，或者是日常组织一些教育活动、生活活动等请家长参与，不仅可以让家长了解幼儿的在园情况，也可以进一步了解幼儿园的工作。例如，可以开展让家长参与的"亲子活动"，让家长与幼儿共同游戏，增进亲子交流；也可以请家长充当教师、助理教师甚至保育员，增进家长对教师工作的理解，从而更加认可幼儿园工作，更加支持幼儿园工作。

二、幼儿园与社区的关系

(一)什么是社区

"社区"来源于拉丁语,原意是亲密的关系和共同的东西。它的定义多达几百种,下面列举几种最具代表性的。

社区是一个地域性或地理性的概念,是"社会团体中个人与社会制度的地理分布"。

社区是居民生活中寻求相互保卫与共同福利。

社区是居民生活中相关联与依赖的网状体。

从系统论的观点出发,社区是地域、社会互动和社会关系的综合体。

社区是进行共同的社会活动、具有某种较密切的互动关系和共同文化维系的人类生活的区域共同体。

从上述观点来看,社区可以分为两类概念,一类认为社区是由相互关联的人(有共同的目标和利益关系)组成的社会共同体。一类主要从地域出发,认为社区是在某一特定地区内共同生活的有组织的人群。

实际生活中,社区作为我们生活的基本单位,它不仅仅是地域性的,还兼备功能性的特点。只不过在我国地域性质较明显,而在一些发达国家,功能性较为完备。

所以说,与幼儿园发生相互作用的社区,就是在一定地域范围内的生活共同体,可以理解为一种小社会。

(二)幼儿园与社区的合作

《幼儿园教育指导纲要(试行)》提出:"充分利用自然环境和社区的教育资源,扩展幼儿生活和学习空间。幼儿园同时应为社区的早期教育提供服务。"这说明幼儿园教育与社区息息相关,依托社区又服务社区是幼儿园与社区的关系,也是合作的方向。

在地域上幼儿园总是依附于社区而存在,幼儿园的文化氛围又会影响小区居民;而社区的资源又是对幼儿园的极大支持,是幼儿园课程的资源,幼儿园可以利用这些设备和资源,为幼儿服务。

1. 幼儿园为社区服务

幼儿园在地域上一般都依附于社区,所以幼儿园应本着服务小区的宗旨,采取优先照顾、优惠入园的政策,了解小区居民的需要并改善幼儿园的工作,办社区家长满意的幼儿园。

2. 合理利用小区资源

社区资源分为物质资源、人力资源和自然资源。物质资源有社区图书室、社区活动中心、学校、公园、医院、超市等。人力资源有街道居委会干部、物业管理、小区内各种人士(各种职业、老军人、教育家等)。自然资源有植物、河流等。幼儿园可以充分利用这些资源，与课程加以整合，建立社区教育基地，这样不仅可以丰富幼儿园课程，更可以让社区了解幼儿园。

3. 设立社区开放日

幼儿园也可以社区为依托，请社区中的家长担任监督人员，为幼儿园建言献策，协助幼儿园开展工作。也可以每月或每周开展一到两次社区开放日活动，让社区中的家长们走进幼儿园，参观了解幼儿园，这样不仅可以为社区服务，还可以帮助未入园的幼儿熟悉幼儿园。

幼儿园都处于社区中，社区既是幼儿园赖以生存和发展的根据地，也是幼儿园社会化的场所。所以幼儿园与社区资源共享是当前幼教发展的趋势。幼儿园要主动为社区服务，不断取得社区的支持和配合，充分挖掘社区的教育资源，才能获得良好的社会声誉。

三、幼儿园与托儿所、亲子园以及小学的关系

(一)幼儿园与托儿所的关系

托儿所是用于专门照顾和培养婴幼儿生活能力的地方，也指公共场所中因父母不在而由受过训练的服务人员临时照顾孩子们的地方。其主要招收 3 岁以下幼儿，任务是对婴幼儿进行看护，重在生活的照顾，教育则是次要的任务。从年龄的阶段来说，托儿所是幼儿园的前一阶段。

目前托儿所与幼儿园是两个分离的机构，但是托幼一体化是发展的趋势。幼儿园建立托儿班是可以规划与发展的，一些幼儿园在人力、物力、财力允许的情况下已经开始实施。

(二)幼儿园与亲子园的关系

从幼儿的年龄阶段来说，亲子园是幼儿园向下的延伸。亲子园主要面向 0～3 岁的婴幼儿及家长，而幼儿园则主要面对 3～6 岁的幼儿。不同之处在于亲子园中的亲、子、师三方之间是交叉互动的，而幼儿园中主要以师幼互动与幼幼互动为主。家长在幼儿园的活动中参与度较低，而亲子园里家长是一个极其重要的角色，家长与孩子一同游戏、学习，既是幼儿的老师，又是幼儿的玩伴，所以亲子园中的课程受众不仅是幼儿还有家长。

在社会竞争越来越激烈的今天，每位家长都希望在孩子还小时就受到好的教育。所以，对孩子的"早教"已经成为父母们关注的焦点。因此，社会上出现了各种各样的早教班。但是由于监管不力等因素，早教市场过于混乱，各种不规范的商业性早教服务比比皆是，早期教育管理体制不顺，职责不明；机构人员资质缺乏监管、课程空白；收费昂贵，背离了构建学前教育公共服务体系的基本方向，损害婴幼儿的生长，误导家长。因此，幼儿园作为专门的幼儿教育机构，开办亲子班或者亲子园，无论是在硬件资源上，还是在教职员工的配备上，都具有优势。

(三)幼儿园与小学的关系

从幼儿的年龄阶段来说，小学是幼儿园的上一阶段。一般年满 6 周岁的幼儿可以升入小学。小学教育与幼儿园教育同属于制度化的教育，而小学则属于义务教育。由于幼儿园教育与小学教育的不同之处诸多，许多幼儿入学后需要很长一段时间才能适应，甚至有的幼儿无法适应小学，导致课业落后。因此，幼儿园应在平时的教育活动中，关注本身与小学的区别，做好幼小衔接工作，帮助幼儿顺利适应小学。

幼儿园与小学不同之处诸多，例如，幼儿园的活动室一般布置得形象生动富有情趣，而小学的教室只有桌椅。幼儿园的教学活动以幼儿的兴趣为主，而小学则是以教学大纲为主。幼儿园的师幼关系比较和谐与亲密，教师关注每一位幼儿，而小学教师主要精力在教育上，对学生的生活关心较少，师生接触也较少。最为主要的区别是，幼儿园的教学具有直观性、趣味性和多样性的特点，是"玩中学、做中学"的过程，而小学则强调系统的文化知识学习，需要学生做意志的努力。

针对幼儿园与小学的不同之处，幼儿园应做好幼儿的入学准备工作，一般在大班阶段进行：在日常的生活中要注意培养幼儿良好的生活、学习习惯，培养幼儿的任务意识，培养幼儿的独立性和生活自理能力，提高自我保护的能力和对环境的适应能力；还可以与附近小学建立联系，让幼儿定期进入小学体验小学生活，帮助幼儿具备适应小学生活的能力。

(四)幼儿园与教育行政管理部门的关系

与幼儿园关系最为密切的行政管理部门就是主管教育工作的教育行政机关。教育行政机关的应然权力有三种，即审批权、督导权、处置权。就民办幼儿园来说，审批权指教育行政机关审查举办者提交的材料，根据国家规定的教育机构设立条件和标准，并依据当地的教育结构与布局要求，许可民办幼儿园的设立，对已批准的幼儿园颁发办学许可证。督导权就是对幼儿园园长和主要行政负责的人选进行备案；对幼儿园的招生、广告进行备案；对幼儿园的办学水平、教育质量进行监督、评估与指导。处置权主要指对本应该由审批机关批准但幼儿园擅自决定的，教育行政机关可责令限期改正并警告，严重的可责令停止招生、吊销办学许可证。因此，幼儿园应该配合教育行政机关，做好自身工作，积极与教育行政机构沟通，如实提供一切审查材料。

此外，与幼儿园运作存在关系的行政管理部门还有卫生防疫部门和食品药品监督管理部门，其主要对幼儿的卫生防疫工作、食堂的安全卫生工作进行监督与管理。幼儿园作为被监管者，应该积极与管理部门配合，以幼儿的安全为首要目标。

第三节 幼儿园公共关系的过程

组织开展公共关系的目标就是在公众心目中树立良好的组织形象。树立良好形象的过程就是公共关系的过程。幼儿园在社会和家长中树立良好形象，扩大知名度的过程就是幼儿园公共关系的过程。

树立良好形象是一项十分复杂的工作，它必须遵循一定的规律，采取科学的方法，进行周密的计划和严密的组织安排。美国公关界权威人士卡特李普和森特等人认为，不管是哪种形式的公共关系工作，自始至终都要遵循四个基本步骤，即形象调查分析、公共关系的策划、组织活动的实施、组织效果的检测评价。参考这个步骤，我们制定了幼儿园公共关系四步法：调查研究，认识自我；制订计划，确定目标；选择媒介，实施传播；总结经验，评估效果。

一、调查研究，认识自我

调查研究，认识自我是幼儿园公共关系的第一个步骤。一个园所要设计、塑造、树立良好的组织形象，必须对其在社会中的现有形象进行了解。因此，幼儿园公共关系的第一步就是调查研究。

(一)调查的内容

1. 幼儿园基本情况的调查

组织基本情况的资料是一切公共关系活动的基本材料，因而了解幼儿园的基本情况是开展公共关系的前提，具体包括幼儿园的历史与现状、目标与宗旨、特色、经营管理状况、人事管理状况等。

2. 幼儿园形象的调查

幼儿园形象，就是社会公众对幼儿园的全部看法和评价。幼儿园的形象虽然是公众对其的评价，但其内容却来源于客观事实，是幼儿园的客观行为在公众心目中的反映。因此，幼儿园要赢得好的社会形象，首先必须从完善自身入手，再辅助以适度的宣传。

幼儿园形象可以分为自我期望形象和实际形象。自我期望形象是公共关系所要达到的目标，而实际形象是公共关系过程的出发点。

(1)幼儿园的自我期望形象。自我期望形象指幼儿园所期望建立的社会形象，是公共关系工作的内在动力与基本方向。自我期望越高，幼儿园发展的动力就越大。但是期望形象建立要注意主观愿望与实际情况相结合。如果期望过高，不仅困难过大，还会影响园所的凝聚力，所以务必要制定切合实际的期望形象。园所的期望形象应该建立在对各种要素各种信息(如经营状况、管理政策、保教质量、社会评价等)充分了解和把握的基础上。

幼儿园的自我期望形象包括两个方面：一方面，是领导组织层对园所形象的期望和看法。领导层作为园所的管理者，决定掌握着园所发展的总目标、战略方向等，他们对园所的期望形象，往往代表了幼儿园整体对自身形象的期望。因此，进行自我期望形象调查首先必须详尽了解领导层对于园所的形象期望。另一方面是全体教职员工对园所的期望。因为全体教职员工是幼儿园生存与发展的细胞，他们的工作热情、工作态度直接影响目标的达成。所以幼儿园进行自我认识，还需要特别重视教职员工对园所的评价、建议、希望与要求。

（2）幼儿园的实际形象。幼儿园的实际形象是社会公众对其已有行为的评价与看法的总和。社会公众的知晓情况与态度情况是幼儿园的一面镜子，可以利用调查、测查等方法，调查了解幼儿园在公众中的知名度和美誉度。知名度是公众对园所知晓情况的反映，美誉度反映了公众是否信任与赞誉幼儿园。

（二）调查的方法

这里的调查方法，借鉴社会调查研究的基本方法，主要包括文献法、访谈法、问卷法、观察法等。这里主要介绍文献法、访谈法与问卷法。

1. 文献法

文献法是一种收集、保存、检索、分析资料的方法，分四步进行。

第一步是收集资料。通过各种媒介收集资料，剪裁、复制有关本园所的报道和文件。

第二步是建立文献分类检索系统。按资料的性质并根据一定的规则，将收集的资料进行分类，以便查找。

第三步是资料存储。将资料进行登记、编目、装订与归档。

第四步是资料分析。分析的方法主要有两种，分别是纵向分析和横向分析。纵向分析回答问题是怎么产生的，横向分析回答问题产生的原因是什么。例如，某幼儿园近期频频接到家长投诉电话。对这些问题资料进行分析，就要回答为什么最近这类投诉变多？是因为保教质量出现问题，还是与家长沟通不畅导致？这种不满是从什么时候出现的？如果确定是因为保教质量的问题，那么就要横向分析哪个环节存在缺陷。

2. 访谈法

访谈法是访谈者通过口头交谈的方式向公众了解情况的方法。这种方法灵活性强，获得的资料丰富，应用范围广。

访谈法分为结构式和无结构式两类。结构式访谈是一种高度控制的访谈，使用统一的问卷和表格，按统一的标准和方法选择调查对象，提问的方式和记录的方式等都是统一的。被访谈者只能在指定的范围内回答。这种方法便于量化，可做统计分析，但难于对问题进行全面深入的探讨。无结构式访问则相反，不预设问题，对问题和方式回答记录都没有统一的要求。访谈人员根据调查目的和大致的提纲与被访谈者进行自由的交谈。例如，你为孩子选择幼儿园时，最看重的是什么？你对目前老师们的教学有什么好的建议吗？此方法可做深入研究，但难于量化。

3. 问卷法

在公关调查中，常常采用问卷的形式进行资料的收集。问卷是一份精心设计的问题表格，用来测量人们的多种行为、态度和社会特征。

问卷分为开放性问卷与封闭性问卷。开放性问卷指提出问题由被调查者自由回答。封闭性问卷，指事先编制了答题的选择范围及方式而不能自由回答，其主要形式有：

填空式，如：请问您是幼儿的＿＿＿人？

是否式，如：您是否认同教师的教养观念？是　　否

多项选择式，如：您选择本幼儿园的主要原因有 a. 保教质量好 b. 社会口碑高 c. 收费低 d. 教师服务态度好。

设计问卷时要注意语言要尽量简单，不使用模糊词语，问题不能带有倾向性，例如，本幼儿园的社会美誉度极高，您觉得如何？不要询问敏感隐私的问题，如收入情况、年龄等。

二、制订计划，确定目标

公共关系过程的第二步制订计划，确定目标，是公共人员根据园所形象的现状和目标要求，分析现有条件，设计最佳行动方案的过程。

(一)确定公共关系活动的目标

确定目标是整个公共关系计划的关键，没有目标或者目标不明确，会影响计划的质量。确定公共关系目标的原则如下。

(1)与园所的大发展目标相一致。园所形象目标塑造必须符合园所整体发展目标，必须有助于园所整体发展目标的实现。

(2)目标具体化。要实现改善形象的总目标，就要有具体的、实际的步骤，抽象的目标实施起来会让人感到无所适从。因此在具体运用时，总体目标应确定得较为具体，并且要分解成若干个子目标。

(3)目标要有一定的弹性。目标不能定得太高，也不能太低，需要有一定的余地，以便根据发展情况适时修改。

(4)互惠互利。目标制定时要兼顾园所的利益和公众的利益，符合社会道德和行为准则。

(二)确定目标公众和沟通方式

确定了公共关系的目标后，要进一步确定公共关系计划的目标公众，确定采用什么方法什么媒介与他们沟通。

一般幼儿园公共关系的目标公众分为两类，一类是内部公众，即全体教职员工；一类是外部公众，即家长与社会公众。制订计划时应该对相应的目标公众进行细致的分析，研究了解他们的期望和要求，并选取适当的沟通方式。特别要注意根据不同对象选择传播媒介，例如，对出租车司机最好采用广播，对年轻的家长可采用微信，对于知识分子可采用报纸、杂志等。

(三)确定公共关系活动模式

常见的幼儿园公共关系活动模式有：

宣传型活动模式：这种模式利用各种传播媒介和交流方式进行传播，让各类公众了解园所的基本信息，形成有利于园所发展的舆论。例如，广告、板报、新闻报告等。

交际型活动模式：这种模式通过人与人的接触，进行感情上的联络，为幼儿园建立广泛的社会关系网，形成有利于园所发展的人际环境。例如，邀请家长进行座谈、亲子交流活动等。

服务型活动模式：这是一种以提供优质服务为主要手段的活动模式，目的是以实际行动来获取公众的了解与好评，建立良好的园所形象。实实在在的行动是此模式的显著特征。例如，幼儿园利用周末向社区免费开放，为小区的幼儿提供游戏的场所；免费进行各类育儿讲座等。

社会型活动模式：这种模式是园所利用举办各种社会性、公益性、赞助性活动，塑造园所形象。目的是通过积极的社会活动，扩大园所的社会影响，提高社会声誉。社会型活动的类型有三种：一是以园所本身为中心而开展活动，例如，儿童节庆典活动、元旦文体竞赛活动等。二是以赞助社会公益事业为中心开展的活动，例如，幼儿园以本身为中心，利用重阳节契机，组织幼儿进养老院进行慰问演出。三是资助大众传媒举办各种活动，但由于花费较大，一般幼儿园可根据自身情况选择。

征询型活动模式：这是以采集信息为主的活动类型，目的是通过信息采集、舆论调查等工作，了解社会舆论，为幼儿园进一步发展提供依据。这种活动的形式很多，例如，监督电话、征求合理化建议、征求园标、征求意见等。

(四)编制公共关系预算

考虑经济性原则，在有限的投入内获取最大的收获，就要进行预算。预算包括人员、经费和时间等方面的具体内容。

人员预算：就是对实现公共关系目标所需的人力投入、人才结构设置进行预算。

经费预算：工资费用，包括公共关系实施人员的工资、补贴和奖金。

行政办公费用：包括办公用品费、电话费、公关报刊费等。

宣传广告费：设备材料费，包括制作各种宣传品、纪念品、音响器材等的费用。

实际活动经费：包括调查研究，举办各种活动，为家长提供各种教育、培训和服务所需的费用。

时间预算：时间预算就是对实现公共关系具体目标所需的时间进行预算，也就是为公共关系具体目标的实现制定一个时间进程表，规定出各个时期的具体工作内容。

三、选择媒介，实施传播

组织活动的实施，主要是利用各种传播渠道，把有关的信息传达给公众，力图影响他们的态度和行为，创造有利于幼儿园生存与发展的环境。因此，想要获得计划实施的最佳效果，就必须要保证获得信息传播的最佳效果，而想要获得最佳传播效果，就必须制作高质量的公共关系信息，并选择最合适有效的媒介进行传播。

（一）幼儿园公共关系的传播渠道

幼儿园公共关系的传播渠道有两种：一是人际传播渠道，二是大众传播渠道。

人际传播是两个或两个以上的个人之间交流、传递、分享信息的关系。幼儿园利用人际传播主要是通过家长来进行的。具体的方式有很多，例如，谈话、座谈会、联谊会、电话联系、微信联系等。

大众传播是通过印刷媒介或电子媒介，利用语言、文字、图像等视听符号，向公众提供信息的过程。幼儿园利用大众传播的方式有广告、视频宣传片、微信公众平台等。

人际传播信息传播量较小，但是有利于传播者与被传播者的信息沟通。大众传播信息量大，传播面广，但传播者与被传播者之间缺乏沟通。所以幼儿园在选择传播渠道时，要根据公共关系目标、对象、经费等具体情况，熟知两种传播渠道的优缺点，选择适当的传播方式。

（二）常用的幼儿园公共关系传播媒介

视听媒介。通过拍摄电视新闻或制作视频宣传片向广大公众介绍园所的组织文化、保教特色等。

报纸、期刊等公开发行的印刷品。通过教师们向有关杂志投稿，冠以出处；或者让记者亲临参观、采访以新闻稿的形式进行宣传。

宣传印刷品。制作小册子、明信片、挂历、宣传张贴画等再散发出去。

公益活动。以园所的名义组织或参与公益活动。

公益宣传品。幼儿园出资为社会制作一些公益用品，如路牌、路灯、垃圾桶等，在这些物品上写上幼儿园的名字，为幼儿园树立良好的形象。

幼儿园标志。设计形象鲜明、生动活泼的幼儿园 logo，易于引起关注。

（三）实施计划的方法

1. 甘特图实施法

此方法是美国管理工程师亨利·甘特发明的，其能够掌控计划进度并及时发现存在的问题，制作方法如下：先把公共关系项目和计划分门别类，然后标注完成日期，把每月每周或每日的进度在图表上标出来，检查它是否和预期计划相吻合，如有失误，及时调整。

2. 线性排列法

线性排列法是以公共关系行动、措施的内在联系为先后顺序逐一排列起来，一步一步向目标逼近的方法。简言之，就是公共关系的每一个环节，先后顺序逐一排列的方法。

(四)实施计划的基本要求

1. 坚持计划所规定的目标

在选择媒介进行传播的过程中，一般不要随意改动或者放弃目标，也不要轻易改变实现目标的基本步骤，应该紧紧地盯住目标，一切活动皆以目标为准则；同时也要注意实施进度，保证整个实施能够按计划规定的步骤进行。

2. 及时修正计划的具体内容

这一条看似与第 1 条相悖，但并非如此。因为坚持计划所规定的目标及实现目标的基本步骤不代表无视客观环境变化，一切按计划行事。在选择了媒介进行传播的过程中，难免会遇到一些与事先计划不同的客观存在，此时要严格审视计划的可执行性。如果发现在人力、经费、时间的预算上不利于目标实现，要及时予以修正和调整。

四、总结经验，评估效果

评估效果是幼儿园公共关系工作的最后一步，即根据一定的标准，对公共关系计划实施的情况进行评估，从中发现问题，总结经验，及时进行修订，进一步调整和完善幼儿园形象。

(一)对公关活动实施效果的评估标准

美国著名公共关系专家斯科特·卡特李普和阿伦·森特等总结多年公共关系实践经验，提出了公关活动效果的评估标准，其包括以下几个维度。

了解信息内容的公众数量。幼儿园公共关系的目的之一就是提高知名度，了解幼儿园的公众数量是衡量幼儿园公共关系成功与否的标准之一。

改变观点、态度的公众数量。幼儿园的公共关系活动是否引起公众对其看法与态度的转变也是衡量公共关系活动的标准。

发生期望行为与重复期望行为的公众数量。衡量公关活动的最高层次，是否引起公众行为。幼儿园公共关系成功与否，是活动之后，有多少公众发生了幼儿园所希望的行为，例如，活动后报名人数增加了多少。

(二)公共关系评估的依据

报道的数量。大众媒介报道的数量越多，频率越高，越能引起社会公众的关注，从而扩大幼儿园的社会影响力。

报道的质量。大众媒介对幼儿园公共关系工作的成绩、经验报道越多，越有利于塑造良好的形象。

新闻传播媒介的影响力。一般来说，发行量大、覆盖面广、权威性强的媒体，其影响力也越大。如果幼儿园的公共关系活动由权威性较强的新闻媒介报道，就能加深公众的印象，增加公众对幼儿园的好感，例如，保定市青年路幼儿园的京剧艺术节被中央电视台戏曲采风报道。

幼儿与家长的信息反馈。幼儿和家长是幼儿园的首要公众，因此他们的反馈是评估公关活动的重要资料。

相关教育机构的反馈。幼儿园在日常工作中，会与一些相关机构进行合作，例如，亲子园，小学等。他们与幼儿园交往较为频繁，并且与家长和幼儿发生联系，因此，从他们那里也可以获得有关幼儿园公共关系活动的信息。

社区公众。社区公众是幼儿园的"邻居"，他们与幼儿园因为地域邻近而关系密切、相互了解，幼儿园可以从社区公众那里获得较快的信息反馈，据此评估公共关系的成效。

政府行政部门。这里主要指主管幼儿园行政的教育局，教育行政部门对幼儿园行为的支持程度可以反映出幼儿园公共关系的社会效果。

(三)评估工作的主要方法

1. 报告法

将一定时间内公共关系活动用口头的或文字的方式，做成报告的形式。报告分正式报告和非正式报告。正式报告通过正式传播渠道来总结活动成果，比如，集体会议、汇报会等；非正式报告通过各种非正式途径来报告活动成果，如自由座谈、简短的书面汇报等。

2. 观察法

此法主要用于参与幼儿园公共关系的活动者，通过直接观察来估量评价效果。

3. 外部评价法

邀请幼儿园外的专家、学者对公共关系活动进行调查和评价，以局外人、第三方的立场和态度来观察、评价活动的成效，这样的评估方法具有客观性。

4. 比较法

对公共关系活动前后所做的调查结果进行比较，以此来衡量活动的效果。

5. "量"变检测法

良好的幼儿园公共关系有助于幼儿园树立良好的社会形象，良好的社会形象必须转化成效益，而招生量的变化是检验公共关系活动成效的重要指标。

第四节　幼儿园公共关系的媒介和应用方法

公共关系活动的过程就是组织与其公众之间的信息传播与交流过程。公共关系目标的实现与组织制订的公关计划的实施，离不开信息的传播。因此幼儿园要进行公共关系活动必须要考虑传播，包括传播的媒介与传播的模式。

一、传播与传播方式

在公共关系中，传播是社会组织利用各种媒介，将信息或观点有计划地与公众进行交流的沟通活动。在一般的传播活动中，信息的传播可以是单向的，也可以是双向的，而在公共关系传播中，信息传播是双向的。社会组织将信息有计划地传播出去，同时对信息的传播效果进行评价。

二、幼儿园公共关系的传播媒介

常用的幼儿园公共关系传播媒介有如下几种。

1. 报纸

报纸属于印刷类媒体，是以刊登新闻为主的定期连续地向公众发行的印刷媒体。其特点表现有：传播信息量大，公众选择性强，易保存，便于公众重复接受信息；读者广泛，信息覆盖面广；具有权威性和信息的真实性。报纸传播速度较慢，与广播、电视等相比，不够生动、形象，感染力弱。

2. 期刊

期刊是图文兼有、定期出版的印刷媒体。其具有专业性、针对性强的特点，一般情况下可以详尽地、完整地阐明思想观点，分析问题系统、透彻，传播的信息具有长期保留的价值。受出版周期限制，期刊传递信息的速度较慢。

3. 广播、电视、微信公众平台

广播、电视与微信公众平台同属于电子类传播媒介。与印刷类媒介相比，有以下显著特点：传播信息速度快，不受时空限制；传播信息覆盖率高；传播信息的感染力强；传播信息生动形象，受众面广。

三、幼儿园公共关系的传播模式

公共关系模式是公共关系工作的方法系统，是由公共关系目标、任务、具体方法和技巧构成的有机体系。不同类型的幼儿园，处于不同的发展阶段的幼儿园，甚至于面对不同的公众对象，要完成不同的公关任务，需要选择不同的公共关系模式。

(一)宣传性公共关系模式

宣传性公共关系模式就是运用大众媒介向社会公众传播幼儿园的有关信息，树立良好的形象的公共关系模式。其特征如下：

(1)注重主导性。对所要宣传与传播的信息进行加工与选择，使信息具有舆论导向的作用，使宣传和传播达到塑造形象的目的。

(2)注重艺术性。注意宣传不等同于说教，而是说服、劝导，是双向沟通。只有注重艺术性和宣传技巧，才能使公众接受。否则会让公众产生逆反心理，使宣传失去效果。

(3)注重及时性。要力争以较快的速度，较简捷畅通的渠道，尽可能少的环节把信息传播出去。

(4)注重真实性。幼儿园公共关系宣传在任何情况下都要坚持以事实为根据的原则，不任意夸大事实，也不过分渲染，掌握好"度"，给公众以可信的感觉。

宣传性公共关系模式可根据宣传对象的不同，分为向内部公众的宣传和向外部公众的宣传。向内部公众的宣传主要针对的是幼儿园内部教职员工，采用的媒介主要有内部报纸、职工手册、宣传橱窗、各种会议等。向外部公众的宣传应用较多，一般的形式有两种：

(1)借助活动进行宣传。例如，"六一"大型表演活动，各种类型的亲子活动等。

(2)借助大众传播媒介进行宣传。例如，利用广告进行宣传，创造机会利用新闻媒介，还可以微信公众平台等方式进行宣传。

(二)交际性公共关系模式

交际性公共关系是通过无中间环节的直接人际交往开展的公共关系活动，目的是通过与公众的直接接触，加强人际感情联络，组织建立广泛的人际关系网络，形成有利于组织发展的人际环境。

具体的方式可以分为团体交际和个人交际。团体交际主要指组织与组织之间的交际活动，如幼儿园可以举办招待会、座谈会、茶话会、联谊会等与目标公众进行交际，也可以通过建立友好单位、共建单位等交际方式扩大幼儿园的知名度。个人交际主要指组织与个人、组织成员与个别公众之间的交际活动，如幼儿园通过家访、家园联系册与家长进行交际。在交际性公共关系中，要注意做到：

真诚待人。如果在公共关系中，幼儿园在人际交往中虚情假意，是不会得到有效的双向沟通的。幼儿园向公众提供的情况应是真实的，对公众采取的态度应是出于真心实意的友好行为。以真诚换真诚，才能交到真朋友。

讲信誉。不能只说不做，只许愿不实践；要注意人际关系中的长期行为，不能人走茶凉。

以公心为出发点。即以幼儿园的利益和目的为出发点，切忌依靠小恩小惠为个人私利进行交际。

(三)社会性公共关系模式

社会性公共关系是幼儿园利用举办各种社会性、公益性、赞助性活动开展的公关活动方式。其目的是利用举行各种社会活动之际，扩大幼儿园的社会影响，提高声望，赢得社会公众的赞誉和支持。具体形式有：

(1)以幼儿园本身的重要活动为中心展开的活动。如利用"六一"儿童节庆典活动邀请家长，渲染气氛，提升幼儿园的形象。

(2)以参加各种社会活动为中心展开的活动。如参加社区及同行业的各类比赛、文艺演出等。

(3)积极支持和关心社区幼儿，为他们提供服务和方便。如欢迎附近组织和个人来园参观，小区幼儿由家长陪同来园游玩等。

(四)征询性公共关系模式

征询性公共关系模式是以收集、整理、分析、提供各类信息为核心的公共关系模式。这种模式通过采集信息、舆论调查、民意测验等工作，了解社会舆论，为幼儿园的公共关系工作和日常经营管理活动提供参考依据。

征询性公共关系可采用的形式有：招生情况调查、访问家长代表、征询公众意见、开展各种咨询业务、设立监督建议电话、开展提合理化建议活动等。如幼儿园可通过"假如我是教师"主题征文，来了解家长对教师工作的要求与理解。

第五节　幼儿园公共关系实务

《幼儿园教育指导纲要（试行）》指出："家庭是幼儿园重要的合作伙伴。"幼儿园工作离不开家长的配合，幼儿园的公关过程更离不开家长。因此，想要树立良好的形象，家长工作是很重要的。

通常的家长工作方式有家访、家园联系手册、家长开放日等，这里介绍两种新形式：家长学校和家长助教。

山东淄博临淄区稷下街道安次幼儿园开办了幼儿园家长学校。家长们纷纷走进幼儿园、走进课堂，聆听了专家《家长如何做好有效陪伴》的幼教讲座。临淄区教育中心的老师从对幼儿做好有效陪伴的意义、方法等方面，做了详细的阐述。课堂上的气氛也是很活跃，各位家长积极参加游戏活动，亲身感受到家长陪伴幼儿的重要性。家长们在课堂上认真听取专家的解读，课后还就自己遇到的问题与专家老师进行交流。

近年来，家长学校成为幼儿园家长工作的新形式。这一次的家长学校课堂，不仅可以帮助家长学习科学的育儿知识，而且能促进家长自身的学习，成为学习型父母。更重要的是在这一活动的持续开展中，家长们对幼儿园的教育教学方式方法及教育理念更加认同，对幼儿园的整体管理方式更加认同。幼儿园在具体操作时，可以根据学校的安排为家长们分班，比如按照幼儿年龄，或者家长类型，如妈妈班、爸爸班、隔代家长班等。

江西省九江市湖滨幼儿园开展"家长助教周"活动，邀请班级家长走进课堂，直接参与、组织教育教学活动，协助教师较好地完成教学任务。在一周时间里，各班邀请了来自各行业、有特长的家长进行助教，活动内容丰富多彩。在家长助教活动中，各班家长发挥自己的特长：有讲医护知识的，有讲生活常识的，有做美食的，有讲幼小衔接的等。家长们与教师一起合作，根据幼儿的特点，设计出一堂堂丰富多彩、生动有趣的特色课。

"家长助教"是一种新型的幼儿园与家长的沟通合作方式。积极有效地开展家长助教活动，不仅能够促进家园联系，为家长和老师搭建一个互动交流、互相学习的平台，更有助于家长了解幼儿园的教育目标，了解班级工作，了解幼儿的学习状况。

通过持续性的助教活动，家长们能够更加认可幼儿园，进而宣传幼儿园，有效促进幼儿园良好形象的塑造。

案 例

幼儿园社区工作实例

北京市西城区洁民幼儿园于 1997 年 10 月 18 日正式向社区开放，具体做法如下。

1. 主动加强与社区内各居委会的沟通与联系，争取他们的合作与支持

在向社区开放之初，幼儿园把欢迎小朋友的请帖发到居委会，请他们帮助发到适龄幼儿的家中。为了了解社区内幼儿的情况，幼儿园印制了"小区学前儿童情况调查表"，请居委会帮助下发。为使更多的幼儿参加到开放活动中来，幼儿园召开了居委会主任会议，请他们参观幼儿园的环境设施，使他们了解幼儿园向社区开放的目的与意义。

2. 固定开放时间和值班教师

为了满足社区幼儿和家长的需求，幼儿园从隔周周六开放改为每周六上午(9~11点)开放，并将时间固定下来，形成制度。这便于家长做好安排，也为孩子来园参加活动提供了时间上的保证。

每周末组织开放活动的教师固定为三个年级的教研组长。这便于每周开放活动的衔接，保证了整个活动的连续性和系统性。同时，幼儿、家长渐渐与教师熟悉起来，便于双方建立联系，加强了解。

3. 开展多种形式的开放活动，不断丰富活动内容

幼儿园在开放初期，主导思想是幼儿园教育资源共享，因此，仅为社区幼儿提供游戏场所和玩具。随着开放活动的深入开展，幼儿园不断丰富活动内容，如开展一些音乐活动，教一些儿歌，放映一些儿童故事片和艺术片。但是，这些活动随机性比较强，缺乏目的性和系统性。后来幼儿园将开放活动分为三部分：开始部分为自由活动，中间部分为有计划、有组织的活动，最后部分还是孩子的自由活动。幼儿园注意考虑 3 岁前和 3 岁以上幼儿的年龄特点，分别制订了 0~2 岁、2~4 岁、4~6 岁幼儿的社区活动计划，每月发给家长，使家长心中有数。

为了使散居儿童也能体验到幼儿园丰富多彩的生活，幼儿园开展的部分活动也向散居儿童开放，如幼儿运动会、节日演出等。此外，幼儿园每学期组织的家长知识讲座，也请社区的散居儿童家长来参加，帮助家长树立正确的儿童观、教育观，提高家长的科学育儿水平。

4. 合理、适当收取费用

幼儿园向社区开放需要一定的经费。为了解决经费问题，幼儿园经上级主管部

门批准，向每位来园活动的幼儿收费 3 元。家长们普遍能够接受。

随着幼教管理体制的不断完善，幼儿园要由关门办园转为开门办园，特别需要增加与社区的联系，扩大社会服务功能。洁民幼儿园向所在的社区开放，扩大服务的范围和功能，密切了与社区的关系，实现了资源共享，赢得了社会的认可，也为幼儿园赢得了高知名度。

洁民幼儿园是北京市一级一类园，管理规范，设施齐全，教师素质高。这些都是幼儿园的资源优势。幼儿园通过向社区开放，将这些资源优势充分利用了起来，发挥了其正规教育机构的主导作用。更重要的是幼儿园向社区开放，提高了幼儿园的知名度，给幼儿园注入了生机和活力，最明显的表现就是生源增多。因为幼儿园向社区开放，广大家长和幼儿走进了幼儿园，了解了幼儿园。幼儿园通过为社区提供服务，得到了家长的信任以及孩子们的喜爱。而散居儿童中有相当一部分是年龄在 3 岁以下的儿童，当他们到了入托年龄时，家长愿意送孩子到自己了解和信任的幼儿园里去。同时，孩子在 3 岁以前就经常参加幼儿园的开放活动，到了入托年龄时，对幼儿园已不再陌生，这将大大缓解幼儿的入园焦虑心理。所以说，幼儿园向社区开放，既能很好地宣传自己，又能赢得良好的回报。

幼儿园与亲子园的合作实例

从 2013 年起，山西省太原市作为教育部确定的全国 14 个开展 0～3 岁早教试点工作的城市之一，在 10 个区县分别成立了早教指导中心，同时确定了 21 所公办园为试点园，育蕾幼儿园就是试点园之一。

太原市育蕾早期教育指导中心每月 4 节模块课，不定期举行亲子拓展课、家长沙龙，针对不同年龄段分为了走走班、跑跑班、跳跳班和蹦蹦班，每个班 8～10 个孩子，每月收费 315 元。

2013 年太原市，每县区建立一个早教指导中心，每县区确定两所公办园为试点园。率先在 21 所公办幼儿园推行早教试点。2014 年在此基础上扩大规模，由 21 个试点园扩大为 30 个。通过发挥区早教指导中心和试点园的职能，为新的试点园起到指导、示范作用。依托社区、幼儿园采取集中授课、专家讲座等形式，重点向 0～3 岁婴幼儿家长及看护人员，免费传授科学育儿知识。到 2015 年，50 所公办幼儿园开设亲子班，完成 100 个社区 400 次早期教育公益课堂指导任务。

幼儿园只需要在基础上投入一些资金，就有可能办成较好的亲子园或亲子班。这样不仅能满足广大家长婴幼儿的需要，更是有效地与社区合作的契机，便于宣传亲子教育理念，更重要的是使幼儿园的生源得到保证。从亲子班开始，爸爸妈妈陪伴婴儿进行活动，到升入小班时，幼儿对环境已经较为熟悉，也有利于托幼衔接。总之，无论是公立园还是私立园，开办亲子班（园）均有助于幼儿园的发展。

本章小结

　　随着公共关系学的普遍应用，幼儿园想要得到更好的发展，必须重视公共关系的建设。本章主要介绍了公共关系的发展与含义，幼儿园公共关系的含义、目标、对象及过程，幼儿园公共关系的模式以及幼儿园开展公共关系的一些实例。其中幼儿园公共关系的过程、幼儿园公共关系的媒介和应用方法是学习的重点。

关键术语

　　公共关系　幼儿园公共关系　幼儿园公共关系传播模式

思考题

　　1. 名词解释：公共关系　幼儿园公共关系

　　2. 简述幼儿园公共关系的目标、对象。

　　3. 举例说明幼儿园公共关系的过程。

案例研究

　　某幼儿园坐落在小区中，早晨与课间幼儿园都会播放音乐。小区部分居民觉得这种行为不妥，觉得音乐太吵，甚至有人投诉与举报。针对此情况，为幼儿园设计一份公共关系计划书来解决这一问题。

拓展阅读

　　1. 陶应虎，顾晓燕. 公共关系原理与实务［M］. 北京：清华大学出版社，2006.

　　该教材详细介绍了公共关系的含义、目标、对象、传播模式。

　　2. 张燕. 幼儿园管理［M］. 北京：人民教育出版社，2009.

　　该教材介绍了幼儿管理目标、对象、方法等，对公共关系做了简单的介绍。

第十二章　幼儿园的园长

学习目标 ▶

1. 了解幼儿园园长的任职条件，并从管理职能的角度领会园长的角色定位。
2. 理解幼儿园园长在工作中的作用以及具体的领导方式。
3. 了解怎样做一名好园长，以及建立良好的园师关系的方法。

导入案例 ▶

　　一天下午，某位家长气冲冲地来到园长办公室；一进门就很生气地说："你们幼儿园的老师怎么这样，我把孩子放在你们这儿，是因为我看得起你们，但是你们是怎么对待我们家长的，不就是带孩子的保姆嘛!"兰园长一听愣了，但仍客气地向家长了解了事情的缘由。原来她是中班某幼儿的妈妈，因为孩子有点儿感冒，她不放心就给班主任打电话，可是打了很多次，班主任都没有接听电话。园长安抚了这位家长的情绪，并马上把这位班主任请过来了解事情的经过：班主任没接电话是因为手机放包里没听到，后来拿东西的时候看到了就接了起来，然后就听到了家长的一顿批评和一些中伤的话就把电话挂了。可是家长一直打，班主任就关机了。最后，家长就跑来学校了。

　　这位园长的处理方法：先让班主任向家长赔礼道歉；然后召开会议，规定以后教师不许擅自把自己及其他教师的手机号码给家长，如果家长要电话，就给办公室的电话号码。

　　思考：这位园长的做法怎么样？如果你是园长，你会怎么做？

第一节　园长任职条件

　　在幼儿园发展的过程中，园长是幼儿园的一面旗帜，是全园工作的领导者，是幼儿园管理的中心支柱，其各方面的能力和素质都深刻地影响着幼儿园的整体发展。因此，现代社会对幼儿园园长的任职条件有着全方位的新要求。从国家层面来说，我国颁布的《幼儿园工作规程》以及《全国幼儿园园长任职资格、职责和岗位要求（试行）》（1996年）中对幼儿园园长的任职资格都有明确的规定，主要有以下几个方面。

第一，价值观方面，园长要拥护中国共产党的领导，热爱祖国和幼儿教育事业，认真贯彻国家的教育方针。

第二，学历方面，示范性幼儿园和乡镇中心幼儿园的园长要具备幼儿师范学校（含职业学校幼教专业）毕业及其以上学历，有五年以上幼儿教育工作经历，并具有小学、幼儿园高级教师职务。其他幼儿园园长应具备幼儿师范学校（含职业学校幼教专业）毕业及以上学历，或高中毕业并获得幼儿园教师专业考试合格证书，有一定幼儿教育工作经历，并具有小学、幼儿园一级教师职务。

第三，证书方面，幼儿园园长要有岗位培训合格证书。

第四，健康方面，幼儿园园长要身体健康，能胜任工作。

在2012年下发的《关于加强幼儿园教师队伍建设的意见》中也提出要建立幼儿园园长任职资格制度，国家制定幼儿园园长专业标准和任职资格标准，提高园长专业化水平。省级教育行政部门制定幼儿园园长任职资格制度实施办法，教育部门办幼儿园园长由县级及以上教育行政部门聘任，企事业单位办、集体办、民办幼儿园园长由举办者按国家和地方相关规定聘任，报当地教育行政部门审核。

另外，幼儿园、幼儿园教师以及幼儿和家长也对园长的任职条件有着多方位的要求。从幼儿园和幼儿园教师方面看，园长需要具备热爱幼教事业的敬业和奉献精神、基本的教育与管理方面的理念和知识、基础的专业文化素养以及幼儿教育工作经验等。从幼儿和幼儿家长方面看，园长还需要具备正确的幼儿教育理念，并且能够与家长进行沟通和交流，共同促进幼儿的和谐、全面发展。

资料链接

有调查发现，在对园长任职条件和岗位要求的群众意向中，除国家规定的学历和职称外，在思想品格中，热爱幼教事业、有敬业精神居于首位；在专业素养中，具有幼教专业基本理论居于首位；在管理能力中，"计划决策能力""团结依靠群众，听取不同意见""组织协调能力"居于重要位置；在教育观念中，"坚持保教结合，完成双重任务"以及"一切为了促进幼儿身心全面发展的办园思想"同等重要。另外，幼教的工作经验也是园长任职条件的一个重要方面。[①]

---

① 项宗萍，王坚红，吴晓燕：《幼儿教育管理理论与实践》，北京，北京师范大学出版社，2002。

第二节　园长角色定位

园长作为这个崭新时代的教育管理者，其角色一直在被赋予新的含义。园长是教职工的"上级"，同时也是园所主管单位的"下级"；园长是领导者，同时也是普通教师；园长是法人代表，同时也是经营者、管理者；园长是指挥者，同时也是学习者和宣传者；园长是教育者，也是服务者、创新者；有时园长还被称为"大管家""妈妈"或者"外交官"等，可见，园长的角色是多样化的。

在幼儿园，园长对自己的角色定位，对于其自身素质的提升以及幼儿园的管理都具有至关重要的意义。从管理职能的层面来说，园长作为管理者，其角色可以定位为计划者、组织者、控制者、协调者与服务者。

一、计划者

"凡事预则立，不预则废"，计划是管理的第一要素，是管理中最重要的职能。园长作为管理者，自然首先就是一个计划者。制订计划就需要对目标、任务以及条件和环境做出统筹分析，并对各种资源进行合理规划和安排，进而选择具体的行动和实施方案，也就是"预测"和"决策"的过程。因此，园长充当着两个具体的角色，即预测者和决策者。

(一)预测者

制订计划首先要在掌握大量信息的基础上，进行科学的分析，做出对发展趋势的预测，然后在研究多种可能性后，确定具有可行性的目标和任务。简言之，就是"做什么"的过程。

幼儿园园长在制订计划的最初环节，要做好预测工作。首先要坚持正确的思想观念，始终贯彻党和国家的教育方针政策，并在综合本园内外各种环境和资源的现状和条件的基础上，针对具体的事务进行科学的分析，确定可行性的目标和任务。一般来说，园长要制定幼儿园的发展方向和发展规划、全园工作计划、年度目标及可行性计划、某一具体工作的执行方案等，其中居于中心地位的就是制订切合本园实际的保教工作计划。

(二)决策者

著名的美国管理学家西蒙提出，"管理就是决策"。决策就是要拟定能够达到预定目标和任务的各种可行性方案，并对这些可行性的方案进行评估和论证，进而选择最优的方案，进行落实和执行。简单地说，就是"怎么做"的过程。

决策是领导力的核心，决策的成败直接关系到幼儿园目标和任务的实现。幼儿园园长要高度重视决策的过程，要知道决策不能草率，它不同于简单的"决定"，决策的过程蕴含着丰富的管理艺术,这就要求园长作为"决策者",必须要注意以下几点。

1. 考虑周全,注重谋划

园长在决策之前要多做调查和研究,分析清楚各方面具体情况,多方位、全面地考虑问题,在有准备的情况下进入决策状态。同时园长要思维周密,可以借鉴自己先前或者他人的经验教训,充分考虑事情的各方面风险和利益,然后综合得出方案,要遵循"谋在先,行在后"的原则。

2. 发扬民主,优化方案

在决策过程中,园长要充分发扬民主,走群众路线,学会倾听教职工的意见和建议,使得决策的过程公开化、透明化。由于幼儿园组织成员的工作关系和特点,如果园长的决策不民主,就得不到教职工的理解和支持,就会受到来自不同层面的阻挠。因此,在决策的过程中,园长要特别注重提升全园教职工对组织决策的认同感,让每个教职工都能参与到决策的过程中来,鼓励教职工发表不同的见解,再利用良好的组织沟通使教职工的不同见解和冲突在交流和沟通中得到解决,使他们对决策有更为深刻的信任、理解和认同,这样决策就不容易只流于形式。领导者还应多听取教职工的意见,为决策提供更为直接、可靠的信息,对于正确地规划和决策有非常重要的现实意义。另外,园长要坚持"利利相较取其大,弊弊相较取其小,利弊相较取其利"的原则,在民主决策的基础上选取最优的方案。

3. 善于决断,坚定执行

在决策的制定上,园长不仅要重视民主的"众谋",还必须善于"独断",不能优柔寡断,要保持敏锐的洞察力和清晰的头脑,保证决策的效率。决策的制定固然重要,但是倘若不执行,决策就会成为一纸空文,可见决策的执行是决策管理的一个不可忽视的重要环节。幼儿园园长在制订好计划后,要坚定不移地贯彻执行,把决策的任务和责任分配到每一个教职工,并对执行的过程进行管理和监督,适时做出相应的调整,以保证决策的有效执行。

二、组织者

组织是管理的一项重要职能,即通过建立一个组织管理系统,确定各成员职责,并在组织协调的基础上,组织工作与活动,以实现共同目标和任务,最终实现管理效能的过程。幼儿园园长作为组织者,要充分发挥组织的职能,不仅建立一个高效的具有凝聚力的幼儿园管理体系,更要有效地组织好幼儿园的各项活动。

首先,园长是完善管理系统的组织者。

园长作为组织者,要按照国家相关规定,落实园长负责制和各层责任制,并结合本园的具体情况,建立适合的组织机构,完善幼儿园各部门、层次的干部人员的选聘和任职工作,通过建立有效的规章制度,明确各类工作以及各部门成员的分工和职责。

组织结构一般包括决策系统、指挥系统、执行系统、监督系统、反馈系统和参谋系统[1]，园长在建立和完善各组织机构系统的基础上，还要做好各系统组织协调的工作，使组织内部各要素组成一个紧密联系的有机整体，以发挥出最大的组织效能。

资料链接

园长负责制是指幼儿园在上级宏观领导下，以园长对园内工作全面负责为核心，同党支部保证监督、教职工民主管理有机结合，为实现幼儿园的工作目标，充分发挥领导职能的三位一体管理格局。

园长负责制是一个结构概念，反映园内领导关系的结构方式，是个人负责与各方面制约关系的统一，目的是建立起高效的园内管理系统。园长负责制明确了园长对幼儿园工作具有最高行政权，在幼儿园处于中心地位，具有决策权、用人权、用财权与奖惩权等，在托幼园所中处于中心地位。[2]

另外，《幼儿园工作规程》明确提出要建立教职工参与管理的民主监督机制，其主要形式是建立园务委员会和教职工代表大会制度。这也是为保证园长负责制更好落实的机制。

其次，园长是幼儿园重要活动的组织者。

园长作为总的组织和指挥者，在幼儿园的教育教学活动、卫生保健活动、文化业务交流和学习活动、考核及评估活动、各项会议等组织方面，都起着重要的作用，园长不仅要统筹好各项活动之间的关系，使各项组织活动都有规章制度的约束，同时也要通过建立具有凝聚力的团队精神，协调成员的关系，以发挥整个组织的集体力量。

最后，园长要掌握幼儿园工作的全过程，在幼儿园上、下级部门以及各个平行部门之间建立起良好的组织沟通网络，使整个组织管理系统畅通，使管理活动能够正常有序地进行。在组织管理体系运行的过程中，园长还要注重总结方法和经验，逐步形成一个独具本园特色的高效且完善的管理体系。

三、控制者

管理的控制职能是用一定的标准来检查和监督实际的工作情况，从而保证执行的过程和工作的结果能够符合计划要求的过程。简单来说，园长作为控制者，以及检查和监督者，要明确标准，然后进行检查和监督，最后纠正偏差并总结各项工作。

---

[1]　阎水金：《幼儿园管理大全》，成都，成都科技大学出版社，1994。
[2]　杜燕红：《学前教育管理学》，郑州，郑州师范大学出版社，2012。

首先，明确检查和监督的标准。

园长在每项计划组织实行前都要明确计划规定的目标和工作标准，以此作为检查和监督的标准和依据，从而有目的、有计划地进行各项检查工作。在制定标准的过程中，园长要结合教职工的实际工作情况因材施管，针对不同能力的教职工和不同情况的工作活动，制定人性化的检查和监督标准，而非严守统一的"死规定"。

其次，依据标准检查和监督各项具体工作。

园长在检查之前，要及时获得各教职员工工作情况的准确信息，比如教师每日工作计划的完成情况、迟到早退情况，切忌听信谗言，出现不能明察的情况。然后，园长要及时对照制定的具体标准进行检查。在检查和监督的过程中，要注意检查方式的多样性，例如进行定期或经常性检查，全面或专项检查，直接或间接检查等，园长不仅要注重听取报告、查阅教职工工作记录和教案等方式，更要亲身进行检查和监督的实践工作，例如有目的地入班、看班等。

最后，纠正偏差，总结各项工作。

园长在检查中，要进行具体的指导工作。一方面可以进行个别指导，在进班或者总务检查中，针对教职工的不同工作情况或出现的问题予以有针对性地指导或纠正；另外，可以针对具有普遍性的问题开展全员分析或分享会议，并提出建议和指导意见。

在检查和监督的最后环节，园长要对各项工作的执行和完成情况做分析和总结，动员全体教职工参与到工作的总结中来，为下一阶段的工作提供依据和参考。园长还要善于将实践中总结出的规律和经验进行理论的提升，用以指导以后的实践，促进幼儿园各项工作质量的提升。

四、协调者

协调职能贯穿于整个管理的计划、组织、控制职能之中，是任何组织活动所必需的，是管理职能的重要组成部分。管理者要通过多种手段和方法进行多方面的协调，从而协同一致地完成组织目标和任务。幼儿园园长作为协调者，必须能够对组织的成员之间、各部门之间、组织与外部环境之间进行良好的沟通与协调，保证幼儿园各项工作任务的圆满完成。

(一)园长是与上级领导和部门之间的协调者

一方面，园长要尊重上级，努力完成上级交给的任务；另一方面，又要积极争取上级的支持。例如，平时主动汇报幼儿园的动态和各项工作情况，经常邀请主管领导到园指导工作或参观活动，遇到特殊问题主动请领导帮助协调解决等，使得上级部门能够给予幼儿园更多的关注和支持。

(二)园长是幼儿园领导班子之间的协调者

在工作中，园长和其他领导成员之间，应当互相尊重和理解，取长补短，形成团队合力，共同创建和谐的幼儿园领导氛围；分工明确，不随便干预对方职权范围内的事；民主协商，有不同意见要互相沟通和交流；合作交流，互相分享经验教训；勇于承担责任，遇到困难或出现失误时，不要互相指责和拆台，要共同协商解决办法。

(三)园长是幼儿园教职工之间的协调者

在幼儿园这个大集体中，教职工难免会产生各种矛盾和冲突，在教职工人际关系紧张时，园长要出面做好协调工作。园长要协调好自己与教职工之间的关系。在日常生活中，与教职工建立友好的关系，尊重每一位教职工的人格，对全体教职工一视同仁；处事时要公正、公平、实事求是。园长还要协调好教职工之间的关系。在解决矛盾的时候，园长要采取有针对性的措施。例如，为了协调保教人员与后勤工作部门的关系，避免出现有关幼儿饭菜问题的冲突，园长可以帮助保教人员分析后勤工作的困难，安排保教人员帮厨的活动，或者组织后勤厨房员工学习有关儿童营养与保健知识等。平时还可以通过组织多样化的活动，促进教职工间的交流和沟通，例如联欢会、座谈会、家庭聚会等。

(四)园长是幼儿园各部门之间的协调者

幼儿园的各部门都处于一个相互联系的整体之中，任何环节出现问题都会对幼儿园产生不可估量的影响。园长必须能够协调好各部门之间的关系，保证各部门工作能够有序地配合，利用合作互补的优势资源，更好地提高工作效率。

(五)园长是幼儿园与外部环境的协调者

幼儿园的良好发展离不开外部环境的支持，园长要具有公关意识，积极扩大幼儿园与社会各界的联系，为幼儿园谋求和谐的公共氛围，使得幼儿园持续稳步的发展。

1. 协调与社区和家长间的关系

幼儿园在发展过程中，不仅要靠行政管理部门的支持，更多问题的解决要靠社会公众的支持，尤其是本园所在社区以及幼儿家长的支持。园长要主动与公众建立良好的关系，让更多的人了解幼儿园，使其能够支持和理解幼儿园，与幼儿园共同实现幼儿园与家庭、社区共育的目标。园长不仅自己要树立公关意识，还应该鼓励全体教职工树立公关意识，传递友好的情谊，从更大程度上争取社区和家长的好评。

2. 协调与他园以及学前教育组织或机构间的关系

园长应避免"关门办园"的思想，多与他园进行沟通与交流，学习他园优秀的办园理念、经验以及有效的管理措施，经常组织教职工进行参观学习，激发本园教职工的工作热情。园长要赢得学前教育组织或机构的支持，积极配合和协调学前教育相关人员的调研或实践活动，积极带领教职工参与学前教育领域的重要活动和培训等。

3. 协调与媒体间的关系

幼儿园的形象至关重要，园长要注重和电视台、报社等媒体保持良好的关系，积极宣传本园的特色和良好的形象，例如，邀请记者参观重要活动或实验课题，为幼儿园拍摄专题纪录片，联系报社发表教师文章等。

五、服务者

随着现代管理的发展，管理的职能已不仅仅局限于通常意义上的计划、组织、控制和协调，更渗透着"服务"这一重要的社会职能。幼儿园园长必须转变观念，努力做一个"不知有之"①的服务型领导，可以从以下两方面努力。

(一)树立管理即服务的理念

园长要有服务意识，才能实现向服务型领导的转变。园长只有具备了服务意识，才能更好地与教职工融为一体，激发教职工的主体意识，增强教职工的认同感和责任感，从而更好地为幼儿和家长服务，使得整个幼儿园焕发全新的精神面貌。

(二)坚持以人为本的精神

园长要坚持以人为本，树立为幼儿、教职工、家长服务的意识；要坚持以幼儿为中心，顺应幼儿身心发展的特点，发挥幼儿的自主性，给幼儿一个自由活动的空间，促进其身心健康的发展。园长要积极为教职工服务，尊重、理解并关心每一位教职工；要正确认识教职工的地位和权利，积极创造条件满足其合理需求；要懂得以德服人，帮助教职工成长和发展，及时给予其正确的引导和指引；要有所为，有所不为，懂得授权、放权，强化教职工的自我管理意识的提升。

园长要努力为家长服务，把与家长沟通和联系作为一项重要的工作，及时将幼儿的情况反馈给家长，做好家园共育工作。

第三节　园长的领导职能

领导是在一定的社会组织和群体内，为实现组织预定的目标，运用其法定权力和自身影响力影响被领导者的行为。② 领导职能是指领导者运用组织赋予的权利，引导和影响组织成员完成既定目标，实现领导任务的职责和功能，主要包括决策、规划、指导、协调和监督等职能。

园长作为幼儿园的领导者，具体领导职能发挥的好与坏，不仅体现着园长的个人能力、素养与其领导艺术，更对整个幼儿园的运作和发展起着至关重要的作用。结合幼儿园的实际情况，在此将幼儿园园长的领导职能分为思想引领、科学决策、指挥协调、选才用人和制度管理五大方面。

---

① 引自《道德经》中老子对于领导者最高级别"不知有之"的论述，意思即人民根本意识不到领导的存在。
② 杜燕红：《学前教育管理学》，郑州，郑州大学出版社，2012。

一、思想引领

苏霍姆林斯基说过，"领导学校，首先是教育思想的领导，其次才是具体行政工作的领导"。可见，思想教育工作的重要性。

随着时代和社会的不断发展和进步，幼儿园园长必须更新观念，用科学化、现代化的思维方式领导幼儿园的工作。园长的思想直接影响着幼儿园教育事务的发展，影响着教职工的思想认识，因此，必须要全面贯彻和执行党和国家的教育方针、政策，坚持正确的办园思想和理念，在把握好大方向的基础上，结合本园的实际情况，做好具体的思想工作和方针的引导。

1. 运用多种形式

园长要善于运用多种形式，开展思想教育工作，引导幼儿园教职工在教育实践中探索教育规律，提升自身的思想认识水平和文化素养，逐步形成正确的教育观念。例如，通过竞争、奖惩等形式做好激励工作；有针对性地做好批评和指正工作；善于发现好的典型，树立学习的榜样等。

2. 丰富教育内容

园长要善于丰富思想教育的内容，不仅注重国家方针政策、法规纪律方面的教育和引导，重视对教职工职业道德、文化素养以及心理健康的教育，还要重视具有本园特色的园规、园风方面的教育和引领。

园长通过开展丰富的多样化的思想教育工作，可以帮助教职工提高思想认识水平，激发工作的积极主动性，建设一支优秀的教职工队伍，进而促进幼儿园工作的顺利进行。

二、科学决策

幼儿园园长要能为幼儿园的总体规划和发展目标做好科学的决策。园长在决策的过程中，要能从宏观上对工作的任务和目标进行把握，再结合本园的实际情况进行科学的决策。园长要熟练地运用决策艺术，有勇有谋地统筹全局。园长只有具备谋略和深思熟虑的能力，才能不鲁莽从事。园长在科学决策的过程中，还要特别重视发挥民主的作用，充分考虑教职工的意见和建议，综合考虑各方面因素后再进行决策。

三、指挥协调

幼儿园园长在领导全园工作过程中，需要指挥和协调好各方面的工作，使得幼儿园各部门能在一个大集体中进行良好的互动和协作，保证幼儿园整个工作的正常运转。

幼儿园园长需要协调的关系有很多，如教师与幼儿、教师与教师、教师与职工、教职工与领导，班级与班级、年级与年级，党政团班子之间，幼儿园与家庭、幼儿园与社会等，其指挥协调的核心是人与人之间的关系。协调得好，能够人尽其才，物尽其用，充分发挥每个部门和教职工的主动性、积极性和创造性；相反，如果协调得不好，就会出现人力、物力、财力的各种浪费，影响幼儿园整体目标的实现。园长的指挥协调能力对幼儿园管理目标的实现有着十分重要的影响。此外，园长要特别重视运用自己的非权力性影响力去感染教职工，使他们能够形成自律，进而促进幼儿园整体工作的开展和管理目标的实现。

四、选才用人

人才是幼儿园发展的基石，园长作为幼儿园的领导，要重视人才的选聘和任用工作。园长应最大限度地把握好用人的艺术，要有知人善任的能力和气度。管理理论的"人本"原理就提出，在管理这种社会活动中，应当以调动人的积极性，做好人的工作为根本。园长在用人的艺术上，要注意以下几点。

第一，依能用人。不可大材小用，也不可小材大用，更不能无才乱用。

第二，用人所长。着眼于个人的专长和特点，使之有用武之地，发挥个人优势的同时也要注重人才的全面发展。

第三，用人唯贤。对有能力的人，应不拘一格大胆使用，让其在相应的岗位上充分发挥作用。

第四，优势互补。幼儿园是一个整体，若能将每个人的长处融合一起，合理使用，才能发挥出人力资源的最大效益。

总之，人无完人，园长在用人时，要避免求全责备，要用发展的观点看待人才，用个人的领导魅力感染教职工，使其得到更好的发展，最大限度地为幼儿园所用。

五、制度管理

规章制度建设是幼儿园管理的一项基础性工作，园长必须加强制度建设，健全和完善各项规章制度，并严格贯彻落实；同时也要注重制度建设的引导和教育功能，使教职工在制度的规范下形成自律以及良好的工作作风，从而提高整个幼儿园的工作效能。具体来说，园长对制度管理的领导作用主要体现在以下几个方面。

(一)组织教职工制定各项规章制度

园长要熟悉教育领域的各项法规制度，依据国家的规定和教育行政部门的要求，结合本园的实际情况、幼儿的身心发展规律以及各项工作的具体需要来制定本园的各项规章制度。园长要充分发扬民主，组织全体教职工参与到规章制度的制定中来，不仅使规章制度更加科学、合理，更能增强教职工对规章制度的认同感，使得各项规章制度在执行过程中得到更多教职工的自觉拥护和落实。

(二)带头执行各项规章制度

园长是幼儿园的"模范带头人"，要以身作则，带头严格执行各项规章制度，为幼儿园广大教职工做出表率，以人格魅力感染和影响全园教职工，使得幼儿园的各项规章制度得以顺利的实施。

(三)领导各项规章制度的宣传教育工作

园长要通过组织和开展教职工代表大会等各项会议或教育宣传活动，对幼儿园的规章制度的内容和意义进行广泛的宣传，提升教职工的思想意识水平和维护制度规范的责任意识，从而推动规章制度的落实。

(四)领导各项规章制度的检查、监督和完善工作

园长要积极深入基层，了解、监督和检查规章制度的执行情况，并结合奖惩措施进行查漏补缺以及具体工作的指导和督促；发现问题时，要善于总结和反思，结合新形势以及具体实际完善旧制度、建立新制度。

第四节　建立良好的园师关系

一、优秀园长的基本要求

长期以来对于一位好园长的评价标准似乎定格于德才兼备的领导决策者和管理执行者，但是，好的园长没有一个明确的标准，是因为没有人天生就是一个好园长，好的园长必然是通过实际工作中的反复学习和思考成长起来的。

就园师关系而言，要想成为教师心目中的好园长，以下几方面的要求必不可少。

(一)具有较高的思想品德和专业文化素养，散发浓厚的人格魅力

"其身正，不令而行；其身不正，虽令不从。"好的园长首先也是一个好的教师，要有优秀的德行，具备优秀的思想品德修养和专业文化素养。

园长的思想品德修养主要包括一定的方针政策水平、事业心和责任感、道德修养和工作作风。园长的专业文化素养主要包括基本文化知识(语言、文字、阅读理解等方面的知识)、教育专业知识(教育学、心理学和学前教育专业知识)、其他领域知识(包括卫生保健知识、现代信息知识以及政策法规知识等方面)、科学管理方面的知识以及其他业务专长和科研能力。

一个好园长只有具备优秀的思想品德和素质，才能具有优秀的自知力、自控力和自省力，在处理各种问题时做到"临危不乱"，冷静理智而又不乏人情味；才能虚心纳谏，用博大的胸怀团结广大教师，营造和谐的工作氛围；才能勤恳吃苦，严于律己，廉洁公正，为教师做出表率，用人格魅力感染和影响教职工。

一个好园长应具备较强的专业文化素养，能够用自己的知识和科研能力带领广大教师深入幼儿园的教学工作，在工作计划的执行上能率先垂范，在具体保教工作上还能不断指导教师，帮助教师解决实际问题和困惑。

(二)具有较强的组织管理能力，懂得刚柔并济的管理艺术

园长的组织管理能力主要包括：决策和指挥全局的领导能力、协调人际关系以及公关能力、改革创新的能力、管理时间和会议的能力、终身学习的能力。

一个好园长只有具备较强的组织管理能力，才能依法、以情、以理地处理领导过程中的各项事务，才能协调好与教师的关系，才能在管理中运用好多种管理艺术。好的园长处事讲究公平、公正和民主，能够一视同仁，不仅能够用严明的规章制度和检查监督进行刚性管理，而且注重通过说服教育、宽容理解、感化陶冶、欣赏鼓励、启发诱导等柔性手段来激发教师的积极性和创造性。

案 例

关心教职工

某幼儿园人手比较紧张，为了各项工作能够正常有效地运转，人员出勤有所保证，制定了满勤奖，明文规定对缺勤人员要适度扣减工资。制度执行不久，园里的一位老师和她家庭中的一个成员都得了大病。她因病缺勤，工资减少，还要负担沉重的医疗费用，生活十分拮据。园长了解到这些情况，协同工会组织给了这个教师适当的困难补助，并且动员全园教职工献爱心，帮她渡过难关。对于按规定扣减她的工资，这位老师没有怨言；对于领导给她的关怀，这位教师非常感谢，病愈后工作干得十分出色。

园长在处理教师违反规章制度的问题时，要坚持刚柔并济，以情换心，又不失原则，这才是一个优秀的幼儿园领导者应该具备的基本素质。

(三)尊重、理解、关爱教师，与教师和谐共处

真诚、平等的内部沟通是和谐工作氛围的基础。在幼儿园管理中，一个好园长能够真诚地关爱每一位教师，尊重教师的人格和工作成果，尊重教师的合理需求，关爱教师的生活，与教师和谐、友好地相处，这样才能最大限度地调动教师的工作积极性，促进幼儿园保教工作的顺利进行。

资料链接

有相关研究进行了"幼儿教师各自心目中的好园长"的调查。大家公认的好园长素质，依次排列的顺序是：(1)公平、正直、有人情味；(2)做员工的知心朋友；(3)善于克制自己的不良情绪；(4)严于律己，不谋私利；(5)尊重员工；(6)勇于承担责任，敢于批评和自我批评；(7)善于协调员工之间的关系；(8)有较高的文化素

养和业务水平；(9)头脑灵活，富有创新意识。①

二、良好的园师关系

园师关系是幼儿园诸多关系中非常重要的一项。教师是幼儿园的发展之本，是幼儿园的主体和持续发展的动力，身为幼儿园管理者的园长，必须处理好与教师的关系，营造一种和谐、健康的园师氛围。

在传统的幼儿园管理中，园长与教师是领导与被领导、管理与被管理的关系。随着新型幼儿教育观念的发展，园长与教师已不仅仅局限于是管理与被管理、领导与被领导的上下级关系，更重要的是一种平等、互动、融洽的伙伴关系。

(一)平等沟通的关系

随着幼教事业的不断发展，园长和教师之间机械式的上下级关系已经不利于幼儿园工作的开展，一种体现平等、民主的沟通关系便应运而生。

园长作为管理沟通的主体行为者，必须转变观念，放下架子，真正做到理解、尊重、信任教师，以平等的姿态协助教师解决问题，以真诚的人格魅力去感化教师，增强教师参与沟通与交流的主动性，实现由过去的单向、由上而下传达的领导方式转向平等、双向的沟通和交流的互动方式。

(二)互助合作的关系

合作是现代人必备的基本素质。园长与教师通过互动和合作，能够更好地借助集体智慧解决难题。园长与教师要在平等沟通的基础上，树立相互鼓励、相互帮助的合作意识，消除教师间资历的影响，形成良好的合作研究氛围，促进工作的顺利开展。园长要转变观念，用新型的合作关系审视与教师的关系，在把教师看成合作伙伴的前提下，对教师的工作予以具体、耐心的引导和帮助，另外要注重与教师进行双向的互动，共同为幼儿、为家长做好服务。

(三)亦师亦友的关系

园长不仅仅是教师学习的榜样，更应以一种朋友的身份，用自己的内在人格和聪明才智与教师和谐、融洽地相处，与教师进行朋友之间的沟通和交流，促进双方对幼教事业以及生活的认同和热爱，以求得共同的进步。

案例

你喜欢这样的园长吗

李老师，为人正直，活泼大方，热爱幼教，业务精通，深得家长和小朋友的喜

---

① 程秀兰：《幼儿教师心目中的好园长》，载《学前教育研究》，1998(3)。

爱，敢于向领导转达群众意见，为园工作献计献策，深得教职工的喜爱，年年被评为优秀。可是，最近她工作时无精打采，沉默不语，不接受领导的工作安排，不参加幼儿园组织的任何活动，甚至见到园长，扭身就走。这究竟是为什么呢？原来是因为开职评会，职评会的成员不同意园长方案，李老师正要说出理由，被园长强行制止了，怕她的话有导向性。李老师与园长吵了起来，认为园长霸道、专横、工作没有人情味，不讲民主，并开始对抗园长的指令，此事在本园教职工中影响较大。

可见，这位园长强行制止员工的发言，是缺乏民主精神、不尊重员工的表现，

园长应该树立新型领导观念，尊重、理解、关心教师，以平等合作的朋友身份与教师和谐相处，从而才能避免此类矛盾和冲突，才能最大限度地调动教师的积极性。

三、优秀园长的成长

当一名园长不容易，当一名好园长更不容易。园长要适应时代的要求，更新自己的知识结构，在工作中不断地总结反思、超越自我，以达到各方面对新型园长的要求。从园师关系的角度出发，要想成为一名好园长，必须做好以下几方面的工作。

(一)提升思想品德修养

1. 为人师表，以德服人

孟子云，"以德服人者，心悦而诚服"。园长在发挥权力性影响力的同时，更要侧重于非权力性影响力的发挥，努力成为教师的楷模，为教师做优秀的榜样示范。权力性影响力是园长职位赋予的对教职工的影响力，会随着职位的消失而消失；非权力性影响力主要是由园长的品质、才能、情感和智慧等个体的素质组成，以内驱力的形式影响和改变被领导者的心理和行为。非权力性影响力具有感召力、凝聚力和感染力，能够激发教职工的积极性。

园长要努力提升自己的道德修养，增强事业心和责任心，培养积极向上、坚韧不拔、乐观豁达的个性特质；更要以身作则，注重身教的力量，充分发挥带头人的榜样作用；注重"以情树威"，努力用一言一行和独特的人格魅力来感染教师。

2. 乐于奉献，服务教师

新型园长是服务型园长，不仅讲究服务精神，更要有不计得失、不求索取的无私奉献的精神；潜心钻研，树立公仆意识，全心全意为教师服务，努力为其创设一个简单的人际关系网络，使教师能够将精力集中在教学活动上，愉快地为幼儿服务。

3. 严于律己，宽以待人

园长要严格要求自己，率先垂范，不断丰富和完善自己，同时要有宽广的胸怀，懂得适当宽容他人的错误和抱怨。尤其是对于教师在工作中的小过失，园长可以婉转地给予提醒，不要抓住错误不放。园长既要容其之短，又要通过循循善诱来高标准地要求教师，使其发挥内驱力，形成一个宽松的工作氛围。

4. 虚心纳谏，善于自省

成功的园长应该是广纳言论、懂得倾听的领导。善于倾听的领导，往往具有宽广的心胸，容易得到教师的爱戴，能够激发教师的创造性和工作热情，有利于实现有效的管理。园长在制定幼儿园的发展大计以及有关教师切身利益的政策措施时，要讲求民主，耐心、细心、虚心地听取教师的意见，并且还要反省自我，勇于承认错误，承担责任，使得自己的教育智慧、专业知识、道德水平和人格素质以及工作效能都能得到提升。

5. 终身学习，赏识教师

在现代信息技术迅猛发展的时代，园长不仅要践行终身学习的理念，善于学习和思考，不断构筑自己的新型知识结构，更要学会赏识教师，向教师学习，善于发现并学习教师的优点，经常真诚地赞美教师，使教师获得成功的喜悦。

(二)提高组织管理能力

1. 懂得授权的艺术

授权是指领导者把所属权利按照规定和工作需要授予下级，为他们提供完成任务所必需的权限。园长在领导过程中，要适当将教育教学方面的权力下放给教师，有效地调动教师的积极性，激发他们的责任感和进取心，锻炼他们的才能。在实际执行过程中，虽然权力下放，但是园长必须注意予以必要的监督和控制，使得授权这门艺术能够得到最有效的利用。

2. 运用刚柔并济的管理方法

园长应做到宽严结合，刚柔相济，既要有刚性管理，又要有柔性管理，努力营造一种既规范又人文、既严厉又关怀的幼儿园人际氛围。刚性管理即制度化管理，是通过制定严格的规章制度，实行严格的管理和考核手段进行管理。柔性管理即人性化管理，是通过园长的个人品质、能力、人格魅力以及工作作风来影响员工，使其产生信服力从而达到自律的管理。

3. 善用激励的方法

人的潜力是无限的，优秀的园长能够采取适当的措施，适时适度地表扬和鼓励教师，充分激发教师的才能。激励的方法有很多，包括竞争激励、公平激励、赏识激励、情感激励、参与和支持激励、奖惩激励等。总的来说可以分为物质激励和精神激励两种。园长要以精神激励为主，建立有效的长期的激励机制。另外，园长要针对不同的情况、不同教师，采用有区别的方法，对教师的工作行为进行恰当的"投其所好"的激励，以充分挖掘教师的潜力和聪明才智。

4. 提升创新意识

创新是幼儿园发展的不竭动力。园长要有创新意识和开阔的思维，积极探索保教工作的新路子，始终站在幼儿教育的前沿，用新的观念、新的视角帮助教师解决教育教学工作中出现的问题，并能够应时而变，善于利用现有条件寻求幼儿园新的发展增长点，为幼儿园探索一条符合自身实际的具有特色的园本发展之路。

(三)创设和谐的园师关系

1. 重视对教师的人文关怀

园长要把教师看作是幼儿园的主人，重视教师的地位和作用，满足教师合理的物质文化需求以及精神文化需求。

2. 关爱教师的生活，满足其物质文化需求

园长要关心每一位教师的生活状况、领导总务部门对生活困难的教师及时给予适当的生活困难补贴或及时提供帮助；要为教师创设良好的工作环境和条件，并在条件允许的情况下给予教师较为优厚的待遇，激发教师的工作热情；此外，还要为教师赢得其家庭的支持，使他们能够全身心地投入到工作中来。

3. 营造成长的氛围，满足其精神文化生活需求

园长要尊重、理解并关心教师，为教师创设民主、宽容、和谐的心理氛围，使其能够以主人翁的姿态进行自主教学，变"要我发展"为主动的"我要发展"，充分发挥主动性、积极性和创造性；要对教师一视同仁，为教师营造一个公平竞争的环境；要利用多种形式与教师进行情感上的交流，例如，创设"教师之家"，利用教育笔记与教师沟通，举办教师家庭聚会或旅游活动，逢年过节对教师予以节日的问候等。

另外，园长应丰富教师园内外的业余活动，以减轻教师的精神压力，例如，组织教师合唱团、健美操训练等文体活动，举办教师心理健康讲座、交流生活实用知识技能等。

4. 因材施管，知人善任

园长应树立正确的新型人才观，要识才、爱才，使得人尽其才，要知人善任，用人唯贤。园长要能正确认识教师的优缺点，坚持"扬长不避短"的方法，既培养优秀的尖子人才，发挥每一位教师的特长，又要兼顾弱者，注重每一位教师的全面发展。

5. 建立与教师有效沟通的机制

沟通是园长与教师建立良好关系的基础，园长必须重视与教师的沟通和交流，与教师建立多方位、多渠道的沟通模式。沟通的内容主要包括情感、业务、职责、决策、制度、文化方面的沟通。园长可以采取个别或集体沟通、正式或非正式沟通、直接或间接沟通、言语或非言语沟通等方式与教师进行良好的沟通。

在沟通过程中，园长必须从情感出发，在尊重、理解、信任教师的基础上，运用良好的沟通技巧，针对不同的教师、情境、目的和内容来选择灵活多样的方式；注重平时沟通以及双向化的互动沟通，以得到教师的认同，达到最佳的沟通效果。为了保证沟通的有效进行，园长可以针对本园特点，建立适合的沟通管理机制，例如，园长告知制度、教师反馈制度等，以促进沟通的顺利进行。

6. 教师评价体系多元化

在对教师进行评价的过程中，园长要注重多元化评价体系的建立，不仅从评价

形式上要进行教师自评、他评、家长评等多渠道评价，在评价内容上也要进行教师的工作能力和人格修养等多维度的评价。另外，考虑到教师的精神需求，针对教师的各项评价要淡化鉴定的功能，积极发挥评价的激励功能和促进功能，使得教师在参与评价的同时注重改进和提升自己。

7. 推动教师专业成长，建设一流的师资队伍

园长要注重教师培养模式的多样化。园长要重视教师的业务水平的提升，除了通过分层带教、业务学习、参加职后培训和鼓励自学进修外，还要采用多样化的方法和形式培养教师的综合能力。例如，开展丰富多样的竞赛、评比等活动，开展教育科学课题研究，开展业余培训学习课程，开办小组学习或名师培养等方法，引领和推动教师的专业成长。

另外，园长要重视年轻教师的成长，通过开展"帮带小组"等学习活动以及日常沟通和交流等方式对年轻教师的成长予以积极的关注，还可以通过教师队伍建设中的学历、培训、督导、联动和评价的各个环节，为年轻教师成长提供优良环境。

(四)亲身投入保教实践

园长不能做"甩手掌柜"，除了对保教活动的监督和检查外，平时更要以一名普通教师的身份，深入到保教工作的实践中去，一方面，要积极参与日常保教活动；另一方面，要积极组织并参与观摩教学活动。

通过这样的亲身实践，园长才能更深刻地了解本园教师教学工作的开展和实施情况，有利于教育教学计划的制订和完善；与教师一同参与教学观摩活动，能够更充分地了解教师的思想动态以及教研实践能力，能够与教师进行更亲密的互动和沟通交流；与此同时，园长的亲身实践也为广大教师树立了良好的榜样，起到了模范带头的作用，能够激发教师的工作热情。

资料链接

《全国幼儿园园长任职资格、职责和岗位要求(试行)》(见第二章第四节)

本章小结

在幼儿园发展的过程中，园长是幼儿园的一面旗帜，是全园工作的领导者，是幼儿园管理的中心支柱。园长要永远站在幼儿教育的最前沿，促进幼儿园的全面发展，为孩子的发展奠定最坚实的基础。国家和社会各界对园长的任职都有相应的要求和定位。而从园长自身来说，作为一个管理者，园长不仅是计划者、组织者和控制者，更是协调者和服务者。

幼儿园园长在幼儿园的思想文化工作、保教工作、总务工作、制度管理工作以及家长和社区工作中，都有其重要的领导作用。此外，一个园长要想成为一名优秀的园长，必须能够处理好与教师的关系，建立良好的园师关系对整个幼儿园工作的顺利开展具有重要的意义。

关键术语

领导角色　领导职能　园师关系

思考题

1. 怎样理解幼儿园园长的各项角色定位？

2. 你怎么认识领导以及幼儿园园长的各项领导工作？

3. 幼儿园园长的领导职能对幼儿园的发展有何影响？为什么？

4. 结合幼儿园管理的具体案例，谈一谈目前幼儿园园长在管理中的经验和教训。

5. 结合实际阐述良好的园师关系对幼儿园发展的意义。

6. 谈一谈你认为幼儿园园长应该具备哪些新的观念以更好地适应时代的发展。

附录　幼儿教育相关法律法规列表

1.《全日制、寄宿制幼儿园编制标准(试行)》(劳人编[1987]32号);

2.《国家教育委员会、建设部城市幼儿园建筑面积定额(试行)》([88]教基字108号);

3.《幼儿园管理条例》(1989年9月11日国家教育委员会令第4号发布);

4.《中华人民共和国教师法》(1993年10月31日中华人民共和国主席令第15号公布);

5.《托儿所幼儿园卫生保健管理办法》(2010年9月6日卫生部、教育部发布);

6.《幼儿园教师管理条例》(1995年12月12日国务院令第188号发布);

7.《教师资格条例》实施办法(中华人民共和国教育部令第10号,2000年9月23日发布);

8.《幼儿园教育指导纲要(试行)》(2001年8月1日,教基[2001]20号);

9.《关于幼儿教育改革与发展的指导意见》(国办发[2003]13号);

10.《中小学幼儿园安全管理办法》(2006年6月30日中华人民共和国教育部令第23号);

11.《中华人民共和国未成年人保护法》(2012年10月26修订);

12.《国务院关于当前发展学前教育的若干意见》(国发[2010]41号,2010年11月21日发布);

13.《全国家庭教育指导大纲》(妇字[2010]6号,2010年2月8日发布);

14.《国家中长期教育改革和发展规划纲要(2010—2020年)》(2010年7月29日发布);

15.《幼儿园教师专业标准(试行)》(2012年2月10日,教师[2012]1号);

16.《幼儿园收费管理暂行办法》(发改价格[2011]3207号,2011年12月31日发布);

17.《3—6岁儿童学习与发展指南》(教育部2012年10月9日发布);

18.《中华人民共和国民办教育促进法》(2016年11月7日修正);

19.《幼儿园工作规程》(2015年12月14日中华人民共和国教育部令第39号);

20.《中华人民共和国教育法》(2015年12月27日第二次修正);

21.《托儿所幼儿园建筑设计规范》(中华人民共和国住房和城乡建设部公告第1079号2016年4月20日发布)。